JOURNAL

DE

EUGÈNE DELACROIX

TOME DEUXIÈME

1850 - 1854

PRÉCÉDÉ D'UNE ÉTUDE SUR LE MAITRE
PAR **PAUL FLAT**

NOTES ET ÉCLAIRCISSEMENTS PAR MM. PAUL FLAT ET RENÉ PIOT

Portraits et fac-simile

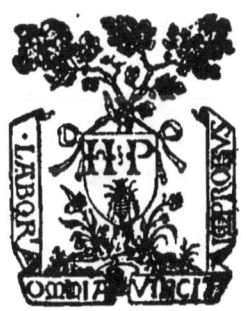

PARIS

LIBRAIRIE PLON

PLON-NOURRIT et Cie, IMPRIMEURS-ÉDITEURS

8, RUE GARANCIÈRE-6e

5e *édition*

75 €

JOURNAL

DE

EUGÈNE DELACROIX

E.Plon,Nourrit & Cie Edit.   Imp.V.Jacquemin

EUGÈNE DELACROIX

d'après un portrait peint par lui même en 1820

MUSÉE DU LOUVRE

JOURNAL

DE

EUGÈNE DELACROIX

TOME DEUXIÈME

1850-1854

NOTES ET ÉCLAIRCISSEMENTS PAR MM. PAUL FLAT ET RENÉ PIOT

Portraits et fac-simile

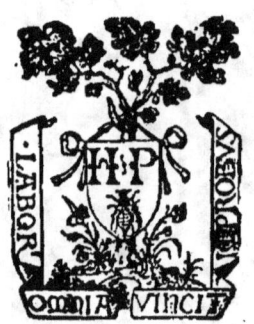

PARIS

LIBRAIRIE PLON

PLON-NOURRIT et Cⁱᵉ, IMPRIMEURS-ÉDITEURS

8, RUE GARANCIÈRE-6ᵉ

JOURNAL

EUGÈNE DELACROIX

1850

Bruxelles, samedi 6 juillet. — Parti pour Bruxelles avec Jenny, à huit heures, et nous étions arrivés à cinq heures moins un quart. Cela tente vraiment pour voyager.

Mauvaise installation dans l'auberge, qui me donne de l'humeur.

Promenade, le soir, au Parc qui me paraît d'une tristesse extrême.

Je remarque en une foule de choses le manque de goût de ce pays-ci, et quand on compare, j'ose' le dire, tous les pays avec la France, on éprouve le même sentiment. Il y a dans ce parc, entre autres ornements, des figures terminées par des gaines qui entourent le bassin. C'était dans les intervalles qu'il les fallait ! La manière inégale avec laquelle les arbres s'élancent, les rend gauches et de travers. Elles sont là comme par hasard. On voit

II.   1

là des statues dont les piédestaux ont *un pied* de hauteur; on peut converser avec ces héros et ces demi-dieux, et les statues sont ordinairement plus grandes que nature; elles sont disproportionnées, l'agrandissement, dans ce cas, n'étant calculé qu'à cause de la distance présumée où le piédestal doit placer la figure.

Bruxelles, dimanche 7 juillet. — Le matin à Sainte-Gudule.

Magnifiques vitraux du seizième siècle. Charles V à genoux sous une espèce de portique qui laisse voir le ciel dans le fond; sa femme derrière lui; lignes comme celles de la Vierge, etc., du plus beau style italien. La composition occupe toute la hauteur de la fenêtre qui est une des deux de la croix de l'église. Celle d'en face, même composition, plus remarquable encore par le style; c'est aussi une figure d'empereur. Les arabesques, les figures qui s'y touvent mêlées sont incomparables. Il y a encore trois ou quatre fenêtres du même style dans les fenêtres qui entourent le chœur; dans l'une d'elles François Ier à genoux, ainsi que l'empereur et sa femme derrière lui. Ils ont tous, rois ou empereurs, la couronne en tête; leur armure dorée pour la plupart avec le tabar armorié jusqu'au-dessus du genou; ainsi les fleurs de lis sont azur, etc., le manteau royal aussi. Celui de François Ier est bleu et fleurdelisé; celui de l'empereur est, je crois, de brocart.

Dans la partie du chœur qui fait face, qui est la chapelle de la Vierge, les fenêtres sont du siècle suivant. C'est le style de Rubens châtié (1). L'exécution est très belle; on a cherché à colorer comme dans les tableaux, mais cette tentative, quoique aussi habile que possible, est un argument en faveur des vitraux des siècles précédents, et notamment de ceux dont j'ai parlé plus haut (2). Le parti pris, la convention pour simplifier sont absolument nécessaires.

Il y a au fond du chœur des vitraux, d'après les dessins de Navez (3), qui entrent dans les inconvénients de ce genre bâtard. Il en résulte dans ces derniers, qui sont l'ouvrage de mauvais artistes venus dans de mauvais temps, qu'en voulant éviter ce qu'ils regardent comme des effets fâcheux, en plaçant les plombs à la manière des artistes anciens, ils les placent de manière à donner des idées toutes contraires à celles qu'ils veulent exprimer, ou à faire des effets ridicules. Leurs draperies et certaines parties qu'ils regardent comme moins importantes ont l'air d'être entourées à dessein de bordures noires, parce que leurs têtes, par exem-

(1) C'est l'expression même que Gros avait appliquée au talent de Delacroix, en 1822, à propos du *Dante et Virgile*. Le rapprochement nous a paru curieux à noter.

(2) Les plus beaux de ces vitraux ont été faits d'après les cartons de trois artistes flamands : *Frans Floris*, *Van Orley* et *Van Thulden*.

(3) *François-Joseph Navez*, peintre belge né en 1787, mort en 1869. Élève de David, il conquit en Belgique une grande réputation et devint successivement directeur de l'Académie royale des beaux-arts de Bruxelles, premier professeur de peinture à cette Académie, membre de l'Académie royale de Belgique et correspondant de l'Institut de France.

ple, se détachant sur des ciels, sans être contournées par des plombs, affectent de se rapprocher de l'effet des tableaux. Cet effet est complètement boiteux et manqué. Ils cherchent ainsi à colorer les chairs outre mesure. A quoi tient ce goût de certaines époques, et à quoi encore cette sottise de certaines autres, qui les rend impropres à reproduire même ce qui a été déjà bien fait !

— Beau sujet : *David jouant de la harpe pour calmer les humeurs noires de Saül.* Il y a un petit tableau de Lucas de Leyde (1). Voici ce qu'on lit dans le catalogue : Saül, courbé par l'âge et par l'adversité, est assis dans une stalle sous un dais de pourpre. Il soulève une pique. David, qui se tient debout en face du roi, joue de la harpe. Diverses figures groupées convenablement pour le sujet.

Pendant que je regardais les vitraux de la chapelle de la Vierge, j'ai entendu, au milieu de la musique très bonne qu'on exécutait, le psaume favori de Chopin, de *Juda vainqueur* : voix d'enfants, accompagnement d'orgue, etc. J'ai été un instant dans le ravissement. C'est un argument à donner contre le rajeunissement outré du chant grégorien ou plutôt contre l'anathème prononcé si sottement contre les efforts de la musique chez les modernes, pour parler aux imaginations à l'église.

— Au Musée, dans la journée, et assez tard pour

(1) *Lucas de Leyde,* peintre et graveur hollandais (1494-1533).

ne pas voir assez longtemps. Rubens est là magnifique (1); la *Montée au Calvaire* (2), le *Jésus qui veut
foudroyer le monde,* enfin tous, à des degrés différents, m'ont donné une sensation supérieure à ceux
d'Anvers. Je crois que cela tient à leur réunion dans
un seul local et tous rapprochés les uns des autres.

— Le soir à un petit théâtre : *L'homme gris et le
sous-préfet.* J'ai beaucoup ri.

Anvers, lundi 8 juillet. — Parti pour Anvers à huit
heures.

— Le Musée très mal arrangé. L'ancien faisait plus
d'effet (3). Les Rubens disséminés perdent beaucoup.
Je ne leur ai toutefois jamais trouvé à ce degré cette
supériorité qui écrase tout le reste. Le *Saint François*
que je n'estimais pas autant, a été mon favori cette fois,
et j'ai beaucoup goûté aussi le *Christ sur les genoux
du Père éternel,* qui doit être du même temps. Je lis

---

(1) Rappelons que *Fromentin,* comparant les deux Musées de Bruxelles
et d'Anvers, écrivait à ce propos, en jugeant l'œuvre de Rubens : « Si
j'écrivais l'histoire de Rubens, ce n'est point ici (à Bruxelles) que j'en
écrirais le premier chapitre : j'irais saisir Rubens à ses origines, dans ses
tableaux antérieurs à 1609; ou bien je choisirais une heure décisive, et
c'est d'Anvers que j'examinerais cette carrière si directe, où l'on aperçoit
à peine les ondulations d'un esprit qui se développe en largeur, agrandit
ses voies, jamais les incertitudes et les démentis d'un esprit qui se
cherche. » (*Les Maîtres d'autrefois,* p. 39.) Et plus loin il ajoute :
« Admire-t-on toujours? Pas toujours. Reste-t-on froid? Presque jamais. »

(2) Delacroix a traité plusieurs fois le même sujet (voir *Catalogue
Robaut,* n°s 1377-1379), et chaque fois sa composition rappelle beaucoup
celle du maître flamand, dont il fit une peinture. (Voir même *Catalogue,*
n° 1941.)

(3) Depuis quelques années, le Musée a été encore transporté dans un
nouvel édifice spacieux et bien aménagé.

dans le catalogue que le *Saint François* a été peint quand Rubens avait quarante ou quarante-deux ans.

— Il y a des primitifs très remarquables au fond. En sortant, le *Jésus flagellé*, le *Saint Paul*..., chef-d'œuvre de génie s'il en fut. Il est un peu déparé par le grand bourreau qui est à gauche. Il faut vraiment un degré de sublime incroyable pour que cette ridicule figure ne gâte pas tout. A gauche, au contraire, et à peine visible, un nègre ou mulâtre qui fait partie des bourreaux, et qui est digne du reste. Ce dos en face, cette tête qui exprime si bien la fièvre de la douleur, le bras qu'on voit, tout cela est d'une inexprimable beauté.

— Je n'ai pas vu Saint-Jacques : je voulais revenir de bonne heure, et on ne se pressait pas d'ouvrir.

— J'avais été auparavant à Saint-Augustin. Grand tableau de Rubens à l'autel, et fait pour la place. — *Mariage mystique de sainte Catherine;* superbe composition, dont j'ai la gravure; mais l'effet est nul, à cause de la dégradation, de la moisissure et de l'absence complète de vernis. — *Le Christ sortant du tombeau,* de la cathédrale, est tout à fait invisible, à cause de la moisissure.

Bruxelles, mardi 9 juillet. — Revenu à Bruxelles. Je devais partir aujourd'hui; je me suis donné encore ce jour.

J'ai fait une longue séance au Musée, où j'ai grelotté tout le temps, malgré la saison.

Le *Calvaire* et le *Saint Liévin* sont le comble de la maestria de Rubens.

L'*Adoration des mages*, que je trouve supérieure à celle d'Anvers, a de la sécheresse quand on la compare à ces deux autres ; on n'y voit point de *sacrifices* ; c'est au contraire l'art des négligences à propos, qui élève si haut les deux favoris dont j'ai parlé. Les pieds et la main du Christ à peine indiqués.

Il faut y joindre le *Christ vengeur*. La furie du pinceau et la verve ne peuvent aller plus loin.

L'*Assomption* (1) un peu sèche : la *Gloire* me paraît manquée ; je ne puis croire qu'il n'y ait eu des accidents.

Il y a une belle *Vierge couronnée*, à droite en entrant. Vigueur d'effet, point autant de laisser aller que dans les beaux. Les nuages sont poussés jusqu'au noir. Ce diable d'homme ne se refuse rien. Le parti pris de faire briller la chair avant tout le force à des exagérations de vigueur.

— Chez le duc d'Arenberg, vers deux heures. Beau Rembrandt.

Tobie guéri par son fils. Esquisse de Rubens très grossièrement dessinée au pinceau, quelques figures ayant de la couleur, allégorie dans le genre de celle du Musée.

(1) « Bien des années, écrit Fromentin, séparent l'*Assomption de la Vierge* des deux toiles dramatiques de *Saint Liévin* et du *Christ montant au Calvaire.* » Il parle de « la main puissante, effrénée ou raffinée qui peignait à la même heure le *Martyre de saint Liévin*, les *Mages* du Musée d'Anvers, ou le *Saint Georges* de l'église Saint-Jacques ». (FROMENTIN, *les Maîtres d'autrefois*, p. 40, 41.)

Lion de Van Thulden (1) sur son fond frotté d'une espèce de grisaille.

— Rubens indique souvent des rehauts avec du blanc ; il commence ordinairement à colorer par une demi-teinte locale très peu empâtée. C'est là-dessus, à ce que je pense, qu'il place les clairs et les parties sombres. J'ai bien remarqué cette touche dans le *Calvaire.* Les chairs des *deux larrons* très différentes, sans efforts apparents. Il est évident qu'il modèle ou tourne la figure dans ce ton local d'ombre et de lumière, avant de mettre ses *vigueurs.* Je pense que ses tableaux légers comme celui-ci, et un *Saint Benoît,* qui lui ressemble, ont dû être faits ainsi. Dans la manière plus sèche, chaque morceau a été peint plus isolément.

Se rappeler les mains de la *Sainte Véronique,* le linge tout à fait gris ; celles de la Vierge à côté, d'une sublime négligence ; les deux larrons sublimes de tout point... La pâleur et l'air effaré du vieux coquin qui est par devant.

Dans le *Saint François* cachant le monde avec sa robe, simplicité extraordinaire d'exécution. Le gris de l'ébauche paraît partout. Un très léger ton local sur les chairs et quelques touches un peu plus empâtées pour les clairs.

Se rappeler souvent l'étude commencée, de *Femme au lit,* il y a un mois environ ; le modelé déjà arrêté

_____

(1) *Théodore Van Thulden,* peintre et graveur flamand (1607-1676).

dans le ton local, sans rehauts d'ombres et de clairs ; j'avais trouvé cela, il y a bien longtemps, dans une *étude couchée* (1). L'instinct m'avait guidé de bonne heure.

Mercredi 10 *juillet*. — Quitté Bruxelles. Pays charmant entre Liège et Verviers. Passé à Aix-la-Chapelle, sans pouvoir y entrer. Qu'il y a de temps que j'y suis venu avec ma bonne mère, ma bonne sœur et mon pauvre Charles !... Nous étions enfants tous les deux... J'ai aperçu assez longtemps le Louisberg où nous allions enlever des cerfs-volants avec Leroux, le cuisinier de ma mère. Où sont-ils tous ?

Un peu avant, nous avions pris les voitures prussiennes, beaucoup plus étroites et incommodes que celles des Belges. Route insipide jusqu'à Cologne.

Arrivés par une pluie continue. Logé à l'hôtel de Hollande, sur le Rhin, d'où on a une très belle vue,... à ce que j'ai conjecturé, à cause du brouillard et du mauvais temps. Sensation triste de ces uniformes étrangers et de ce jargon.

Le vin du Rhin, à dîner, m'a fait trouver la situation tolérable ; malheureusement, j'avais le plus mauvais lit possible, quoique le logis fût un des plus considérés.

Jeudi 11 *juillet*. — Le matin, départ à cinq heures et demie en bateau par la pluie. Ennuis exces-

---

(1) Voir *Catalogue Robaut*, nᵒˢ 106 et 140.

sifs pour l'embarquement, le bagage, etc. La veille, à l'arrivée à Cologne, attente éternelle pour la visite de la douane.

Le voyage a été assez agréable, à partir de Bonn ; les deux rives, surtout la rive droite, présentent de beaux aspects de montagnes, qui sont un peu gâtées par la culture. Vu, en passant, les *Sept montagnes*, célèbres dans les légendes allemandes.

Arrivés à Coblentz vers une heure, et départ pour Ems, où les ennuis du logement m'ont occupé jusqu'à cinq ou six heures. Casé provisoirement avec Jenny, dans une espèce de grenier, et le lendemain provisoirement encore, mais tolérablement.

Ce lendemain, après la visite du médecin, qui m'a plu assez, et qui ne m'appelle que M. Sainte-Croix, pris d'une petite migraine qui a été en empirant jusqu'au soir. Je n'ai rien mangé du tout et me suis guéri de la sorte.

Ems, samedi 13 *juillet.* — Pris mon premier verre d'eau.

Ouverture de la *Flûte enchantée*, en plein air, exécutée par un petit orchestre, qui se tient là pour amuser les buveurs d'eau.

L'après-midi, petite promenade vers la hauteur, en passant le pont, et vu le cimetière et l'église. Tout cela est charmant, et pourtant je vis dans l'insipidité (1).

_____

(1) Delacroix écrit à Soulier : « Mes mauvais moments ont été dans les promenades à l'usage des promeneurs, parce que j'y rencontrais des

Est-ce que tout cela n'est point fait pour faire éprouver quelque sentiment de plaisir, ou bien est-ce que je commence à être moins susceptible? Je ne sais comment je vais remplir mon temps. Je n'ai pas de gravures, et n'ai de livres que l'*Homme de cour* et les *Extraits de Voltaire*..... Je trouverai peut-être à en louer.

Dimanche 14. — Aujourd'hui dimanche, je peux dire que je suis rentré en possession de mon esprit. Aussi est-ce le premier jour où j'ai trouvé de l'intérêt à tout ce qui m'environne.

Ce lieu est vraiment charmant. J'ai été l'après midi, et dans une bonne disposition, me promener de l'autre côté de l'eau (1). Là, assis sur un banc, je me suis mis à jeter sur mon calepin des réflexions analogues à celles que je trace ici. Je me suis dit et je ne puis assez me le redire pour mon repos et pour mon bonheur, — l'un et l'autre sont une même chose, — que je ne puis et ne dois vivre que par l'esprit; la nourriture qu'il demande est plus nécessaire à ma vie que celle qu'il faut à mon corps. Pourquoi ai-je tant vécu ce fameux jour? (*J'écris ceci deux jours après.*) C'est que j'ai eu beaucoup d'idées qui sont dans ce moment à cent lieues de moi.

faces fardées, habillées, bourgeoises ou aristocratiques, tous mannequins. » (*Correspondance*, t. II, p. 52.)

(1) « ... A peine dans les champs, au milieu des paysans, des bœufs, de quelque chose de naturel enfin, je rentrais dans la possession de moi-même, je jouissais de la vie. » (*Correspondance*, t. II, p. 52.)

Le secret de n'avoir pas d'ennuis, pour moi du moins, c'est d'avoir des idées. Je ne puis donc trop rechercher les moyens d'en faire naître. Les bons livres ont cet effet, et surtout certains livres parmi ceux-ci. La première condition est bien la santé; mais même dans un état languissant, certains livres peuvent rouvrir la porte par où s'épanche l'imagination.

Jeudi 18 *juillet*. — « Dans la peinture et surtout dans le portrait, dit Mme Cavé dans son traité, c'est l'esprit qui parle à l'esprit, et non la science qui parle à la science. » Cette observation, plus profonde qu'elle ne l'a peut-être cru elle-même, est le procès fait à la pédanterie de l'exécution. Je me suis dit cent fois que la peinture, c'est-à-dire la peinture matérielle, n'était que le prétexte, que le pont entre l'esprit du peintre et celui du spectateur. La froide exactitude n'est pas l'art; l'ingénieux artifice, quand il *plaît* ou qu'il *exprime,* est l'art tout entier. La prétendue conscience de la plupart des peintres n'est que la perfection apportée à *l'art d'ennuyer.* Ces gens-là, s'ils le pouvaient, travailleraient avec le même scrupule l'envers de leurs tableaux... Il serait curieux de faire un traité de toutes les faussetés qui peuvent composer le vrai.

Dimanche 21 *juillet*. — Fait une promenade très longue, en prenant par la ruelle qui est en face du pont. Monté au plus haut de la montagne et revenu par une autre route. J'ai trouvé tout à coup un petit sentier charmant rempli de thyms et de genévriers, et je me suis trouvé, à cette hauteur, au milieu des champs cultivés, des blés mûrs, et des prairies un peu en pente, à la vérité. Après avoir gravi de l'autre côté parmi les rochers, on trouve ici un tout autre aspect... Cette course a été au moins de trois heures.

— Dans la journée, je me suis mis sérieusement à l'article de Mme Cavé (1).

— J'ai résolu, ce qui m'a réussi, de boire l'eau avant le dîner. Après le dernier verre, vers cinq heures, je suis retourné dans ces charmantes prairies, qui longent la Lahn, en passant le pont et en prenant à gauche. J'étais tout rempli d'idées que le travail de la journée me faisait naître. Tout me semblait facile. J'aurais fait, je crois, l'article d'une haleine, si j'avais eu la force d'écrire pendant le temps nécessaire.

J'écris ceci le lendemain, c'est-à-dire le lundi, et ce beau feu s'est refroidi. Il faudrait, comme lord Byron, pouvoir retrouver l'inspiration à commandement. J'ai peut-être tort de l'envier en ceci, puisque dans la peinture j'ai la même faculté; mais soit que la littérature ne soit pas mon élément ou que je ne l'aie pas encore fait tel, quand je regarde ce papier rempli de petites taches noires, mon esprit

---

(1) Cet article sur l'*enseignement du dessin* parut dans la *Revue des Deux Mondes*, du 15 septembre 1850. Delacroix l'avait écrit à propos du livre de Mme Élisabeth Cavé : *Le dessin sans maître.*

ne s'enflamme pas aussi vite qu'à la vue de mon tableau ou seulement de ma palette. Ma palette fraîchement arrangée et brillante du contraste des couleurs suffit pour allumer mon enthousiasme.

Au reste, je suis persuadé que si j'écrivais plus souvent, j'arriverais à jouir de la même faculté en prenant la plume. Un peu d'insistance est nécessaire, et une fois la machine lancée, j'éprouve en écrivant autant de facilité qu'en peignant; et, chose singulière, j'ai moins besoin de revenir sur ce que j'ai fait. S'il ne s'agissait que de coudre des pensées à d'autres pensées, je me trouverais plus vite armé et sur le terrain dans l'attitude convenable; mais la suite à observer, le plan à respecter, et ne pas embrouiller le milieu de ses phrases, voilà ce qui fait la grande difficulté et qui entrave le jet de l'esprit. Vous voyez votre tableau d'un coup d'œil; dans votre manuscrit, vous ne voyez pas même la page entière, c'est-à-dire, vous ne pouvez pas l'embrasser tout entière par l'esprit; il faut une force singulière pour pouvoir en même temps embrasser l'ensemble de l'ouvrage et le conduire avec l'abondance ou la sobriété nécessaires, à travers les développements qui n'arrivent que successivement. Lord Byron dit que quand il écrit, il ne sait pas ce qui va venir après, et qu'il ne s'en inquiète guère... Sa poésie est en général dans le genre que j'appellerai admiratif; il tient plus de l'ode que de la narration, il peut donc s'abandonner à son caprice... La tâche de l'histoire me semble la plus difficile; il lui faut une attention soutenue sur mille objets à la fois, et à travers les citations, les énumérations précises, les faits qui ne tiennent qu'une place relative, il lui faut conserver cette chaleur qui anime le récit et en fait autre chose qu'un extrait de gazette.

L'expérience est indispensable pour apprendre tout ce qu'on peut faire avec son instrument, mais surtout pour éviter ce qui ne doit pas être tenté ; l'homme sans maturité se jette dans des tentatives insensées ; en voulant faire rendre à l'art plus qu'il ne doit et ne peut, il n'arrive pas même à un certain degré de supériorité dans les limites du possible. Il ne faut pas oublier que le langage (et j'appliquerai au langage dans tous les arts) est imparfait. Le grand écrivain supplée à cette imperfection par le tour particulier qu'il donne à la langue. L'expérience seule peut donner, même au plus grand talent, cette confiance d'avoir fait tout ce qui pouvait être fait. Il n'y a que les fous et les impuissants qui se tourmentent pour l'impossible. Et pourtant il faut être très hardi !... Sans hardiesse, et une hardiesse extrême, il n'y a pas de beautés. Jenny me disait, quand je lui lisais ce passage de lord Byron, où il vante le genièvre comme son Hippocrène, que c'était à cause de la hardiesse qu'il y puisait... Je crois que l'observation est juste, tout humiliante qu'elle est pour un grand nombre de beaux esprits, qui ont trouvé dans la bouteille cet *adjuventum* du talent qui les a fait atteindre la crête escarpée de l'art. Il faut donc être hors de soi, *amens*, pour être tout ce qu'on peut être! Heureux qui, comme Voltaire et autres grands hommes, peut se trouver dans cet état inspiré, en buvant de l'eau et en se tenant au régime !

24 juillet. — Le jour de fête du duc de Nassau.

La musique du régiment prussien a joué plusieurs morceaux, un entre autres admirablement : c'était un pot pourri d'airs de *Freyschütz*.

Vendredi 2 août. — Promenade dans le bois de sapins. Dessiné le clocher de l'église.

Samedi 3 août. — Promenade par le chemin qui passe devant la petite église catholique.

Remonté assez loin, entre les deux montagnes; parvenu à une entrée de bois fort intéressante : un ravin très profond, dans lequel doit couler en hiver un torrent étroit bordé de grands hêtres... Tournure diabolique à la *Robin des bois.*

Dimanche 4 août. — Parti d'Ems à sept heures environ. Route charmante dans une petite voiture, qui nous laissait admirer le paysage; les bords de la Lahn sont charmants. Château de Lahneck, ruine escarpée. Déjeuné à Coblentz.

Embarqué à midi et demi. Chaleur extrême, qui a un peu gâté le voyage. Les petites cultures, les vignes continuellement disposées en étage sur toute la hau-

teur de ces montagnes augmentent l'uniformité et
ôtent l'aspect sauvage. Les ruines paraissent très
petites; cela tient à la grande largeur du Rhin. A
partir de Bingen, l'aspect change; les rives sont plates,
mais ne manquent pas de charme... des îlots, des
saules, etc. : le soleil couchant faisait merveille.

Arrivé à Mayence de mauvaise humeur. Bien soupé
à l'hôtel du Rhin et passé une bonne nuit dans des
lits enfin passables.

Relevé la nuit, admiré le clair de lune sur le Rhin;
spectacle vraiment magnifique : le croissant, les
étoiles, etc.

Cologne, lundi 5 août. — Le matin aussi magnifique qu'avait été la nuit : le soleil en face et éblouis-
sant.

Parti à sept heures et demie. Fait la route très
rapidement et repassé par tout ce que j'avais vu la
veille, éclairé diversement. A Coblentz, de bonne
heure. Depuis Coblentz, resté dans la cabine du
bateau pour me reposer de la veille et éviter la
chaleur.

Avant quatre heures à Cologne, que j'ai trouvée tout
en fête, et pavoisée de tous les drapeaux allemands
possibles... On tirait des coups de canon sur le
Rhin, etc. Hôtel du Rhin, où je n'ai pas été aussi
bien qu'à Mayence.

Sorti vers cinq heures, à travers la ville qui me
rappelle beaucoup Aix-la-Chapelle... Très animée et

très intéressante. Couru à travers la ville par une chaleur affreuse.

Vu l'église de Sainte-Marie du Capitole, que j'avais prise pour Saint-Pierre. Attendu énormément pour se faire ouvrir, dans une espèce de cloître rarrangé, mais qui a dû être beau. L'église, extérieurement, du côté du chevet, très ancienne : gothique roman, en pierres de diverses couleurs. Portique intérieur très beau sous les orgues ; marbre blanc et noir. Figures et petits tableaux, dans la nef, de la vie de saint Martin et autres, composés pour la plupart avec des figures de Rubens. Tableau double d'Albert Dürer dans une petite chapelle fermée.

De là, reparti pour trouver mon *Saint Pierre*. Après avoir demandé inutilement, tiré d'embarras par un confrère peintre en bâtiments qui, la brosse à la main et ôtant pour ainsi dire son bonnet au nom de Rubens, que tout le monde connaît ici, même les enfants et les fruitières, m'a renseigné comme il a pu. Église assez mesquine, précédée d'un cloître rempli de petites stations, calvaire, etc. La dévotion est extrême. Moyennant mes quinze silbergroschen ou un florin ou deux francs, j'ai vu le fameux *Saint Pierre,* lequel a pour envers une infâme copie. Le Saint est magnifique ; les autres figures qui me paraissent avoir été faites seulement pour l'accompagner, et probablement composées et trouvées après coup, sont des plus faibles, mais toujours de la verve... En somme, j'en ai eu assez d'une fois. Je me rappelle pourtant encore avec admiration les jambes, le torse, la tête; c'est du plus beau, mais la composition ne saisit pas.

Rentré exténué à travers les rues, mais dîné de bonne heure.

Malines, mardi 6 août. — A Cologne. Je comptais partir pour Bruxelles ou Malines dans la journée. Forcé de partir à dix heures, à cause des heures de départ.

Pris le commissionnaire pour aller voir la cathédrale. Ce malheureux édifice, qui ne sera jamais terminé, est encombré, pour l'éternité par conséquent, de baraques et de planches servant aux travaux. Saint-Ouen de Rouen, auquel on a cru devoir ajouter les clochers qui lui manquaient, pouvait très bien s'en passer; mais Cologne est à un état d'ébauche singulier, la nef n'est pas même couverte. Voilà ce qu'on devrait s'appliquer à finir; le portail entraînerait des travaux gigantesques, et les quelques pauvres diables qu'on aperçoit et qu'on entend dans ces baraques picoter des morceaux de pierre n'avanceront pas en trois siècles la besogne au dixième, à supposer qu'on leur donne de l'argent.

Ce qui est fait est magnifique. On sent une impression de grandeur, qui m'a rappelé la cathédrale de Séville. Le chœur et la croix sont faits depuis longtemps. On s'est amusé à dorer et peindre en rouge les chapiteaux du chœur. Les petits pendentifs sont occupés par des figures d'anges en style soi-disant raphaélesque, de l'effet le plus mesquin.

Plus j'assiste aux efforts qu'on fait pour restaurer les églises gothiques, et surtout pour les peindre, plus je persévère dans mon goût de les trouver d'autant plus belles qu'elles sont moins peintes. On a beau me dire et me prouver qu'elles l'étaient, chose dont je suis convaincu, puisque les traces existent encore, je persiste à trouver qu'il faut les laisser comme le temps les a faites; cette nudité les pare suffisamment; l'architecture a tout son effet, tandis que nos efforts, à nous autres hommes d'un autre temps, pour enluminer ces beaux monuments, les couvrent de contresens, font tout grimacer, rendent tout faux et odieux. Les vitraux que le roi de Bavière a donnés à Cologne sont encore un échantillon malheureux de nos écoles modernes; tout cela est plein du talent des Ingres et des Flandrin. Plus cela veut ressembler au gothique, plus cela tourne au colifichet, à la petite peinture néo-chrétienne des adeptes modernes. Quelle folie et quel malheur, quand cette fureur, qui pourrait s'exercer sans nuire dans nos petites expositions, est appliquée à dégrader de beaux ouvrages comme ces églises! Celle de Cologne est remplie de monuments curieux : des archevêques, des guerriers, des retables, tableaux ou sculptures, représentant la Passion, etc.

Vu en sortant l'église des Jésuites. Voilà le contre-pied de ce que nous faisons aujourd'hui : au lieu

de s'amuser à imiter des monuments d'une autre
époque, on faisait ce qu'on pouvait, mêlant gothique,
Renaissance, tous les styles enfin; et de tout cela des
artistes vraiment artistes savaient faire des ensembles
charmants. On est ébloui dans ces églises de la profusion des richesses en marbres, statues, tombeaux,
tapissant les murs et s'étalant sous les pieds. Des
stalles en bois se prolongent tout le long des murs;
l'orgue orné, etc.

En revenant, à l'Hôtel de ville : édifice charmant,
de la Renaissance ; en face, une maison probablement
du temps de Henri IV : très imposant style rustique.

Cette ville est des plus intéressantes, animée, gaie
et, sauf les uniformes prussiens qui me font un effet
désagréable, faite pour l'imagination.

En allant au chemin de fer, revu l'extérieur des
tours, etc.

— Parti à dix heures; chaleur extrême et route
fatigante. Corvée des douanes, avant Verviers ou
à Verviers même.

Écrivassé pendant la route sur mon petit calepin.
— Arrivé à Malines à six heures environ. Bon petit
hôtel de Saint-Jacques et bon souper qui m'a remis.
Les grands hommes qui écrivent leurs mémoires ne
parlent pas assez de l'influence d'un bon souper
sur la situation de leur esprit. Je tiens fort à la terre
par ce côté, pourvu toutefois que la digestion ne
vienne pas contre-balancer l'effet favorable de Cérès
et de Bacchus. Encore serait-il vrai que, tout le temps

qu'on tient table et même encore quelque temps
après, le cerveau voit les choses sous un autre aspect
qu'auparavant. C'est une grande question qui humilie
certains hommes, qui se croient ou qui se voudraient
beaucoup plus qu'hommes, que ce feu qui naît de la
bouteille et vous porte plus loin que vous n'eussiez
été sans cela. Il faut bien s'y résigner, puisque non
seulement cela est, mais que, de plus, cela est fort
agréable.

Malines, 7 août. — Couru les églises à Malines.
Église de Saint-Jean : là, l'*Adoration des rois,* le
Saint Jean dans la chaudière, et le *Saint Jean-
Baptiste,* trois chefs-d'œuvre. C'est au rang des plus
beaux. Les volets sont beaux aussi. *Saint Jean écrivant,* l'aigle au-dessus de lui, et de l'autre le *Baptême
de Notre-Seigneur.* J'ai été voir le sacristain pour lui
demander de les dessiner.

De là, à la cathédrale de Saint-Rombaud (Rumol-
dus). Magnifique église. Monuments de tous côtés :
statues couchées des archevêques dans le chœur;
statues des douze apôtres dans la nef, adossées
aux piliers. La même chose à l'église de Sainte-
Marie, où est la *Pêche miraculeuse.* Il y a dans
la cathédrale un Van Dyck, *le Christ au milieu des
larrons,* que j'ai trouvé très faible. Très grand tableau.
Les tons bistrés dans les ombres le rendent très
triste.

A Sainte-Marie, la *Pêche* de Rubens, avec les

côtés, y compris les volets dont saint Pierre debout, de face, les clefs au-dessus de lui. De l'autre, saint André vêtu de couleurs obscures et déjà presque invisible par la moisissure, ainsi que la *Pêche*, qui commence à se ternir. Rubens est le peintre qui a le plus à perdre avec cette dégradation. Son habitude constante de faire les chairs plus claires que le reste en fait comme des fantômes quand les fonds sont devenus obscurs. Il est obligé de les pousser au sombre pour faire ressortir les tons des chairs.

Malines, jeudi 8 août. — Parti pour Alost, à sept heures. Rencontré Raisson (1) à la station. Cette vieille figure de camarade m'a fait plaisir. Il est un peu froid, et cela n'en vaut peut-être que mieux. Nous avons été ensemble jusqu'à Audeghen, où j'ai pris l'omnibus d'Alost. Les ennuis de ce petit voyage étaient sauvés par le sentiment de plaisir que me cause ce pays, et aussi par cette vie décousue qui a son charme.

Arrivé par la pluie, descendu chez la bonne dame de l'auberge des Trois Rois, pauvre auberge de commis marchands.

J'ai commencé par aller voir le tableau : j'ai vu tout de suite, quoi qu'on prétende qu'il a peu souffert, que son aspect lisse et jaune était l'effet de

(1) *Horace Raisson* (1798-1854), homme de lettres et journaliste, a été un des collaborateurs de Balzac. C'était un des plus anciens camarades de Delacroix, qui l'avait connu vers 1816. (Voir *Catalogue Robaut*, nᵒˢ 62, 63, 192, 1469.)

la restauration. Il y a au-dessous, sur l'autel, deux esquisses de Rubens, représentant saint Roch.

Revenu déjeuner à l'auberge et attendu l'heure de retourner. Enfin, passé deux heures seul dans l'église à faire un croquis.

J'ai été, dans ce voyage, la providence des bedeaux.

A trois heures, reparti en société de trois prêtres d'une gaieté remarquable. Ils ont l'air dans ce pays d'être tout à fait chez eux ; ils ont cet air heureux et confiant qui ne se rencontre pas, chez nous, chez les gens de cette robe.

Malines, vendredi 9 août. — Malines. Couru encore les églises dans la matinée ; la *Pêche* m'a paru bien plus belle ; le *Saint Pierre* et le *Saint André*, qui servent de volets, admirables. Le *Tobie*, qui est l'envers du volet de saint André, est moins remarquable que l'autre, qui est le poisson trouvé par saint Pierre. ... Quelle aisance dans ce saint Pierre debout, drapé dans son manteau ! Qu'il a peu cherché pour cela ! Ces pieds vigoureux, cet arrangement puissant, ce bout de filet qui pend ! Quelle force et quelle facilité (1) !

(1) « Ce qu'il y a de vraiment extraordinaire dans ce tableau, grâce aux circonstances qui me permettent de le voir de près et d'en saisir le travail aussi nettement que si Rubens l'exécutait devant moi, c'est qu'il a l'art de livrer tous ses secrets, et qu'en définitive il étonne à peu près autant que s'il n'en livrait aucun. Je vous ai déjà dit cela de Rubens, avant que cette nouvelle preuve me fût donnée. » (FROMENTIN, *Les Maîtres d'autrefois*, p. 61.)

Charmante *Élévation en croix*. Bas-relief dans les bas côtés.

Temps charmant. Couru les autres églises avec un plaisir extrême. D'abord Notre-Dame d'Answyck : église moderne et bizarre ; grands bas-reliefs au-dessus des arcades portant le dôme. *Portement de croix*, etc. Chaire à prêcher : *Adam et Ève se cachant après le péché.*

Pris les remparts par le temps le plus gai, pour aller à l'église Saint-Pierre et Saint-Paul, très belle église style Louis XIV, très riche, la plus riche de là.

Enfilades de tableaux représentant des miracles de Jésuites et autres religieux, peu remarquables, mais faisant leur effet, adossés aux murs et dans l'architecture. Peintres occupés à repeindre les piliers. On repeint sans cesse ici.

La place de l'Église a fort bon air.

Revenu à Saint-Rombaud et revu le Van Dyck, qui m'a moins déplu.

Rentré fatigué. J'avais abusé un peu, dans l'intention où j'étais d'aller dessiner. Reposé une heure environ et parti avec Jenny pour l'église Saint-Jean, où j'ai dessiné deux ou trois heures. Acheté des pots d'étain.

Le soir, je suis sorti de nouveau par la porte de ville qui est au bout de notre rue. Le matin, j'avais fait cette connaissance ; le soir, elle était très pittoresque.

Revenu près de l'église de Notre-Dame. Dévotion des femmes devant les stations.

Je me suis enfoncé dans les rues. Côtoyé un grand canal, et enfin, vers neuf heures, je me suis perdu vers la cathédrale, dont j'ai eu de la peine à revenir.

Samedi 10 *août.* — Samedi matin, parti pour Anvers. Une certaine lâcheté me faisait hésiter; j'ai eu tout sujet de m'applaudir, comme on verra, de mon courage.

Parti à sept heures. Déjeuné au Grand Laboureur. Des Anglais, toujours et partout!

Cathédrale : le tableau d'autel.

Couru après Braekeleer (1), qui se faisait d'abord tirer l'oreille, et qui m'a enfin donné rendez-vous pour le soir à six heures et demie.

Église Saint-Jacques Saint-Paul ; les Jésuites, que j'ai fort admirés et qui m'a fait penser à l'ornementation de ma chapelle ; marbres incrustés, etc.

Le port d'Anvers.

Saint-Antoine de Padoue. Église petite. Un Rubens médiocre, représentant le *Saint et la Vierge.* — La *Flagellation* de saint Paul, plus sublime que jamais. — Le *Calvaire* dans ladite église. Je me suis rappelé que je l'avais vu il y a onze ans, dans des circonstances différentes.

(1) *Ferdinand de Braekeleer*, peintre belge, né en 1792, un des plus brillants représentants de l'école belge contemporaine. M. de Braekeleer était alors conservateur du Musée d'Anvers.

Enfin le Musée. Fait un croquis d'après Cranach. Admiré les *Ames du purgatoire*, c'est de la plus belle manière de Rubens. Je ne pouvais me détacher du tableau de la *Trinité*, du *Saint François*, de la *Sainte Famille*, etc. Enfin, le jeune homme qui copie le grand *Christ en croix* m'a prêté son échelle, et j'ai vu le tableau dans un autre jour. C'est du plus beau temps ; la demi-teinte est franchement tournée dans la préparation et les touches hardies de clair et d'ombres mises dans la pâte très épaisse, surtout dans le clair. Comment ne me suis-je aperçu que maintenant à quel point Rubens procède par la demi-teinte, surtout dans ses beaux ouvrages ? Ses esquisses auraient dû me mettre sur la voie. Contrairement à ce qu'on dit du Titien, il ébauche le ton des figures qui paraissent foncées sur le ton clair. Cela explique aussi qu'en faisant le fond ensuite et par un besoin extrême de faire de l'effet, il s'applique à rendre les chairs brillantes outre mesure en rendant le fond obscur. La tête du Christ, celle du soldat qui descend de l'échelle, les jambes du Christ et celles de l'homme supplicié très colorées dans la préparation, et clairs posés seulement à petites places. La Madeleine remarquable pour cette qualité : on voit clairement les yeux, les cils, les sourcils, les coins de la bouche dessinés par-dessus, je crois, dans le frais, contrairement à Paul Véronèse.

Se rappeler aussi les *Ames du purgatoire*. La demi-teinte tournée est évidente dans les figures du

bas et les touches qui reviennent dessiner les traits.
L'esquisse du tableau devait être bonne pour mettre
à même de faire le tableau ainsi et à coup sûr. Chercher dans l'esquisse et aller sûrement dans l'exécution
du tableau.

— Le soir, après dîner, parti par un beau soleil,
pour aller chez Braekeleer; admiré, en remontant sa
rue, de magnifiques chevaux flamands, un jaune et
un noir.

Vu enfin la fameuse *Élévation en croix* : émotion
excessive! Beaucoup de rapports avec la *Méduse*...
Il est encore jeune et pense à satisfaire les pédants...
Plein de Michel-Ange. Empâtement extraordinaire.
Sécheresse qui touche au Mauzaisse, dans quelques
parties, et pourtant point choquante. Cheveux très
sèchement faits dans des têtes frisées, dans le vieillard à tête rouge et à cheveux blancs qui soulève la
croix en bas à droite, dans le chien, etc.; n'est point
préparé par la demi-teinte. Dans le volet de droite,
on voit des préparations empâtées comme celles que
je fais souvent et le glacis par-dessus, notamment dans
le bras du Romain, qui tient le bâton, et dans les cri-
minels qu'on crucifie. Encore plus probable, quoique
dissimulé par le fini, dans le volet de gauche. La
coloration a disparu dans les chairs, dont les clairs
sont jaunes et les ombres noires. Plis étudiés pour
faire du style, coiffures soignées. Plus de liberté,
quoique d'un pinceau académique, dans le tableau du
milieu, mais entièrement libre et revenu à sa nature,

dans le volet du cheval, qui est au-dessus de tout.

Cela m'a grandi Géricault, qui avait cette force-là, et qui n'est en rien inférieur. Quoique d'une peinture moins savante dans l'*Élévation en croix*, il faut avouer que l'impression est peut-être plus gigantesque et plus élevée que dans les chefs-d'œuvre. Il était imbu d'ouvrages sublimes ; on ne peut pas dire qu'il imitait. Il avait ce don-là, avec les autres en lui. Quelle différence avec les Carrache ! En pensant à eux, on voit bien qu'il n'imitait pas ; il est toujours Rubens.

Cela me sera utile pour mon plafond (1). J'avais ce sentiment quand j'ai commencé. Peut-être le devais-je aussi à d'autres ? La fréquentation de Michel-Ange a exalté et élevé successivement au-dessus d'eux-mêmes toutes les générations de peintres. Le grand style ne peut se passer du trait arrêté d'avance. En procédant par la demi-teinte, le contour vient le dernier : de là plus de réalité, mais plus de mollesse et peut-être moins de caractère.

Le soir, Braekeleer, qui m'avait dit qu'il lui serait impossible de me faire revoir les tableaux le lendemain, qu'il avait une partie, je ne sais quoi, est revenu, s'étant ravisé, je crois, sur ce que d'autres lui auront fait sentir que je méritais qu'on se dérange pour moi ; est revenu, dis-je, me chercher pour passer la soirée avec ses amis les artistes et me promettre qu'il me mènerait derechef le lendemain.

(1) Galerie d'Apollon.

Achevé la soirée avec M. Leys (1), un autre peintre
et un amateur. Ils m'ont reconduit à mon hôtel des
Pays-Bas.

Malines, dimanche 11 *août.* — A Anvers. Vers
dix heures, Braekeleer est venu me prendre pour
retourner voir les tableaux de Rubens en restauration. Cet intarissable bavard m'a gâté cette seconde
séance en étant sans cesse sur mon dos et ne parlant
que de lui. L'impression d'hier soir, au crépuscule,
avait été la bonne.

J'ai été tellement fatigué qu'après l'avoir accompagné chez l'amateur qui m'avait invité la veille à
voir ses tableaux, je suis rentré à mon auberge, et j'ai
dormi au lieu de retourner au Musée, ce qui aurait
complété mes observations d'hier. Je suis donc resté
paresseusement, écoutant le carillon qui m'enchante
toujours, en attendant le dîner.

Nous partons à sept heures et demie. Trouvé au
chemin de fer M. Van Huthen et un M. Cornelis,
major d'artillerie, qui a été fort aimable et fort empressé, regrettant de n'avoir pu m'être utile. Mes
amis ne me montrent pas cet intérêt-là. Il faut que la
personne d'un homme dont le public s'occupe soit
inconnue pour que ce sentiment d'empressement persiste. Quand on a vu plusieurs fois un homme remar-

(1) *Henri Leys*, peintre belge, né en 1815, mort en 1869, élève de
Ferdinand de Braekeleer, son beau-frère. Son œuvre est considérable et
des plus remarquables.

quable, on le trouve fort justement à peu près semblable à tous les autres ! Ses ouvrages nous l'avaient
grandi et lui prêtaient de l'idéal. De là le proverbe :
« Il n'y a pas de héros pour son valet de chambre. »
Je crois qu'en y pensant mieux, on se convaincra qu'il
en est autrement. Le véritable grand homme est bon
à voir de près. Que les hommes superficiels, après
s'être figuré qu'il était hors de la nature comme des
personnages de roman, en viennent très vite à le
trouver comme tout le monde, il n'y a là rien d'étonnant. Il appartient au vulgaire d'être toujours dans
le faux ou à côté du vrai. L'admiration fanatique et
persistante de tous ceux qui ont approché Napoléon
me donne raison.

Le dimanche soir, en rentrant à Malines, sensation agréable de m'y retrouver. Tous ces bons Flamands étaient en fête ; ces gens-là sont bien dans
notre nature française.

— Dessiné de mémoire tout ce qui m'avait frappé
pendant mon voyage d'Anvers.

Bruxelles, lundi 12 *août.* — Sorti à neuf heures.
Hôtel Tirlemont. Revu la cathédrale et ses magnifiques vitraux. Dessiné trop tôt et trouble d'estomac
qui m'a causé un accident passager dont je me suis
senti toute la journée. C'est en allant au Musée. J'y
suis resté cependant jusqu'à trois heures.

— Tableau de Flinck. Celui de la première salle
librement peint.

Le coup de lance. Le soldat qui perce le côté, d'une tonalité plus foncée que le larron qui est derrière, ce qui l'enlève parfaitement. Le larron, d'un ton doré, — son linge également de même valeur qui se confond avec le ciel qui est d'un gris chaud. Le cou du cheval plus clair : — un luisant très vif sur l'armure sous le bras du soldat à la lance, et le ciel très bleu entre les bras de l'autre.

La lumière dégradée sur les jambes du Christ depuis les genoux. La tête, le bras et l'autre main de la Madeleine très vifs. Les pieds du Christ, très demi-teintés, mais d'une légèreté admirable. Le genou se détachant à merveille sur le bras et la main de la Madeleine. Tout le genou du soldat qui descend de l'échelle, d'une valeur analogue aux pieds du Christ, sauf quelques luisants, mais doux.

Le linge du haut du bras de la Madeleine d'un blanc mat, quoique vif et analogue au col. La partie éclairée de l'échelle qui sépare ses cheveux du manteau rouge de saint Jean, d'un gris perle jaunâtre, presque comme les cheveux.

L'échelle contre les jambes du larron, ses deux jambes (sauf le genou droit un peu plus coloré), mais les pieds surtout, sauf l'ombre, du même ton gris bleuâtre, brunâtre. La croix près des pieds, de même. Le ciel à peu près de même valeur. Le bras du soldat se détache de la jambe du larron, seulement parce qu'il est un peu plus rouge.

Le groupe de la Vierge plus sombre en masse que

la Madeleine, quoique dans le clair; mais la tête très
brillante, quoiqu'un peu moins que la Madeleine, et
les mains aussi brillantes que possible. Le saint Jean
d'une valeur très demi-teintée du haut en bas. Le
manteau bleu de la Vierge un peu plus clair que le
rouge du manteau. Sa robe gris violet un peu plus
foncée.

Le bâton de l'échelle a un clair qui se prolonge
jusqu'à la jambe du larron.

La tête de la Madeleine se détache à merveille sur
la partie demi-teinte claire du bois de la croix et par
derrière sur le ciel de même valeur; comme je
l'ai dit, toute cette grappe sublime de l'échelle,
des pieds du larron, des jambes du soldat, de la cui-
rasse foncée avec son luisant qui relève le tout.

— Les petites esquisses sont bien plus fermes et
mieux dessinées que les grands tableaux.

— Promenade dans le parc, pour me remettre,
par un temps gris. Descendu dans l'enfoncement.

Le soir, promenade vers le théâtre et à travers les
passages. J'aimais à revoir tous ces lieux où je me
suis plu il y a onze ans.

Mardi 13 *août.* — Je lis à Bruxelles, dans le journal, qu'on a fait à Cambridge des expériences
photographiques pour fixer le soleil, la lune et même
des images d'étoiles. On a obtenu de l'étoile *Alpha*,
de la Lyre, une empreinte de la grosseur d'une
tête d'épingle. La lettre qui constate ce résultat fait

une remarque aussi juste que curieuse : c'est que la
lumière de l'étoile daguerréotypée mettant vingt ans
à traverser l'espace qui la sépare de la terre, il en
résulte que le rayon qui est venu se fixer sur la pla-
que avait quitté sa sphère céleste longtemps avant
que Daguerre eût découvert le procédé au moyen
duquel on vient de s'en rendre maître

J'ai été languissamment au Musée ; j'étais sous
l'impression du malaise d'hier. Il y avait des courants
d'air qui m'ont chassé.

Le matin, j'avais été chercher M. Van Huthen, au
bout de la ville; il m'a mené chez quelques marchands
d'estampes. J'ai remarqué de plus en plus combien le
Portement de croix, le *Christ foudroyant le monde*,
le *Saint Liévin* caractérisent une manière à part chez
Rubens. Je crois que c'est la dernière. C'est la plus
habile. L'opposition des tableaux voisins ne sert qu'à
faire ressortir cette différence. L'*Assomption* est très
sèche. Il en est de même de l'*Adoration des mages*,
qui m'avait tant séduit le premier jour, sans doute à
cause du soir.

Paris, mercredi 14 août. — Parti de Bruxelles à
neuf heures. Journée assez fatigante. Arrivé à Paris
vers six heures.

Trouvé dans la diligence un original de soixante-
dix ans ressemblant à M. Bertin le père, qui a une
excellente philosophie ; il vit à Louviers chez ses
enfants. Le bonhomme s'est gardé la libre disposition

de son argent qui n'est pas considérable, à ce qu'il dit, mais qui, employé comme il le sait faire, le rend très heureux. A tout instant il part, il va faire un voyage et revient quand il a assez de ses tournées. Il vit certainement davantage.

— Il me semble qu'il y a trois mois que j'ai quitté Paris.

Samedi 17 *août.* — Ton fin pour demi-teinte d'or et pour draperie neutre propre à relever ce qui entoure par une opposition : Base, *chrome* le plus clair. — Demi-teinte, soit *terre d'ombre,* soit *terre de Cassel blanc. Ocre* ou autre ajouté suivant la convenance.

Ton jaune pour le ciel après le ton clair de *jaune de Naples* et *blanc,* qui entoure l'Apollon (1) : ocre *jaune, blanc, chrome n°* 2. En dégradant, la *terre d'ombre* naturelle substituée à l'ocre jaune.

Clairs du manteau de l'Éole : *terre d'Italie naturelle, vermillon.* Ombres : *laque brûlée, terre d'Italie brûlée.*

Clairs de la robe d'Iris : *vert émeraude, jaune de chrome n°* 2. — Ombres : *vert émeraude, terre d'Italie naturelle.*

Pour le ciel, le ton doré, à partir de la *Gloire,* clair autour du soleil : *la terre d'Italie naturelle* et *blanc;* le ton *bleu de Prusse* et *blanc* vient s'y marier, mais à sec.

(1) Voir *Catalogue Robaut,* n° 1118.

— Pour préparer les figures pour le tableau, partir d'un bon trait, et quand Andrieu aura appliqué la couleur et commencé à tourner sa figure, le redresser dans ce premier travail et tâcher d'obtenir qu'il en vienne à bout avec cette aide... Les retouches que je ferai seront plus faciles. Il faudrait conserver le trait et le perfectionner même avant de s'en servir, de manière à poncer de nouveau sur la préparation peinte, quand le dessin se perdra.

Il faudra suivre en tout la préparation des décorateurs, et particulièrement pour les figures éloignées ; les modeler avec teintes plates, comme nous avons fait dans le carton, les tailler par l'ombre, et pour ainsi dire sans ajouter de clairs.

Vendredi 25 août. — Un critique dit de M. Bazin (1) : « M. Bazin est un homme de beaucoup d'esprit et qui se pique de n'avoir rien, en écrivant, de l'érudit de profession et du pédant. » Je me permettrai seulement de demander si, dans cette abstinence absolue de toute citation et de toute note en un genre d'ouvrage qui les réclame naturellement, si dans cette suppression exacte de tout nom propre moderne, là même où l'auteur y songe le plus et y fait allusion, si dans cette attention tout épigrammatique de ne laisser sans rectification aucune des petites erreurs d'autrui,

(1) Il s'agit ici de *Bazin*, historien, né en 1797, mort en 1850, auteur d'ouvrages historiques estimés, notamment une *Histoire de France sous Louis XIII et sous le cardinal Mazarin*, qui obtint le prix Gobert.

il n'y a pas une sorte de pédantisme. *L'honnête homme est celui qui ne se pique de rien*, a dit La Rochefoucauld; M. Bazin se pique *d'être honnête homme*. Quand on fait un métier, il faut franchement en être; c'est à la fois plus simple, plus commode, et de meilleur goût.

— Ce que dit M. Villemain de l'histoire (qu'elle est toujours à faire, etc.) peut se dire de tout. Non seulement je puis trouver, dans les récits d'un autre, matière à de nouveaux récits intéressants à mon point de vue, mais le propre récit que je viens de faire, je le referai de vingt manières différentes. Il n'y a probablement que Dieu ou qu'un dieu pour ne dire des choses que ce qui doit en être dit.

Mardi 3 septembre. — Commencé au Louvre pour le plafond (1).

J'ai aidé Andrieu à tracer les carreaux sur le carton.

Mardi 17 septembre. — Reçu la visite de M. Laurens, de Montpellier, avec un M. Schirmer (2), paysagiste de Dusseldorf, et M. Saint-René Taillandier (3), de la Revue, qui m'a plu.

(1) *Apollon vainqueur du serpent Python.*
(2) *Jean-Guillaume Schirmer,* peintre allemand, né en 1807, mort en 1863. Il est, à vrai dire, le fondateur de l'école de paysage de Dusseldorf. En 1854, il fut appelé à la direction de l'école des beaux-arts de Carlsruhe.
(3) *Saint-René Taillandier,* littérateur, né en 1817, mort en 1879. D'a-

Puis Bonvin (1) avec une lettre de Mme Sand. Il a également de bonnes manières. Une Mme Camilla Gondolfi, *pittrice sarda* ; elle habite Gênes et Turin pendant les sessions.

— Laurens m'apprend que Ziegler (2) fait une grande quantité de daguerréotypes, et entre autres des hommes nus. J'irai le voir pour lui demander de m'en prêter.

Mereredi 18 septembre. — Visite de Wappers (3). Il me parle de l'alumine. En la broyant avec tous les tons possibles, on obtient un transparent qui en fait une laque.

Lundi 23 septembre. — Wappers, Halévy, Mercey, Duban ont dîné avec moi. Delaroche n'était pas à Paris.

24 septembre. — Je remarquais dans la *Susanne,* de Paul Véronèse, combien l'ombre et la lumière sont

bord professeur de littérature, puis collaborateur très actif de la *Revue des Deux Mondes,* il obtint en 1863 la chaire d'éloquence française à la Faculté de Paris et fut nommé en 1873 membre de l'Académie française.

(1) *François Bonvin,* peintre, né en 1817, mort en 1887. Bonvin peut être considéré comme un des meilleurs peintres de genre de notre époque.

(2) *Jules-Claude Ziegler,* peintre, né en 1804, mort en 1856. Élève d'Ingres, il débuta au Salon de 1832 par des tableaux qui commencèrent sa réputation. Il est l'auteur de la peinture qui décore la grande coupole de la Madeleine. Ziegler tient une place distinguée parmi les peintres de la première moitié de notre siècle.

(3) *Baron Wappers,* peintre belge, né à Anvers en 1803, mort en 1874. Il mérite d'être cité parmi les principaux peintres d'histoire de ce temps.

simples chez lui-même sur les premiers plans. Dans
une vaste composition comme le plafond, c'est encore
bien plus nécessaire. La poitrine de la *Susanne* semble d'un seul ton, et elle est en pleine lumière; ses contours sont également très prononcés : nouveau moyen
d'être clair à distance. Je l'ai éprouvé également sur
le carton, après avoir tracé autour des figures un contour presque niais et sans accents.

— Sur le préjugé qu'on naît coloriste et qu'on
devient dessinateur, ou bien le « *nascuntur poetæ,
fiunt oratores* ».

— Sur les peintres-poètes et les peintres-prosa-
teurs.

Dimanche 29 septembre. — Mme Cavé est venue
me lire partie de son traité de l'aquarelle, plein de
choses charmantes.

En regardant l'esquisse que j'ai colorée de mémoire du *Portement de croix* de Rubens, je me dis
qu'il faudrait ébaucher ainsi les tableaux avec cette
intensité de ton qui manque un peu de lumière, mais
qui établit les rapports de localité, et ensuite se livrer
là-dessus et mettre la lumière et les accents avec la
fantaisie et la verve nécessaires; ce serait le moyen de
l'avoir (cette verve) quand il le faut, pour n'en pas
dépenser inutilement, c'est-à-dire à la fin. C'est le
contraire qui arrive le plus souvent, et à moi particulièrement.

On voit dans le tableau de Van Dyck (je ne parle

pas de ses portraits) qu'il n'avait pas toujours la hardiesse nécessaire pour revenir vivement et avec inspiration sur cette préparation où la demi-teinte domine
un peu trop.

Il faut à la fois concilier ce que Mme Cavé me
disait de la couleur *couleur* et de la lumière *lumière* :
faire trop dominer la lumière et la largeur des plans
conduit à l'absence de demi-teintes et par conséquent
à la décoloration; l'abus contraire nuit surtout dans
les grandes compositions destinées à être vues de
loin, comme les plafonds, etc. Dans cette dernière
peinture, Paul Véronèse l'emporte sur Rubens par la
simplicité des localités et la largeur de la lumière.
(Se rappeler la *Susanne et les vieillards* du Musée,
qui est une leçon à méditer.) Pour ne point paraître
décolorée avec une lumière aussi large, il faut que la
teinte locale de Paul Véronèse soit très montée
de ton.

Mercredi 9 *octobre* 1850. — Donné au sieur
Lacroix, pour Bourges, marchand de couleurs incen-
dié, un petit pastel représentant un *Tigre qui lèche
sa patte* (1).

Mercredi 16 *octobre.* — Des *licences pittoresques.*
Chaque maître leur doit souvent des effets les plus
sublimes : l'inachevé de Rembrandt, l'outré de

(1) Voir *Supplément au Catalogue Robaut*, n° **309.**

Rubens. Les médiocres ne peuvent oser de la sorte ; ils ne sont jamais hors d'eux-mêmes. La méthode ne peut tout régler; elle conduit tout le monde jusqu'à un certain point. Comment aucun des grands artistes n'a-t-il essayé de détruire cette foule de préjugés? ils auront été effrayés de la tâche et auront abandonné la foule à ses sottes idées.

Champrosay, samedi 19 *octobre.* — Payé à Joseph Tissier, ce jour ou deux auparavant, la somme de 55 francs pour vingt-deux journées de travail au jardin. Il a eu l'effronterie de me présenter ce résultat depuis mon départ. De plus, 2 fr. 50 pour un jardinier, auquel il a acheté des fleurs.

3 *novembre*. — Rubens met franchement la demi-teinte grise du bord de l'ombre entre son ton local de chair et son frottis transparent. Ce ton chez lui règne tout du long. Paul Véronèse met à plat la demi-teinte de clair et celle de l'ombre. (J'ai remarqué par ma propre expérience que ce procédé donne déjà une illusion étonnante.) Il se contente de lier l'un à l'autre par un ton plus gris mis par places et à sec par-dessus. De même, il met, en frôlant, le ton vigoureux et transparent qui borde l'ombre du côté du ton gris.

Titien probablement ne savait pas comment il finirait un tableau... Rembrandt devait être souvent dans ce cas; ses emportements excessifs sont moins un effet de son intention que celui de tâtonnements successifs.

— Nous avons, dans notre promenade, observé des effets étonnants. C'était un soleil couchant : les tons de *chrome*, de *laque* les plus éclatants du côté du clair, et les ombres bleues et froides outre mesure. Ainsi l'ombre portée des arbres sur l'herbe naissante, laquelle était au soleil l'émeraude la plus chaude, était toute froide dans l'ombre portée des arbres tout jaunes, *terre d'Italie, brun rouge* et éclairés en face par le soleil, se détachant sur une partie de nuages gris qui allaient jusqu'au bleu. Il semble que plus les tons du clair sont chauds, plus la nature exagère l'opposition grise : témoin les demi-teintes dans les Arabes et natures cuivrées. Ce qui faisait que cet effet paraissait si vif dans le paysage, c'était précisément cette loi d'opposition.

Hier, je remarquais le même phénomène au soleil couchant : il n'est plus éclatant, plus frappant que le midi, que parce que les oppositions sont plus tranchées. Le gris des nuages, le soir, va jusqu'au *bleu;* la partie du ciel qui est pure est *jaune* vif ou orangé. Loi générale : *plus d'opposition, plus d'éclat.*

Samedi 23 novembre. — Donné 10 francs d'avance au jardinier de Mme Deshous. Je suis convenu avec lui de 50 francs par an.

Paris, 26 novembre. — Réunion au Palais-Royal de l'ancien jury, pour dépouiller le scrutin relatif au Salon. Resté jusqu'au dîner.

Mercredi 27 *novembre*. — J'ai passé la matinée avec Guillemardet, chez lequel j'avais été pour lui recommander Mme Filleau.

Il me donne ce moyen de M. Dupin (1) pour trouver facilement ce qu'on a à dire : c'est de ne point penser aux expressions, lorsqu'on roule à l'avance sa matière dans sa tête, mais seulement de penser à la chose même et s'en bien pénétrer ; l'expression arrive toute seule quand on vient à parler.

Samedi 14 *décembre*. — Fini aujourd'hui l'examen pour la réception et le placement des tableaux.

Dans huit jours, nous retournerons pour voir de nouveau. Il y a trois semaines que nous ne faisons que cela.

Dimanche 15 *décembre*. — M. Baldus me donne les recettes suivantes : pour coller le papier sur un panneau pour peindre, avoir des panneaux encadrés en bois simple et qui coûtent meilleur marché. Il faut nettoyer le verre sur lequel on doit calquer le dessin qu'on veut grandir, avec un chiffon et de l'eau-de-vie. Prendre de la colle forte et y mêler un peu de blanc d'Espagne, quand elle est chaude. En mettre sur le panneau et sur le dessin, et appliquer fortement. Quand le tout est bien pris et qu'on veut

(1) Sans doute le grand orateur *Dupin*, dit *Dupin aîné*, qui fut successivement avocat, procureur général et président de l'Assemblée législative en 1849.

peindre, passer une couche de gélatine. En mettre de même sur la peinture faite avant de vernir.

Pour reboucher les crevasses dans les tableaux avant de restaurer : Mastic qu'on trouve chez tous les restaurateurs de tableaux, fait de blanc d'Espagne et de colle de peau de lapin. Avant de retoucher, passer légèrement un siccatif, de manière à faire revenir le ton et à imbiber les endroits où est le mastic. Il est entendu qu'en lavant avec soin le tableau avant de retoucher, on n'a laissé le mastic que dans les crevasses. Pour retoucher des épreuves de photographie, mouiller le papier et l'appliquer sur un verre ; il adhérera au moins pendant deux heures ; retoucher dans l'humide avec aquarelle et rehaut de gouache.

Samedi 28 *décembre.* — Chez Chabrier le soir. J'ai vu là Desgranges (1), qui me disait qu'il s'était heurté une fois contre un pendu dans les rues de Constantinople. C'était un boucher en contravention... Il en faut de très légères pour être puni du dernier supplice ; une augmentation de moins d'un liard sur le prix fixé par la police est une raison suffisante. Au reste, cela n'étonne personne. Les janissaires lui disaient (à Desgranges), et c'est l'opinion commune dans le peuple, que le sultan a quatorze hommes à tuer par jour.

— Il y avait Villemain l'ingénieur et un ingénieur

(1) *Desgranges* avait fait en 1832 le voyage au Maroc avec Delacroix et le comte de Mornay, en qualité d'interprète.

des ponts et chaussées. Ces messieurs regardaient une invasion comme impossible, d'abord parce que tout le monde se réunirait contre l'étranger (plaisante sécurité dans un pays divisé); ensuite parce que l'artillerie était si perfectionnée que nulle force envahissante n'était capable d'en triompher, non plus que des tirailleurs combattant isolément et armés d'excellentes carabines, sous ce prétexte qu'une armée d'invasion devait agir par colonnes profondes, et que les habitants s'éparpillant et travaillant sur elle devaient en avoir raison. On avait beau leur objecter que l'artillerie d'une part était perfectionnée pour tout le monde, et que les assaillants auraient à ce sujet un avantage égal; que, de l'autre côté, rien ne les empêchait d'agir en tirailleurs... Il n'y a pas eu moyen de les tirer de là.

1851

Jeudi 2 *janvier.* — Ovale du plafond de Saint-Sulpice :

$$5 \text{ mètres} = 15 \text{ pieds 4 pouces};$$
$$3 \text{ mètres } 84 \text{ cent.} = 12 \text{ pieds.}$$

Lundi 13 *janvier.* — M. Haro a à m'arranger :

Le *Cheval gris terrassé par une lionne.* Le rentoilage s'était dédoublé.

Arabe accroupi, provenant d'une toile plus grande, sur laquelle était la *Susanne* de Villot.

La grande toile où étaient deux études de *Chats,* au bitume (1).

Le *Boissy d'Anglas* (2).

(1) Voir *Catalogue Robaut,* n° 785.
(2) Ce tableau, qui est aujourd'hui au Musée de Bordeaux, fut peint pour un concours dans lequel la victoire resta au peintre *Court.* On reprochait à Delacroix de n'avoir pas, selon la tradition, découvert la tête du président de l'Assemblée. (Voir *Cat. Robaut,* n° 353.) Ce fut après cet échec et probablement encore sous l'impression pénible qu'il avait conservée de cette injustice qu'Eugène Delacroix écrivit à Achille Ricourt, alors directeur de l'*Artiste,* la très belle lettre sur les concours, dans laquelle on lit ceci : « Je n'ai fait que glisser, au commencement de « cet article, sur la difficulté de trouver des juges éclairés et impar- « tiaux ; je n'ai parlé ni des brigues ni des complaisances, et je n'ai pas « assez appuyé, comme vous l'avez vu sans doute, sur l'impossibilité « d'obtenir des jugements équitables. Cette matière est affligeante autant

28 *février*. — De Liszt sur Chopin.

« Quelque regretté qu'il soit et par tous les artistes et par tous ceux qui l'ont connu, il nous est permis de douter que le moment soit déjà venu où, apprécié à sa juste valeur, celui dont la perte nous est si particulièrement sensible, occupera le haut rang que lui réserve probablement l'avenir. »

Quelle que soit donc la popularité d'une partie des productions de celui que les souffrances avaient brisé longtemps avant la mort, il est néanmoins à présumer que la postérité aura pour ses ouvrages une estime moins frivole et moins légère que celle qui leur est encore accordée. Ceux qui, dans la suite, s'occuperont de l'histoire de la musique, feront sa part, et elle sera grande, à celui qui y marqua par un si rare génie mélodique, par de si heureux et remarquables agrandissements du tissu harmonique, que ses conquêtes seront avec raison plus prisées que mainte œuvre de surface plus étendue, jouée et rejouée par un grand nombre d'instruments, chantée et rechantée par la foule des *prima donna*.

En se renfermant dans le cadre exclusif du piano, Chopin, à notre sens, a fait preuve d'une des qualités les plus essentielles à un écrivain, la juste appréciation de la forme dans laquelle il lui est donné d'exceller,

« que féconde ; je laisse à votre sagacité, Monsieur le rédacteur, à votre
« connaissance des mœurs et de la faiblesse de notre nature, à creuser
« ce triste sujet, à éclairer, si vous en avez le courage, les manœuvres
« de l'envie et de cette avidité nécessiteuse qui se précipite dans les
« concours comme à une curée. » (*Corresp.*, t. I, p. 159.)

et néanmoins ce fait, dont nous lui faisons un sérieux mérite, nuisit à l'importance de sa renommée.

Difficilement peut-être un autre, en possession de si hautes facultés mélodiques et harmoniques, eût-il résisté aux tentations que présentent les chants de l'archet, les alanguissements de la flûte, les assourdissements de la trompette, que nous nous obstinons encore à croire la seule messagère de la vieille déesse dont nous briguons les subites faveurs. Quelle conviction réfléchie ne lui a-t-il pas fallu pour se borner à un cercle plus aride en apparence et y faire éclore par son génie ce qui semblait ne pouvoir fleurir sur ce terrain? Quelle pénétration intuitive ne révèle pas ce choix exclusif qui, arrachant les divers effets des instruments à leur domaine habituel, où toute l'écume du bruit fût venue se briser à leurs pieds, les transportait dans une sphère plus restreinte, mais plus idéalisée? Quelle confiante aperception des puissances futures de son instrument a dû présider à cette renonciation volontaire d'un empirisme si répandu qu'un autre eût probablement considéré comme un contresens d'enlever d'aussi grandes pensées à leurs interprètes ordinaires! Combien nous devons sincèrement admirer cette unique préoccupation du beau pour lui-même, qui d'une part a soustrait son talent à la propension commune de répartir entre une centaine de pupitres chaque brin de mélodie, et qui de l'autre lui fit augmenter les ressources de l'art, en enseignant à les concentrer dans un moindre espace!

Loin d'ambitionner le fracas de l'orchestre, Chopin
se contenta de voir sa pensée intégralement reproduite sur l'ivoire du clavier. Il atteignit toujours son
but, celui de ne rien faire perdre en énergie à la conception musicale ; mais il ne prétendait jamais aux
effets d'ensemble et à la brosse du décorateur. On n'a
point assez sérieusement et assez attentivement réfléchi sur la valeur des dessins de ce pinceau délicat,
habitué qu'on est de nos jours à ne considérer comme
compositeurs dignes d'un grand nom que ceux qui
ont laissé au moins une demi-douzaine d'opéras,
autant d'oratorios et quelques symphonies, demandant ainsi à chaque musicien de faire tout et un peu
plus que tout.

Cette notion, si généralement répandue qu'elle soit,
n'en est pas moins d'une justesse très probléma-
tique. Nous sommes loin de contester la gloire plus
difficile à obtenir et la supériorité réelle des chantres
épiques qui déploient sur un large plan leurs splendides créations ; mais nous désirerions qu'on appli-
quât à la musique le prix qu'on met aux proportions
matérielles dans les autres arts, qui, en peinture par
exemple, place une toile de vingt pouces carrés, comme
la *Vision d'Ézéchiel* de Raphaël ou le *Cimetière* de
Ruysdaël, parmi les chefs-d'œuvre évalués plus haut
que tel immense tableau, fût-il de Rubens ou du Tin-
toret. En littérature, Béranger est-il un moins grand
poète pour avoir resserré sa pensée dans les limites
étroites de la chanson? Pétrarque ne doit-il pas son

triomphe à ses sonnets, et de ceux qui ont le plus
répété leurs suaves rimes, en est-il beaucoup qui
connaissent l'existence de son poème sur l'Afrique?
Or, on ne saurait s'appliquer à faire une analyse
intelligente des travaux de Chopin sans y trouver des
beautés d'un ordre très élevé, d'une expression
parfaitement neuve et d'une contexture harmonique
aussi originale qu'accomplie. Chez lui la hardiesse se
justifie toujours, la richesse, l'exubérance même
n'excluent pas la clarté; la singularité ne dégénère
pas en bizarrerie baroque; les ciselures ne sont pas
désordonnées, et le luxe de l'ornementation ne sur-
charge pas l'élégance des lignes principales. Les
meilleurs ouvrages abondent en combinaisons qui,
on peut le dire, forment époque dans le maniement
du style musical. Osées, brillantes, séduisantes, elles
déguisent leur profondeur sous tant de grâce, et leur
habileté sous tant de charme, que ce n'est qu'avec
peine qu'on peut se soustraire à ce charme entraînant
pour les juger à froid sous le point de vue de leur
valeur théorique; valeur qui a déjà été sentie, mais
qui se fera de plus en plus reconnaître, lorsque le
temps sera venu d'un examen attentif des services
rendus à l'art, durant la période que Chopin a
traversée.

C'est à lui que nous devons cette extension des
accords, soit plaqués, soit en arpèges, soit en batteries; ces sinuosités chromatiques et enharmoniques
dont ses études offrent de si frappants exemples; ces

petits groupes de notes surajoutées, tombant par-
dessus la figure mélodique, pour la diaprer comme
une rosée, et dont on n'avait encore pris le modèle que
dans les fioritures de l'ancienne grande école de chant
italien. Reculant les bornes dont on n'était pas sorti
jusqu'à lui, il donna à ce genre de parure l'imprévu
et la variété que ne comportait pas la voix humaine
servilement copiée par le piano, dans des embellissements devenus stéréotypés et monotones.

Il inventa ces admirables progressions harmoniques
qui ont doté d'un caractère sérieux même les pages qui,
par la légèreté de leur sujet, ne paraissaient pas devoir
prétendre à cette importance. Mais qu'importe le
sujet? N'est-ce pas l'idée qu'on en fait jaillir, l'émotion
qu'on y fait vibrer, qui l'élève, l'ennoblit et le grandit?
Que de mélancolie, que de finesse, que de sagacité,
que d'art surtout, dans ces chefs-d'œuvre de la Fontaine
dont les sujets sont si familiers et les titres si modestes!
Le titre d'*études* et de *préludes* l'est aussi; pourtant
les morceaux de Chopin qui les portent n'en reste-
ront pas moins des types de perfection dans un genre
qu'il a créé, et qui relève, ainsi que toutes ses œuvres,
du caractère de son genre poétique.

Écrits presque en premier jet, ils sont empreints
d'une verve juvénile qui s'efface dans quelques-uns de
ses ouvrages subséquents plus élaborés, plus achevés,
plus savants, pour se perdre tout à fait dans ses dernières productions d'une sensibilité surexcitée, qu'on
dirait être la recherche de l'épuisement.

Si nous avions à parler ici en termes d'école du développement de la musique de piano, nous disséquerions ces magnifiques pages qui offrent une si riche glane d'observations; nous explorerions, en première ligne, ces *nocturnes, ballades, impromptus, scherzos*, qui tous sont pleins de raffinements harmoniques aussi inattendus qu'inentendus; nous les rechercherions également dans ses *polonaises, mazurkas, valses, boléros*... Mais ce n'est ni l'instant ni le lieu d'un travail pareil, qui n'offrirait d'intérêt qu'aux adeptes.

C'est par le *sentiment* qui déborde de toutes ces œuvres qu'elles se sont répandues et popularisées; *sentiment éminemment romantique, individuel, propre à leur auteur* et néanmoins *sympathique* non seulement au pays qui lui doit une illustration de plus, mais à tous ceux que purent jamais toucher les infortunes de l'exil et les attendrissements de l'amour.

Né se contentant pas toujours des cadres où il était libre de dessiner les contours si heureusement choisis par lui, Chopin voulut aussi enclaver sa pensée dans les classiques barrières. Il a écrit de beaux *concertos* et de belles *sonates* : toutefois il n'est pas difficile de distinguer dans ces productions plus de volonté que d'inspiration. La sienne était impérieuse, fantasque, irréfléchie. Ses allures ne pouvaient être que libres, et nous croyons qu'il a violenté son génie chaque fois qu'il a cherché à l'astreindre aux règles, aux classifications, à une ordonnance qui n'était pas la sienne

et ne pouvait concorder avec les exigences de son
esprit, un de ceux dont la grâce se déploie surtout
lorsqu'ils semblent aller à la dérive.

Il a pu être entraîné à désirer ce double succès par
l'exemple de son ami Mickiewicz (1), qui, après avoir
réussi dans une poésie fantastique qui lui est propre,
réussit jusqu'à un certain point dans la forme clas-
sique. Chopin n'obtint pas aussi complètement le
même succès, à notre avis ; il n'a pas pu maintenir,
dans le carré d'une coupe anguleuse et raide, ce
contour flottant et indéterminé qui fait le charme de
sa pensée ; il n'a pas pu y enserrer cette indécision
nuageuse et estompée, qui, en détruisant toutes les
arêtes de la forme, la drape de longs plis comme
de flocons brumeux.

Ces essais brillent pourtant par une rare distinction
de styles et renferment des fragments d'une surprenante grandeur. Nous citerons l'*adagio* du second
concerto, pour lequel il avait une prédilection marquée
et qu'il se plaisait à redire fréquemment. Ses dessins
accessoires appartiennent à la plus belle manière de
l'auteur..... Tout ce morceau est plein d'une idéale
perfection, son sentiment tour à tour radieux et plein
d'apitoiements. Il fait songer à un magnifique paysage
inondé de lumière, à quelque fortunée vallée de Tempé
qu'on aurait fixée pour être le lieu d'un récit lamen-

(1) *Adam Mickiewicz,* poète polonais (1798-1855). Les œuvres de
Mickiewicz se distinguent par une grande variété de sujets et d'inspirations.

table, d'une scène attendrissante; on dirait un irréparable regret, accueillant le cœur humain en face d'une incomparable splendeur de la nature. Contraste soutenu par une fusion de tons, une dégradation de teintes incomparable qui empêche que rien de heurté ou de brusque ne vienne faire dissonance à l'impression émouvante qu'il produit, et qui en même temps mélancolise la joie et rassérène la douleur.

Mardi 29 avril (1). — Ton des enfants dans le tableau de *Python*. Après avoir cherché et massé avec des tons frais et demi-teinte en même temps, modelé à sec en mettant des clairs très empâtés de *blanc* et très peu de *vermillon*.

Sur les ombres, frotté le ton de *vermillon, bleu de Prusse* et *blanc,* lequel doit déborder pour faire la demi-teinte bleuâtre, et sur lequel, pour faire le reflet, on met le ton de *blanc* et *vermillon* avec *antimoine* ou *cadmium,* mais l'*antimoine* fait plus frais. En repassant ce reflet qui doit faire mieux à sec, il faut ajouter le ton de *bleu de Prusse* ci-dessus à l'*antimoine*.

Les tons de repiqués vigoureux dans les ombres ou de contours prononcés en brun avec *vermillon* et *cobalt*. Ce ton est excellent pour préparer et chercher

(1) Toutes les observations techniques présentées ici par le maître sur le *Python,* la *Vénus,* la *Nymphe,* la *Minerve,* la *Junon,* se réfèrent à la célèbre composition : *Apollon vainqueur du serpent Python,* qui décore le plafond de la galerie d'Apollon au Louvre. Nous avons donné dans le précédent volume la description littéraire faite par lui-même, de l'œuvre qui devait le plus contribuer à sa gloire

le dessin par la couleur dans les natures fraîches.

Pour finir les clairs, repeindre légèrement avec des demi-pâtes pour lier le rehaut de *blanc* avec la masse générale.

Pour retoucher la *Vénus* qui était trop jaune, frotté les ombres surtout et presque toutes les parties avec *laque jaune* et *laque rouge*. Pour le reflet dans les ombres sur ce frottis, *antimoine* avec *bleu de Prusse, vermillon* et *blanc*. Ce ton est très remarquable.

Pour les reflets de chairs tendres plus chauds, mettre *cadmium,* au lieu d'*antimoine*. Cette dernière couleur fait très bien aussi avec *terre de Cassel* et *blanc*.

Cette préparation de *bleu de Prusse, vermillon* et *blanc* s'applique aux chairs dont la demi-teinte est violette, comme dans le pastel que j'ai fait d'après Mme Cavé. Pour celles, au contraire, dont la demi-teinte est verte, préparer avec *terre d'ombre naturelle, blanc* ou tout autre ton verdâtre.

La *terre verte* peut servir beaucoup. Sur un de ces enfants qui étaient préparés trop rouge, un simple glacis de *terre verte* a fort bien fait.

Autre ton vert plus vif, que j'ai employé dans la *Nymphe,* en contraste avec le ton *bleu de Prusse* : *vermillon, blanc, vert émeraude, jaune de Naples*.

—La *Nymphe* sur une ébauche frottée et presque au ton, frotté le tout avec *laque jaune* et *laque rouge*. Remarqué les principaux accents, au bord d'ombres, avec *cobalt* et *vermillon*, ou peut-être mieux *terre de Cassel* et *blanc foncé* et *vermillon* (ton excellent pour

les bords d'ombres ou pour des enfoncements qu'on
rend chauds ou froids à volonté); posé demi-teinte de
bleu de Prusse, vermillon, blanc, également vers
l'ombre et vers le clair, de manière qu'en reflétant
l'ombre avec un ton chaud ou doré vers le clair,
ce ton se mêle avec les tons de chair dans le clair
posés avec la variété convenable...

Par places dans l'ombre, le ton vert fait avec *vert
émeraude, jaune de Naples,* et par places aussi comme
demi-teintes dans le clair. Dans les parties sangui-
nes, cette demi-teinte est nécessaire pour reprendre,
comme dans l'*Enfant au trident,* où elle est faite avec
de la *terre verte,* frottée presque sur toute la préparation qui était d'un ton de chair clair et déjà brillant.

Les tons de chairs, en s'ajoutant et se mêlant à ces
frottis de terre verte, donnaient la demi-teinte sanguine.

— Dans la *Nymphe,* employé très beau ton de
chair brillant et vigoureux de *vermillon, blanc, jaune
de chrome foncé* avec *vert émeraude, jaune de Naples.*

— Le *Cheval rouge.* Sur une préparation demi-
teinte de cheval alezan foncé, clairs presque couleur
de chair, mais un peu plus vifs et en rubans. Plaques d'une demi-teinte plus forte et assez chaude,
tout contre les clairs touchés de *terre d'Italie brûlée*
et *brun rouge* et même *vermillon,* les côtoyant
presque nettement. Dans l'ombre, sur une demi-teinte
d'ombre, parties brunes avec *terre d'Italie brûlée*
et *momie,* modifiées à propos avec *terre de Cassel* et

blanc très foncé faisant un gris violet. Reflets sous le ventre orangés verdâtres, violâtres.— Reflets du côté du ciel très franc avec *bleu de Prusse, vermillon, blanc*.

Nuages du deuxième plan sous le char.

Lundi 5 mai. — Sur le gris jaunâtre du fond clair des nuages *jaune de Naples, blanc,* enfin le ton de l'esquisse ; l'ombre avec un ton liquide *jaunâtre* ou le *jaune de Naples,* la *momie, etc.,* qui laisse un filet de ton gris de dessous entre le clair et lui ; sur cette ombre jaune, revenir avec *terre de Cassel* et *blanc ;* achevé de donner la finesse et le nacré.

Excellent reflet pour mettre sur une préparation grise à plat dans l'ombre des natures tendres, comme dans le groupe des trois enfants près de la *Minerve :* *antimoine, cendre d'outremer* et un ton rose plus ou moins foncé.

Ajouter du *cobalt* et *vermillon de laque,* autre variété très belle et plus foncée, avec du *blanc,* très beau violet rompu pour demi-teinte de chair.

— *Les hommes de Daniel* (1) : ils étaient préparés très heurtés, l'un d'un ton très sanguin, l'autre plus jaune. Pour les achever, passé sur le premier un

(1) Delacroix fait ici allusion au tableau de *Daniel dans la fosse aux lions* qui est de 1849 et appartient à la galerie Bruyas de Montpellier. Les *hommes de Daniel* sont les deux personnages dont la tête et le haut du buste se détachent sur l'ouverture de la fosse et qui regardent épouvantés la scène biblique. Dans une variante de ce même sujet, datée de 1853, ils ont été remplacés par un aigle qui plane. Cette année, qui fut celle où il exposa l'*Ugolin,* il se présentait à l'Institut, qui lui préférait L. Cogniet. (Voir *Catalogue Robaut,* nᵒˢ 1066 et 1213.)

ton *vert à demi-pâte*, sur l'autre un ton *gris violet*. Le tout est devenu d'un ton louche voilant les clairs et les ombres; touché par-dessus les chairs analogues et reflété les ombres ; le ton *vert* et *violet* donnant une espèce de demi-teinte intermédiaire.

Ombre pour l'*or* dans le char et en général : *terre de Sienne naturelle, laque jaune, le jaune indien* y fait également bien.

— Le *cheval blanc* : peint avec des tons carnés dans les ombres, mais formés plutôt de tons lilas et violâtres (*terre de Cassel*). Relevé ensuite par le ton de *terre d'ombre* et *blanc*, qui a donné le satiné.

Clairs définitifs des nuages portant la *Junon*, etc. : *cadmium, blanc* ou *jaune de Naples*, avec *rose;* ils étaient modelés avec *terre d'ombre* naturelle et *blanc* et *noir de pêche;* les premiers clairs avec *momie et blanc*.

— L'*homme de devant :* les clairs pour retouches, *blanc, ocre jaune, teinte rose, terre de Cassel* et *blanc, jaune de zinc* le plus citron. Demi-teinte : *terre verte brûlée* et *blanc; brun de Florence, terre verte;* à peu près de même pour les ombres, avec moins de *blanc,* c'est-à-dire la *terre verte brûlée* pure, etc.

— Renvoi pour la *Nymphe :* Sur la préparation des ombres faites avec un frottis de *laque jaune* et *laque rouge,* et surtout dans les parties obscures, revenir avec le ton de *laque rouge* et *vermillon,* et le *vert* qu'il faut mettre sur la palette à côté de ce dernier, *terre verte, vert émeraude, blanc*.

Sur le frottis pour revenir de *laque rouge* et *laque jaune*, rendre d'abord plus vigoureuses les ombres avec ce même frottis. Mettre ensuite à cheval sur le clair et l'ombre un ton gris violet ou gris bleu, soit *bleu de Prusse, vermillon, blanc* ou *noir de pêche* et *blanc*, ou un ton gris plus approprié encore à l'objet.

Dans les clairs, mettre franchement sur le frottis ci-dessus *laque jaune* et *laque rouge*, qui doit régner partout, les tons de *vermillon* et *blanc* (pour rose) ou *cadmium* et *blanc* (jaune orange), ou *cobalt, vermillon, blanc* (violet).

Dans les ombres, remarqué les bords avec *cobalt, vermillon* ou *terre de Cassel* foncée et *vermillon*, et dans le corps de l'ombre, projeter tons verts crus et violets ou bleus. Ensuite tons de *cadmium* et *blanc* et *vermillon* qui fait le ton orangé de l'ombre, et le *vermillon, cobalt, laque rouge* et *blanc* pour le violet rouge. Sur tout cela, dans l'ombre, revenir avec des tons de clair qui ôtent l'ardeur du ton.

Pour repeindre le *bras de la Minerve* : Sur l'ancien fond couleur de chair, marqué les ombres avec *laque* et *laque jaune* très solidement empâté; peut-être un peu de *terre verte* dedans. — Teintes de *vert* et de *violet* mises crûment çà et là dans le clair sans le mêler, mais suivant la place; ces teintes d'une valeur assez foncée, pour faire le bord de l'ombre.

Quelques-unes de ces teintes dans l'ombre sur le frottis.

Sur la partie dans le clair, ajouté ensuite tons

de chairs clairs *blanc* et *vermillon, ocre de ru* et *blanc,* pour les plaques jaunes qui se trouvent dans la chair. Ton de *laque* et *blanc* (lequel suffit si c'est le *vert de cobalt* d'Édouard); si c'est celui qui est plus commun et qui ressemble à de la *terre verte,* y ajouter du *cobalt.* Ce ton de vert est très particulier à la chair fine des belles peaux, et prend beaucoup de valeur, mêlé au ton de *laque* et *blanc.*

Pour reprendre le ciel jaunâtre derrière le serpent, frottis de *cobalt* et *vermillon.* Clairs de *laque* jaune et le ton mauve de *cobalt, vermillon, laque blanc.*

Mardi 13 *mai.* — Très beau violet pour la chair : le ton de *laque* et *vermillon* mêlé sans trop le confondre avec celui de *vert émeraude fin, terre verte* et *blanc* (lesquels sont à côté l'un de l'autre sur la palette qui m'a servi en dernier lieu pour le *Python*).

— La *Femme impertinente* (1) était préparée très empâtée et d'un ton très chaud et surtout très rouge. Passé dessus un glacis de *terre verte,* peut-être un peu de *blanc.* Cela a fait la demi-teinte gris opale irisée; là-dessus touché simplement des clairs avec l'excellent ton *terre Cassel, blanc* et un peu de *vermillon;* puis quelques tons orangés francs par places. Tout ceci n'était encore qu'une préparation, mais de

(1) C'était une de ses *Baigneuses* que Delacroix désignait sous ce titre. « La jeune femme a la tête cernée d'un ruban bleu, qui flotte sur son « dos : elle s'appuie sur un banc de verdure, où sont déposés des vête- « ments qui éclatent en tons blancs et rouges. Les eaux sont d'un bleu « intense. » (V. *Catalogue Robaut.*)

la plus grande finesse. La demi-teinte était complètement chair.

— Dans l'*Andromède*, probablement à cause du
fond très chaud, mêler beaucoup de *jaune de Naples*
avec le *vermillon* dans le clair.

— Pour le *Lion dans les montagnes,* effet de matin; pour le ciel sur la toile, frottis *noir et blanc.*
Un peu de *cobalt* par places. Lumière immanquable
avec *jaune de zinc* le plus clair (celui qui semble avoir
du blanc), avec *laque brûlée et blanc.*

Tons alpestres dans les montagnes : sur frottis de
noir, blanc et *bleu de Prusse,* quelques tons de *vert
émeraude fin* et *blanc,* ou le ton de *vert émeraude,
bleu de Prusse* et *blanc.* Mettre du *rose* dans les tons
très lointains.

Belle demi-teinte d'*or verdâtre : ocre jaune, vert
émeraude.* Plus chaude : les mêmes, avec une
pointe de *chrome foncé.*

Approchant de ceux-ci et fort bon pour les chairs,
surtout à côté des violets : *ocre jaune, vert de Scheele*
ou *ocre jaune, vert de Scheele* et *chrome* n° 2, tous
deux charmants.

Beau ton de chair : *terre d'Italie brûlée, blanc,
vert émeraude, terre Sienne naturelle* et *terre Sienne
brûlée* remplacent le *jaune mars.* Beau avec *blanc,
jaune indien ; bitume* remplace le *jaune de Rome,
laque jaune,* équivaut au *stil de grain.*

Demi-teinte rosée chairs fraîches : *vert de zinc,* le
plus clair à côté de *vermillon blanc,* une pointe de

laque ; mêler ces deux tons tout faits suivant le degré convenable.

Chrome foncé avec *vert de zinc foncé* ou *clair,* admirable ton pour paysage. Fait clairs chauds dans les feuilles, soit reflets dans l'ombre. Fait bien surtout sur feuilles préparées d'un *vert* trop cru — éloigne.

Vendredi 6 juin. — Hier, *inauguration des salles du Musée* (1). L'impression profonde que m'ont faite les Lesueur ne m'empêche pas de me rendre compte du degré de force que la couleur peut ajouter à l'expression. Contre l'opinion vulgaire, je dirais que la couleur a une force beaucoup plus mystérieuse et peut-être plus puissante ; elle agit pour ainsi dire à notre insu. Je suis convaincu même qu'une grande partie du charme de Lesueur est due à sa couleur. Il a l'art, qui manque tout à fait au Poussin, de donner l'unité à tout ce qu'il représente. La figure en elle-même est un ensemble parfait de lignes et d'effets, et le tableau, réunion de toutes les figures, est accordé partout. Cependant il est permis de croire que s'il

(1) Cette inauguration précéda de quatre mois seulement l'inauguration du plafond de la galerie d'Apollon, pour laquelle il lança des invitations ainsi rédigées : « M. Delacroix a l'honneur de vous inviter à « visiter la peinture qu'il vient de terminer dans la galerie d'Apollon au « Louvre. Vous voudrez bien vous y présenter les jeudi 16 et vendredi « 17 octobre, depuis onze heures jusqu'à trois heures. » Cette cérémonie attira, comme bien on pense, une foule d'artistes et de curieux ; le spectacle de la salle ainsi animée devait inspirer au caricaturiste Daumier une de ses plus chaudes et de ses plus brillantes peintures, dans la manière du *Voleur d'ânes* et de l'*Amateur d'estampes,* que les artistes ont admirés à l'Exposition des caricaturistes.

avait eu à peindre la Reine à cheval dont Rubens a fait
un si magnifique tableau, il n'eût pas été aussi avant à
l'imagination dans un sujet dépourvu d'expression
comme l'est celui-là. Un coloriste seul pouvait imaginer ce panache, ce cheval, cette ombre transparente
de la jambe de derrière, qui se lie au manteau.

Poussin (1) perd beaucoup au voisinage de Lesueur... La grâce est une muse qu'il n'a jamais entre-
vue. L'harmonie des lignes, de l'effet de la couleur est
également une qualité ou une réunion des qualités les
plus précieuses qui lui a été complètement refusée.
La force de la conception, la correction poussée au
dernier terme, jamais de ces oublis ou de ces sacrifices faits au liant, à la douceur de l'effet ou à l'entraînement de la composition! Il est tendu dans ses
sujets romains, dans ses sujets religieux; il l'est dans
ses bacchanales ; ses faunes et ses satyres sont
un peu trop retenus et sérieux; ses nymphes sont
bien chastes pour des êtres mythologiques; ce sont
de très belles personnes qui n'ont rien de mytholo-
gique ou de surnaturel. Il n'a jamais pu peindre la tête
du Christ; le corps pas davantage, ce corps d'une com-

(1) Les idées d'Eugène Delacroix sur Poussin devaient être reprises et
développées deux ans plus tard dans une série d'articles qui parurent au
Moniteur les 26, 28, 30 juin 1853. Il s'y montre moins sévère pour le
Poussin que dans le fragment du Journal, puisqu'il écrit ceci en manière
de conclusion : « Indiquer le nom de ces admirables compositions, c'est
« rappeler à la mémoire de tout le monde ce charme, cette grandeur,
« cette simplicité dont elles sont remplies et qui rendent toute descrip-
« tion languissante. Il en est ainsi de ces bacchanales, de ces allégories
« dans lesquelles il excellait et qu'on ne peut comparer qu'à ces mêmes
« sujets, quand ils sont traités par les anciens. »

plexion si tendre ; cette tête où se lisent l'onction et la sympathie pour les misères humaines. En faisant ses Christs, il a plus pensé à Jupiter, même à Apollon. La Vierge lui a manqué également ; il n'a rien entrevu de ce personnage plein de divinité et de mystère. Il n'intéresse à son enfant Jésus ni les hommes épris de sa grâce, ni les animaux que l'Évangile intéresse à la venue de l'enfant divin. Le bœuf et l'âne manquent autour de la crèche du Dieu qui vient de naître sur la même paille où ils reposent... ; la rusticité des bergers qui viennent l'adorer est un peu relevée par un souvenir des figures antiques... ; les rois mages ont un peu de la raideur et de l'économie de draperies et d'accoutrements qu'on remarque dans les statues ; je ne trouve pas ces manteaux de soie ou de velours couverts de pierreries portés par des esclaves, et qu'ils traînent dans cette étable aux pieds du Maître de la nature qu'un pouvoir surnaturel leur vient révéler. Où sont ces dromadaires, ces encensoirs, toute cette pompe ? Admirable contraste dans un humble réduit !

Je suis convaincu que Lesueur n'avait pas cette méthode du Poussin de disposer l'effet de ses tableaux au moyen de petites maquettes éclairées par le jour de l'atelier. Cette prétendue conscience donne aux tableaux du Poussin une sécheresse extrême... Il semble que toutes ses figures sont sans lien les unes avec les autres et semblent découpées ; de là ces lacunes et cette absence d'unité, de fondu, d'effet, qui se trouve dans Lesueur et dans tous les coloristes. Raphaël tombe dans ce décousu, par suite d'une autre pratique, celle de dessiner consciencieusement chaque figure nue, avant de la draper.

Bien qu'il soit nécessaire de se rendre compte de toutes les parties de la figure, pour ne pas s'écarter des proportions que les vêtements peuvent dissimuler, je ne saurais être partisan de cette méthode exclusive, et à laquelle il semble, si on s'en rapporte à toutes les études qui nous sont restées de lui, qu'il se soit toujours conformé scrupuleusement. Je suis bien sûr que si Rembrandt se fût astreint à cet usage d'atelier, il n'aurait ni cette force de pantomime, ni cette force dans l'effet qui rend ses scènes la véritable expression de la nature. Peut-être découvrira-t-on que Rembrandt est un beaucoup plus grand peintre que Raphaël (1).

J'écris ce blasphème propre à faire dresser les cheveux de tous les hommes d'école, sans prendre décidément parti; seulement je trouve en moi, à mesure que j'avance dans la vie, que la *vérité* est ce qu'il y a de plus beau et de plus rare... Rembrandt n'a pas, si vous voulez, absolument l'élévation de Raphaël...

Peut-être cette élévation que Raphaël a dans les

(1) A propos de ce parallèle sur lequel nous nous sommes expliqué dans la préface, il nous parait intéressant de renvoyer à l'étude sur Raphaël, qui fut un des premiers travaux littéraires d'Eugène Delacroix et qui parut à la *Revue de Paris* en 1830. On y verra une nouvelle preuve de ce que nous disions dans cette préface, à savoir que « les points de « vue se modifient avec l'âge, et que les qualités qui semblent prépondé- « rantes au début d'une carrière prennent souvent une importance « moindre à l'époque de la maturité ».

lignes, dans la majesté de chacune de ses figures, Rembrandt l'a-t-il dans la mystérieuse conception du sujet, dans la profonde naïveté des expressions et des gestes. Bien qu'on puisse préférer cette emphase majestueuse de Raphaël, qui répond peut-être à la grandeur de certains sujets, on pourrait affirmer, sans se faire lapider par les hommes de goût, mais j'entends d'un goût véritable et sincère, que le grand Hollandais était plus nativement peintre que le studieux élève du Pérugin.

Samedi 14 juin. — L'exécution des corps morts dans le tableau de *Python*, voilà ma vraie exécution, celle qui est le plus selon ma pente. Je n'aurais pas celle-là d'après nature, et la liberté que je déploie alors fait passer sur l'absence du modèle. — Se rappeler cette différence caractéristique entre cette partie de mon tableau et les autres.

— *Allégorie sur la Gloire* (1). — Dégagé des liens terrestres et soutenu par la *Vertu*, le *Génie* parvient au séjour de la *Gloire*, son but suprême : il abandonne sa dépouille à des monstres livides, qui personnifient l'envie, les injustes persécutions, etc.

11 août. — « Je suis triste de votre ennui. Avec tant de moyens pour passer votre temps agréablement dans ce monde, vous ne jouissez pas des avan-

(1) Voir *Catalogue Robaut*, n⁰ˢ 727 et 728.

tages que vous avez sous la main, et que le ciel
accorde relativement à bien peu de créatures, dans
notre état de civilisation. Vous avez raison, quand
vous me trouvez heureux de l'exercice d'un art qui
m'amuse et m'intéresse réellement; mais à quel prix
acquiert-on ce talent souvent médiocre et contestable,
qui nous console, si vous voulez, dans certains
moments!... Et que de chagrins l'accompagnent, dont
on ne raconte jamais la centième partie ! Notez que
vous faites partie de ce petit nombre pour lequel, nous
autres mouches à miel, nous nous exterminons ; c'est
pour vous plaire que nous jaunissons et que nous
avons des gastrites... Vous n'avez autre chose à faire
que de nous admirer, et, ce qui est infiniment plus
agréable, de nous critiquer; et cela, avec des conditions de digérer infiniment supérieures, car vous
prenez le repos et l'exercice quand il vous plaît...
Vous allez, vous venez, vous vous reposez. Mais les
bonnetiers eux-mêmes ne travaillent, comme des
nègres, trente ans de leur vie que pour se reposer un
jour. Vous êtes donc arrivé tout porté là où nous
tendons, nous autres nègres, de toute la force de nos
muscles ou de notre intelligence; vous êtes à l'abri
des journalistes, des envieux. Avez-vous un ennemi?...
vous lui donnez à dîner, vous l'enchaînez même à vous
amuser dans l'occasion.

« Allons donc, mon ami, égayez-vous un peu, pour
ce qui vous concerne, au spectacle de ce que souffrent
tant de malheureux qui, loin de donner à dîner et

d'avoir du superflu et des jouissances, n'ont pas même le nécessaire; et surtout allez voir la mer. Là, pour le coup, on ne peut jamais s'ennuyer. C'est un spectacle dont on ne peut se lasser... »

Jeudi 14 août. — Pour les pendentifs (1) : *Anges, l'un sonnant de la trompette, l'autre montrant le livre redoutable. — Anges présentant de l'encens ou la flamme des vœux. — Le Chandelier. — Des Palmes. — Ange gardien. — Ange conduisant les âmes à la sortie du corps. — Ange réveillant les morts.*

(1) Chapelle des Saints Anges, à Saint-Sulpice. (Voir *Catalogue Robaut,* n° 1338 et nᵒˢ 1343 à 1345.)

1852

Mercredi 21 *janvier.* — Avez-vous vu par hasard le pont Neuf, comme on nous le fait? Il sera véritablement digne de son nom, n'ayant plus aucun rapport avec l'ancien, qui était celui que nous avons vu toujours et si connu qu'on disait : *Connu comme le pont Neuf.* Il faudra rayer le proverbe, avec beaucoup d'autres illusions.

26 *janvier.* — Vu les tapisseries sublimes de la *Vie d'Achille,* de Rubens, à la vente faite à Mousseaux. Ses grands tableaux ou ses tableaux en général n'ont pas cette incorrection ; mais ils n'ont pas cette verve incomparable. Ici il ne *cherche* pas et surtout il n'*améliore* pas. En voulant châtier la forme, il perd cet élan et cette liberté qui donnent l'unité et l'action ; la tête d'Hector renversée, d'une expression et même d'une couleur incomparables ; car il est à remarquer que, toutes passées qu'elles sont, ces tapisseries conservent étonnamment le sentiment de la couleur, d'autant plus qu'elles n'ont dû être faites que d'après des cartons légèrement colorés.

Les trépieds apportés devant Achille avec Briséis que les vieillards lui ramènent. Que d'alambiquages, que de petites intentions les modernes auraient prodigués sur ce sujet ! Lui va au fait comme Homère... C'est le caractère le plus frappant de ces cartons.

Achille plongé dans le Styx : les petites jambes qui s'agitent, pendant que le haut du corps est caché par l'eau... La vieille qui tient un flambeau, et le fond qui est magnifique. Caron, les suppliciés, etc.

Achille découvert par Ulysse. Le geste d'Ulysse qui s'applaudit de sa ruse et montre Achille à un compère qui est avec lui.

Ne pas oublier les décorations de ces tapisseries : les enfants qui portent des guirlandes ; les figures de termes, de chaque côté de la composition, et surtout l'emblème qui caractérise chaque sujet au bas et au milieu. Ainsi dans la *Mort d'Hector, la bataille de coqs,* dont l'énergie est inexprimable ; dans celui du *Styx, Cerbère* couché et endormi sous la colère d'Achille ; *un lion rugissant,* dans le dernier.

L'Agamemnon, superbe dans son indignation mêlée de crainte. Il est sur son trône. D'un côté, les vieillards s'avancent pour arrêter Achille ; de l'autre, Achille tirant son épée, mais retenu par Minerve, qui le prend par les cheveux, brusquement comme dans Homère.

Achille à cheval sur Chiron m'a paru ridicule : il est comme au manège et a l'air d'un cavalier du temps de Rubens.

La mort d'Achille : celui-ci s'affaisse au pied de
l'autel où il sacrifie; un vieillard le soutient; la flèche
a traversé le talon. A la porte même du temple,
Pâris, avec un petit arc ridicule à la main, et au-
dessus de lui, Apollon qui le lui montre avec un geste
qui venge toute la guerre de Troie. Rien n'est plus
antifrançais que tout cela. Tout ce qu'il y avait,
même d'italien, auprès paraissait bien froid.

J'espère y retourner...

Mardi 27 janvier. — Retourné ce jour voir les
tapisseries. J'étais dans un état de malaise qui m'a
empêché d'en tirer le parti que j'aurais voulu; j'ai
fait quelques croquis et éprouvé la même impression
et la même impossibilité de m'en aller. En sortant,
chez Penguilly (1), où j'ai vu M. Fremiet (2), sculpteur; puis chez Cavé, que j'ai trouvé malade, je crois,
gravement.

Il est impossible d'imaginer quelque chose qui soit
au-dessus de cet *Agamemnon*. Quelle simplicité! La
belle tête... avec un mélange d'appréhension, que
domine l'indignation! Le vieillard lui prend la main,
comme pour le calmer, et en même temps regarde
Achille. La tête d'Hector mourant est une de ces
choses qu'on n'oublie jamais; elle est la plus juste de

(1) *Penguilly L'Haridon.*
(2) *Emmanuel Fremiet,* sculpteur animalier, né en 1824, neveu
et élève de Rude. De tempérament fort différent de celui de Rude, il
ne put rester longtemps dans son atelier. Il devint, avec Mène et Cain,
un des rivaux de Barye.

tous points et la plus expressive que je connaisse dans
la peinture. La barbe simple et d'un modelé admirable. La manière dont la lance le frappe, ce fer déjà
caché dans sa gorge, et qui y porte la mort, font frémir.
Voilà Homère et plus qu'Homère, car le poète ne me
fait voir son Hector qu'avec les yeux de l'esprit, et ici
je le vois avec ceux du corps. Ici est la grande supériorité de la peinture : à savoir, quand l'image offerte
aux yeux non seulement satisfait l'imagination, mais
encore fixe pour toujours l'objet et va au delà de la
conception.

La Briséis est charmante : elle montre un mélange
de pudeur et de joie; il semble qu'Achille, séparé
d'elle par les figures d'hommes qui déposent à terre
es trépieds, sente augmenter son désir de satisfaire
sa tendresse en l'embrassant;... le vieillard, qui la lui
présente, s'avance en s'inclinant avec un sentiment de
honte, mêlé du désir de plaire à Achille. Dans l'Achille
découvert, le groupe des filles est admirable : elles
sont partagées entre le désir de s'occuper des chiffons
et des bijoux, et la surprise de voir Achille, le casque
en tête et déjà émancipé... Jambes charmantes.

J'ai déjà parlé du geste d'Achille, qui est incomparable : la vie et l'esprit éclatent dans ses yeux. La
Mort d'Achille pleine des mêmes beautés. En étudiant
davantage pour dessiner, on est confondu de cette
science. Celle des plans est ce qui élève Rubens au-
dessus de tous les prétendus dessinateurs; quand ils
les rencontrent, il semble que ce soit une bonne for-

tune : lui, au contraire, dans ses plus grands écarts, ne les manque jamais. Figure superbe ; force et vérité ; l'acolyte couronné de feuillage, qui soutient Achille au moment où il succombe et s'affaisse en se tournant vers son meurtrier avec des regrets qui semblent dire : « Comment as-tu osé détruire Achille? » Il y a même quelque chose de tendre dans ce regard, dont l'intention peut aller jusqu'à Apollon, qui se tient implacable au-dessus de Pâris et, presque collé à lui, lui indique avec fureur où il faut frapper. Le Vulcain est une des figures les plus complètes et les plus achevées : la tête est bien celle du dieu ; l'épaisseur de ce corps est prodigieuse.

Le Cyclope qui apporte l'enclume et ses deux compagnons qui battent sur l'enclume, le Triton qui reçoit d'un enfant ailé le casque redoutable..... chefs-d'œuvre d'imagination et de composition !

Le parti pris et certaines formes outrées montrent que Rubens (1) était dans la situation d'un artisan qui exécute le métier qu'il sait, sans chercher à l'infini des perfectionnements.

Il faisait avec ce qu'il savait, et par conséquent sans gêne pour sa pensée. L'habit qu'il donne à ses pen-

---

(1) Voir ce que nous avons dit dans notre Étude sur la constante et inébranlable admiration de Delacroix pour le génie de Rubens. Dans sa lettre sur les *concours* dont nous parlons plus haut, Delacroix écrivait : « Une idée ridicule s'offre à moi. Je me figure le grand Rubens étendu « sur le lit de fer d'un concours. Je me le figure se rapetissant dans le « cadre d'un programme qui l'étouffe, retranchant des formes gigantes-« ques, de belles exagérations, tout le luxe de sa manière. »

sées est toujours sous la main ; ses sublimes idées, si
variées, sont traduites par des formes que les gens
superficiels accusent de monotonie, sans parler de
leurs autres griefs. Cette monotonie ne déplaît pas
à l'homme profond qui a sondé les secrets de l'art.
Ce retour aux mêmes formes est à la fois le cachet du
grand maître et en même temps la suite de l'entraînement irrésistible d'une main savante et exercée. Il en
résulte l'impression de la facilité avec laquelle ces
ouvrages ont été produits, sentiment qui ajoute à la
force de l'ouvrage.

Dimanche 1ᵉʳ *février.* — Pierret m'apprend que
les belles tapisseries se sont vendues à *deux cents
francs* pièce : il y en avait là de très belles et des
Gobelins, avec des fonds d'or. Un chaudronnier les a
achetées pour les brûler et en retirer le métal.

Lundi 2 *février.* — Mme Sand (1) arrivée vers
quatre heures... Je me reprochais, depuis qu'elle est
ici, de n'avoir pas été la voir. Elle est fort souffrante,

___

(1) Il semble que, dans les relations très assidues de George Sand avec
Delacroix, celle-ci ait fait toutes les avances ; non que Delacroix ne res-
sentît pour elle une réelle sympathie, il ne pouvait demeurer insensible
à la franchise et à la bonhomie de sa nature ; ce qu'il prisait infiniment
moins, c'était son talent et surtout ses théories humanitaires, qui
avaient le don de l'exaspérer. Nous avons longuement insisté sur les convictions philosophiques du maître touchant la question du *progrès* :
George Sand demeurait toujours à ses yeux la vivante incarnation de ces
théories. Quant à George Sand, son admiration pour Delacroix fut toujours
sans réserve, comme son amitié.

outre sa maladie de foie, d'une espèce d'asthme analogue à celui du pauvre Chopin.

— Le soir chez Mme de Forget.

— J'ai à peu près terminé, dans la journée, *le petit
Samaritain* pour Beugniet (1). Le matin, trouvé à peu
près sur la toile la composition du plafond de l'Hôtel
de ville.

Je parlais à Mme Sand de l'accord tacite d'aplatis-
sement et de bassesse de tout ce monde qui était si
fier il y a peu de temps : l'étourderie, la forfanterie
générale, suivie en un clin d'œil de la lâcheté la plus
grande et la plus consentie. Nous n'en sommes pas
encore cependant au trait des maréchaux, en 1814,
avec Napoléon ; mais c'est uniquement parce que l'occasion ne s'en présente pas. C'est la plus grande bassesse de l'histoire.

Mardi 3 février. — Dîné chez Perrin avec Morny,
Delangle, Romieu, Saint-Georges, Alard, Auber,
Halévy, Boilay (2), aimables gens : sa femme et sa
belle-sœur. Cette dernière que j'ai vue pour la
première fois est une femme fort aimable et dont les
yeux sont charmants ; elle peint et m'a beaucoup
parlé de peinture.

(1) Marchand de tableaux.
(2) *Émile Perrin*, qui était alors directeur de l'Opéra-Comique, avait
étudié la peinture dans les ateliers de Gros et de Delaroche ; il avait
également écrit des articles de critique artistique. Il devint par la suite
directeur de l'Opéra, puis, en 1870, administrateur général du Théâtre-
Français.

Le *comte de Morny* avait donné le 22 janvier 1852 sa démission de

Je suis parti très tard avec Auber et Alard. Reconduit ce dernier jusqu'au Palais-Bourbon par le plus
beau clair de lune : il m'a raconté des proverbes de
sa façon : *L'homme qui raconte la prise de la Bas-
tille,* etc.

Mercredi 4 février. — Chez Boilay, en sortant de
chez le ministre. Revu là avec plaisir la fille d'Hippolyte Lecomte (1). Mocquart (2) y est venu ; il a
raconté avec emphase des particularités sur Géricault.
Parlant de la présence de Mustapha (3) à l'enterrement, il a fait une description pittoresque de la douleur
de ce pauvre Arabe, qui s'était, disait-il, prosterné la
face contre terre sur la tombe. Le fait est qu'il n'en
fut rien et qu'il resta à distance, non sans produire un
effet touchant sur l'assistance. Mocquart prétend
qu'A..... n'y vint pas, et lui en fait un sujet grave de
blâme. Il me semble que mes souvenirs le justifient,

ministre de l'intérieur; il ne fut nommé qu'en 1854 président du Corps
législatif.

Delangle venait d'être nommé procureur général à la Cour de cassa-
tion, en remplacement de Dupin.

Romieu, homme de lettres et administrateur. Il était alors directeur
général des beaux-arts.

Jules-Henri Vernoy de Saint-Georges (1801-1875), auteur dramatique, un des plus féconds librettistes de cette époque.

Boilay, publiciste et administrateur; c'était un protégé de M. Thiers;
il fut rédacteur au *Constitutionnel.*

(1) *Hippolyte Lecomte,* peintre, né en 1781, mort en 1855. Il devint
le beau-frère d'Horace Vernet et, grâce à lui, fut chargé de nombreuses
commandes.

(2) *Mocquart,* homme politique et littérateur. Il était alors secrétaire
intime et chef du cabinet de l'Empereur.

(3) *Mustapha* était un des modèles favoris de Géricault.

et je crois le voir encore avec un surtout blanchâtre.
J'aime mieux, pour lui, croire à ma mémoire qu'à celle
de Mocquart.

Samedi 7 février. — En sortant de Saint-Germain
l'Auxerrois — enterrement Lahure — j'ai rencontré,
sur le quai, Cousin qui allait à Passy. J'avais rendez-
vous au ministère, et j'allais, à pied, causer avec
Romieu. J'ai accompagné Cousin jusqu'à la *barrière
des Bonshommes,* à travers les Tuileries et le long
de l'eau. Ensuite longue conversation : il m'a amusé
en me parlant des relations intimes de personnes de
notre connaissance à tous deux. « Thiers (1), m'a-t-il
dit, a le talent et l'esprit que tout le monde sait;
mais autour d'un tapis vert, et la main au timon
de l'État, il est au-dessous de tout. Guizot de même,
et ne le vaut pas pour le cœur. » Il m'en a donné la
plus mauvaise idée. J'irai peut-être le voir à la Sorbonne.

Dimanche 8 février. — Chez Halévy le soir. Peu de
monde. — J'avais travaillé toute la journée à finir

(1) Les entrevues étaient devenues aigres-douces entre Eugène Delacroix et M. Thiers. On conçoit en effet par quels côtés le tempérament
de l'homme politique devait déplaire à l'artiste. Quant au fameux article
écrit par M. Thiers publiciste, lors des débuts de Delacroix, et que l'on a
traité de *prophétique,* Th. Silvestre fait observer assez justement qu'il
n'est qu'une « paraphrase prudhommesque de l'opinion du baron Gérard,
« de l'aveu de M. Thiers lui-même, qui dit à la fin de son article :
« L'opinion que j'exprime ici est celle d'un des grands maîtres de
« l'école. » Th. Silvestre ajoute que M. Thiers loue dans la même page
Drolling, Dubufe, Destouches et Delacroix.

mes petits tableaux : *le Tigre et le Serpent* (1), *le Sa-maritain* (2), et travaillé à mon esquisse de mon pla-fond de l'Hôtel de ville (3).

— Halévy disait qu'on devrait écrire, jour par jour, ce qu'on voit et ce qu'on entend. Il l'a essayé plusieurs fois comme moi, et il en a été dégoûté par les lacunes que l'oubli ou les affaires vous forcent à laisser dans votre journal...

Se rappeler l'histoire de l'homme qui mettait son doigt dans tous les trous, et que cette singularité avait fait remarquer. Il se trouva, sans beaucoup de titres, porté sur une liste de gens de la Cour qui sol-licitaient un régiment. Louis XV, en voyant son nom, demande : « Est-ce ce gentilhomme qui met son doigt dans les trous? — Oui, Sire! — Eh bien, je lui donne le régiment. »

Lundi 9 février. — Soirée chez M. Devinck (4). J'ai trouvé là M. Manceau, qui m'a entretenu longuement du conseil municipal (5). Ces gens-là ont l'air de croire

---

(1) Voir *Catalogue Robaut*, n° 1023.

(2) « Le voyageur est couché à terre demi-nu ; le Samaritain, vêtu d'un « manteau rouge, se penche vers lui, tandis que son cheval broute l'herbe « derrière eux : au fond, le prêtre qui passe sans s'arrêter. » (H. DE LA MADELÈNE, *Eugène Delacroix à l'Exposition du boulevard des Italiens*.)

(3) Voir *Catalogue Robaut*, n°ˢ 1118 et 1119.

(4) *Devinck*, industriel, ancien président du tribunal de commerce, membre du conseil municipal de Paris.

(5) Delacroix était, parait-il, très fier de sa fonction de *conseiller muni-cipal*. C'était là une de ces faiblesses communes à presque tous les grands hommes, et qui les poussent à chercher une application de leurs hautes facultés, en dehors du domaine où elles s'exercent naturellement. Mme Riesener, aux souvenirs de laquelle nous avons fait appel, nous

qu'on peut faire le bien entre gens réunis pour discuter.

L'allégorie des hommes qui forgent le même fer représente assez bien l'idéal d'un gouvernement auquel concourent plusieurs personnes. Malheureusement, ce n'est qu'une image propre pour un tableau. Depuis le peu de temps que je suis là, je me suis convaincu que la raison avait peu d'ascendant, qu'un rien la rendait maussade, malgré tous les soins de la présenter du côté séduisant. L'entraînement, la vanité conduisent les meilleures têtes. Dans la question du chauffage de l'hôpital du Nord, deux systèmes étaient en présence : le plus spécieux était celui d'une imposante commission de savants et défendu avec beaucoup d'éloquence par notre confrère Pelouze (1), savant lui-même et partisan de la théorie en général. Les bonnes têtes se rangeaient évidemment pour ce système si bien défendu. L'autre avait l'air de l'être par des gens intéressés. Sur cela, Thierry (2) veut en introduire un troisième qui est repoussé avant d'avoir été entendu. Que croyez-vous que fût au fond l'opinion de la plupart des membres et de Thierry lui-même, comme je l'ai su, en le leur demandant? Exactement

racontait qu'il prenait cette fonction très au sérieux, et qu'il lui avait dit le jour de sa nomination : « Je vais donc être de ceux auxquels on « demande quelque chose. » Pourtant le passage du Journal ne laisse aucun doute sur l'estime médiocre en laquelle il tenait la majorité de ses collègues.

(1) *Théophile-Jules Pelouze,* chimiste, membre de l'Institut. On lui doit un grand nombre de mémoires et un *Traité de chimie générale analytique* très apprécié.

(2) *Alexandre Thierry* (1803-1858), chirurgien et ancien directeur des hôpitaux.

la même que je croyais m'être propre à moi seul, à
savoir que les appareils de chauffage, comme on les
fait, sont bons pour des corridors, pour des lieux de
passage et de circulation, mais que la difficulté de
modérer et de conduire cette chaleur la rend nui-
sible ou insuffisante dans les chambres des malades,
dortoirs, et que le feu, en définitive, dans les bons
poêles, de bon bois dans de bonnes cheminées est
le meilleur de tous les chauffages. C'est ce que nous
nous disions tous à l'oreille. La somme nécessaire
cependant pour un gigantesque établissement d'appareils était votée, et avec ce prix on aurait eu du bois
ou du charbon pour chauffer vingt ans l'hôpital.

Mardi 10 *février.* — Soirée chez 'M. Chevalier,
rue de Rivoli, dans des appartements très splendides
au premier. Détestables tableaux sur les murs, livres
magnifiques dans des armoires qu'on n'ouvre pas plus
que les livres. Point de goût. J'y ai vu Mme Ségalas (1),
qui m'a rappelé que nous ne nous étions pas rencontrés depuis 1832 ou 1833, chez Mme O'Reilly. C'est là
aussi et chez Nodier (2) d'abord, que j'ai vu pour la première fois Balzac (3), qui était alors un jeune homme

(1) *Mme Anaïs Ségalas,* un des plus célèbres *bas bleus* du temps,
auteur de contes enfantins et de petits ouvrages humoristiques.

(2) *Charles Nodier* avait été nommé en 1823 bibliothécaire de l'Arsenal. Son salon devint alors le rendez-vous de tout le monde littéraire et
artistique. « Là, dit J. Janin, il recevait tous ceux qui tenaient hono-
rablement une plume, un burin, une palette, un ébauchoir. »

(3) *Balzac.* nous l'avons déjà fait observer dans notre Étude, était
antipathique à Delacroix. L'artiste ne lui pardonna jamais ce je ne sais

svelte, en habit bleu, avec, je crois, gilet de soie noire,
enfin quelque chose de discordant dans la toilette et
déjà brèche-dent. Il préludait à son succès.

Vendredi 13 *février*. — Occupé tous ces jours-ci de
mes compositions pour l'Hôtel de ville.

Aujourd'hui à l'Hôtel de ville, où je me suis senti
singulièrement troublé, quand j'ai fait un mince
rapport sur les peintures à restaurer à Saint-Severin
et à Saint-Eustache ; j'étais sous l'impression d'un
malaise et d'une lourdeur de tête qui m'en ont fait
omettre les trois quarts.

Convoqué pour voir les projets de Lehmann (1).

quoi de décousu et de débraillé qui caractérisait sa personne. Delacroix
n'avait pas su discerner — et ce fut une de ses rares incompréhensions
— l'admirable puissance de génie que dissimulait mal son absence de
goût. Et pourtant on trouve à maintes reprises, dans le Journal, des
fragments détachés, des citations tirées des œuvres de Balzac, notamment tout le passage sur les *artistes* et les *conditions de production,*
une des maîtresses pages de la *Cousine Bette.* Nous pensons que la personnalité encombrante et souvent arrogante de Balzac ne contribua pas
médiocrement à écarter de lui Delacroix, car il écrivait à Pierret en 1842,
de Nohant, où il se trouvait installé chez Mme Sand : « Nous atten-
dions Balzac qui n'est pas venu, et je n'en suis pas fâché. C'est un
bavard qui eût rompu cet accord de nonchalance dans lequel je me
berce avec grand plaisir. » (*Corresp.*, t. I, p. 262.)

(1) *Lehmann,* peintre, né à Kiel en 1814. Elève d'Ingres, il imita la
manière de son maître, et fit de nombreux portraits précisément dans la
société où fréquentait Delacroix. Il exécuta aussi des peintures murales. Le
tableau au projet duquel Delacroix fait ici allusion pourrait bien être le
Rêve, qui parut au Salon de 1852. Lehmann avait exécuté des compositions
décoratives pour la salle des Fêtes de l'Hôtel de ville, et à ce propos
M. Robaut, dans son Catalogue, remarque très justement que « la ville
« a dépensé quatre-vingt mille francs pour faire graver les compositions
« peintes dans la salle des Fêtes par Lehmann, et qu'elle n'a pas affecté
« un centime à la reproduction de l'œuvre de Delacroix ».

Samedi 14 *février.* — Dîné chez le préfet. Je devais le soir mener Varcollier chez Chabrier; il n'a pu venir.

Dimanche 15 *février.* — Symphonie en *sol* mineur de Mozart, au concert Sainte-Cécile. J'avoue que je m'y suis ennuyé un peu.

Le commencement (et je crois un peu que c'était parce que c'était le commencement), indépendamment du vrai mérite, m'a fait beaucoup de plaisir. L'ouverture et un finale d'*Obéron* (1). Ce fantastique de l'un des plus dignes successeurs de Mozart a le mérite de venir après celui du maître divin, et les formes en sont plus récentes. Ça n'a pas encore été aussi pillé et rebattu par tous les musiciens, depuis soixante ans. — Chœur de Gaulois par Gounod, qui a tout l'air d'une belle chose ; mais la musique a besoin d'être appréciée à plusieurs reprises.

Il faut aussi que le musicien ait établi l'autorité ou seulement la compréhension de son style par des ouvrages assez nombreux. Une instrumentation pédantesque, un goût d'archaïsme donnent quelquefois dans l'ouvrage d'un homme inconnu l'idée de l'austérité et de la simplicité. Une verve quelquefois déréglée, soutenue de réminiscences habilement plaquées et d'un certain brio dans les instruments, peut faire l'illusion d'un génie fougueux emporté par

(1) L'opéra de *Weber.*

ses idées et capable de plus encore. C'est l'histoire de
Berlioz; l'exemple précédent s'appliquerait à Mendelssohn. L'un et l'autre manquent d'idées, et ils
cachent de leur mieux cette absence capitale par tous
les moyens que leur suggèrent leur habileté et leur
mémoire.

Il y a peu de musiciens qui n'aient trouvé
quelques motifs frappants. L'apparition de ces motifs
dans les premiers ouvrages du compositeur donne
une idée avantageuse de son imagination; mais ces
velléités sont trop tôt suivies d'une langueur mortelle.
Ce n'est point cette heureuse facilité des grands maîtres qui prodiguent les motifs les plus heureux souvent
dans de simples accompagnements; ce n'est plus cette
richesse d'un fonds toujours inépuisable et toujours
prêt à se répandre, qui fait que l'artiste trouve
toujours sous la main ce qu'il lui faut, et ne passe pas
son temps à chercher sans cesse le mieux et à hésiter
ensuite entre plusieurs formes de la même idée. Cette
franchise, cette abondance, est le plus sûr cachet de
la supériorité dans tous les arts. Raphaël, Rubens ne
cherchaient pas les idées; elles venaient à eux d'elles-
mêmes, et même en trop grand nombre. Le travail
ne s'applique guère à les faire naître, mais à les
rendre le mieux possible par l'exécution.

Jeudi 19 *février*. — Dîné chez Desgranges. Le
hasard me place encore auprès de Rayer : j'ai été
étonné de sa sobriété. Je voudrais me rappeler plus

souvent quelle est l'importance de cette vertu, surtout pour un homme qui se trouve dans le triste cas où je 'suis; ne mangeant qu'une seule fois par jour, il m'est bien difficile de ne pas être entraîné au delà des justes bornes par un appétit de vingt-quatre heures.

Réunion ennuyeuse au premier chef : la sottise du maître de la maison, l'inertie glaciale de sa femme auraient tenu en échec la plus communicative gaieté. J'ai vu chez lui le portrait du sultan Mahmoud en hussard, qui est la chose la plus grotesque du monde.

Je me suis échappé aussi vite que j'ai pu pour aller chez Bertin. Delsarte a chanté (1) et a ravi tout le monde. J'étais à côté d'un monsieur qui m'a appris qu'il avait assisté à la maladie et aux derniers moments de mon pauvre Charles (2)... Cruels détails! cruelle nature !

Vendredi 20 *février*. — Dîné chez Villot. Ces dîners continuels me troublent beaucoup. Dîner servi plus que jamais à la russe. Tout le temps du service, la table est couverte de gimblettes, de sucreries; au milieu, un étalage de fleurs, mais nulle part la plus petite parcelle de ce qu'attend un estomac affamé quand il approche la table. Les domestiques servant

(1) *Delsarte*, artiste lyrique et compositeur, qui quitta tout jeune l'Opéra-Comique pour se consacrer à l'enseignement de son art. Il ne se fit plus entendre dès lors que dans les concerts et dans les salons.

(2) Delacroix veut probablement parler de son frère *Charles Delacroix*, qui mourut à Bordeaux le 30 décembre 1845, loin de tous les siens.

pitoyablement et à leur fantaisie des morceaux de
hasard, en un mot ce qu'ils dédaignent de se conserver pour eux-mêmes. Tout cela est trouvé charmant;
adieu la cordialité, adieu l'aimable occupation de
faire un bon dîner! Vous vous levez repu tant bien
que mal, et vous regrettez votre dîner de garçon du
coin de feu. Cette pauvre femme s'est jetée dans une
habitude mondaine qui lui donne exclusivement
comme société les gens les plus futiles et les plus
ennuyeux.

Je me suis sauvé en évitant la musique pour
aller chez mon confrère en municipalité Didot (1).
La promenade pour aller chez lui par un froid sec
m'a réussi un peu. En arrivant, cohue, musique
encore plus détestable, mauvais tableaux accrochés
aux murs, excepté un, cet homme nu d'Albert Dürer,
qui m'a attiré toute la soirée.

Cette trouvaille inespérée, le chant de Delsarte, la
veille chez Bertin, m'ont fait faire cette réflexion
qu'il y a beaucoup de fruit à retirer du monde, tout
fatigant qu'il est et tout futile qu'il paraît. Je n'aurais
eu aucune fatigue, si j'étais resté au coin de mon
feu; mais je n'aurais eu aucune de ces souffrances
qui doublent peut-être, par le rapprochement de la
trivialité et de la banalité, des plaisirs que le vulgaire
va chercher dans les salons.

---

(1) Il s'agit ici d'*Ambroise Firmin-Didot,* de la célèbre maison des
éditeurs Didot, qui fut éditeur, écrivain, et fit partie du conseil municipal,
où il eut un rôle assez important.

V... était là. Il ne m'a pas paru atteint comme moi
par ce terrible tableau, il est borné dans ses admirations; c'est que son sentiment ne le sert plus au delà
d'une certaine mesure de talent, qu'il n'apprécie encore que dans un certain nombre d'artistes d'une certaine école : il est excellent et cause sérieusement;
mais il ne vous échauffe jamais. C'est un homme de
mérite auquel il manque toutes les grâces. Nous avons
vu ensemble le tableau de la vieillesse de David (1),
qui représente la *Colère d'Achille;* c'est la faiblesse
même; l'idée et la peinture sont également absentes.
J'ai pensé aussitôt à l'*Agamemnon* et l'*Achille* de
Rubens, que j'ai vus il y a à peine un mois.

Samedi 21 *février.* — Le soir au Jardin d'hiver,
où j'ai mené Mme de Forget, au bal du IX⁰ arrondissement, pour lequel j'avais souscrit. Il m'est arrivé
comme les deux jours précédents : je me suis préparé
avec répugnance, et j'ai été dédommagé de mes
appréhensions.

L'aspect de ces arbres exotiques dont quelques-
uns sont gigantesques, éclairés par des feux élec-
triques, m'a charmé. L'eau, et le bruit qu'elle fait au

---

(1) Il ne parait pas que Delacroix ait été plus favorable aux tableaux
de la jeunesse ou de la maturité qu'à ceux de la vieillesse de David, car
du Maroc il écrivait à Villot en 1832 : « Les héros de David et compa-
« gnie feraient une triste figure avec leurs membres couleur de rose
« auprès de ces fils du soleil. » Et à Thoré, en 1840 : « Vous signalez
« fort bien que, particulièrement dans la question du dessin, on ne veut
« en peinture que le dessin du sculpteur, et cette erreur, sur laquelle a
« vécu toute l'école de *David,* est encore toute-puissante. »

milieu de tout cela, faisait à merveille. Il y avait
deux cygnes qui se faisaient mouiller à plaisir, dans
un bassin rempli de plantes, par la pluie continue
d'un jet d'eau qui a quarante à cinquante pieds de
haut. La danse même m'a amusé, ainsi que le vulgaire orchestre ; mais cet aplomb, cet archet, ce
coup de tambour, ces cornets à piston, cet entrain
de ces courtauds de boutique se trémoussant dans
leurs beaux habits excitaient en moi un sentiment
qu'on ne peut, j'en suis certain, éprouver qu'à Paris.
Mme de Forget ne partageait pas ma satisfaction. Elle
avait compromis étourdiment, sur le pavé de bitume et
au milieu des trépignements de cette foule mélangée,
une robe neuve de damas rose turc, qui aura perdu
un peu de sa fraîcheur. Mme Sand, Maurice (1),
Lambert et Manceau avaient dîné avec moi. Impression bizarre de la situation de ces jeunes gens près
de cette pauvre femme.

— J'ai commencé dans la seule matinée d'hier tous
mes sujets de la *Vie d'Hercule* (2) pour le salon de la
Paix.

(1) *Maurice Sand*, le fils de George Sand, et *Lambert*, avaient fait tous
deux partie de l'atelier que Delacroix avait ouvert rue Neuve-Guillemin.
M. Burty cite parmi les élèves qui s'y rendaient : Joly Grangedor, Des-
bordes-Valmore, Saint-Marcel, Maurice Sand, Andrieu, Eugène Lambert,
Lassalle, Gautheron, Leygue, Th. Véron, Ferrussac.

(2) Delacroix fait allusion aux onze compositions sur la *Vie d'Hercule*
qui décoraient les tympans du salon de la Paix à l'Hôtel de ville :
*Hercule à sa naissance recueilli par Junon et Minerve, Hercule entre le
vice et la vertu, Hercule écorche le lion de Némée, Hercule rapporte
sur ses épaules le sanglier d'Érymanthe, Hercule vainqueur d'Hippolyte, Hercule délivre Hésione, Hercule tue le centaure Nessus, Hercule*

Lundi 23 *février.* — Les peintres qui ne sont pas coloristes font de l'enluminure et non de la peinture. La peinture proprement dite, à moins qu'on ne veuille faire un camaïeu, comporte l'idée de la couleur comme une des bases nécessaires, aussi bien que le clair-obscur, et la proportion et la perspective. La proportion s'applique à la sculpture comme à la peinture. La perspective détermine le contour; le clair-obscur donne la saillie par la disposition des ombres et des clairs mis en relation avec le fond; la couleur donne l'apparence de la vie, etc.

Le sculpteur ne commence pas son ouvrage par un contour ; il bâtit avec sa matière une apparence de l'objet qui, grossier d'abord, présente dès le principe la condition principale qui est la saillie réelle et la solidité. Les coloristes, qui sont ceux qui réunissent toutes les parties de la peinture, doivent établir en même temps et dès le principe tout ce qui est propre et essentiel à leur art. Ils doivent masser avec la couleur comme le sculpteur avec la terre, le marbre ou la pierre; leur ébauche, comme celle du sculpteur, doit présenter également la proportion, la perspective, l'effet et la couleur.

Le contour est aussi idéal et conventionnel dans la peinture que dans la sculpture ; il doit résulter naturellement de la bonne disposition des parties essen-

enchaîne *Nérée, Hercule étouffe Antée, Hercule ramène Alceste du fond des enfers, Hercule au pied des colonnes.* (Voir *Catalogue Robaut,* nᵐ 1152 à 1162.)

tielles. La préparation combinée de l'effet qui comporte la perspective et de la couleur approchera plus ou moins de l'apparence définitive suivant le degré d'habileté de l'artiste ; mais dans ce point de départ, il y aura le principe net de tout ce qui doit être plus tard.

Mardi 24 février. — Soirée d'enfants chez Mme Herbelin (1) ; je remarque combien nos costumes sont affreux par le contraste des costumes de ces petits êtres qui étaient fort bariolés et qui, à raison de leur petite taille, ne se confondaient pas avec les hommes et les femmes. C'était comme une corbeille de fleurs.

Pérignon (2) m'a parlé de la *manière de vernir provisoirement un tableau :* c'est avec de la gélatine, comme celle que vendent les charcutiers, qu'on fait dissoudre dans un peu d'eau chaude et qu'on passe avec une éponge sur le tableau. Pour l'enlever, on prend de même de l'eau tiède.

Villot nous disait qu'on détruit l'ombre avec un mélange, parties égales d'essence, d'eau et d'huile. Bon pour repeindre.

Mercredi 25 février. — Dîné chez Lehmann. — Revenu à l'Opéra-Comique et fini chez Boilay.

---

(1) *Mme Herbelin*, peintre. Elle était nièce du peintre *Belloc*, qui fut son professeur. Sur le conseil de Delacroix, elle fit de la miniature, et, y ayant acquis une réputation, s'y consacra exclusivement.

(2) *Pérignon* fit partie de l'administration des Beaux-Arts, en qualité de directeur du Musée de Dijon. Il était en relations assez intimes avec Delacroix, puisqu'il fut l'un des exécuteurs testamentaires du maitre.

Je n'ai rien retiré de tout cela qu'une immense promenade à pied, pour venir de la rue Neuve de Berry jusqu'au théâtre.

— Les gens médiocres ont réponse à tout et ne sont étonnés de rien. Ils veulent toujours avoir l'air de savoir mieux que vous ce que vous allez leur dire; quand ils prennent la parole à leur tour, ils vous répètent avec beaucoup de confiance, comme si c'était de leur cru, ce qu'ils ont, ailleurs, entendu dire à vous-même.

Il est bien entendu que l'homme médiocre dont je parle est en même temps pourvu de connaissances auxquelles tout le monde peut parvenir. Le plus ou moins de bon sens ou d'esprit naturel qu'ils peuvent avoir, peut seul les empêcher d'être des sots parfaits. Les exemples qui se présentent en foule à ma mémoire sont tous à l'appui de ce ridicule si commun. Ils ne diffèrent, comme je l'ai dit, que par le degré de sottise. L'air capable et supérieur va de soi-même avec ce caractère.

Jeudi 26 février. — Soirée chez Mlle Rachel (1). Elle a été fort aimable. J'ai revu Musset (2) et je lui

(1) Delacroix avait une vive admiration pour le talent de Rachel. Dans sa composition de la *Mort de saint Jean-Baptiste*, il s'était inspiré de ses traits pour peindre son Hérodiade. Dans la *Sibylle au rameau d'or*, tableau de 1845, il songea à la grande actrice, qui venait souvent dans son atelier. (Voir *Catalogue Robaut*, n° 918.)

(2) Si l'on en croit Philarète Chasles, le talent d'*Alfred de Musset* était antipathique à Delacroix : « C'est un poète qui n'a pas de couleur, me dit-il un jour; il manie sa plume comme un burin : avec

disais qu'une nation n'a de goût que dans les choses
où elle réussit. Les Français ne sont bons que pour ce
qui se parle ou ce qui se lit. Ils n'ont jamais eu de
goût en musique ni en peinture. La peinture mignarde
et coquette... Les grands maîtres comme Lesueur et
Lebrun ne font pas école. La manière les séduit
avant tout; en musique presque de même.

— Bleu de ciel de l'esquisse de la Paix :

Sur *bleu de Prusse* et *blanc,* introduction de *bleu de
Prusse, blanc* et *vert de Scheele.* Le ton verdâtre, produit en deux opérations, double l'effet et donne une
franchise incomparable.

Lundi 1er mars. — L'homme qui apporte ordinairement le charbon de terre et le bois est un drôle plein
d'esprit... Il cause beaucoup. Il demande l'autre jour
la gratification et dit qu'il a beaucoup d'enfants.
Jenny lui dit : « Et pourquoi avez-vous tant d'en-

« elle il fait des entailles dans le cœur de l'homme et le tue en y faisant
« couler le corrosif de son âme empoisonnée. Moi, j'aime mieux les plaies
« béantes et la couleur vive du sang. » (*Mémoires de Ph. Chasles,* t. I,
p. 331, cités par Hurty, *Correspondance de Delacroix,* t. II, p. 68.)
  Il est intéressant d'indiquer comme contre-partie l'opinion de Musset
sur Delacroix. A l'époque où l'*Hamlet* était refusé par le jury, Musset
protestait en ces termes dans la *Revue des Deux Mondes :* « Il semble
« que tant de sévérité n'est juste qu'autant qu'elle est impartiale, et
« comment croire qu'elle le soit, lorsqu'on voit de combien de croûtes le
« Musée est rempli ! » Quelques années auparavant, Alfred de Musset
écrivait à son frère : « J'ai rencontré Eugène Delacroix une fois en sor
« tant du spectacle : nous avons causé peinture en pleine rue, de sa
« porte à la mienne et de ma porte à la sienne, jusqu'à deux heures du
« matin. Nous ne pouvions pas nous séparer. » (Maurice TOURNEUX,
Eugène Delacroix devant ses contemporains.)

fants?» Il lui répond : « C'est ma femme qui les fait. »
C'est un mot du plus pur gaulois... Il nous en a dit
un de la même force, l'année dernière, que j'ai oublié...

Lundi 8 *mars.* — Pour la première fois, au dîner
de tous les mois, des seconds lundis.

— En sortant, promenade sur le boulevard avec
Varcollier, et fini la soirée chez Perrin. Revu là la
lithographie de Géricault (1) des chevaux qui se
battent. Grand rapport avec Michel-Ange. Même
force, même précision, et, malgré l'impression de force
et d'action, un peu d'immobilité, par suite de l'étude
extrême des détails, probablement.

— Le jury, depuis jeudi dernier, m'assassine tous
les jours, et le soir, je suis comme un homme qui
aurait fait dix lieues à pied.

Vendredi 12 *mars.* — Prêté à M. Hédouin six esquisses de la Chambre des députés : le *Lycurgue,* le
Chiron, l'*Hésiode,* l'*Ovide,* l'*Aristote,* le *Démosthène.*

— A lui prêté, le 2 mai, le dessin sous verre du
Chiron et de l'*Achille* (2).

(1) Nous nous sommes efforcé de préciser les relations de Delacroix
avec Géricault dans le premier tome du Journal. Nous avons indiqué les
motifs du culte qu'il lui avait voué à ses débuts. En insistant dans notre
Étude sur le changement que le temps avait apporté à certaines des
opinions du maître, nous avons omis, peut-être à tort, de ne pas mentionner Géricault. Les lecteurs constateront en effet, dans une année
postérieure, que Delacroix se range à l'avis de Chenavard qui fait une critique sévère de l'auteur du *Naufrage de la Méduse.*

(2) Aujourd'hui au Musée du Louvre. (Voir *Catalogue Robaut,* n° 840.)

Samedi 13 *mars*. — Fini au Jury.

Lundi 15 *mars*. — Andrieu revenu aujourd'hui ou hier. Il avait fait deux jours au commencement du mois, interrompus par le Jury.

Jeudi 1er *avril*. — Enterrement du pauvre Cavé. Sa mort me fait beaucoup de peine.

Vendredi 2 *avril*. — A l'issue du conseil munici-pal, vu chez Varcollier les esquisses pour Sainte-Clo-tilde : la folie ne peut aller plus loin. Le pauvre Préault forcé de faire une statue gothique! Que peut-on critiquer dans des ouvrages contemporains, après ces cochonneries?

Lundi 5 *avril*. — J'ai été à Saint-Sulpice ébaucher un des quatre pendentifs.

Le soir, en me promenant et un moment avant d'être noyé par la pluie d'orage qui est survenue, rencontré, rue du Mont-Thabor, Varcollier, qui m'a parlé avec horreur des petits échantillons de couleurs de L... à l'Hôtel de ville. Il voudrait que je me con-stitue le vengeur et le dénonciateur de ses crimes. Je lui ai objecté qu'il faudrait se mettre trop en colère, et que les méfaits nombreux de ce genre auraient dû être réprimés il y a longtemps. Je lui ai cité des ouvrages de ses amis.

Le lendemain de ce jour, *mardi* 6, en revenant de

Saint-Sulpice, entré à Saint-Germain, où j'ai vu les barbouillages gothiques dont on couvre les murs de cette malheureuse église. Confirmation de ce que je disais à mon ami : j'aime mieux les imaginations de Luna que les contrefaçons de Baltard, Flandrin et Cie (1).

Mardi 6 avril. — Ébauché les trois autres pendentifs.

Rencontré Cousin en revenant et toujours sur le quai.

Mercredi 7 avril. — Les animaux ne sentent pas le poids du temps. L'imagination, qui a été donnée à l'homme pour sentir les beautés, lui procure une foule de maux imaginaires ; l'invention des distractions, les arts qui remplissent les moments de l'artiste qui exécute, charment les loisirs de ceux qui ne font que jouir de ces productions. La recherche de la nourriture, des courts moments de la passion animale, de l'allaitement des petits, de la construction des nids ou des tanières, sont les seuls travaux que la nature ait imposés aux animaux. L'instinct les y pousse, aucun calcul ne les y dirige. L'homme porte le poids de ses pensées aussi bien que celui des misères natu-

(1) Les principes d'esthétique de l'architecte *Baltard,* qui dirigeait la décoration de Saint-Germain des Prés, le rapprochaient de *Flandrin,* pour lequel personne n'ignore que Delacroix professait la plus profonde des antipathies.

relles qui font de lui un animal. A mesure qu'il
s'éloigne de l'état le plus semblable à l'animal, c'est-
à-dire de l'état sauvage à ses différents degrés, il
perfectionne les moyens de donner l'aliment à cette
faculté idéale refusée à la bête; mais les appétits de
son cerveau semblent croître à mesure qu'il cherche
à les satisfaire ; quand il n'imagine ni ne compose
pour son propre compte, il faut qu'il jouisse des imaginations des autres hommes comme lui, ou qu'il
étudie les secrets de cette nature qui l'entoure et qui
lui offre ses problèmes. Celui même que son esprit
moins cultivé ou plus obtus rend impropre à jouir
des plaisirs délicats où cet esprit a part, se livre,
pour remplir ses moments, à des délassements matériels, mais qui sont autre chose que l'instinct qui
pousse l'animal à la chasse. Si l'homme chasse dans
un état moyen de civilisation, c'est pour occuper son
temps. Il y a beaucoup d'hommes qui dorment pour
éviter l'ennui d'une oisiveté qui leur pèse et qu'ils ne
peuvent néanmoins secouer par des occupations
offrant quelque attrait. Le sauvage, qui chasse ou qui
pêche pour avoir à manger, dort pendant les moments
qu'il n'emploie pas à fabriquer, à sa manière, ses grossiers outils, son arc, ses flèches, ses filets, ses hameçons en os de poisson, sa hache de caillou.

Jeudi 8 *avril.* — Coulé sur l'*Hercule attachant
Nérée : vermillon* et *laque; jaune de zinc clair* et
terre de Cassel.

Coulé sur le *Nérée* : *jaune de zinc* clair, *laque,*
cobalt, bleu de Prusse.

Après avoir modelé dans la demi-teinte, reflété en
ajoutant par places quelques tons chauds; touché la
demi-teinte du clair avec un ton de clair *rose orangé*
joint au ton de *terre de Cassel, jaune de zinc* et un
mauve plus clair que celui qui a servi pour le coulé.

— Les clairs du *Nérée*, ton dominant : *jaune zinc*
clair et ton *mauve clair* et tant soit peu d'*orangé clair,*
c'est-à-dire *cadmium, blanc vermillon.*

Très belle demi-teinte reflétée : *vert de Scheele*
avec *rouge* de zinc, avec *mauve clair,* plus foncé
avec *ocre de ru.*

Vendredi **23** *avril.* — Première représentation du
Juif errant (1).

Jeudi **29** *avril.* — Chez Bertin le soir : il y avait
peu de monde. Goubaux (2) venu dans la journée.
Parlé de la négligence avec laquelle les pièces classiques sont représentées. Il n'y a pas un directeur de
théâtre du boulevard qui la souffrît dans les pièces
modernes. Les acteurs du Français se sont fait une
habitude de chanter leurs rôles d'une façon monotone, comme des écoliers qui récitent une leçon. Il

(1) Le *Juif errant,* opéra en cinq actes, paroles de *Scribe* et *Saint-*
Georges, musique d'*Halévy.*

(2) *Goubaux,* auteur dramatique, collaborateur de Dumas père, de
Legouvé et d'Eugène Sue. Il dirigeait une institution qui devint le collège Chaptal.

me citait un exemple, le début d'*Iphigénie* : *Oui,
c'est Agamemnon,* etc.

Il se rappelait avoir vu Saint-Prix (1), qui passait
pour un talent et qui de plus avait la tradition, se
lever tranquillement d'un coin du théâtre, venir réveiller Arcas et lui dire tout d'une haleine : *Oui, c'est
Agamemnon,* etc. Quelle est évidemment l'intention
de Racine? Ce *oui* qui commence répond évidemment
à la surprise que doit manifester le serviteur éveillé
avant l'aurore ; par qui? par son maître, par son roi,
le Roi des rois. Sa réponse ne dit-elle pas aussi que
ce roi, que ce père a veillé dans l'inquiétude, longtemps avant de venir à ce confident, pour décharger
une partie de son souci en en parlant? Il a dû se promener, s'agiter sur sa couche, avant de se lever. Il
ne répond même pas, dans sa préoccupation, qui
semble continue, à la demande de cet ami fidèle. Il se
parle à lui-même ; son agitation se trahit dans ce regard jeté sur sa destinée : *Heureux qui, satisfait,* etc.

Oui, c'est Agamemnon... répond à la surprise d'Arcas. Ces mots doivent être entrecoupés par des jeux
muets et non pas défilés comme un chapelet ou comme
un homme qui lirait dans un livre. Les acteurs sont
des paresseux, qui ne se sont même jamais demandé
s'ils pouvaient mieux faire. Je suis convaincu qu'ils
suivent la route tracée, sans se douter des trésors
d'expression que renferment tant de beaux ouvrages.

---

(1) *Saint-Prix,* acteur célèbre, né en 1759, mort en 1834.

Goubaux me disait que Talma lui avait raconté qu'il *notait* toutes ses inflexions, indépendamment de la prononciation des mots. C'était un fil conducteur qui l'empêchait de dévier quand il était moins inspiré. Cette espèce de musique une fois dans sa mémoire, ramenait toutes les intonations dans un cercle dont il ne serait pas sorti sans péril de s'égarer et d'être entraîné trop loin ou à faux.

30 avril. — Au conseil municipal, pour parler pour la bourse du fils de Roehn (1).

Mercredi 5 mai. — Parti pour Champrosay.

J'ai donné congé à Andrieu au commencement de la semaine.

Tombé au milieu du déménagement qui a été mis en ordre le lendemain. L'habitation me plaît, et le bon propriétaire empressé à me plaire.

— Il faut ébaucher le tableau comme serait le sujet par un temps couvert, sans soleil, sans ombres tranchées. Il n'y a radicalement ni clairs ni ombres. Il y a une masse colorée pour chaque objet, reflétée différemment de tous côtés. Supposez que, sur cette scène, qui se passe en plein air par un temps gris, un rayon de soleil éclaire tout à coup les objets : vous aurez des clairs et des ombres comme on l'entend, mais ce sont de purs accidents. La vérité profonde, et qui peut paraître singulière, de ceci est toute l'entente de

(1) *Roehn* (1799-1864), peintre, élève de Gros et auteur d'un grand nombre de tableaux de genre.

la couleur dans la peinture. Chose étrange! elle n'a
été comprise que par un très petit nombre de
grands peintres, même parmi ceux qu'on répute coloristes.

Champrosay, jeudi 6 mai. — (Le dos contre
la barrière, au pied du grand chêne de l'allée de l'Ermitage.)(1) Arrivé hier *mercredi* 5 à Champrosay pour
passer deux ou trois jours, et m'installer dans mon
nouveau logement.

Vers quatre heures, sorti sur la route vers Soisy (2),
pour gagner de l'appétit. J'ai trouvé là sur la poussière une trace d'eau répandue comme par le bout
d'un entonnoir, qui m'a rappelé mes observations
précédentes, et en différents lieux, sur les lois géomé-
triques qui président aux accidents de même espèce,
qui semblent au vulgaire des effets du hasard : tels
que sillons que creusent les eaux de la mer, sur le
sable fin qu'on trouve sur les plages, comme j'en ai
observé l'année dernière à Dieppe, et comme j'en
avais vu à Tanger. Ces sillons présentent, dans leur
irrégularité, le retour des mêmes formes, mais il
semble que l'action de l'eau ou la nature du sable qui
reçoit ces empreintes, détermine des aspects différents, suivant les lieux : ainsi, les marques à Dieppe,

(1) Tous ces chênes, arbres séculaires de la forêt de Sénart, devinrent
pour Delacroix le sujet de croquis plus ou moins arrêtés dont on retrouve
la trace dans son œuvre.

(2) Soisy-sous-Étiolles, canton de Corbeil.

des espaces d'eau sur un sable très fin, qui se trouvaient séparés çà et là ou enfermés par de petits rochers, figuraient très bien les flots mêmes de la mer.
En les copiant avec des colorations convenables, on
eût donné l'idée du mouvement des vagues si difficile
à saisir. A Tanger, au contraire, sur une plage
unie, les eaux, en se retirant, laissaient l'empreinte
de petits sillons, qui figuraient à s'y méprendre les
rayures de la peau des tigres. La trace que j'ai trouvée hier sur la route de Soisy représentait exactement les branches de certains arbres, quand ils n'ont
pas de feuilles ; la branche principale était l'eau répandue, et les petites branches qui s'enlaçaient de
mille manières étaient produites par les éclaboussures
qui partaient et se croisaient de droite et de gauche.

J'ai en horreur le commun des savants : j'ai dit
ailleurs qu'ils se coudoyaient dans l'antichambre du
sanctuaire où la nature cache ses secrets, attendant
toujours que de plus habiles en entre-bâillent la porte :
que l'illustre astronome danois ou norvégien ou allemand Borzebilocoquantius (1) découvre avec sa lunette une nouvelle étoile, comme je l'ai vu dernière-
ment mentionné, le peuple des savants enregistre
avec orgueil la nouvelle venue, mais la lunette n'est
pas fabriquée qui leur montre les rapports des choses.

Les savants ne devraient vivre qu'à la campagne,

---

(1) *Berzélius,* savant suédois dont le nom est écrit autrement sur la
couverture du carnet d'où ces notes sont extraites : *Berzebilardinozo-
quentius.*

près de la nature ; ils aiment mieux causer autour des tapis verts des académies, de l'Institut, de ce que tout le monde sait aussi bien qu'eux ; dans les forêts, sur les montagnes, vous observez des lois naturelles, vous ne faites pas un pas sans trouver un sujet d'admiration.

L'animal, le végétal, l'insecte, la terre et les eaux sont des aliments pour l'esprit qui étudie et qui veut enregistrer les lois diverses de tous ces êtres. Mais ces messieurs ne trouvent pas là la simple observation digne de leur génie ; ils veulent pénétrer plus avant, et font des systèmes du fond de leur bureau qu'ils prennent pour un observatoire. D'ailleurs, il faut fréquenter les salons et avoir des *croix* ou des *pensions ;* la science qui met sur cette voie-là vaut toutes les autres.

Je compare les écrivains qui ont des idées, mais qui ne savent pas les ordonner, à ces généraux barbares qui menaient au combat des nuées de Perses ou de Huns, combattant au hasard, sans ordre, sans unité d'efforts, et par conséquent sans résultats ; les mauvais écrivains se trouvent aussi bien parmi ceux qui ont des idées, que chez ceux qui en sont dépourvus.

Promenade charmante dans la forêt, pendant qu'on arrange chez moi. Mille pensées diverses suggérées au milieu de ce sourire universel de la nature. Je dérange à chaque pas, dans ma promenade, des rendez-vous, effets du printemps ; le bruit que je fais en marchant dérange les pauvres oiseaux, qui s'envolent toujours par couple de deux.

Ah ! les oiseaux, les chiens, les lapins ! Que ces humbles professeurs de bon sens, tous silencieux, tous soumis aux décrets éternels, sont au-dessus de notre vaine et froide connaissance !

A tout moment, le bruit de mes pas fait fuir ces pauvres oiseaux, qui s'envolent toujours deux par deux. C'est le réveil de toute cette nature ; elle a ouvert la porte aux amours. Il vient de nouvelles feuilles verdoyantes, il va naître des êtres nouveaux, pour peupler cet univers rajeuni. Le sens savant s'éveille chez moi plus actif que dans la ville. Ces imbéciles (les savants) vivent dans leur cabinet, ils le prennent pour le sanctuaire de la nature. Ils se font envoyer des squelettes et des herbes desséchées, au lieu de les voir baignées de rosée.

— Me voici assis dans un fossé sur des feuilles séchées, près du grand chêne qui se trouve dans la grande allée de l'Ermitage.

— Je suis toujours sujet, au milieu de la journée, à un abattement qui est le dernier acte de la digestion.

— Quand je rentre aussi de ces promenades du matin, je suis moins disposé, ou plutôt je ne suis plus disposé du tout au travail.

Vendredi 7 mai. — Revenu à Paris pour voir l'esquisse de Riesener chez Varcollier ; elle ne s'y est

pas trouvée, quoiqu'il l'y eût envoyée. J'avais fait
une séance le matin au Jardin des plantes. J'y ai fait
renouveler ma carte. Travaillé au soleil, parmi la
foule, d'après les lions.

En arrivant, pris, dans le jardin, de ma langueur ;
je me suis mis à dormir au soleil, sur une chaise.

— Couru l'après-midi, pour l'affaire du fils de Varcollier, de l'Hôtel de ville jusque passé la place de
la Bourse, sans trouver une voiture libre. Je suis
venu chez moi voir mes lettres, envoyer les billets
disponibles pour la fête de lundi, et reparti à cinq
heures. — Arrivée toujours charmante dans cet endroit. Revenu à travers la plaine.

Lundi 10 *mai*. — Jour de la distribution des aigles,
que j'ai passé à Champrosay.

Paris, mardi 11 *mai*. — Parti de Champrosay à
onze heures un quart. J'ai envoyé ces demoiselles (1)
à la maison et suis resté au Jardin des plantes. Vu les
galeries d'anatomie au milieu d'une foule énorme ;
malgré les inconvénients, j'ai été intéressé.

Venu pour dîner.

Mercredi 12 *mai*. — J'extrais d'une lettre à Pierret
mes réflexions sur l'interruption de mon travail pendant huit jours.

_____

(1) Il s'agit de sa gouvernante Jenny et de la servante.

« ... Il ne faut pas quitter sa tâche : voilà pourquoi le temps, voilà pourquoi la nature, en un mot tout ce qui travaille lentement et incessamment, fait de si bonne besogne. Nous autres, avec nos intermittences, nous ne filons jamais le même fil jusqu'au bout. Je faisais, avant mon départ, le travail de M. Delacroix d'il y a quinze jours : je vais faire à présent le travail de Delacroix de tout à l'heure. Il faut renouer la maille, le tricot sera plus gros ou plus fin. »

Le cousin Delacroix a dîné avec moi. J'avais trouvé sa carte vendredi dernier. Nous avons été finir la soirée au café de Foy.

Mardi 1er juin. — Superbe *ton jaune* pour mettre à côté de *terre de Cassel, blanc* et *laque,* composé de quatre des principaux tons de la palette, à savoir :

Laque, cobalt, blanc,

Ocre de ru, vermillon,

Vert émeraude, laque de gaude, jaune de zinc,

Cadmium, vermillon, laque de gaude.

Très beau ton d'ombre pour chair très colorée (exemple : la figure à côté de la Furie) : le ton de *terre de Cassel, laque jaune, jaune indien, terre d'Italie naturelle.*

Ton de chair (très beau dans l'ombre de l'enfant à la corne de l'abondance) ; le ton de *laque, terre de Cassel, blanc* le plus foncé des deux et le ton de *cadmium, laque de gaude* et *vermillon.*

Dans l'enfant qui vole en haut, faire dominer, en finissant, des tons d'*orangé* (*laque jaune, cadmium, vermillon*) avec un *gris* de *terre d'ombre* et *blanc,* ou *momie* et *blanc,* ou *Cassel* et *blanc.*

Ce ton *orangé* et *terre verte.*

Ces tons orangés, en finissant, très essentiels pour ôter la froideur ou le violacé du ton.

Pour les luisants, très beau ton très applicable : *terre verte* et *mauve clair* (*cobalt, laque* et *blanc*).

Très belle demi-teinte ou luisant analogue à la dernière : *terre verte* et *rose* (*vermillon* et *blanc*).

Pour reprendre le ciel autour des contours, *momie* et *blanc* assez foncé avec *bleu* et *blanc.* Un peu de *jaune de Naples.*

Mardi 8 juin. — Dîné chez Véron, à Auteuil.

Mercredi 9. — Dîné chez Halévy avec Janin (1) et le docteur Blache (2), qui me plaît assez.

Lundi 5 juillet. — Dîné chez Perrin avec X...

On parlait de la susceptibilité des gens nerveux pour sentir le temps qu'il faisait. Il dit très bien que l'intérêt mis en jeu était encore plus perspicace. En sa qualité de directeur de spectacle, il avait flairé

---

(1) *Jules Janin,* tout en faisant des réserves sur le talent de Delacroix, avait pris sa défense à plusieurs reprises. C'est ainsi qu'il protesta longuement dans les premières années contre l'exclusion qui frappait chaque année Delacroix et Préault.

(2) Le docteur *Blache* était un médecin célèbre de l'époque.

avec chagrin la continuité de la chaleur. Dîné là avec Halévy, Boilay, Varcollier, Guillardin. Revenu prendre des glaces avec eux sur le boulevard.

Mardi 6 juillet. — Mardi soir, arrivé à Champrosay.

Prêté à Mme Halévy, en partant pour Champrosay, les deux copies de Raphaël, l'*Enfant* et le *Portrait à la main*.

Samedi 10 juillet. — Prêté à Lehmann les Études de lions. — Rendues.

Dimanche 11 juillet. — Autre jaune très beau : *Ocre de ru* ou *ocre jaune* et *rouge de zinc*. — Ton à mettre en vessies : *ocre jaune, jaune indien, cassel, blanc* (se remplace par *ocre jaune, momie* et *blanc*).

A côté, *ocre de ru, terre Sienne brûlée*.

Lundi 12 juillet. — Très beau ton brun transparent : *noir d'ivoire, terre de Sienne naturelle*, et l'*orangé transparent* de la palette un peu plus verdâtre.

Le ton *terre de Cassel, laque jaune, jaune indien*, avec le même *orangé* (*laque jaune, vermillon, cadmium*).

Le plus intense de ces tons est très beau avec l'*orangé* et *momie* ou *bitume*.

Beau brun très simple et très utile : *momie, terre*

Sienne naturelle. Brun foncé transparent, remplaçant le *jaune de mars* et plus foncé : *laque et vermillon, terre Sienne naturelle.*

Mardi 13 *juillet.* — Le ton de *vermillon de Chine* et *laque*, la nuance foncée à côté de *blanc* et *noir foncé.* La nuance claire de *vermillon* et *laque* à côté de la *laque de gaude* pure.

Ce mélange sert à réchauffer les ombres vigoureuses que l'on ébauche avec le ton de *terre de Cassel* et *vermillon.*

— Mettre le ton de *terre de Cassel, blanc clair, terre de Cassel, laque* et *brun rouge plus foncé,* au milieu des tons de *rose,* d'*orangé,* de *violet,* d'*ocre de ru* et de *vermillon,* etc., qui font les tons clairs.

Le beau ton jaune : *ocre jaune, jaune indien blanc, cassel* mêlé avec le *petit violet.*

Autre mélange avec le ton *vermillon clair* et *laque :* ton sanguine charmant.

— Beau ton jaune : *rouge orangé de zinc, ocre de ru.*

— Clairs de l'Hercule et du Centaure : *Terre Cassel* et *blanc clair.* — *Cadmium, vermillon, blanc* comme base.

Ombres chaudes : *laque jaune* et *vermillon laque;* au bord de l'ombre, un peu de *gros violet;* sur ce frottis, le ton de *terre de Sienne, vert émeraude,* le *gros violet* mêlé avec *laque jaune* et *laque rouge, vermillon* fait des vigueurs superbes.

Il faut mettre sur la palette le *gros violet* à côté du *laque foncé, vermillon, laque jaune.* .

Ombres et demi-teinte de l'Antée : *Gros violet, laque, vermillon, gaude foncée,* avec le ton de *Sienne naturelle* et *vert émeraude.*

Jaune indien, jaune de zinc clair. — Superbe *gomme-gutte.* Ton des montagnes, dans l'Antée : *Vert émeraude ;* deuxième avec *noir, blanc foncé, bitume,* etc., *vert émeraude* et *laque Cassel* et *bleu foncé.* — Beau ton neutre pour montagnes.

— *Terre d'Italie naturelle* et *vermillon* ou *vermillon* et *laque* équivaut à peu près à *rouge de zinc.*

Le ton paille de *terre de Cassel, blanc, ocre jaune* et *jaune indien,* excellente demi-teinte de l'enfant à la corne d'abondance, en le mêlant, soit avec *cobalt* ou *laque* et *vermillon,* soit avec *ton orangé.*

Demi-teinte pour la chair, veines, bords d'ombre, etc. : le ton de *noir* et *blanc* avec *vert émeraude.*

Autre plus beau : le ton de *cobalt, blanc, laque claire* avec *vert émeraude.*

Brun très beau (approche de *jaune laque de Rome*) : *laque brûlée, terre Sienne naturelle, jaune foncé, laque de gaude.*

Plus intense, avec *laque jaune de Rome foncée.*

Brun très transparent demi-foncé, très utile : *terre Sienne naturelle* et *vert émeraude* avec *laque* et *vermillon.*

— Brun plus clair, violâtre paille, en ajoutant au

précédent le ton de *cobalt, laque* et *blanc* (mauve clair). — Brun jaune clair transparent ; le ton de *vert émeraude, jaune de zinc* avec le ton *orangé* transparent de *cadmium, gaude, vermillon* — ce dernier dominant.

— Brun jaune foncé : *terre Sienne naturelle, vert émeraude,* avec le *ton orangé transparent.*

— Beau vert approchant du ton de ciel de l'Apollon : *vert émeraude, jaune de zinc,* avec le ton *orangé transparent.*

Bel orangé transparent : *gaude* avec *rouge de zinc ;* le même avec une pointe de *vert émeraude* et *zinc clair,* donne le ton de ciel de l'Apollon.

— Brun foncé dans le genre de la *laque de Rome : jaune, terre de Cassel, gaude, jaune indien* avec *laque* et *vermillon foncé...*

— Très beau aussi : *Brun de Florence, terre Sienne naturelle* et *gaude.*

— Très beau aussi : *Brun de Florence* et *jaune indien.*

— Brun clair transparent : le même ton avec *terre de Cassel, blanc, jaune de zinc clair, rouge de zinc,* etc.

Jaune paille très fin, très fin : le précédent avec addition de *jaune de Naples* et le ton de *jaune de zinc* et *vert émeraude.*

— Plus beau : avec une pointe de *laque* et *vermillon* et du ton *vert clair de zinc* et d'*émeraude.*

Brun demi-teinte pour chair : *Rouge de zinc* et le ton de *Cassel, blanc* et *laque.* — Le plus simple de ces bruns paille clair et demi-clair est peut-être la *terre Cassel, blanc* avec *terre de Sienne naturelle,* plus ou moins foncé.

Le ton paille, *ocre jaune, terre de Cassel, blanc* avec une pointe de *vermillon.* — Excellent ton de chair point violacé.

— *Vert émeraude* et *blanc clair,* avec *pointe d'ocre jaune :* Clairs d'arbres, dans le lointain.

Pour retoucher en éclaircissant comme dans la Muse : ton d'ombre des chairs, le ton de *Sienne naturelle* et *vert émeraude,* avec *vermillon* et *laque clair,* et *jaune paille* un peu intense.

Bord d'ombre très beau, *vert émeraude* et le *ton de laque, vermillon, laque jaune.*

Brillants de la chair dans le Mercure et le Neptune : *Brun rouge, blanc,* avec *jaune de Naples.*

Main de la Vénus tenant le miroir, fraîcheur extraordinaire : Demi-teinte générale des doigts touchée avec le ton *mauve, cobalt, laque* et *blanc* un peu foncé mêlé à *vert émeraude fin;* plus ou moins de *blanc* suivant la place.

A côté, pour les ombres, glacis très léger d'un ton chaud de *laque jaune, laque rouge, vermillon* et plus ou moins d'un ton *jaune* rompu, mais toujours en transparent. Le même, par exemple, qui se glisse sur un fond de chair déjà peint où je veux augmenter une demi-teinte. — Je commence par ce glacis chaud et je mets à sec (surtout) un *gris* par-dessus (se rappeler la retouche de la Vénus), notamment sur la jambe;

les *gris* remis sur un *fond chaud* ont reproduit l'effet demi-teintes de l'esquisse de la Médée.

Demi-teinte sur une partie trop claire, par exemple le dentelé du côté du clair de Neptune, préparé avec un *ton chaud transparent,* plus ou moins foncé, suivant le besoin, par exemple le ton de *Sienne naturelle, vert émeraude*, et mettre le ton *gris* par-dessus, soit *terre Cassel, blanc, laque,* soit le *ton mauve.*

— Rompre sur la palette les tons très clairs de *cadmium, vermillon, blanc,* et de *vermillon* et *blanc.* Dans ce dernier, ajouter *terre de Cassel* ou un peu plus de *vermillon.*

— Ton pour la mer d'Andrieu, dans l'Hercule et Hésione.

— Dans cette Vénus, employé avec succès le bord d'ombre, de *vert émeraude* et ton de *vermillon, laque* et *laque jaune.* Ce ton opposé aux tons *orangés* de la figure est d'un grand charme.

— Dans les retouches, pour ajouter des demi-teintes, comme dans cette figure, toujours préparer avec des tons chauds et mettre le ton *gris* ensuite.

— Reflets pour la chair (la Vénus des caissons de l'Hôtel de ville). — La réunion, sans les mêler, des TROIS TONS ORANGÉS TRANSPARENTS (*cadmium, laque jaune, vermillon*) VIOLET CLAIR (*laque rose, cobalt, blanc*) et VERT CLAIR (*zinc* et *émeraude*); le même reflet, pour ainsi dire, partout, linge, armures, etc.

Ton de *laque brûlée, vermillon, blanc,* et à côté le même plus clair, avec très peu de *laque brûlée.* Ce ton, à côté de l'*orangé*, *vermillon, laque jaune, cad-mium*.

— Excellent ton avec plus ou moins de *blanc* ou d'*orangé*, pour couler sur la grisaille, ou pour reprendre une chair vive.

La petite Andromède couchée ainsi.

— *Mauve* un peu foncé à côté du ton *rose* — demi-teinte d'une jeune ingénue; le moindre *vert*, à côté, la complète.

Vert émeraude, terre d'Italie, très beau *jaune vert*.

En y ajoutant du vermillon, il devient sanguiné, sans être rouge, et est très utile; il peut se placer à côté du ton *Sienne naturelle, vert émeraude, jaune indien.*

Dieppe. — Lundi 6 septembre. — Parti pour Dieppe à huit heures; à neuf heures à Mantes; à dix heures un quart, à peu près, à Rouen. Le reste du trajet, n'étant pas direct, a été beaucoup plus long.

Arrivé à Dieppe à une heure. Trouvé là M. Maison. Logé hôtel de Londres avec la vue sur le port que je souhaitais, et qui est charmante. Cela me fera une grande distraction.

Dans toute cette fin de journée, dont j'ai passé une grande partie sur la jetée, je n'ai pu échapper à un extrême ennui. Dîné seul à sept heures, près de gens que j'avais rencontrés déjà sur la jetée, et qui m'avaient, dès ce moment, inspiré de l'antipathie; ce sentiment s'est encore augmenté pendant ce triste dîner. Naturel de chasseurs demi-hommes du monde, la pire espèce de toutes.

J'ai trouvé dans la voiture jusqu'à Rouen un grand homme barbu et très sympathique, qui m'a dit les choses les plus intéressantes sur les émigrants allemands et particulièrement sur certaines des colonies de cette race, qui se sont établies dans plusieurs parties de la Russie méridionale, où il les a vues. Ces gens, descendant en grande partie des Hussites, qui sont devenus les Frères Moraves. Ils vivent là en communauté, mais ne sont point des communistes, à la manière dont on entendait cette qualification en France, dans nos derniers troubles : la terre seulement est en commun, et probablement aussi les instruments de travail, puisque chacun doit à la communauté le tribut de son travail; mais les industries particulières enrichissent les uns plus que les autres, puisque chacun a son pécule, qu'il fait valoir avec plus ou moins de soin et d'habileté; il y a possibilité de se faire remplacer pour le travail commun. Ils se donnent le nom de Méronites ou Ménonites.

Mercredi 8 *septembre.* — Trouvé Durieu (1) et sa pupille à Dieppe : je les ai menés dans les églises.

(1) *Eugène Durieu,* administrateur et écrivain, chargé, après la révolution de Février, de la direction générale de l'administration des cultes ; il institua une commission des arts et édifices religieux, et créa le service des architectes diocésains pour la conservation des monuments affectés au culte.

Jeudi 9 septembre. — Tous ces jours-ci, j'ai eu mauvais temps et difficulté de jouir de la mer et de la promenade.

Rencontré Dantan (1), qui m'a dit des choses aimables.

Vu l'église du Pollet. Cette simplicité est toute protestante ; cela ferait bien avec des peintures.

Le soir, j'ai joui de la mer, pendant une heure et demie ; je ne pouvais m'en détacher.

Vraiment, il faut accorder à la littérature moderne d'avoir donné, par les descriptions, un grand intérêt à certains ouvrages, qui n'avaient pas une place suffisante. Seulement, l'abus qu'on a fait de cette qualité, à ce point qu'elle est devenue presque tout, a dégoûté du genre.

Vendredi 10 septembre. — Ce matin, sorti à sept heures et demie, contre ma coutume. Je m'étais mis à lire Dumas, qui me fait supporter le temps que je ne passe pas au bord de la mer. La mer la plus calme, la vue avec le soleil du matin, toutes ces voiles de pêcheurs à l'horizon m'ont enchanté. Je suis rentré en retournant plusieurs fois la tête.

En revenant vers quatre heures du quartier des bains, rencontré M. Perrier. Il a dîné avec nous. Le soir, nous avons été ensemble à la jetée. Il a dit, comme moi, que c'était magnifique, sans regarder,

---

(1) *Jean-Pierre Dantan,* statuaire et caricaturiste, dit *Dantan jeune.*

et il m'a parlé tout le temps du conseil. Je l'ai remis
dans sa chambre, où il m'a causé longuement, pendant que je m'endormais.

Samedi 11 *septembre.* — En me réveillant, j'ai vu
de mon lit le bassin à peu près plein et les mâts des
bâtiments se balançant plus qu'à l'ordinaire ; j'en ai
conclu que la mer devait être belle ; j'ai donc couru à
la jetée et j'ai effectivement joui, pendant près de
quatre heures, du plus beau spectacle.

La jeune dame de la table d'hôte, qui se trouve
être seule, y était à son avantage ; il est vrai que le noir
lui sied mieux et ôte un peu de vulgarité. Elle était
vraiment belle par instants, et moi assez occupé
d'elle, surtout quand elle est descendue au bord de
la mer, où elle a trouvé charmant de se faire mouiller les pieds par le flot. A table, sur le tantôt, je l'ai
trouvée commune. La pauvre fille jette ses hameçons
comme elle peut : le mari, ce poisson qui ne se
trouve pas dans la mer, est l'objet constant de ses œil-
lades, de ses petites mines. Elle a un père désolant...
J'ai cru longtemps qu'il était muet ; depuis qu'il a
ouvert la bouche, ce qui, à la vérité, est fort rare, il
a perdu encore dans mon opinion ; car auparavant,
c'était l'écorce seule qui était peu flatteuse.

Ce soir, je les ai retrouvés à la jetée.

Rentré, lu mon cher *Balsamo* (1).

_____

(1) C'est la première fois qu'une épithète louangeuse pour Dumas

Déjeuné vers une heure et demie, contre mon habitude. — Habillé et sorti. — J'ai été finir mes emplettes chez l'ivoirier et ai passé mon temps délicieusement jusqu'à dîner, au pied des falaises.

La mer était basse et m'a permis d'aller fort loin sur un sable qui n'était pas trop humide. J'ai joui délicieusement de la mer; je crois que le plus grand attrait des choses est dans le souvenir qu'elles réveillent dans le cœur ou dans l'esprit, mais surtout dans le cœur. Je pense toujours à Bataille, à Valmont (1), quand je m'y suis trouvé pour la première fois, il y a tant d'années... Le regret du temps écoulé, le charme des jeunes années, la fraîcheur des premières impressions agissent plus sur moi que le spectacle même. L'odeur de la mer, surtout à marée basse, qui est peut-être son charme le plus pénétrant, me remet, avec une puissance incroyable, au milieu de ces chers objets et de ces chers moments qui ne sont plus.

Dimanche 12 *septembre.* — Très belle journée : le soleil de bonne heure. J'avais devant mes fenêtres les bâtiments pavoisés.

paraît dans ce Journal. On lira plus loin les jugements les plus sévères sur l'œuvre du romancier.

(1) Delacroix évoque ici des souvenirs d'enfance et de jeunesse. A ce propos, M. Riesener dit dans ses notes : « A Valmont, en Normandie, « nous avons passé quelques vacances. Tantôt il était tout feu pour le « travail, et faisait des aquarelles délicieuses qui ont été vues à sa vente; « tantôt, ne pouvant s'y mettre, il se mettait à mouler avec passion des « figurines qui ornent les tombeaux des moines d'Estouteville, fondateurs « de l'abbaye de Valmont. »

J'ai trouvé sur la jetée Mme Sheppard. Elle m'a invité à dîner pour demain. J'ai esquivé la jeune dame d'hier, qui devient assommante ; elle et son monde ont encore gâté ma soirée ; impossible de les éviter à la jetée... En vérité, je suis d'une bêtise extrême : je suis simplement poli et prévenant pour les gens ; il faut qu'il y ait dans mon air quelque chose de plus. Ils s'accrochent à moi, et je ne peux plus m'en défaire. Entré un moment à l'établissement le soir, grâce à l'instance de Possoz (1), qui est là comme chez lui : la mer, qui était pleine, se brisait avec une belle fureur.

— Je fais ici d'une manière assez complète cette expérience qu'une liberté trop complète mène à l'ennui. Il faut de la solitude et il faut de la distraction. La rencontre de P..., que je redoutais, m'est devenue une ressource à certains moments. Celle de Mme Sheppard de même pour quelques instants. Sans Dumas et son *Balsamo,* je reprenais le chemin de Paris, si bien que maintenant ces interruptions à ma solitude sont ce qui me prend le plus de temps, et je suis loin de regretter mes vagues rêveries.

Tout ce qui est grand produit à peu près la même sensation. Qu'est-ce que la mer et son effet sublime? celui d'une énorme quantité d'eau... Hier soir, j'écoutais avec plaisir le clocher de Saint-Jacques qui sonne très tard, et en même temps je voyais dans l'ombre

(1) *Possoz,* ancien maire de Passy, membre du conseil municipal de Paris.

la masse de l'église. Les détails disparaissant, l'objet était plus grand encore; j'éprouvais la sensation du sublime, que l'église vue au grand jour ne me donne nullement, car elle est assez vulgaire. Le modèle exact en petit de la même église serait encore plus loin de faire éprouver ce sentiment. Le vague de l'obscurité ajoute encore beaucoup à l'impression de la mer : c'est ce que je voyais à la jetée pendant la nuit, quand on n'entrevoit qu'à peine les vagues, qui sont tout près, et que le reste se perd dans l'horizon. Saint-Remy me produit beaucoup plus d'effet que Saint-Jacques, qui est cependant d'un meilleur goût, plus ensemble et d'un style continu. La première de ces deux églises est d'un goût bâtard tout à fait semblable à l'église de l'abbaye de Valmont, et qui prêterait beaucoup à la critique des architectes. Saint-Eustache, qui est dans le même cas, quoique plus conséquent dans toutes ses parties, est assurément l'église la plus imposante de Paris. Je suis sûr que Saint-Ouen (1) regratté ne fera plus d'effet; l'obscurité des vitraux et les murs noircis, les toiles d'araignée, la poussière, voilaient les détails et agrandissaient le tout. Les falaises ne font d'effet que par leur masse, et cet effet est immense, surtout quand on y touche, ce qui augmente encore le contraste de cette masse avec les objets qui les avoisinent et avec notre propre petitesse.

(1) L'église Saint-Ouen, de Rouen.

Lundi 13 *septembre*. — Comment ! sot que tu es, tu t'égosilles à discuter avec des imbéciles, tu argumentes vis-à-vis de la sottise en jupons, pendant une soirée entière, et cela sur *Dieu,* sur la *justice de ce monde,* sur le *bien* et le *mal,* sur le *progrès ?*

Ce matin, je me lève fatigué, sans haleine... Je ne suis en train de rien, pas même de me reposer. O folie, trois fois folie !... Persuader les hommes ! Quel entassement de sottises dans la plupart de ces têtes ! Et ils veulent donner de l'éducation à tous les gens nés pour le travail, qui suivent tout bonnement leur sillon, pour en faire à leur tour des idéologues !... Toutes ces réflexions, à propos du dîner chez Mme Sheppard.

Ce matin, trouvé une méduse à la jetée. Ces gens que je rencontre m'empêchent de jouir de la mer. Il est temps de s'en aller... Après déjeuner, j'ai été sur le galet vers les bains. Rentré fatigué, après avoir dessiné, en revenant, à Saint-Remy, les tombeaux. Resté chez moi jusqu'à l'heure de cet affreux dîner...

Ce matin, avant de sortir, écrit à Mme de Forget.

— Agis pour ne pas souffrir. Toutes les fois que tu pourras diminuer ton ennui ou ta souffrance en agissant, agis sans délibérer. Cela semble tout simple au premier coup d'œil. Voici un exemple trivial : je sors de chez moi ; mon vêtement me gêne ; je continue ma route par paresse de retourner et d'en prendre un autre.

Les exemples sont innombrables. Cette résolution

appliquée aux vulgarités de l'existence, comme aux
choses importantes, donnerait à l'âme un ressort et
un équilibre qui est l'état le plus propre à écarter
l'ennui. Sentir qu'on a fait ce qu'il fallait faire vous
élève à vos propres yeux. Vous jouissez ensuite, à
défaut d'autre sujet de plaisir, de ce premier des plaisirs, être content de soi. La satisfaction de l'homme
qui a travaillé et convenablement employé sa journée est immense. Quand je suis dans cet état, je jouis
délicieusement ensuite du repos et des moindres
délassements. Je peux même, sans le moindre regret,
me trouver dans la société des gens les plus ennuyeux.
Le souvenir de la tâche que j'ai accomplie me revient
et me préserve de l'ennui et de la tristesse.

Mardi 14 *septembre.* — Ma dernière journée à
Dieppe n'a pas été la meilleure. J'avais la gorge irri-
tée d'avoir trop parlé la veille. J'ai été au Pollet,
après avoir fait ma malle, pour éviter les rencontres.
J'ai vu entrer dans le port le bâtiment qu'on venait
de lancer, remorqué par une chaloupe. Rentré mal
disposé. J'ai été faire ma dernière visite à la mer,
vers trois heures. Elle était du plus beau calme et une
des plus belles que j'aie vues. Je ne pouvais m'en arracher. J'étais sur la plage et n'ai point été sur la
jetée de toute la journée. L'âme s'attache avec passion aux objets que l'on va quitter.

Parti à sept heures moins un quart. Chose merveilleuse ! nous étions à Paris à onze heures cinq. Un

jeune homme fort bienveillant, mais qui m'a fatigué,
a partagé ma société. Il avait dîné avec moi en tête-à-
tête. J'ai trouvé à Rouen Fau et sa petite fille.

— C'est d'après cette mer que j'ai fait une étude
de mémoire : ciel doré, barques attendant la marée
pour rentrer.

Paris, 15 *septembre.* — Sophocle, à qui on demandait si, dans sa vieillesse, il regrettait les plaisirs de
l'amour (1), répondit : « L'amour ? Je m'en suis délivré
de bon cœur comme d'un maître sauvage et furieux. »

Dimanche 19 *septembre.* — Dîné chez M. Guillemardet, à Passy, avec M. Talentino, employé par
Demidoff.

Je travaille énormément, depuis mon retour de
Dieppe, aux caissons de l'Hôtel de ville. Je ne vois
personne. Je fais d'excellentes journées.

Lundi 20 *septembre.* — *Sur l'architecture.* C'est
l'idéal même ; tout y est idéalisé par l'homme. La
ligne droite elle-même est de son invention, car elle

_____

(1) Voir notre Étude, p. xi, xii. A rapprocher du fragment de Baude-
« laire : Sans doute il avait beaucoup aimé la femme aux heures agitées de
« sa jeunesse. Qui n'a pas trop sacrifié à cette idole redoutable ? Et qui ne
« sait que ce sont justement ceux qui l'ont le mieux servie qui s'en plai-
« gnent le plus ? Mais longtemps déjà avant sa fin, il avait exclu la
« femme de sa vie. Musulman, il ne l'eût peut-être pas chassée de la
« mosquée, mais il se fût étonné de l'y voir entrer, ne comprenant pas
« bien quelle sorte de conversation elle peut tenir avec Allah. » (BAUDE-
LAIRE, *L'Art romantique. L'OEuvre et la vie d'Eugène Delacroix.*)

n'est nulle part dans la nature. Le lion cherche sa
caverne ; le loup et le sanglier s'abritent dans l'épaisseur des forêts ; quelques animaux se font des demeures, mais ils ne sont guidés que par l'instinct ;
ils ne savent ce que c'est de les modifier ou de les
embellir. L'homme imite dans ses habitations la caverne et le dôme aérien des forêts ; dans les époques
où les arts sont portés à la perfection, l'architecture
produit des chefs-d'œuvre : à toutes les époques, le
goût du moment, la nouveauté des usages introduisent
des changements qui témoignent de la liberté du goût.

L'architecture ne prend rien dans la nature directement, comme la sculpture ou la peinture ; en cela
elle se rapproche de la musique, à moins qu'on ne
prétende que, comme la musique rappelle certains
bruits de la création, l'architecture imite la tanière,
ou la caverne, ou la forêt ; mais ce n'est pas là l'imitation directe, comme on l'entend en parlant des deux
arts qui copient les formes précises que la nature
présente.

Mardi 28 *septembre*. — Ce jour est le dernier
où j'ai travaillé avant mon indisposition. Villot est
tombé des nues chez moi, et sa visite m'a fait plaisir ; mais à partir de ce jour, j'ai été pris d'une
langueur et d'un mal de gorge (1) qui m'a couché

(1) C'étaient les prodromes de cette maladie de larynx qui devait s'aggra-
ver sous l'influence du tabac et l'emporter dix ans plus tard. Il avait toujours été extrêmement délicat de la gorge, et dans ses *Souvenirs,*

tout à plat. Je venais de remonter mon tableau, que je craignais de trouver trop sombre en place.

Samedi 2 octobre. — Tous ces jours-ci malade, et pourtant je sortais le soir, malgré la bise, pour conserver encore quelques forces. Aujourd'hui, par le conseil de Jenny, et presque poussé par les épaules, j'ai été faire une promenade au milieu du jour sur la route de Saint-Ouen et Saint-Denis ; je suis revenu fatigué, mais, je crois, mieux. La vue de ces collines de Sannois et de Cormeilles m'a rappelé mille moments délicieux du passé. Un omnibus qui va et vient sur cette route de Paris à Saint-Denis m'a inspiré l'idée d'y aller m'y promener quelquefois. J'ai une envie démesurée d'aller à la campagne, et je suis cloué par cette indisposition.

Je lis le soir les *Mémoires de Balsamo.* Ce mélange de parties de talent avec cet éternel effet de mélodrame vous donne envie quelquefois de jeter le livre par la fenêtre ; et dans d'autres moments, il y a un attrait de curiosité qui vous retient toute une soirée sur ces singuliers livres, dans lesquels on ne peut s'empêcher d'admirer la verve et une certaine imagination, mais dont vous ne pouvez estimer l'auteur en tant qu'artiste. Il n'y a point de pudeur, et on s'y adresse à un siècle sans pudeur et sans frein.

Mme Jaubert, qui le rencontrait chez Berryer à Augerville, rapporte que cette excessive délicatesse le condamnait à des accoutrements souvent bizarres.

Dimanche 3 octobre. — Sorti aussi, plaine Monceau. Beau ciel : monuments de Paris dans le lointain.

Lundi 4 octobre. — Jenny est partie ce matin pour aller passer quelque temps, le plus qu'elle pourra, auprès de Mme Haro, et moi, je suis souffrant et arrêté dans mon travail.

Haro se sert, pour mater les tableaux, de cire dissoute dans l'essence rectifiée, avec légère addition de lavande (essence); pour ôter ce matage, il emploie de l'essence mêlée à de l'eau. Il faut battre beaucoup pour que le mélange se fasse.

Ce matage, frotté avec de la laine, donne un vernis qui n'a pas les inconvénients des autres.

Samedi 9 octobre. — Je disais à Andrieu qu'on n'est maître que quand on met aux choses la patience qu'elles comportent. Le jeune homme compromet tout en se jetant à tort et à travers sur son tableau.

Pour peindre, il faut de la maturité ; je lui disais, en retouchant la *Vénus,* que les natures jeunes avaient quelque chose de *tremblé,* de *vague,* de *brouillé.* L'âge prononce les plans. Dans l'exécution des maîtres, des différences qui en amènent dans le genre d'effet. Celle de Rubens, qui est formelle, sans mystères, comme Corrège et Titien, vieillit toujours, donne l'air plus vieux : ses nymphes sont de belles gaillardes de quarante-cinq ans; dans ses enfants, presque toujours le même inconvénient.

Lundi 11 *octobre*. — Sur mes figures de la terre, et qui étaient trop rouges, j'ai mis des luisants avec *jaune de Naples,* et j'ai vu, quoique cela me semble contrarier l'effet naturel qui me paraît faire les luisants gris ou violets, que la chair devenait à l'instant lumineuse, ce qui donne raison à Rubens. Il y a une chose certaine, c'est qu'en faisant des chairs rouges ou violâtres, et en faisant des luisants analogues, il n'y a plus d'opposition, partant le même ton partout. Si, par-dessus le marché, les demi-teintes sont violettes aussi, comme c'est un peu mon habitude, il est de nécessité que tout soit rougeâtre. Il faut donc absolument mettre plus de *vert* dans les demi-teintes dans ce cas. Quant au luisant doré, je ne me l'explique pas, mais il fait bien : Rubens le met partout... Il est écrit dans la *Kermesse.*

Mardi 12 *octobre*. — Aujourd'hui, vu *Cinna* avec Mlle Rachel. J'y avais été pour le costume de Corinne : je l'ai trouvé à merveille. Beauvallet (1) n'est décidément pas mal dans Auguste, surtout à la fin. Voilà un homme qui fait des progrès; aussi les rides lui viennent, et probablement les cheveux blancs, ce que la perruque d'Auguste ne m'a pas permis de juger.

(1) *Beauvallet* avait débuté à la Comédie-Française le 3 septembre 1830 dans *Hamlet,* tragédie de *Ducis.* Le lendemain, M. *Charles Maurice* écrivait dans le *Courrier des théâtres :* « Le premier début de M. Beauvallet a été hier des plus insignifiants; il n'y a rien chez cet acteur qui puisse justifier les prétentions qu'annonce cette tentative. »

Comment! l'acteur qui a toute sa vie, ou du moins pendant toute sa jeunesse, dans l'âge de la force et du sentiment, à ce qu'on dit, été mauvais ou médiocre, devient passable ou excellent, quand il n'a plus de dents ni de souffle, et il n'en serait pas de même dans les autres arts! Est-ce que je n'écris pas mieux et avec plus de facilité qu'autrefois? A peine je prends la plume, non seulement les idées se pressent et sont dans mon cerveau comme autrefois, mais ce que je trouvais autrefois une très grande difficulté, l'enchaînement, la mesure s'offrent à moi naturellement et dans le même temps où je conçois ce que j'ai à dire.

Et, dans la peinture, n'en est-il pas de même? D'où vient qu'à présent, je ne m'ennuie pas un seul instant, quand j'ai le pinceau à la main, et que j'éprouve que, si mes forces pouvaient y suffire, je ne cesserais de peindre que pour manger et dormir? Je me rappelle qu'autrefois, dans cet âge prétendu de la verve et de la force de l'imagination, l'expérience manquant à toutes ces belles qualités, j'étais arrêté à chaque pas et dégoûté souvent. C'est une triste dérision de la nature que cette situation qu'elle nous fait avec l'âge. La maturité est complète et l'imagination aussi fraîche, aussi active que jamais, surtout dans le silence des passions folles et impétueuses que l'âge emporte avec lui; mais les forces lui manquent, les sens sont usés et demandent du repos plus que du mouvement. Et pourtant, avec

tous ces inconvénients, quelle consolation que celle
qui vient du travail! Que je me trouve heureux de
ne plus être forcé d'être heureux comme je l'entendais autrefois! A quelle tyrannie sauvage cet affai-
blissement du corps ne m'a-t-il pas arraché? Ce qui
me préoccupait le moins était ma peinture. Il faut
donc faire comme on peut; si la nature refuse le travail au delà d'un certain nombre d'instants, ne point
lui faire violence et s'estimer heureux de ce qu'elle
nous laisse; ne point tant s'attacher à la poursuite
des éloges qui ne sont que du vent, mais jouir du
travail même et des heures délicieuses qui le suivent,
par le sentiment profond que le repos dont on jouit
a été acheté par une salutaire fatigue qui entretient
la santé de l'âme. Cette dernière agit sur celle du
corps; elle empêche la rouille des années d'engour-
dir les nobles sentiments.

Lundi 18 *octobre.* — J'ai travaillé tous ces jours-ci
avec une ténacité extrême, avant d'envoyer mes
peintures qu'on colle demain; je suis resté sans me
reposer pendant sept, huit et près de neuf heures
devant mes tableaux.

Je crois que mon régime d'un seul repas est décidément celui qui me convient le mieux.

Mardi 19 *octobre.* — Commencé à coller à l'Hôtel
de ville. Tous les jours suivants, j'y serai assidu. Je
ne pourrai guère commencer à retoucher que samedi

ou dimanche. Je fais faire bonne garde à la porte de ma salle. Haro a renvoyé le préfet (1), qui a approuvé ma résolution de m'enfermer ; ce qui me fait étendre la mesure à tout le monde et avec son ordre exprès.

Cette salle est, je crois, la plus obscure de toutes (2). J'ai été un peu inquiet, surtout de l'effet des fonds des caissons, qu'il faut, je crois, faire clairs.

Mercredi 20 *octobre.* — Ce matin, j'ai fait enlever toutes les planches, et la vue de l'ensemble m'a rassuré. Tous mes calculs relatifs à la proportion et à la grâce de la composition totale sont justes, et je suis ravi de cette partie du travail. Les obscurités qui sont l'effet de cette salle et auxquelles il était impossible de s'attendre à ce degré, seront, j'espère, facilement corrigées.

Vendredi 22 *octobre.* — En sortant de ma salle, vers dix heures, trouvé le préfet qui m'a promené devant toutes ces maudites peintures. Il m'a fait tomber sur la jambe un cadre de bois, qui m'a fait une entaille qui paraît être, le lendemain, assez légère, mais qui m'a inquiété, par la crainte d'être arrêté dans la terminaison de mon salon.

---

(1) M. *Berger* était alors préfet de la Seine. Il ne quitta ce poste qu'en 1853, lorsqu'il fut nommé sénateur.

(2) On sait que toute cette salle (salon de la Paix) a été complètement brûlée dans l'incendie du 24 mai 1871.

Vendredi 29 *octobre.* — Vu M. Cazenave (1) le matin. — Travaillé à mes retouches du plafond tous ces jours derniers, avec des chances diverses d'ennui et de joie : ce qu'il y a à faire est gigantesque ; mais si je ne suis pas malade, je m'en tirerai.

— *Sur la différence du génie français et du génie italien dans les arts :* le premier marche l'égal du second pour l'élégance et le style, au temps de la Renaissance. Comment se fait-il que ce détestable style, mou, *carrachesque,* ait prévalu? Alors, malheureusement, la peinture n'était pas née. Il ne reste de cette époque que la sculpture de Jean Goujon. Il faut, au reste, qu'il y ait dans le génie français quelque penchant plus prononcé pour la sculpture ; à presque toutes les époques, il y a eu de grands sculpteurs, et cet art, si on excepte Poussin et Lesueur, a été en avant de l'autre. Quand ces deux grands peintres ont paru, il n'y avait plus de traces des grandes écoles d'Italie : je parle de celles où la naïveté s'unissait au plus grand savoir. Les grandes écoles venues soixante ou cent ans après Raphaël ne sont que des académies où l'on enseignait des recettes. Voilà les modèles que Lesueur et Poussin ont vus prévaloir de leur temps : la mode, l'usage les ont entraînés, malgré cette admiration sentie de l'antique, qui caractérise surtout les Poussin, les Legros (2) et tous les auteurs de la galerie d'Apollon.

(1) Le *docteur Cazenave*, qui soignait alors Delacroix.
(2) *Pierre Legros*, sculpteur, né à Paris (1656-1719). Il a passé

J'aime mieux m'entretenir avec les choses qu'avec les hommes : tous les hommes sont ennuyeux ; les *tics*, etc. L'ouvrage vaut mieux que l'homme. Corneille était peut-être assommant ; Cousin, de même ; Poinsot, etc. Il y a dans l'ouvrage une gravité qui n'est pas dans l'homme. Le Poussin est peut-être celui qui est le plus derrière son œuvre. — Les ouvrages où il y a du travail, etc.

Lundi 1ᵉʳ novembre. — Faire des traités sur les arts *ex professo*, diviser, traiter méthodiquement, résumer, faire des systèmes pour instruire catégoriquement : erreur, temps perdu, idée fausse et inutile. L'homme le plus habile ne peut faire pour les autres que ce qu'il fait pour lui-même, c'est-à-dire noter, observer, à mesure que la nature lui offre des objets intéressants. Chez un tel homme, les points de vue changent à chaque instant. Les opinions se modifient nécessairement ; on ne connaît jamais suffisamment un maître pour en parler absolument et définitivement.

Qu'un homme de talent, qui veut fixer les pensées sur les arts, les répande à mesure qu'elles lui viennent ; qu'il ne craigne pas de se contredire ; il y aura plus de fruit à recueillir au milieu de la profusion de ses idées, même contradictoires, que dans la trame peignée, resserrée, découpée, d'un ouvrage

presque toute sa vie en Italie. Il a pourtant travaillé pour le Louvre ainsi que pour le palais et le parc de Versailles.

dans lequel la forme l'aura occupé (1)... Quand le
Poussin disait, dans une boutade, que Raphaël était
un âne, à côté de l'antique, il savait ce qu'il disait : il
ne pensait qu'à comparer le dessin, les connaissances
anatomiques de l'un et des autres, et il avait beau
jeu à prouver que Raphaël était ignorant à côté des
anciens.

A ce compte-là, il aurait pu dire aussi que Raphaël n'en savait pas autant que lui même Poussin,
mais dans une autre disposition... En présence des
miracles de grâce et de naïveté unies ensemble, de
science et d'instinct de composition poussés à un
point où personne ne l'a égalé, Raphaël lui eût paru
ce qu'il est en effet, supérieur même aux anciens,
dans plusieurs parties de son art, et particulièrement
dans celles qui ont été entièrement refusées au Poussin.

L'invention chez Raphaël, et j'entends par là le
dessin et la couleur, est ce qu'elle peut ; non pas que
j'entende dire par là qu'elle est mauvaise ; mais telle
qu'elle est, si on la compare aux merveilles en ce
genre du Titien, du Corrège, des Flamands, elle devient secondaire, et elle devait l'être ; elle eût pu

(1) C'est un retour à l'idée que nous notions dans notre Étude et dont
nous nous servions pour justifier la publication du Journal : « Pourquoi
« ne pas faire un petit recueil d'idées détachées qui me viennent de
« temps en temps toutes moulées, et auxquelles il serait difficile d'en
« coudre d'autres? Faut-il absolument faire un livre dans toutes les
« règles? Montaigne écrit à bâtons rompus... Ce sont les ouvrages les
« plus intéressants. » (Voir t, p. IV, V.)

l'être encore beaucoup davantage, sans distraire no-
tablement des mérites qui mettent Raphaël non seulement au premier rang, mais au-dessus de tous les
artistes, anciens et modernes, dans les parties où il
excelle. J'oserais même affirmer que ces qualités seraient amoindries par une plus grande recherche
dans la science anatomique ou le maniement du pinceau et de l'effet. On pourrait presque en dire autant
du Poussin lui-même, eu égard aux parties dans lesquelles il est supérieur. Son dédain de la couleur, la
précision un peu dure de sa touche, surtout dans les
tableaux de sa meilleure manière, contribuent à augmenter l'impression de l'expression ou des caractères.

Mardi 17 *novembre.* — L'homme est un animal sociable qui déteste ses semblables. Expliquez cette singularité : plus il vit rapproché d'un sot être pareil à
lui, plus il semble vouloir de mal à cet autre malheureux. Le ménage et ses douceurs, les amis voyageant
ensemble, qui se supportaient quand ils se voyaient
tous les huit jours, qui se regrettaient quand ils
étaient éloignés, se prennent dans une haine mortelle, quand une circonstance les force à vivre longtemps face à face.

L'esprit volontaire et taquin qui nous fait nous
préférer, nous et nos opinions, à celles de notre voisin, ne nous permet pas de supporter la contradiction et l'opposition à nos fantaisies. Si vous joignez

à cette humeur naturelle celle que la maladie ou les chagrins vous donnent dans une plus grande proportion, l'aversion qu'inspire une personne à qui notre sort est lié peut devenir un véritable supplice. Les crimes auxquels on voit se porter une foule de malheureux en l'état de société, sont plus affreux que ceux que commettent les sauvages. Un Hottentot, un Iroquois fend la tête à celui qu'il veut dépouiller; chez les anthropophages, c'est pour le manger qu'ils l'égorgent, comme nos bouchers font d'un mouton ou d'un porc. Mais ces trames perfides longtemps méditées, qui se cachent sous toutes sortes de voiles, d'amitié, de tendresse, de petits soins, ne se voient que chez les hommes civilisés.

— Aujourd'hui, à la séance de la mairie du IV° arrondissement, pour le choix des jurés.

Déjà fort indisposé, je suis rentré après avoir été un instant à l'Hôtel de ville, et ai fait tout le chemin à pied; mais c'est une vaillantise qui ne m'a point réussi. Peut-être eussé-je été plus malade sans cela. Mais à partir de ce jour a commencé l'indisposition qui m'a fort retenu et fort donné à penser sur la sottise de vouloir se crever de travail et compromettre tout par le sot amour-propre d'arriver à temps.

Vendredi 19 *novembre.* — Je vois que les élégants font à Pétersbourg des cigarettes de thé vert. Elles n'ont pas du moins l'inconvénient d'être narcotiques.

Jeudi 25 novembre. — Première promenade hors des barrières avec Jenny. Excellent remède pour l'esprit et le corps. Le froid me ranime au lieu de m'être importun ou insupportable comme d'habitude. Je serais ravi de cette disposition très favorable à la santé.

Vendredi 26 novembre. — Grande promenade avec Jenny par les boulevards extérieurs, Monceau, la barrière de Courcelles et la place d'Europe, et à travers cette grande plaine où nous étions quasi perdus; cela est excellent pour la santé.

Il faudrait sortir tous les jours avant dîner, s'habiller, voir ses amis et sortir de la poussière du travail.

Se rappeler Montesquieu, qui ne se laissait jamais gagner par la fatigue, après avoir donné à la composition un temps raisonnable. L'expérience, en rendant le travail plus facile et plus ordonné, peut conquérir cette faculté qui est refusée à la jeunesse.

Samedi 27 novembre. — Il est décidé que mes plafonds et peintures (1) vont être couverts de papier et

---

(1) La décoration du Salon de la Paix, à l'*Hôtel de ville*, se composait de : 1° un plafond circulaire, 2° huit caissons, 3° onze tympans. Le sujet du plafond était : *La Paix consolant les hommes et ramenant l'abondance.* Ceux des caissons et des tympans étaient des sujets se référant à la mythologie antique : *Vénus, Bacchus couché sous une treille, Mars enchaîné, Mercure, dieu du commerce, La Muse Clio, Neptune apaisant les flots,* etc.

la salle livrée au public : j'en suis enchanté. J'aurai le temps d'y revenir à loisir.

Je viens d'examiner tous les croquis qui m'ont servi à faire ce travail. Combien y en a-t-il qui m'ont grandement satisfait au commencement, et qui me paraissent faibles ou insuffisants, ou mal ordonnés, depuis que les peintures ont avancé! Je ne puis assez me dire qu'il faut beaucoup de travail pour amener un ouvrage au degré d'impression dont il est susceptible. Plus je le reverrai, plus il gagnera du côté de l'expression... Que la touche disparaisse, que la prestesse de l'exécution ne soit plus le mérite principal, il n'y a nul doute à cela; et encore combien de fois n'arrive-t-il pas qu'après ce travail obstiné, qui a retourné la pensée dans tous les sens, la main obéit plus vite et plus sûrement pour donner aux dernières touches la légèreté nécessaire !

28 novembre. — *Adam et Ève chassés du Paradis* (La chute) (1). — *Le Christ sortant du tombeau* (La mort vaincue).

—Pour l'estomac : prendre du bismuth en petite dose, avec la soupe. Magnésie calcinée : une petite cuillerée avec fleur d'oranger ou sirop de gomme dans un peu d'eau, quelque temps avant le repas, deux fois par jour, s'il est possible. Bicarbonate de soude dans l'eau ou dans l'eau de Vichy, pour la renforcer.

(1) Voir *Catalogue Robaut*, n° 852 à 855 et 902.

30 *novembre.* — Sur la *manière,* à propos des peintures de l'Hôtel de ville, comparée à celle de Riesener. — Boucher, Vanloo admirés, imitateurs de Michel-Ange et de Raphaël; même cohue.

Sans date (1). — Penser que l'ennemi de toute peinture est le *gris :* la peinture paraîtra presque toujours plus grise qu'elle n'est, par sa position oblique sous le jour. — Les portraits de Rubens, ces femmes du Musée, — à la chaîne, etc., qui laissent voir partout le panneau Van Eyck, etc.

De là aussi un principe qui exclut les longues retouches, c'est d'avoir pris son parti en commençant... Il faudrait essayer, pour cela, de se contenter pleinement avec les figures peintes sans le fond; en s'exerçant dans ce sens, il serait plus facile de subordonner ensuite le fond.

— Il faut, de toute nécessité, que la demi-teinte, dans le tableau, c'est-à-dire que tous les tons en général soient outrés. Il y a à parier que le tableau sera exposé le jour venant obliquement; donc forcément ce qui est vrai sous un seul point de vue, c'est-à-dire le jour venant de face, sera gris et faux, sous tous les autres aspects. — Rubens outré; Titien de même; Véronèse quelquefois gris, parce qu'il cherche trop la vérité.

Rubens peint ses figures et fait le fond ensuite; il

(1) Sur des notes volantes dans un Agenda portant la date 1852.

le fait alors de manière à les faire valoir : il devait
peindre sur des fonds blancs ; en effet, la teinte locale
doit être transparente, quoique demi-teinte ; elle imite,
dans le principe, la transparence du sang sous la
peau.

Remarquer que toujours, dans ses ébauches, les
clairs sont peints et presque achevés sur de simples
frottis pour les accessoires.

———

A la fin de l'Agenda de 1852, se trouvent les notes
ci-après :

Le 27 déc^br^ 1852, reçu pour les tableaux de Bordeaux. 700 fr.

Le 27 décembre 1852, reçu de Thomas, pour un
Petit Tigre.............................   300

Le 1er février, reçu de Weill, à compte sur mon
marché de 1,500 fr......................   500

Le 3 mars, reçu de Thomas, à compte sur mon
marché de 2,100 fr...................... 1.000

Le 10 mars, reçu de M. Didier, pour l'Andromède.   600

Le 22   —   de Beugniet, pour le Petit Christ,
et le Lion et Sanglier................... 1.000

Le 4 avril, reçu de Weill un second à compte...   500 (reste 500).

Le 10   —   de Thomas................ 1.100
   (J'ai à lui donner les Lions sur ce marché, et en lui livrant la
   Desdémone dans sa chambre, il n'aura à me donner que
   500 fr.).

10 avril, reçu de Mme Herbelin, pour les Pèlerins d'Emmaüs................................. 3.000 fr.

10 avril, reçu de Tedesco, pour les Chevaux qui sortent de
l'eau (deux chevaux gris)...................   500

1er mai, reçu de Thomas, pour solde (sauf la répétition du
Christ au tombeau).......................   500

28 juin, reçu de Tedesco, pour le Maréchal marocain......   800

1ᵉʳ marché avec Weill :

Vue de Tanger............................... ⎫
Marchand d'oranges.......................... ⎬ 1.500 fr.
Saint Thomas............................... ⎬
La Fiancée d'Abydos (1)....................... ⎭

De Weill :

J'ai reçu à compte le 1ᵉʳ février, en lui livrant la *Vue de
Tanger*.. 500

    Depuis, il m'a demandé *Saint Sébastien*............ 500
    Répétition du plafond d'*Apollon* à M. Bonnet (2)....... 1.000

    Marché avec Thomas :

Desdémone aux pieds de son père.......... 400 ⎫
Ophélia dans le ruisseau.................. 700 ⎬ 2.100 fr.
Deux lions sur le même tableau............ 500 ⎬
Michel-Ange dans son atelier.............. 500. ⎭

(En avril) *Desdémone dans sa chambre*................. 500 fr.
    La répétition du *Christ* de M. de Geloës (3).... 1.000

    Marché avec Beugniet :

Christ en croix, toile de 6...
Lion terrassant un sanglier.

    Marché avec Bonnet :

La répétition du plafond d'*Apollon*................. 1.000

    Marché avec le comte de Geloës :

Daniel dans la fosse aux lions (4).................... 1.000
Portrait de M. Bruyas (5).......................... 1.000
    —   de Talma..... .... 1.500 fr.

(1) La seule *Fiancée d'Abydos* était en 1874 vendue 32,050 francs.
(Voir *Catalogue Robaut*, nᵒˢ 772-773.)

(2) Cette superbe toile est au Musée de Bruxelles. (Voir *Catalogue Robaut*, nᵒ 1110.)

(3) La première composition de la *Mise au tombeau*, ou *Christ du
comte de Geloës*, atteignit à la vente Faure, en 1873, le chiffre de
60,000 francs. Cette répétition est d'un bien moindre format. (Voir
Catalogue Robaut, nᵒˢ 1034 et 1037.)

(4) Ce tableau fut vendu 17,500 francs en 1877. (Voir *Catalogue Robaut*, nᵒ 1213.)

(5) « Le portrait de M. *Bruyas*, qui fut connu des Parisiens seulement
« à l'Exposition posthume de l'œuvre de Delacroix, avait été commencé
« en mai 1858. M. Bruyas, avec l'aide de Th. Silvestre, avait rédigé un
« catalogue raisonné et illustré de sa collection de peintures modernes. »
(Voir *Catalogue Robaut*.)

1853

2 *janvier.* — La couleur n'est rien, si elle n'est pas convenable au sujet, et si elle n'augmente pas l'effet du tableau par l'imagination. Que les Boucher et les Vanloo fassent des tons légers et charmants à l'œil, etc.

Lundi 10 *janvier.* — Halévy nous contait, à Trousseau (1) et à moi, — à ce dîner, — qu'entendant parler d'un vieillard battu par son fils, il avait trouvé dans ce prétendu vieillard un homme de cinquante à cinquante-deux ans ; mais c'était un homme qui paraissait vingt ans de plus : c'était quelque marchand de vin retiré. Ces natures brutes s'affaissent promptement, quand l'activité physique ne les soutient plus. Nous disions à ce propos que les gens qui travaillent de l'esprit se conservent mieux. Il m'arrive très souvent le matin d'être ou de me croire malade jusqu'au moment où je me mets à travailler. J'avoue qu'il se

---

(1) Le docteur *Armand Trousseau* était un des médecins les plus distingués de l'époque. Il avait siégé en 1848 comme député à l'Assemblée constituante. Homme du monde par excellence, passionné pour les arts, causeur plein d'esprit, il était très recherché dans les salons.

pourrait qu'un travail ennuyeux ne fît pas le même
effet, mais quel est le travail qui n'attache pas l'homme
qui s'y consacre? Je disais à Trousseau que je ne res-
semblais pas à ces musiciens qui disent du mal de la
musique, etc. Il m'a dit qu'il aimait passionnément
son métier, qui est un des plus répugnants qu'on
puisse embrasser. C'est un homme de plaisir, qui doit
aimer ses aises. Tous les jours, dans cette saison, son
réveille-matin le fait lever et courir à son hôpital, lever
des appareils, tâter le pouls, et pis encore, à des
malades dégoûtants, dans un air empesté où il passe
la matinée. Quand la disposition ne l'y porte guère,
il est à croire que l'amour-propre le fait. Dupuytren
n'y a jamais manqué, et il n'est pas probable que ce
soit cette assiduité qui l'ait fait mourir prématurément. Au contraire, elle aura peut-être combattu
quelque mauvaise influence, qui aura fini par le tuer.

15 janvier. — Pour le *tableau espagnol* dont j'ai
fait une esquisse :

Teinte de *petit vert*, avec très peu de *brun rouge*
et de *blanc*, comme teinte locale, sur un frottis de
bitume par exemple ;

Ou simplement : *petit vert* pour l'ombre, sur lequel
on met des tons de *vermillon* et de *brun rouge*.

Clairs empâtés avec *rose, brun rouge, laque* et
blanc suivant le besoin. — La *terre de Cassel* et *blanc*
ou la *momie* et *blanc*, suivant le besoin, font des tons
violets suffisants : sur cette préparation, les tons des-

sinés avec beau rouge, *laque, vermillon* très chaud, et sur les saillies, clairs vifs, roses ou jaunâtres.

Pour le berger, dans le même tableau : passé sur les clairs un ton de *petit vert,* rendu plus foncé avec *vert émeraude :* ce frottis était du *vert pur.* Mis le ton chaud, avec *vermillon* et *brun rouge* purs.

Les clairs ajoutés ensuite, comme aux autres figures, avec tons chauds empâtés analogues, et uniformément aussi tous les endroits colorés, soit dans l'ombre, soit dans les clairs plus prononcés de rouge, comme le bout de nez, les paupières, les mains, aux articulations surtout, et principalement les doigts, les genoux. — Repiqués d'ombre de *terre de Sienne brûlée* et *laque,* avec *vermillon;* et clairs sur les parties saillantes; c'est-à-dire dessiner avec ce rouge de *terre de Sienne* et *laque* le contour des oreilles, les narines, etc., et sur les parties saillantes, telles que le bout du nez, les nœuds des mains ; la joue, clairs plus ou moins roses, qui font le luisant et le complément.

Ton vert jaune de reflet dans une chair fraîche, indispensable : *Terre d'ombre naturelle, jaune de Naples, jaune de zinc brillant, vert émeraude.* — Mêlé avec le ton *orange transparent* de la palette *laque jaune, vermillon, cadmium,* il donne un ton rompu charmant, analogue à celui de la partie jaune du ciel d'Apollon, et excellent dans les préparations chaudes pour les clairs.

Le ton vert chou ci-dessus fait bien à côté de *ver-*

millon, blanc et *laque brûlée;* également à côté de *brun rouge* et *blanc.*

Tête de la femme sous les arbres dans l'ombre : ce qui fait le ton violâtre de l'ombre est *brun rouge* et *blanc,* et un peu de *terre de Cassel* plus foncé que le même ton, pour faire ce qu'il y a de plus violet dans le clair; en un mot, sur le frottis vert, qui est commun au clair comme à l'ombre, mais avec une intensité différente, pour rendre le clair moins participant du ton vert du dessous : *brun rouge* et *blanc.* Dans l'ombre sur ce ton vert, pour donner un ton rose, le ton que j'ai dit de *brun rouge, blanc* et *terre de Cassel;* ce ton mêlé à celui de *terre d'ombre naturelle, bleu de Prusse* et *blanc,* fait amirablement. Ce mélange du vert et du violet, qui caractérise le passage de l'ombre au clair, dans certaines parties, la joue, les jambes couleur de poisson, etc., etc. Pour faire ce ton d'ombre, quand il est plus jaune sur les parties jaunâtres, mettre le ton de *terre d'ombre naturelle, bleu de Prusse* et un peu d'*ocre jaune,* mêlé à plus ou moins de *brun rouge* et *blanc.* Le ton de *bleu de Prusse, terre naturelle* et *blanc,* magnifique ton d'ombre violette, en y mêlant du *vermillon* (employé, je crois, si je m'en souviens, entre les jambes de la petite Ariane assise — la seconde) — *terre d'ombre* et *cobalt,* au lieu de *bleu de Prusse,* ferait peut-être aussi bien et serait plus solide ; — ce ton passé sur les parties rouge prononcé qu'on met sur les genoux, etc.

— Dans le ton vert, dans l'ombre de l'Espagnol

en question, surtout de l'enfant vu de dos sous l'arbre; — sur ces tons verdâtres, atténuer aussi avec *brun rouge*, *blanc* et *noir*.

Le ton de *terre d'ombre naturelle* excellent, avec *bleu de Prusse*, pour les ombres légères verdâtres qui bordent les cheveux, le cou, la partie jaune du bras, du dos, etc. Exemple : Genoux de l'Andromède (vérifier si je n'ai pas voulu dire l'Ariane). — Bord d'ombre des jambes.

Pour faire une ombre moins fade qu'avec le *petit vert*, quand elle est un accident et non une teinte à plat, la préparer avec *terre d'ombre*, *cobalt*, et *vert émeraude*, et ensuite *vermillon*. — Entre-deux des jambes : pour ne pas le faire trop rouge, préparer avec *terre d'ombre*, *vert émeraude*, *cobalt*, et passer le *vermillon* par-dessus; et, mieux que *vermillon*, *brun rouge* qui fait moins ardent; ce ton est le plus sanguine possible pour une ombre intense, réunissant merveilleusement le *vert* et le *violet ;* mais il est indispensable de passer l'un après l'autre, et non pas de les mêler sur la palette. Le ton de *terre d'ombre naturelle*, *blanc* et *bleu de Prusse foncé* avec *brun rouge*, magnifique ton d'ombre de chair vigoureuse. Les mettre à côté l'un de l'autre sur la palette; — fait également une demi-teinte locale de chair. — Le vert chou jaune : *terre d'ombre naturelle*, *jaune de Naples*, *jaune de zinc*, *vert émeraude*, avec *brun rouge* et *blanc*, très belle localité de chair (jambe de Talma).

Ton jaune vert, qui règne dans la copie du plafond

d'Apollon, le ton clair de *terre d'ombre naturelle,
bleu de Prusse* et *blanc* avec *ocre jaune.* — Excellent
frottis pour préparer des chairs fraîches comme la
cuisse de Junon et son pied : Ton orangé de *laque
jaune, vermillon, cadmium* avec *laque rouge* et *blanc,*
mais assez foncé, pour faire une opposition pronon-
cée ; les mettre à côté l'un de l'autre. *Jaune de zinc*
et *noir* plus ou moins foncé : beau vert rompu.

Tons très fins, analogues du ton jaune du ciel de
l'Apollon, propres à placer sur une chair dans le clair
comme préparation d'un ton d'ombre, vert chou et
le ton orangé transparent.

Autre : *Sienne naturelle, vert émeraude, jaune de
zinc.* Fait ainsi, il est un peu chaud et cru ; on le tem-
père avec le vert chou.

Ton gris violet très joli : Vert chou avec *laque* et
blanc foncé.

Ton d'or clair : *Ocre jaune, jaune de Naples.*

Autre demi-teinte plaquée d'or : *Terre d'Italie
seule* (fauteuil de Talma).

Ton important de *laque rouge* et *blanc foncé,* à
côté du même ton dans lequel on ajoute de la *laque
brûlée ;* mettre l'un et l'autre à côté de *jaune indien.*
— Ton de *jaune indien, Sienne* et *vert émeraude :*
opposition toute prête du *jaune* et du *vert* au *violet.*

Laque jaune et *jaune de zinc,* important.

Main gauche de Talma : Préparée avec des tons
très roux et non encore rompus. Sur cette préparation, sèche depuis quelque temps, passé une demi-

pâte très transparente avec *brun rouge* et *blanc*, et *terre d'ombre naturelle, bleu de Prusse* et *blanc*... a donné tout de suite une demi-teinte de chair d'une grande finesse. Les ombres chaudes étant placées et les saillies du clair avec des tons convenables, l'effet était complet. (Pourrait s'appliquer avec succès à toute préparation faite à la Titien avec *ton de Sienne* ou *brun rouge*, etc., comme, par exemple, était celle de la petite Andromède.)

Localité de la main appuyée par terre de la femme qui essuie le sang de saint Étienne : ton demi-teinte de *terre de Cassel, blanc* avec *vermillon* et *laque*. Le moindre ton vert (*cobalt* et *émeraude*, par exemple) et orangé donne un brillant magnifique, au-dessus peut-être de celui du Sardanapale, qui était analogue, à cause des tons verts ajoutés.

Coulé pour la chair — très fin : le ton de *laque jaune* et *jaune de zinc* avec *laque rouge dorée*.

Le charmant jaune paille (demi-teinte) : *Ocre jaune, terre de Cassel, blanc* avec pointe de *vert émeraude* et *zinc*, et peut être sali avec pointe de *laque rouge*. A côté de beau *vermillon* et *laque rouge*, — mêlés ensemble modérément : tons sanguine très beaux.

Autre ton sanguine plus verdâtre : bon coulé, préparation, etc. A côté du ton beau *vermillon clair* et *laque*, ton d'*ocre jaune* et *petit vert*. — Ces tons très fins seraient d'ailleurs glacés (non essayé) pour remonter du ton des chairs déjà avancées, mais un peu trop blanches.

Beau brun : *jaune de Mars* et *brun de Florence;* mettre à côté de la masse des tons verts verdâtres, vert chaud, vert chou, et le ton de *terre de Cassel, blanc* et *laque.*

Ton bois violâtre : *brun de Florence, blanc* avec *ocre de ru* et une pointe de *noir* ou autre, pour salir un peu.

— Demi-teinte de cheveux blonds : *jaune paille* un peu sombre avec *brun rouge* et *blanc sombre;* aussi ajouter *jaune indien* ou ton de *terre de Sienne* et *vert émeraude.* Ajouter *laque* et *vermillon* clair au ton orangé transparent.

— Beau brun jaune vert : *Vert émeraude, terre d'Italie naturelle;* en y ajoutant du *vermillon*, il devient sanguine, sans être rouge.

Vermillon, laque brûlée, blanc, à côté de celui-ci, qui est un peu foncé; faire le même plus clair, mais avec très peu de *laque brûlée* et plus de *laque* et *vermillon.*

Avec ce dernier et *vert émeraude,* est fait le ton des montagnes les plus lointaines dans le *Saint Sébastien.*

Le clair du chemin et des montagnes plus rapprochées avec le *petit vert* et l'orangé de *cadmium, blanc* et *vermillon.*

Brun de Florence et *blanc* mêlé à l'orangé de *zinc;* les mettre à côté l'un de l'autre.

Jeudi 27 janvier. — Dîné chez Bixio avec d'Ar-

gent, Decazes, le prince Napoléon. Après, chez Manceau.

De tout cela, je ne me rappelle que deux ou trois
morceaux de la *Flûte enchantée,* dont nous a régalés
Mme Manceau.

Je n'éprouve pas, à beaucoup près, pour écrire, la
même difficulté que je trouve à faire mes tableaux (1).
Pour arriver à me satisfaire, en rédigeant quoi que ce
soit, il me faut beaucoup moins de combinaisons de
composition, que pour me satisfaire pleinement en
peinture. Nous passons notre vie à exercer, à notre
insu, l'art d'exprimer nos idées au moyen de la
parole. L'homme qui médite dans sa tête comment
il s'y prendra pour obtenir une grâce, pour éconduire
un ennuyeux, pour attendrir une belle ingrate, travaille à la littérature sans s'en douter. Il faut tous les
jours écrire des lettres qui demandent toute notre
attention et d'où quelquefois notre sort peut dépendre.

Telles sont les raisons pour lesquelles un homme
supérieur écrit toujours bien, surtout quand il trai-
tera de choses qu'il connaît bien. Voilà pourquoi les
femmes écrivent aussi bien que les plus grands
hommes. C'est le seul art qui soit exercé par les indif-
férentes... Il faut ruser, séduire, attendrir, congédier,
en arrivant et en partant. Leur faculté d'à-propos, la
lucidité, extrême dans certains cas, trouvent ici merveilleusement leur application. Au reste, ce qui con-

_____

(1) On remarquera que plus loin Delacroix énonce une idée à peu
près opposée à celle-ci.

firme tout cela, c'est que, comme elles ne brillent pas par une grande puissance d'imagination, c'est surtout dans l'expression des riens qu'elles sont maîtresses passées. Une lettre, un billet, qui n'exige pas un long travail de composition, est leur triomphe.

Lundi 7 *février.* — Aujourd'hui, l'insipide et indécente cohue de la fête du Sénat. Aucun ordre, tout le monde pêle-mêle, et dix fois plus d'invités que le local n'en peut contenir. Obligé d'arriver à pied et d'aller de même retrouver la voiture à Saint-Sulpice... Que de gueux! que de coquins s'applaudissent dans leurs habits brodés! Quelle bassesse générale dans cet empressement!

Vendredi 4 mars.

> ... *Cui lecta potenter erit res,*
> *Nec facundia deserct hunc, nec lucidus ordo.*

Mardi 15 *mars.* — Je retrouve sur un chiffon de papier les lignes suivantes que j'ai écrites il y a longtemps; j'étais alors plus misanthrope que je ne suis. J'avais plus de raisons d'être heureux, puisque j'étais plus jeune. Je ne laissais pas d'être attristé du spectacle auquel nous assistons et dont nous sommes nous-mêmes les acteurs et les victimes.

Voici la boutade : « Comment ce monde si beau renferme-t-il tant d'horreurs! Je vois la lune planer paisiblement sur des habitations plongées, en apparence, dans le silence et dans le calme... les astres semblent se pencher dans le ciel sur ces demeures paisibles, mais les passions qui les habitent, les vices et les crimes ne sont qu'endormis ou veillent dans l'ombre et préparent des armes; au lieu de s'unir contre les horribles maux de la vie mortelle, dans une paix commune et fraternelle, les hommes sont des tigres et des loups animés les uns contre les autres pour s'entre-détruire. Les uns laissent un libre cours aux détestables emportements qu'ils ne peuvent maîtriser : ce sont les moins dangereux. Les autres renferment, comme dans des abîmes sans fond, les noirceurs, la bile amère qui les anime contre tout ce qui porte le nom d'homme. Tous ces visages sont des masques, ces mains empressées qui serrent votre main sont des griffes acérées prêtes à s'enfoncer dans votre cœur. A travers cette horde de créatures hideuses, apparaissent des natures nobles et généreuses. Les rares mortels qui ne semblent laissés à la terre que pour témoigner du fabuleux âge d'or, sont les victimes privilégiées de cette multitude de traîtres et de scélérats qui les entourent et les pressent. Le sort s'unit aux passions de mille monstres pour conspirer la perte de ces hommes innocents, et presque tous rendent à ce ciel ingrat une détestable vie, en maudissant un présent si funeste, et presque également leur inutile vertu, but des attaques et des haines, fardeau volontaire, et qu'ils n'ont traîné que pour leur malheur, à travers mille maux. ». . . . . . .

Vendredi 18 *mars*. — Vu, après le conseil, l'admirable *Saint Just* (1) de Rubens. Le lendemain, en essayant de me le rappeler, au moyen d'une esquisse d'après la gravure, j'ai pu m'assurer que l'emploi du pinceau, au lieu de la brosse, a déterminé l'exécution lisse et plus achevée, c'est-à-dire sans plans heurtés, de Rubens. Ce mode mène à une exécution plus ronde, comme est la sienne, mais qui, en même temps, donne plus vite l'expression du fini. D'ailleurs, l'emploi des panneaux force pour ainsi dire à se servir de pinceaux. La touche lisse et un peu molle laisse moins d'aspérités. Avec les martres et les brosses ordinaires, on arrive à une dureté, à une difficulté de fondre les couleurs qui est presque inévitable ; les traces de la brosse laissent des sillons impossibles à dissimuler.

Dimanche 27 *mars*. — *Aux partisans exclusifs de la forme et du contour.*

Les sculpteurs vous sont supérieurs... En établissant la forme, ils remplissent toutes les conditions de leur art. Ils recherchent également, comme les partisans du contour, la noblesse des formes et de l'arrangement. Vous ne modelez pas, puisque vous méconnaissez le clair-obscur qui ne vit que des rapports de la lumière et de l'ombre établis avec justesse. Avec vos ciels couleur d'ardoise, avec vos chairs mates et sans effet, vous ne pouvez produire la saillie. Quant

(1) Voir *Catalogue Robaut*, n° 1942

à la couleur qui est partie de la peinture, vous faites
semblant de la mépriser, et pour cause...

Lundi 28 *mars.* — *A Irène :*

« Je suis le premier puni de mon horrible paresse à
écrire, puisqu'elle me prive de recevoir souvent de
vos nouvelles et de renouveler, en m'entretenant avec
vous, le charme des souvenirs d'enfance. Je suis en
cela d'autant plus coupable et ennemi de moi-même,
qu'isolé comme je suis, je vis bien plus souvent dans
mon esprit avec le passé qu'avec ce qui m'entoure.
Je n'ai nulle sympathie pour le temps présent; les
idées qui passionnent mes contemporains me laissent
absolument froid; mes souvenirs et toutes mes prédilections sont pour le passé, et toutes mes études se
tournent vers les chefs-d'œuvre des siècles écoulés.
Il est heureux, au moins, qu'avec ces dispositions, je
n'aie jamais songé au mariage : j'aurais certainement
paru à une femme jeune et aimable infiniment plus
ours et plus misanthrope que je ne le parais à ceux
qui ne me voient qu'en passant. »

A Andrieu :

« Je n'ai pas autant de mérite qu'on pourrait le
penser, à travailler beaucoup, car c'est la plus grande
récréation que je puisse me donner... J'oublie, à mon
chevalet, les ennuis et les soucis qui sont le lot de
tout le monde. L'essentiel dans ce monde est de combattre l'ennui et le chagrin. Sans doute, parmi les

distractions qu'on peut prendre, je pense que celui
qui les trouve dans un objet comme la peinture, doit
y trouver des charmes que ne présentent point les
amusements ordinaires. Ils consistent surtout dans le
souvenir que nous laissent, après le travail, les moments que nous lui avons consacrés. Dans les distractions vulgaires, le souvenir n'est pas ordinairement
la partie la plus agréable; on en conserve plus souvent du regret, et quelquefois pis encore. Travaillez
donc le plus que vous pourrez : c'est toute la philosophie et la bonne manière d'arranger sa vie (1). »

1er *avril.* — J'ai usé pour la première fois de mes
entrées aux Italiens... Chose étrange! j'ai eu toutes
les peines du monde à m'y décider; une fois que j'y
ai été, j'y ai pris grand plaisir; seulement j'y ai rencontré trois personnes, et ces trois personnes m'ont
demandé à venir me voir. L'une est Lasteyrie (2), qui
veut bien m'apporter son livre sur les vitraux; la
seconde est Delécluze (3), qui m'a frappé sur l'épaule

(1) Confidence rapportée par Baudelaire à qui Delacroix l'avait faite :
« Autrefois, dans ma jeunesse, je ne pouvais me mettre au travail que
« quand j'avais la promesse d'un plaisir pour le soir, musique, bal, ou
« n'importe quel autre divertissement. Mais aujourd'hui je ne suis plus
« semblable aux écoliers, je puis travailler sans cesse et sans aucun espoir
« de récompense. » (*Art romantique. L'Œuvre et la vie d'Eugène
Delacroix.*)
(2) Le comte *de Lasteyrie,* archéologue et homme politique, membre
de l'Académie des inscriptions et belles-lettres, s'était fait connaître par
des travaux d'archéologie et de critique d'art. Il avait écrit des articles
sur Delacroix au journal *le Siècle.*
(3) Nous avons pu, grâce au précieux travail de M. Maurice Tourneux,
Delacroix devant ses contemporains, suivre, année par année, les juge-

avec une amabilité qu'on n'attendrait guère d'un homme qui m'a peu flatté, la plume à la main, depuis environ trente ans qu'il m'immole à chaque Salon. Le troisième personnage qui m'a demandé à venir me voir est un jeune homme que je me rappelle avoir vu, sans savoir où et sans connaître son nom; cette distraction est fréquente chez moi.

Le souvenir de cette délicieuse musique (*Sémiramis*)(1) me remplit d'aise et de douces pensées, le lendemain 1ᵉʳ avril. Il ne me reste dans l'âme et dans la pensée que les impressions du sublime, qui abonde dans cet ouvrage. A la scène, le remplissage, les fins prévues, les habitudes de talent du maître refroidissent l'impression, mais ma mémoire, quand je suis loin des acteurs et du théâtre, fond dans un ensemble le caractère général, et quelques passages divins viennent me transporter et me rappellent en même temps celui de la jeunesse écoulée.

L'autre jour, Rivet (2) vint me voir, et, en regar-

---

ments portés par le célèbre adversaire du maître sur ses différentes expositions. En 1822, il écrivait à propos du *Dante et Virgile* : « La force « convient à l'étude. M. Delacroix l'indique par son tableau du *Dante* « *et Virgile*; ce tableau n'en est pas un; c'est, comme on le dit en style « d'atelier, une vraie *tartouillade*. » En 1855, réunissant ses articles parus dans le *Journal des Débats*, après avoir dit quelques mots des débuts du *jeune homme de talent* auquel il n'avait cessé de prodiguer ses conseils, il recommençait « le procès intenté depuis trente ans à l'École « moderne ». (V. le livre de M. Tourneux.)

(1) *Sémiramis*, opéra en deux actes, de *Rossini*.

(2) Nous avons déjà noté que le *baron Rivet* avait été un ami de jeunesse et un camarade d'atelier de Delacroix et de Bonington. M. Tourneux dit à propos de lui : « Il avait écrit sur le premier de ces deux grands « artistes un article très important qui fut présenté à la *Revue des Deux*

dant la petite *Desdémone aux pieds de son père*(1), il ne put s'empêcher de fredonner le *Se il padre m'abban-donna*, et les larmes lui vinrent aux yeux. C'était notre beau temps ensemble. Je ne le valais pas, au moins pour la tendresse et pour bien d'autres choses, et combien je regrette de n'avoir pas cultivé cette amitié pure et désintéressée! Il me voit encore, et, je n'en doute pas, avec plaisir; mais trop de choses et trop de temps nous ont séparés. Il me disait, il y a peu d'années, en se rappelant cette époque de Mantes et de notre intimité : « Je vous aimais comme on aime une maîtresse. »

Il y a aux Italiens, qui jouent maintenant dans le désert, une *Cruvelli* (2) dont on parle très peu dans le monde et qui est un talent très supérieur à la Grisi, qui enchantait tout le monde quand les Bouffes étaient à la mode.

« *Mondes,* mais non inséré, et c'est grand dommage, car on y eût trouvé « des renseignements bien précieux sur les débuts, les théories et les « procédés de travail du maître. »

Ce que M. Tourneux ne dit pas, et ce que nous pouvons ajouter, c'est que l'article du baron Rivet avait été précisément composé à l'occasion du *Journal* que nous offrons intégralement au public, dont il avait eu la bonne fortune de détenir quelques fragments en copie. Reconnaissons qu'il a fallu tout un étrange concours de circonstances pour que l'œuvre posthume du plus illustre de nos peintres ne se trouvât livrée à la publi-cité que trente années après sa mort.

(1) Il s'agit probablement ici d'une répétition avec variantes du tableau qui porte la date de 1839. (Voir *Catalogue Robaut,* n° 698.)

(2) La *Cruvelli* (baronne *Vigier*) était une cantatrice célèbre. Ses débuts, selon Delacroix, semblent être passés inaperçus. Si l'on inter-roge ses biographes, il est facile de constater en effet qu'à la différence de ses illustres rivales, les *Grisi,* les *Pisaroni,* ses débuts n'eurent aucun éclat.

Une chose dont on ne s'est pas douté, à l'apparition de Rossini, et pour laquelle on a oublié de le critiquer, parmi tant de critiques, c'est à quel point il est romantique. Il rompt avec les formules anciennes illustrées jusqu'à lui par les plus grands exemples. On ne trouve que chez lui ces introductions pathétiques, ces passages souvent très rapides, mais qui résument, pour l'âme, toute une situation, et en dehors de toutes les conventions. C'est même une partie, et la seule, dans son talent, qui soit à l'abri de l'imitation. Ce n'est pas un coloriste à la Rubens. J'entends toujours parler de ces passages mystérieux. Il est plus cru ou plus banal dans le reste, et, sous ce rapport, il ressemble au Flamand ; mais partout la grâce italienne, et même l'abus de cette grâce.

Dimanche 3 avril. — Retourné aux Italiens : *le Barbier.* Tous ces motifs charmants, ceux de la *Sémiramis* et du *Barbier* sont continuellement avec moi.

Je travaille à finir mes tableaux pour le Salon, et tous ces petits tableaux qu'on me demande. Jamais il n'y a eu autant d'empressement. Il semble que mes peintures **sont une nouveauté découverte récemment** (1).

(1) Le 14 avril 1853, Delacroix écrivait à M. Moreau père : « Eh bien, oui, cher ami, c'est vraiment à n'y pas croire, et pour ma « part je n'y comprends rien. Il semble maintenant que mes peintures « soient une nouveauté récemment découverte, que les amateurs vont « m'enrichir après m'avoir méprisé. » Dans une précédente note, et à propos de toiles vendues par le maître à des marchands ou à des amateurs,

Lundi 4 avril. — Vu le soir Mme de Rubempré
dans sa nouvelle maison. J'ai été enchanté de l'habitation : il y aura de quoi s'y plaire. J'en suis heureux
pour cette bonne amie. Elle raffole des curiosités, des
ameublements, et elle se trouve servie à souhait. Elle
me faisait, ou plutôt nous faisions ensemble, cette
réflexion : que tout le bonheur vient tard. C'est
comme ma petite vogue auprès des amateurs; ils
vont m'enrichir après m'avoir méprisé.

Vendredi 8 avril. — Sorti d'assez bonne heure
pour aller voir les artistes qui m'avaient prié de les
visiter. Que de tristes plaies, que d'incurables maladies de cerveau ! Je n'ai eu qu'une compensation, mais
elle a été complète : j'ai vu un véritable chef-d'œuvre :
c'est le portrait que Rodakowski (1) vient de rapporter d'après sa mère. Cet ouvrage confirme le précédent qui m'avait tant frappé à l'Exposition.

Rentré très fatigué, et, après un sommeil presque
léthargique et insurmontable, reposé tout à fait, et
dîné avec Mme de Forget. Nous avons été voir les

nous avons fait quelques rapprochements de chiffres qui par eux-mêmes
sont assez éloquents. Delacroix ne s'en montrait pourtant pas mécontent.
Il n'était pas exigeant à ce point de vue. Souvent dans sa correspondance il demande à l'amateur qui désire une de ses œuvres d'en fixer
lui-même le prix. A cinquante-cinq ans, après trente années de production ininterrompue, c'est un sentiment de surprise qu'il éprouve à
constater que le succès lui vient !

(1) *Henri Rodakowski,* peintre polonais, né à Lemberg. Il fut élève
de Léon Cogniet. Il envoya au Salon de 1852 un beau portrait de
Dembinski, qui lui valut une première médaille. Il exposa ensuite le
portrait de sa mère en 1853 et celui de Frédéric Villot en 1855.

Cerfbeer aussitôt après, et promené un peu sur les boulevards.

Mardi 12 *avril.* — Dîné chez Riesener avec Gautier(1), qui a été aimable ; il me boudait depuis quelque temps.

J'ai été voir en revenant le dernier acte de *Sémiramis*.

Dans la journée, Mme Villot, Mme Barbier et Mme Herbelin sont venues voir mes tableaux. Cette dernière s'est affolée des *Pèlerins d'Emmaüs* (2), et veut l'avoir au prix que j'avais demandé.

Mercredi 13 *avril.* — Il faut toujours gâter un peu un tableau pour le finir. Les dernières touches destinées à mettre de l'accord entre les parties ôtent de la fraîcheur. Il faut paraître devant le public en retranchant toutes les heureuses négligences qui sont la passion de l'artiste. Je compare ces retouches assassines à ces ritournelles banales qui terminent tous les airs et à ces espaces insignifiants que le musicien est forcé de placer entre les parties intéressantes de son

(1) Delacroix rencontrait assez souvent *Th. Gautier* chez Riesener et ne se montrait pas toujours à son égard aussi courtois qu'on aurait pu le penser. Nous tenons de Mme Riesener le détail suivant : un soir, Gautier demanda à Delacroix de lui prêter un costume oriental, dont il l'avait vu revêtu à un bal costumé, et le peintre refusa net en termes qui jetèrent un froid parmi les assistants. Nous nous sommes déjà expliqué sur la cause probable de la froideur de Delacroix.

(2) Cette admirable toile a figuré récemment à l'Exposition des Cent chefs-d'œuvre, à la salle Petit, avec la *Fiancée d'Abydos*. Le prix en question était deux mille francs. (Voir *Catalogue Robaut*, n° 1192.)

ouvrage, pour conduire d'un motif à l'autre ou les faire valoir. Les retouches pourtant ne sont pas aussi funestes au tableau qu'on pourrait croire, quand le tableau est bien pensé et a été fait avec un sentiment profond. Le temps redonne à l'ouvrage, en effaçant les touches, aussi bien les premières que les dernières, son ensemble définitif.

Jeudi 14 avril. — Dîné chez M. Fould (1). Le *Moniteur* (2) a envie d'avoir de ma prose : cela tombe mal au milieu de mes occupations.

Été chez R... finir la soirée pour entendre la répétition et le choix que Delsarte fait des morceaux de son concert. Cette éternelle musique primitive, sans interruption, est bien monotone; un air de Cherubini risqué au milieu de tout cela m'a paru un foudre d'invention.

Vendredi 15 avril. — Le préfet nous dit ce matin à notre comité, où on débattait une question de cimetière, qu'à propos de l'insuffisance des cimetières de Paris il existait un projet d'un sieur Lamarre ou Delamarre, qui proposait sérieusement d'envoyer les morts en Sologne, ce qui aurait l'avantage de nous en débarrasser et de fortifier le terrain.

---

(1) *Achille Fould,* homme d'État et financier, ministre de Napoléon III. Il fut élu en 1857 membre de l'Académie des beaux-arts.

(2) Ce fut pour le *Moniteur* que Delacroix écrivit le grand article sur le *Poussin* qui parut dans les nᵒˢ des 26, 29, 30 juin 1853.

J'avais été, avant la séance, voir les peintures de
Courbet (1). J'ai été étonné de la vigueur et de la
saillie de son principal tableau (2) ; mais quel tableau !
quel sujet ! La vulgarité des formes ne ferait rien ; c'est
la vulgarité et l'inutilité de la pensée qui sont abomi-
nables ; et même, au milieu de tout cela, si cette idée,
telle quelle, était claire ! Que veulent ces deux figures ?
Une grosse bourgeoise, vue par le dos et toute nue
sauf un lambeau de torchon négligemment peint qui
couvre le bas des fesses, sort d'une petite nappe d'eau
qui ne semble pas assez profonde seulement pour un
bain de pieds. Elle fait un geste qui n'exprime rien, et
une autre femme, que l'on suppose sa servante, est
assise par terre, occupée à se déchausser. On voit
là des bas qu'on vient de tirer : l'un d'eux, je crois,
ne l'est qu'à moitié. Il y a entre ces deux figures un

(1) En ce qui touche l'opinion de Delacroix sur *Courbet* et le réalisme,
nous nous sommes expliqué dans notre Étude (voir t. I, p. xxx, xxxi).
Voici ce que le maître écrivait dans un des albums de son Journal : « Eh !
« réaliste maudit, voudrais-tu par hasard me produire une illusion, telle
« que je me figure que j'assiste en réalité au spectacle que tu prétends m'of-
« frir ? C'est la cruelle réalité des objets que je fuis, quand je me réfugie
« dans la sphère des créations de l'Art. » Et plus loin : « Il existe un peintre
« allemand nommé Denner, qui s'est évertué à rendre dans ses portraits
« les petits détails de la peau et les poils de la barbe : ses ouvrages sont
« recherchés et ont leurs fanatiques. Véritablement ils sont médiocres et
« ne produisent point l'effet de la nature. On objectera peut-être que
« c'est qu'il manquait de génie ; mais *le génie même n'est que le don de*
« *généraliser et de choisir.* » Baudelaire a merveilleusement commenté
les causes de l'antipathie d'Eugène Delacroix pour l'art de Courbet.

(2) Le tableau auquel Delacroix fait allusion est celui qui figura au
Salon de 1853 sous ce titre : *Demoiselles de village,*. Ce sont deux baigneuses, l'une debout, vue de dos, l'autre assise sur l'herbe. Chenavard
raconte que Delécluze disait de cette dernière : « Cette créature est telle,
« qu'un crocodile n'en voudrait pas pour la manger. »

échange de pensées qu'on ne peut comprendre. Le paysage est d'une vigueur extraordinaire, mais il n'a fait autre chose que mettre en grand une étude que l'on voit là près de sa toile; il en résulte que les figures y ont été mises ensuite et sans lien avec ce qui les entoure. Ceci se rattache à la question de l'accord des accessoires avec l'objet principal, qui manque à la plupart des grands peintres. Ce n'est pas la plus grande faute de Courbet. Il y a aussi une *Fileuse* (1) endormie, qui présente les mêmes qualités de vigueur, en même temps que d'imitation... Le rouet, la quenouille, admirables; la robe, le fauteuil, lourds et sans grâce. Les *Deux Lutteurs* montrent le défaut d'action et confirment l'impuissance dans l'invention. Le fond tue les figures, et il faudrait en ôter plus de trois pieds tout autour.

O Rossini! O Mozart! O les génies inspirés dans tous les arts, qui tirent des choses seulement ce qu'il faut en montrer à l'esprit! Que diriez-vous devant ces tableaux? Oh! *Sémiramis !...* Oh! entrée des prêtres, pour couronner Ninias!

Samedi 16 *avril.* — Dans la matinée, on m'a amené Millet (2)... Il parle de Michel-Ange et de la Bible,

---

(1) Cette *Fileuse* figurait à l'Exposition universelle de 1889.

(2) Il nous paraît au moins curieux de rapprocher du jugement de Delacroix celui de Baudelaire sur le même *Millet* : « M. Millet cherche « particulièrement le style : il ne s'en cache pas ; il en fait montre et « gloire. Mais une partie du ridicule que j'attribuais aux élèves de « M. Ingres s'attache à lui. Le style lui porte malheur. *Ses paysans sont*

qui est, dit-il, le seul livre qu'il lise ou à peu près.
Cela explique la tournure un peu ambitieuse de ses
paysans. Au reste, il est paysan lui-même et s'en
vante. Il est bien de la pléiade ou de l'escouade des
artistes à barbe qui ont fait la révolution de 1848, ou
qui y ont applaudi, croyant apparemment qu'il y
aurait l'égalité des talents, comme celle des fortunes.
Millet me paraît cependant au-dessus de ce niveau
comme homme, et, dans le petit nombre de ses
ouvrages, peu variés entre eux, que j'ai pu voir, on
trouve un sentiment profond, mais prétentieux, qui
se débat dans une exécution ou sèche ou confuse.

Dîné chez le préfet avec les artistes qui ont peint à
l'Hôtel de ville récemment et *tutti quanti*. Germain
Thibaut (1) qui était là, je ne sais pourquoi, me parlait
à table de peinture, et me disait qu'il n'avait jamais
pu comprendre la peinture de Decamps (2) : il est
parti de là pour faire, au contraire, un éloge magnifique de la *Stratonice*, d'Ingres.

Ensuite chez Mme Barbier. Riesener retournait
prendre sa femme, et nous avons été à pied. M. Bou-

« des pédants qui ont d'eux-mêmes une trop haute opinion. Ils étaient
« une manière d'abrutissement sombre et fatal qui me donne l'envie de
« les haïr. » (*Curiosités esthétiques*. Salon de 1859. *Le paysage*.)

(1) *Germain Thibaut*, ancien président de la chambre de commerce,
membre du conseil municipal de Paris.

(2) On sait en quelle estime Delacroix tenait les œuvres de Decamps.
Il prononce quelque part dans son Journal le mot *génie* en parlant d'un
de ses tableaux. Il avait d'autant plus de mérite à conserver l'impartia-
lité que Decamps, dans un certain genre, était son rival tout indiqué,
celui dont le nom venait naturellement à la bouche des ennemis de
Delacroix, quand ils voulaient lui opposer un artiste s'étant inspiré de

rée, l'ancien consul à Tanger, me disait que les
Yacoubs, quand ils se font mordre par les serpents,
lesquels sont venimeux, à ce qu'il m'a affirmé, ap-
pliquent vivement sur leur bras, par exemple, la
gueule ouverte du serpent, de manière à aplatir les
crochets qui contiennent le poison. J'aime mieux
croire qu'ils ne risquent pas à ce point de devenir
victimes d'une maladresse, et que ces serpents sont
moins venimeux qu'on ne le suppose.

J'ai travaillé toute la journée aux habits du portrait de M. Bruyas. J'aurai une séance demain, qui,
j'espère, sera la dernière.

Dimanche 17 avril. — Sur l'École anglaise (1) d'il
y a trente ans : Lawrence, Wilkie. — Les *Mille et
une Nuits,* Reynolds, Gainsborough.

Sur Oudry (2) et les *Discours* de Reynolds (3) à

l'Orient. C'est ainsi que les Goncourt, par exemple, dans une plaquette
tirée à l'occasion de l'Exposition de 1855, traitent Delacroix de
« coloriste puissant, mais à qui a été refusée la qualité suprême des colo-
» ristes : l'harmonie ». Puis ils entonnent un hymne en l'honneur de
Decamps.

(1) Delacroix semble ici se reporter par le souvenir à ses premières
impressions de 1825, époque de son voyage à Londres, lorsque, après
avoir vu Lawrence, il écrivait à Pierret : « C'est la fleur de la politesse
» et un véritable peintre de grands seigneurs... J'ai vu chez lui de très
» beaux dessins de grands maîtres, et des peintures de lui, ébauches, des-
» sins même, admirables. On n'a jamais fait les yeux, des femmes sur-
» tout, comme Lawrence, et ces bouches entr'ouvertes d'un charme
» parfait. Il est inimitable. » (*Corresp.*, t. I, p. 108-109.)

(2) *Jean-Baptiste Oudry* (1686-1765), célèbre peintre d'animaux.

(3) *Reynolds* (1728-1792), un des peintres les plus justement renom-
més de l'école anglaise, comme *Lawrence, Gainsborough* et *Wilkie*.
Outre ses *Discours sur les arts,* que cite Delacroix, il a écrit des *Remarques* sur les œuvres des peintres allemands et flamands.

l'occasion : sa prédilection pour les dessinateurs. —
Lettres du Poussin.

Sur la différence de l'ébauche et de l'esquisse avec
l'objet fini ; sur l'effet en général de ce qui n'est pas
complet et du manque de proportions pour contribuer à agrandir.

Lundi 18 *avril.* — Le jour des opérations du jury.
J'ai vu, après le jury, ce pauvre Vieillard ; il était au
lit. Je le trouve bien affaibli et j'ai beaucoup de
craintes. Quand je l'ai quitté, il m'a serré fortement
la main et m'a accompagné d'un regard comme je ne
lui en ai jamais vu.

Mercredi 20 *avril.* — Après la journée fatigante
du jury, qui est la troisième, et réveillé à grand'peine
d'un terrible sommeil après mon dîner, je suis parti
vers dix heures pour aller chez Fortoul (1), que j'ai
trouvé au moment où son salon se vidait, et quoiqu'il
fût alors près de onze heures, je n'ai pas hésité à aller
voir la princesse Marcellini.

Je suis arrivé à temps pour avoir encore un peu
de musique. Mme Potocka y était, et assez à son
avantage. En revenant avec Grzymala, nous avons
parlé de Chopin. Il me contait que ses improvi-

---

(1) *Fortoul*, littérateur et homme politique ; collaborateur de la
Revue de Paris et de la *Revue des Deux Mondes*. Il fut ministre de
la marine en 1851 et ministre de l'instruction publique après le coup
d'État.

sations étaient beaucoup plus hardies que ses compositions achevées. Il en était pour cela, sans doute, comme de l'esquisse du tableau comparée au tableau fini. Non, on ne gâte pas le tableau en le finissant ! Peut-être y a-t-il moins de carrière pour l'imagination dans un ouvrage fini que dans un ouvrage ébauché. On éprouve des impressions différentes devant un édifice qui s'élève et dont les détails ne sont pas encore indiqués, et de vant le même édifice quand il a reçu son complément d'ornements et de fini. Il en est de même d'une ruine qui acquiert quelque chose de plus frappant par les parties qui manquent. Les détails en sont effacés ou mutilés, de même que dans le bâtiment qui s'élève on ne voit encore que les rudiments et l'indication vague des moulures et des parties ornées. L'édifice achevé enferme l'imagination dans un cercle et lui défend d'aller au delà. Peut-être que l'ébauche d'un ouvrage ne plaît tant que parce que chacun l'achève à son gré. Les artistes doués d'un sentiment très marqué, en regardant et en admirant même un bel ouvrage, le critiquent non seulement dans les défauts qui s'y trouvent réellement, mais par rapport à la différence qu'il présente avec leur propre sentiment. Quand le Corrège dit le fameux : *Anch'io son' pittore,* il voulait dire : « Voilà un bel ouvrage, mais j'y aurais mis quelque chose qui n'y est pas. » L'artiste ne gâte donc pas le tableau en le finissant; seulement, en fermant la porte à l'interprétation, en renonçant au vague de l'esquisse, il se montre davantage dans sa personnalité, en dévoilant ainsi toute la portée, mais aussi les bornes de son talent.

Jeudi 21 *avril.* — A la vente de Decamps (1)... J'ai éprouvé une profonde impression à la vue de plusieurs ouvrages ou ébauches de lui qui m'ont donné de son talent une opinion supérieure à celle que j'avais. Le dessin du *Christ dans le prétoire*, le *Job*, la petite *Pêche miraculeuse*, des paysages, etc. Quand on prend une plume pour décrire des objets aussi expressifs, on sent nettement, à l'impuissance d'en donner une idée de cette manière, les limites qui forment le domaine des arts entre eux. C'est une espèce de mauvaise humeur contre soi-même de ne pouvoir fixer ses souvenirs, lesquels pourtant sont aussi vivaces dans l'esprit après cette imparfaite description que l'on fait à l'aide des mots. Je n'en dirai donc pas davantage, sinon qu'à cette exposition, comme le soir au concert de Delsarte, j'ai éprouvé, pour la millième fois, qu'il faut, dans les arts, se contenter, dans les ouvrages même les meilleurs, de quelques lueurs, qui sont les moments où l'artiste a été inspiré.

Le *Josué,* de Decamps, m'a déplu au premier

(1) L'exposition dont parle ici Delacroix précéda une vente de trente et un tableaux et dessins, faite par l'auteur personnellement, et qui produisit environ 75,000 francs. Le *Josué* fut vendu 8,500 francs, le *Job,* 7,020 francs. (Voir Théoph. SILVESTRE, *Artistes vivants.*)

abord, et quand je le regardais de près, c'était une
mêlée confuse et des indications de formes lâches et
tortillées ; à distance, j'ai compris ce qui faisait beauté
dans ce tableau : la distribution des groupes et de la
lumière touche au sublime.

Le soir, dans le trio de Mozart, pour alto, piano et
clarinette, j'ai senti délicieusement quelques passages, et le reste m'a paru monotone. En disant que
des ouvrages comme ceux-là ne peuvent donner que
quelques moments de plaisir, je n'entends pas du
tout que ce soit toujours la faute de l'ouvrage, et,
quant à ce qui concerne Mozart, je suis persuadé que
c'était de la mienne. D'abord, certaines formes ont
vieilli, été ressassées et gâtées par tous les musiciens
qui sont venus après lui, première condition pour
nuire à la fraîcheur de l'ouvrage. Il faut même s'étonner que certaines parties soient restées aussi délicieuses après tant de temps (le temps marche vite
pour les modes dans les arts), et après tant de musique bonne ou mauvaise calquée sur ce type enchanteur. Il y a une autre raison pour qu'une création de
Mozart saisisse moins par cette abrupte nouveauté que
nous trouvons aujourd'hui à Beethoven ou à Weber :
premièrement, c'est qu'ils sont de notre temps, et en
second lieu, c'est qu'ils n'ont pas la perfection de l'illustre devancier. C'est exactement le même effet que
celui dont je parlais à la page précédente : c'est celui
que produit l'ébauche comparée à un ouvrage fini,
de la ruine d'un monument ou de ses premiers rudi-

ments, au monument terminé. Mozart est supérieur
à tous par sa forme achevée. Les beautés comme
celles de Racine ne brillent point par le voisinage de
traits de mauvais goût ou d'effets manqués ; l'inferio-
rité apparente de ces deux hommes les consacre
pourtant à jamais dans l'admiration des hommes, et
les élève à une hauteur où il est le plus rare d'atteindre.

Après ces ouvrages, ou à côté si l'on veut, sont
ceux qui réellement offrent des négligences considérables ou des défauts qui les déparent peut-être,
mais ne nuisent à la sensation qu'à proportion du
plus ou moins de supériorité des parties réunies.
Rubens est plein de ces négligences ou choses hâtées.
La sublime *Flagellation* d'Anvers, avec ses bourreaux ridicules ; le *Martyre de saint Pierre*, de Cologne, où on trouve le même inconvénient, c'est-à-
dire la figure principale admirable et toutes les
autres mauvaises. Rossini est un peu de cette famille.

Après la nouveauté qui fait souvent tout accepter
d'un artiste, ainsi qu'on l'a fait avec lui, après le
temps de lassitude et de réaction où l'on ne voit
presque que ses taches, arrive celui où la distance
consacre les beautés et rend le spectateur indifférent
aux imperfections. C'est ce que j'ai éprouvé avec
Sémiramis.

26 *avril.* — Je disais hier à R..., au bal des
Tuileries, à propos du mariage d'un auguste per-

sonnage, que l'un des plus grands inconvénients
du caractère français, celui qui a plus contribué
peut-être que quoi que ce soit aux catastrophes et dé-
confitures dont notre histoire abonde, c'est l'absence,
chez toutes les têtes, du sentiment du devoir. Il n'y
a pas un homme ici qui soit exact à un rendez-vous,
qui se regarde comme lié absolument par une promesse ; de là, cette élasticité de la conscience dans une
foule de cas. L'imagination place l'obligation dans
ce qui nous plaît ou nous porte intérêt. Chez la race
anglaise, au contraire, qui n'a pas au même degré
cette force d'impulsion qui entraîne à tout moment,
la nécessité du devoir est sentie par tout le monde.
Nelson, à Trafalgar, au lieu de parler à ses matelots
de la gloire et de la postérité, leur dit simplement
dans sa proclamation : « L'Angleterre compte que
chaque homme fera son devoir. »

En sortant de chez Boilay, ce soir à minuit et
demi, je cours jusqu'aux Italiens pour trouver une
glace, car tous les cafés étaient fermés. J'en trouve
au café du Passage de l'Opéra, sur le boulevard. J'y
vois M. Chevandier (1), qui m'accompagne chez moi ;
il me raconte, entre autres particularités sur Decamps,
d'abord son impossibilité de travailler d'après le
modèle dans ses tableaux ; en second lieu, ce qui me
paraît la conséquence de cette disposition, sa timi-

---

(1) *Paul Chevandier de Valdrôme,* peintre paysagiste, élève de Ma-
rilhat et de Cabat, auteur d'ouvrages estimés, qui lui valurent plusieurs
médailles aux Salons.

dité extrême, quand il travaille d'après nature. L'indépendance de l'imagination doit être entière devant le tableau. Le modèle vivant, en comparaison de celui que vous avez créé et mis en harmonie avec le reste de votre composition, déroute l'esprit et introduit un élément étranger dans l'ensemble du tableau.

Mercredi 27 *avril.* — Dîné chez la princesse Marcellini avec Grzimala. Délicieux trio de Weber, qui a malheureusement précédé un trio de Mozart : il fallait intervertir cet ordre. J'avais une grande envie de dormir, qui a été tenue en respect par le premier morceau; mais je n'ai pas pu tenir devant le second. La forme de Mozart, moins imprévue et, j'ose le dire, plus parfaite, mais surtout moins moderne, a vaincu mon attention, et la digestion a triomphé.

Jeudi matin 28 *avril.* — Il faut une foule de *sacrifices* pour faire valoir la peinture, et je crois en faire beaucoup, mais je ne puis souffrir que l'artiste le montre. Il y a pourtant de fort belles choses qui sont conçues dans le sens outré de l'effet : tels sont les ouvrages de Rembrandt, et chez nous, Decamps. Cette exagération leur est naturelle et ne choque point chez eux. Je fais cette réflexion en regardant mon portrait de M. Bruyas (1); Rembrandt n'aurait

(1) M. *Bruyas* est représenté assis dans un fauteuil et vu jusqu'à mi-corps. Ce portrait figure à la galerie Bruyas, à Montpellier

montré que la tête; les mains eussent été à peine
indiquées, ainsi que les habits. Sans dire que je préfère la méthode qui laisse voir tous les objets suivant
leur importance, puisque j'admire excessivement les
Rembrandt, je sens que je serais gauche en essayant
ces effets. Je suis en cela du parti des Italiens. Paul
Véronèse est le *nec plus ultra* du rendu, dans toutes
les parties ; Rubens est de même, il a peut-être dans
les sujets pathétiques cet avantage sur le glorieux
Paolo, qu'il sait, au moyen de certaines exagérations,
attirer l'attention sur l'objet principal, et augmenter
la force de l'expression. En revanche, il y a dans cette
manière quelque chose d'artificiel qui se sent autant
et peut-être plus que les sacrifices de Rembrandt, et
que le vague qu'il répand d'une manière marquée sur
les parties secondaires. Ni l'un ni l'autre ne me satisfait, quant à ce qui me regarde. Je voudrais, — et
je crois le rencontrer souvent, — que l'artifice ne se
sentît point, et que néanmoins l'intérêt soit marqué
comme il convient; ce qui, encore une fois, ne peut
s'obtenir que par des sacrifices; mais il les faut infiniment plus délicats que dans la manière de Rembrandt, pour répondre à mon désir.

Mon souvenir ne me présente pas dans ce moment,
parmi les grands peintres, un modèle parfait de
cette perfection que je demande. Le Poussin ne l'a
jamais cherchée et ne la désire pas; ses figures sont
plantées à côté les unes des autres comme des statues; cela vient-il de l'habitude qu'il avait, dit-on,

de faire de petites maquettes pour avoir des ombres justes ? S'il obtient ce dernier avantage, je lui en sais moins de gré que s'il eût mis un rapport plus lié entre ses personnages, avec moins d'exactitude dans l'observation de l'effet. Paul Véronèse est infiniment plus harmonieux (et je ne parle ici que de l'effet), mais son intérêt est dispersé. D'ailleurs, la nature de ses compositions, qui sont très souvent des conversations, des sujets épisodiques, exige moins cette concentration de l'intérêt. Ses effets, dans ses tableaux où le nombre des personnages est plus circonscrit, ont quelque chose de banal et de convenu. Il distribue la lumière d'une manière à peu près uniforme, et, à ce sujet, on peut chez lui, comme chez Rubens et chez beaucoup de grands peintres, remarquer cette répétition outrée de certaines habitudes d'exécution. Ils y ont été conduits sans doute par la grande quantité de commandes qui leur étaient faites ; ils étaient beaucoup plus ouvriers que nous ne croyons, et ils se considéraient comme tels. Les peintres du quinzième siècle peignaient les selles, les bannières, les boucliers, comme des vitriers. Cette dernière profession était confondue avec celle du peintre, comme elle l'est aujourd'hui avec celle des peintres en bâtiment.

C'est une gloire pour les deux grands peintres français, Poussin et Lesueur, d'avoir cherché, avec succès, à sortir de cette banalité. Sous ce rapport, non seulement ils rappellent la naïveté des écoles primi-

tives de Flandre et d'Italie, chez lesquelles la franchise
de l'expression n'est gâtée par aucune habitude d'exécution, mais encore ils ont ouvert dans l'avenir une
carrière toute nouvelle. Bien qu'ils aient été suivis
immédiatement par des écoles de décadence, chez lesquelles l'empire de l'habitude, celle surtout d'aller
étudier en Italie les maîtres contemporains, ne tarda
pas à arrêter cet élan vers l'étude du vrai, ces deux
grands maîtres préparent les voies aux écoles modernes, qui ont rompu avec la convention, et cherché,
à la source même, les effets qu'il est donné à la peinture de produire sur l'imagination. Si ces mêmes
écoles qui sont venues ensuite n'ont pas exactement
suivi les pas de ces grands hommes, elles ont du moins
trouvé chez eux une protestation ardente contre les
conventions d'école, et par conséquent contre le mauvais goût. David, Gros, Prud'hon, quelque différence qu'on remarque dans leur manière, ont eu
les yeux fixés sur ces deux pères de l'art français; ils
ont, en un mot, consacré l'indépendance de l'artiste
en face des traditions, en lui enseignant, avec le
respect de ce qu'elles ont d'utile, le courage de préférer, avant tout, leur propre sentiment.

Les historiens du Poussin, — et le nombre en est
grand, — ne l'ont pas assez considéré comme un
novateur de l'espèce la plus rare. La manie au milieu
de laquelle il s'est élevé et contre laquelle il a pro-
testé par ses ouvrages, s'étendait au domaine entier
des arts, et, malgré la longue carrière du Poussin,

son influence a survécu à ce grand homme. Les
écoles de la décadence en Italie donnent la main aux
écoles des Lebrun, des Jouvenet, et plus loin encore,
à celle des Vanloo et de ce qui les a suivis. Lesueur
et Poussin n'ont pas arrêté ce torrent. Quand le
Poussin arrive en Italie, il trouve les Carrache et
leurs successeurs portés aux nues et *les dispensateurs
de la gloire...* Il n'y avait pas d'éducation complète
pour un artiste sans le voyage en Italie, ce qui ne
voulait pas dire qu'on l'y envoyait pour étudier les
véritables modèles, tels que l'antique et les maîtres
du seizième siècle. Les Carrache et leurs élèves
avaient accaparé toute la réputation possible, et ils
étaient les dispensateurs de la gloire, c'est-à-dire
qu'ils n'exaltaient que ce qui leur ressemblait, et ils
cabalaient avec toute l'autorité que leur donnait l'en-
gouement du moment contre tout ce qui tendait à
sortir de l'ornière tracée. La vie du Dominiquin, issu
lui-même de cette école, mais porté par la sincérité
de son génie à la recherche des expressions et des
effets vrais, devient l'objet de la haine et de la persé-
cution universelles. On alla jusqu'à menacer sa vie,
et la fureur jalouse de ses ennemis le força à se
cacher et presque à disparaître. Ce grand peintre
joignait à la vraie modestie, presque inséparable des
grands talents, la timidité d'un caractère doux et
mélancolique ; il est probable que cette conspiration
universelle contribua à abréger ses jours.

Au plus fort de cette guerre acharnée de tout le

monde contre un homme qui ne se défendait pas, même par ses ouvrages, le Poussin, inconnu encore, étranger aux coteries (1), ...

Cette indépendance de toute convention se retrouve fortement chez Poussin, dans ses paysages, etc. Comme observateur scrupuleux et poétique en même temps de l'histoire et des mouvements du cœur humain, le Poussin est un peintre unique!...

Vendredi 29 *avril.* — Au conseil de bonne heure, pour la sotte affaire du bois de Boulogne. Le préfet me demande de faire tout de suite le rapport. Je l'ai lu à la fin de la séance, et il a été adopté.

Revenu à l'Exposition avec E. Lamy (2) pour informations; de là chez Decamps, que j'ai trouvé dans un atelier bouleversé; il m'a montré des choses admirables.

Il y avait là la répétition plus grande de son *Job* pour le ministère, aussi beau que le petit, et, je crois, plus avancé. Il m'a fait voir un *Samaritain dans l'auberge* : le malade est porté pour être introduit dans l'hôtellerie; on emmène sur le devant les chevaux qui ont porté le malade et son bienfaiteur; les gens de la maison mettent la tête à la fenêtre, enfin tous les détails caractéristiques. Effet de soleil

---

(1) La suite manque dans le manuscrit.
(2) Il s'agit du peintre *Eugène Lamy*, connu surtout comme dessinateur et aquarelliste. Il paraît avoir été très cher à Delacroix, à cause de l'analogie que présentait son talent délicat et distingué avec celui de Bonington, qui avait été le camarade de jeunesse du maître.

toujours le même et toujours séduisant. Cette force constante d'impression dans la monotonie est un des grands privilèges du talent.

Autre tableau ébauché dans ce genre : *Intérieur d'un potier en Italie.*

Sur le chevalet, une grande *Fuite de Loth,* que je n'approuve pas autant. Puis, petite esquisse charmante de l'*Agonie du Christ,* millier de figures, effet charmant.

Mais ce qui passe tout pour moi, aujourd'hui, c'est son *David en déroute fuyant devant Saül* et rencontré par un partisan de ce dernier égaré dans les solitudes, et qui, de l'autre côté d'un torrent, l'injurie et lui jette des pierres : le site, la composition admirables; la description s'arrête devant mon souvenir.

Samedi 30 avril. — Ébauché le *Christ dans la tempête* (1), pour Grzymala. — Avancé le *Christ montré au peuple,* esquissé Mme Herbelin, et quelques touches à celui de M. Roché; tout cela avec assez de succès, quoique dans une mauvaise disposition de corps et d'esprit... Qu'est-ce que cette inquiétude, pour une raison tantôt fondée, tantôt vague, et ne se prenant à rien?

(1) D'après le *Catalogue Robaut* (voir n° 1214-1220), il existe six ou sept peintures différentes sur ce même sujet. La couleur générale de l'œuvre et sa signification demeurent toujours identiques ; elles diffèrent simplement par le groupement des personnages ou par la dimension de la barque par rapport au cadre.

Dîné chez Chabrier avec son ami Chevigné (1),
dont il me vante les talents en poésie : il n'a pas celui
de l'éloquence, il ne s'exprime point comme tout
le monde, et il cherche ses mots pour la moindre
phrase. Ce dîner à quatre n'était pas suffisamment
animé.

Le soir, Mme L... m'a plu, quoiqu'elle ne soit pas
jeune. Elle était près de Mme de F..., en grands frais
de toilette. Le mari de Mme de F... est un homme
charmant. Il s'étonne que je n'aille pas en Italie (2) ; il
me cite les lacs du nord de l'Italie comme des merveilles qu'il faut voir absolument, et qu'on voit très
facilement ; on peut même faire son excursion en deux
fois, s'il le faut : une fois, Florence, Rome et Naples ;
une autre fois, Milan, Venise, etc.

Dimanche 1ᵉʳ mai. — J'ai été mené le soir par
M. et Mme Mancey chez M. Gentié, où j'ai vu la belle
Mariette Lablache (3), et entendu de la musique assez
choisie, mais surtout vu la belle Mariette. Elle diminuait tout autour d'elle, comme une déesse au milieu
de simples mortelles. Toutes ces natures du Nord
étaient bien chétives, en comparaison de cette splendeur méridionale. Rentré très tard, et sorti sans que
ce fût fini.

(1) Ce *Chevigné* était un médiocre rimeur qui s'était fait une réputation de salon.

(2) Sur les projets de voyage en Italie, voir notre Étude, p. xlv et xlvi.

(3) *Mariette Lablache,* fille du célèbre chanteur du Théâtre-Italien,
est devenue par son mariage *baronne de Caters.*

Lundi 2 mai. — Boissard me dit qu'il a vu à Florence Rossini, qui s'ennuie horriblement.

Ce jour, dîné chez Pierret avec Riesener, son ami Lassus, Feuillet (1), Durieu. J'en ai rapporté cette triste impression, qui dure encore le lendemain et que le travail a pu seul atténuer, celle de la secrète inimitié de ces gens-là pour moi. Il y a là-dessous une foule de sentiments, qui, par moments, ne prennent pas seulement la peine de mettre un masque... Je suis isolé maintenant au milieu de ces anciens amis!... Il y a une infinité de choses qu'ils ne me pardonnent point, et en première ligne les avantages que le hasard me donne sur eux.

— Le protégé de David se nomme Albert Borel-Roget, fils d'Émile Roget, graveur en médailles de talent, mort sans fortune. Il a obtenu le 1er février 1852 une demi-bourse d'élève communal au lycée Napoléon; sa mère ne peut payer les cinq cents francs de surplus et demande une bourse entière.

— « Voltaire, dit Sainte-Beuve prenant Gui Patin sur l'ensemble de ses lettres, l'a jugé sévèrement et sans véritable justice. » Voici ce qu'en dit Voltaire : « Il sert à faire voir combien les auteurs contemporains qui écrivent précipitamment les nouvelles du jour, sont des guides infidèles pour l'histoire. Ces nouvelles se trouvent souvent fausses ou défi-

(1) *Feuillet de Conches* (1798-1887), chef du protocole au ministère des affaires étrangères, introducteur des ambassadeurs, écrivain distingué, auteur de livres appréciés, notamment les *Causeries d'un curieux.*

gurées par la malignité; d'ailleurs, cette multitude
de petits faits n'est guère précieuse qu'aux petits
esprits. » — « *Petits esprits,* ajoute Sainte-Beuve (1),
je n'aime pas qu'on dise cela des autres, surtout quand
ces autres composent une classe, un groupe naturel ;
c'est une manière commode et abrégée d'indiquer
qu'on est soi-même d'un groupe différent. »

Je crois pour ma part que Sainte-Beuve, qui fait
partie de ce groupe d'anecdotiers antipathiques à
Voltaire, a tort de lui en vouloir de ce qu'il attaque,
dit-il, un groupe. Certes, les sots forment un groupe
qui n'est pas plus respectable pour être plus nombreux. Il est naturel qu'on attaque ce qu'on n'aime
pas, sans considérer si ce quelque chose forme un
groupe ou non. Je suis, pour moi, de l'avis de Voltaire : j'ai toujours détesté les collecteurs et racon-
teurs d'anecdotes, celles surtout de la veille et qui
sont précisément de la nature de celles qui déplai-
saient à Voltaire. Le pauvre Beyle (2) avait le travers

(1) Les relations furent toujours excellentes entre Sainte-Beuve et
Delacroix. En 1862, le peintre écrivait au critique : « Que je vous
« remercie du plaisir que m'a causé le souvenir si flatteur que vous me
« donnez dans votre excellent article sur ce brave Delécluze, auquel
« vous faites trop d'honneur en le touchant de votre plume délicate! »
Dans une étude sur Léopold Robert du 21 août 1854, Sainte-Beuve
écrivait : « Il y a eu des peintres excellents écrivains; sans remonter plus
« haut, sir Josué Reynolds et M. Eugène Delacroix, ces brillants coloristes
« par le pinceau, sont d'ingénieux et d'habiles écrivains avec la plume. »
(2) Delacroix, tout comme Balzac, appréciait, à une époque où il était
complètement méconnu, pour ne pas dire inconnu, le rare talent de
Stendhal. Dans une curieuse note qui fait partie d'une étude du peintre
sur le *Jugement dernier de Michel-Ange,* étude qui parut dans la
Revue des Deux Mondes du 1er août 1837, Delacroix vante la *magnifique*

de s'en nourrir. C'est un des faibles de Mérimée (1),
et qui me le rend ennuyeux. Il faut qu'une anecdote
arrive comme autre chose dans la conversation ; mais
ne mettre d'intérêt qu'à cela, c'est imiter les collec-
tionneurs de choses curieuses, autre groupe que je ne
puis souffrir, qui vous dégoûtent des beaux objets
pour vous en crever les yeux par leur abondance et
leur confusion, au lieu d'en faire ressortir un petit
nombre en les choisissant et en les mettant dans le
jour qui leur convient.

Mardi 4 mai. — Invité par Nieuwerkerke (2) à
aller entendre au Louvre un discours sur l'art ou les
progrès de l'art d'un sieur R...

Grande réunion d'artistes, de moitiés d'artistes, de
prêtres et de femmes. Après avoir attendu convenablement l'arrivée, d'abord de la princesse Mathilde (3)

description du *Jugement* faite par M. de Stendhal : « C'est un morceau
« de génie, l'un des plus poétiques et des plus frappants que j'aie lus. »
(Maurice TOURNEUX, *Eugène Delacroix devant ses contemporains.*)

(1) Sur les rapports de Delacroix avec Mérimée, nous empruntons au
livre de M. Tourneux l'indication suivante : il renvoie à un petit volume
publié chez Charavay, *Prosper Mérimée, ses portraits, ses dessins, sa
bibliothèque* (1879). « La seconde partie de ce travail est le déve-
« loppement d'un article paru dans l'*Art* du 14 novembre 1875, sous le
« titre de : *Prosper Mérimée, ami d'Eugène Delacroix ; ses dessins et ses
« aquarelles.* L'article de l'*Art* était orné du fac-simile d'une feuille de
« croquis de Delacroix appartenant à M. Burty, d'un billet de Mérimée
« à Delacroix. »

(2) Le *comte de Nieuwerkerke* avait succédé à *Romieu* à la direction
des Beaux-Arts. « Il ne se signala pas, dit Burty, par une sympathie mar-
« quée pour le génie de Delacroix. Le gothique et tout ce qui lui ressem-
« ble, c'est-à-dire l'imitation alambiquée et pédante des maîtres, étaient
« en faveur. » (*Corresp.*, t. II, p. 100. Note de Burty.)

(3) L'Empereur, jusqu'à son mariage, chargea la princesse Mathilde,

et ensuite très longtemps encore celle de M. Fould, le professeur a commencé d'une voix altérée, avec un accent légèrement gascon. Il n'y a que les gens de ce pays-là pour ne douter de rien et faire un discours comme celui dont je n'ai, du reste, entendu que la moitié. Ce sont des idées néo-chrétiennes dans toute leur pureté : le Beau n'est qu'à un point donné, et il ne se trouve qu'entre le treizième et le quinzième siècle presque exclusivement ; Giotto et, je crois, Pérugin sont le point culminant ; Raphaël décline à partir de ses premiers essais ; l'Antique n'est estimable que dans une moitié de ses tentatives ; il faut le détester dans ses impuretés ; il le querelle à propos de l'abus qu'on en a fait dans le dix-huitième siècle. Les saturnales de Boucher et de Voltaire, qui, à ce que dit le professeur, ne préférait décidément que les peintures immodestes, suffisent pour faire haïr tout ce côté malheureusement inséparable de l'antique, des satyres, des nymphes poursuivies et de tous les sujets érotiques. Il n'y a pas de grand artiste sans l'amitié d'un héros ou d'un grand esprit dans un autre genre. Phidias n'est aussi grand que par l'amitié d'un Périclès... Sans le Dante, Giotto ne compte pas. Quelle affection singulière ! Aristote, dit-il en commençant, met en tête ou à la fin de ses traités d'esthétique que les plus beaux raisonnements sur le Beau n'ont jamais fait et ne feront

---

sa cousine, de présider les cérémonies officielles. D'ailleurs, les goûts, les aptitudes, les sympathies de la princesse pour les arts et les artistes la désignaient naturellement pour occuper cette place d'honneur.

jamais rencontrer le Beau à personne. Tout le monde
a dû se demander ce que venait alors faire là le professeur. Après avoir parlé de l'opinion de Voltaire
sur les arts, il cite à son tribunal le pauvre baron
de S..., qui lui en eût répondu de bonnes, s'il avait
pu lui répondre. Ce pauvre baron, selon lui, ne voit
l'avènement du Beau moderne que quand le gouvernement des deux Chambres aura fait le tour de l'Europe, et que la garde nationale sera installée chez
tous les peuples. Ç'a été la plaisanterie capitale de la
séance, et qui a excité cette explosion de gaieté de
sacristie particulière aux gens d'Église, dont on
voyait çà et là les robes noires dans cet auditoire fort
mélangé.

Je m'en suis allé peut-être un peu scandaleuse-
ment après cette première partie, dont je ne donne
qu'un pâle résumé. J'y ai été encouragé par l'exemple
de quelques personnes qui se sont trouvées, ainsi
que moi, suffisamment édifiées sur le Beau.

De là, j'ai été à pied trouver Rivet, par un temps
magnifique, et avec une grande jouissance de remuer
les jambes en liberté, après ma captivité de tout à
l'heure.

Vendredi 6 mai. — J'étais invité par le ministre
d'État à assister ce soir à une représentation du Conservatoire donnée par des élèves.

Dîné chez Mme de Forget avec le jeune X..., et
promené le soir : j'ai renoncé à la partie. J'avais

passé ma journée à faire mes paquets pour aller à Champrosay ; j'ai fait des provisions énormes de couleurs et de toile, et malheureusement cet article (1) maudit que je me suis engagé à faire me fera renoncer à toute peinture pendant mon séjour.

Champrosay, samedi 7 mai. — **Parti** hier à huit heures et demie pour Champrosay. Enfermé dans le compartiment avec M. X..., que j'ai cru reconnaître d'abord, et auquel je n'ai pas parlé, m'étant ensuite convaincu que ce n'était pas lui. Ensuite, à Juvisy, il m'a adressé la parole, et nous avons regretté de n'avoir pas plus tôt renouvelé connaissance. Je ne l'ai vu que deux fois, et très peu de temps, encore était-ce le soir.

Broklé est venu avec nous poser les glaces et nous a rendu toutes sortes de services. Je suis heureux du plaisir qu'a eu ce brave homme à jouir de la bonne réception qu'on lui a faite.

J'ai été un instant dans la forêt et me suis couché de très bonne heure et fatigué.

Dimanche 8 mai. - L'homme est capable des choses les plus diverses..

La Bruyère dit : « C'est un excès de confiance dans
« les parents d'espérer tout de la bonne éducation de
« leurs enfants, et une grande erreur de n'en attendre

---

(1) Toujours l'article sur le *Poussin* que lui avait demandé le *Moniteur.*

« rien et de la négliger... » Et plus bas : « Quand il
« serait vrai, ce que plusieurs disent, que l'éducation
« ne donne pas à l'homme un autre cœur ni une autre
« complexion, qu'elle ne change rien dans son fond
« et ne touche qu'aux superficies, je ne me lasserais
« pas de dire qu'elle ne lui est pas inutile. »

Je suis tout à fait de son avis, et j'ajoute que l'éducation dure toute la vie (1) ; je la définis : une culture
de notre âme et de notre esprit par l'effet de soins et
par celui des circonstances extérieures. La fréquentation des honnêtes gens ou des méchants est la bonne
ou mauvaise éducation de toute la vie. L'esprit se
redresse avec les esprits droits ; il en est de même de
l'âme. On s'endurcit dans la société des gens durs et
froids, et s'il était possible qu'un homme de vertu
seulement ordinaire vécût avec des scélérats, il faudrait qu'il finît par leur ressembler, pour peu qu'il
n'en soit pas éloigné dès le premier moment.

Essayé pendant toute cette journée de débrouiller
mon article du Poussin. Je me persuade qu'il n'y a
qu'un moyen d'en venir à bout, si toutefois j'y par-
viens : c'est de ne point penser à la peinture, jusqu'à
ce qu'il soit fait. Ce diable de métier (2) exige une

(1) Cette conviction du maître se réfère exactement à celle que nous
indiquions dans notre Étude et qu'il formulait ainsi lui-même : « La con-
« naissance du devoir ne s'acquiert que très lentement, et ce n'est que
« par la douleur, le châtiment et par l'exercice progressif de la raison
« que l'homme diminue peu à peu sa méchanceté naturelle. » (Voir t. I,
p. IX, X.)

(2) A propos de cette difficulté d'écrire, qu'il constate à certains

contention plus grande que je ne suis habitué à en mettre à la peinture, et cependant j'écris avec une grande facilité; je remplirais des pages entières sans presque faire de ratures. Je crois avoir consigné dans ce cahier même que j'y trouve plus de facilité que dans mon métier. La peine que j'éprouve vient de la nécessité de faire un travail dans une certaine étendue, dans lequel je suis obligé d'embrasser beaucoup de choses diverses ; je manque d'une méthode fixe pour coordonner les parties, les disposer dans leur ordre, et surtout, après toutes les notes que je prends à l'avance, pour me rappeler tout ce que j'ai résolu de faire figurer dans ma prose.

Il n'y a donc qu'une application assidue au même objet qui puisse m'aider dans ce travail. Je n'ose donc point penser à la peinture, de peur d'envoyer tout au diable. Je ne fais que rêver à un ouvrage dans le genre de celui du *Spectateur :* un article court de

endroits de son Journal, il nous a paru intéressant de citer une page de Baudelaire qui est en même temps une appréciation définitive du talent et des défauts d'Eugène Delacroix comme écrivain : « Si sages, si sensés « et si nets de tons et d'intention que nous apparaissent les fragments « littéraires du grand peintre, il serait absurde de croire qu'ils furent « écrits facilement et avec la certitude d'allure de son pinceau. Autant « il était sûr d'*écrire* ce qu'il pensait sur une toile, autant il était préoc- « cupé de ne pouvoir *peindre* sa pensée sur le papier. « La plume, « disait-il souvent, n'est pas mon outil : je sens que je pense juste, mais « le besoin de l'ordre auquel je suis contraint d'obéir, m'effraye. « Croiriez-vous que la nécessité d'écrire une page me donne la migraine ? » « C'est par cette gêne, résultant du manque d'habitude, que peuvent être « expliquées certaines locutions un peu usées, un peu *poncif*, empire « même, qui échappent trop souvent à cette plume naturellement dis- « tinguée. » (BAUDELAIRE, *L'Art romantique. L'Œuvre et la vie d'Eugène Delacroix.*)

trois ou quatre pages et de moins encore, sur le premier sujet venu. Je me charge d'en extraire ainsi à volonté de mon esprit, comme d'une carrière inépuisable.

Promenade le soir assez insipide dans la plaine ; traversé la route qui va au pont ; été jusqu'au terrain de Delarche, et revenu par la ruelle avec Jenny, qui avait voulu aussi régaler Julie de la promenade pour son dimanche.

Lundi 9 mai. — J'ai été le lendemain, vers dix ou onze heures, me promener vers les coupes nouvelles qu'on a faites le long des murs des propriétés de Quantinet et de Minoret, etc. Matinée délicieuse.

Arrivé au chêne d'Antain que je ne reconnaissais pas, tant il m'a paru petit ; fait de nouvelles réflexions, que j'ai consignées sur mon calepin, analogues à celles que j'ai écrites ici, sur l'effet que produisent les choses inachevées : esquisses, ébauches, etc.

Je trouve la même impression dans la disproportion. Les artistes parfaits étonnent moins à cause de la perfection même ; ils n'ont aucun disparate qui fasse sentir combien le tout est parfait et proportionné. En m'approchant, au contraire, de cet arbre magnifique, et placé sous ses immenses rameaux, n'apercevant que des parties sans leur rapport avec l'ensemble, j'ai été frappé de cette grandeur... J'ai été conduit à inférer qu'une partie de l'effet que produisent les statues de Michel-Ange est dû à certaines disproportions ou parties inachevées qui augmentent l'importance des parties complètes. Il me semble, si on peut juger de ses peintures par des gravures, qu'elles ne présentent pas ce défaut au même degré. Je me suis dit souvent qu'il était, quoi qu'il pût croire lui-même, plus peintre que sculpteur. Il ne procède pas, dans sa sculpture, comme les anciens, c'est-à-dire par les masses ; il semble toujours qu'il a tracé un contour idéal qu'il s'est appliqué à remplir, comme le fait un peintre. On dirait que sa figure ou son groupe ne se présente à lui que sous une face : c'est le peintre. De là, quand il faut changer d'aspect comme l'exige la sculpture, des membres tordus, des plans manquant de justesse, enfin tout ce qu'on ne voit pas dans l'Antique.

— Les soirs, je me promène avec Jenny ; je dîne de bonne heure et suis bien forcé de me coucher de même : cela fait la nuit trop longue. Plus je dors, moins je veux me lever le matin... Toujours triste dans ce moment-là... Il faut le travail pour secouer cette mauvaise disposition, qui est purement physique.

Sans date (1). — Je suis à Champrosay depuis samedi. — Je fais ce matin une promenade dans la forêt, en attendant que ma chambre soit en état pour me remettre au fameux Poussin. — En apercevant de loin le chêne d'Antain que je ne recon-

(1) Extrait d'un album de dessins.

naissais pas d'abord, tant je le trouve ordinaire, mon
esprit s'est reporté sur une note de mon cahier de
tous les jours que j'ai écrite, il y a quinze jours environ, sur l'effet de l'ébauche par rapport à l'ouvrage
fini. J'y dis que l'ébauche d'un tableau, d'un monument, qu'une ruine, enfin que tout ouvrage d'imagination auquel il manque des parties, doit agir davantage sur l'âme, à raison de ce que celle-ci y ajoute,
tout en recueillant l'impression de cet objet. J'ajoute
que les ouvrages parfaits, comme ceux d'un Racine
et d'un Mozart, ne font pas, au premier abord, autant
d'effet que ceux des génies incorrects ou négligés,
dont les parties saillantes le sont d'autant plus qu'il y
en a d'autres à côté qui sont effacées ou complètement mauvaises.

En présence de ce bel arbre si bien proportionné,
je trouve une nouvelle confirmation de ces idées. A
la distance nécessaire pour en embrasser toutes les
parties, il paraît d'une grandeur ordinaire ; si je me
place au-dessous de ses branches, l'impression change
complètement : n'apercevant que le tronc auquel je
touche presque et la naissance de ses grosses branches,
qui s'étendent sur ma tête comme d'immenses bras
de ce géant de la forêt, je suis étonné de la grandeur
de ses détails ; en un mot, je le trouve grand, et même
effrayant de grandeur. La disproportion serait-elle
une condition pour l'admiration? Si, d'une part,
Mozart, Cimarosa, Racine étonnent moins, à cause
de l'admirable proportion de leurs ouvrages, Shake-

speare, Michel-Ange, Beethoven ne devront-ils pas
une partie de leur effet à une cause opposée? Je le
crois pour mon compte.

L'antique ne surprend jamais, ne montre jamais le
côté gigantesque et outré ; on se trouve comme de
plain-pied avec ces admirables créations; la réflexion
seule les grandit et les place à leur incomparable élévation. Michel-Ange étonne (1) et porte dans l'âme un
sentiment de trouble qui est une manière d'admiration, mais on ne tarde pas à s'apercevoir de disparates
choquants, qui sont le fruit d'un travail trop hâté, soit
à cause de la fougue avec laquelle l'artiste a entrepris
son ouvrage, soit à cause de la fatigue qui a dû le
saisir à la fin d'un travail impossible à compléter ;
cette dernière cause est évidente. Quand les historiens ne nous diraient pas qu'il se dégoûtait presque
toujours en finissant, par l'impossibilité de rendre ses
sublimes idées, on voit clairement, à des parties lais-
sées à l'état d'ébauche, à des pieds enfoncés dans le
socle et où la matière manque, que le vice de l'ouvrage vient plutôt de la manière de concevoir et
d'exécuter que de l'exigence extraordinaire d'un génie
fait pour atteindre plus haut, et qui s'arrête sans se
contenter. Il est plus que probable que sa conception

_____

(1) Dans son article sur Michel-Ange, Delacroix écrivait : « Il ne faut
« pas être étonné du mépris des artistes médiocres pour ce sauvage
« génie... Ils ne peuvent s'empêcher de haïr ce style terrible, qui les sub-
« jugue malgré eux; ils s'en prennent à lui du sentiment profond de leur
« impuissance et se rejettent alors sur les incorrections et les bizarreries,
« fruits de son caprice. »

Ce 1er. janvier 1851

Monsieur,

Je m'étais flatté qu'il me
serait possible de me présenter chez
vous avant la séance de l'académie,
pour y solliciter en personne, ainsi
que l'usage et les convenances l'exigent
impérieusement, l'honneur de votre
suffrage. Il me faut renoncer à cette
démarche dont je vous prie de vouloir
bien attribuer l'abstention qu'à une
indisposition obstinée, qui me retient

qui pourrait compromettre gra-
-vement ma santé, si je m'exposais
au froid avant sa guérison

Veuillez agréer, monsieur,
avec l'expression de l'admiration
la plus sincère, celle de ma haute
considération

Eg. Delacroix.

était vague, et qu'il comptait trop sur l'inspiration du moment pour les développements de sa pensée, et s'il s'est souvent arrêté avec découragement, c'est qu'effectivement il ne pouvait faire davantage.

Mardi 10 *mai.* — Les matins, je me débats avec Poussin... Tantôt je veux envoyer tout promener, tantôt je m'y reprends avec une espèce de feu. Cette matinée n'a pas été trop mauvaise pour le pauvre article.

Après avoir commencé à disposer clairement sur de grandes feuilles de papier, et en séparant les alinéas, les objets principaux que j'ai à traiter, je suis sorti vers midi, enchanté de moi-même et de mon courage à monter à l'assaut de mon article.

La forêt m'a ravi : le soleil se montrait, il était tiède et non pas brûlant; il s'exhalait des herbes, des mousses, dans les clairières où j'entrais, une odeur délicieuse. Je me suis enfoncé dans un sentier presque perdu, environ au coin du mur du marquis; je désirais trouver là une communication entre cette partie et l'allée qui remonte de la route pour rejoindre celle qui va au chêne Prieur : j'ai livré bataille aux ronces, aux arbrisseaux qui se croisaient devant mes pas, et je n'ai pas réussi néanmoins à atteindre mon but. Je suis retourné par un sentier plus facile, mais très couvert, à travers la partie de bois qui dépend, je crois, de la maison du marquis.

En retournant, je me suis assis le long des murs

de son enclos, mais sur la partie qui mène à l'entrée de la forêt, et j'ai fait un croquis d'un chêne, pour me rendre compte de la distribution des branches.

Je me suis mis à lire le journal en rentrant. La littérature a eu le dessous, mais, au demeurant, je ne m'ennuie pas, c'est l'essentiel.

Vers quatre heures, au lieu de sortir, j'ai fait le vitrier, et j'ai peint une vieille glace.

Le soir, promenade vers Soisy. Descendu par une ruelle qui m'a conduit dans des endroits très solitaires et assez attrayants ; j'ai fait amitié à un chat angora charmant qui me suivait et qui s'est laissé caresser.

Jeudi 12 *mai.* — J'ai beaucoup travaillé au damnable article. Débrouillé comme j'ai pu, au crayon, tout ce que j'ai à dire, sur de grandes feuilles de papier. Je serais tenté de croire que la méthode de Pascal, — d'écrire chaque pensée détachée sur un petit morceau de papier, — n'est pas trop mauvaise, surtout dans une position où je n'ai pas le loisir d'apprendre le métier d'écrivain. On aurait toutes ses divisions et subdivisions sous les yeux comme un jeu de cartes, et l'on serait frappé plus facilement de l'ordre à y mettre. L'ordre et l'arrangement physique se mêlent plus qu'on ne croit des choses de l'esprit. Telle situation du corps sera plus favorable à la pensée : Bacon composait, à ce qu'on dit, en sautant à cloche-pied ; à Mozart, à Rossini, à Voltaire, les idées leur venaient dans leur lit ; à Rousseau, je crois, en se promenant dans la campagne.

Habituellement, promenade avant dîner, après avoir secoué les paperasses et l'encre, et aussi après le dîner, pour chasser le sommeil. Mais comme je dîne toujours entre cinq heures et cinq heures et demie, la soirée ne peut aller sans de grandes difficultés jusqu'à neuf heures.

Vendredi 13 *mai.* — J'ai essayé de l'article, et après avoir écrit quelques lignes que je veux mettre en tête de la première partie (car j'ai envie de le faire en deux fois, une partie biographique, une autre sur l'examen du talent et des ouvrages), après avoir écrit ces quelques mots, une mauvaise disposition m'a saisi, et je n'ai fait que lire et même dormir jusqu'au milieu de la journée ; puis j'ai emmené Jenny, par le plus beau temps du monde auquel nous n'étions plus accoutumés, faire une grande promenade dans la forêt. Nous avons suivi l'allée de l'Ermitage jusqu'au grand chêne, au pied duquel nous nous sommes reposés ; nous étions entrés auparavant à l'Ermitage, dont une partie est à vendre. C'est un manoir comme cela qu'il me faudrait ! Le jardin, qui n'est qu'un potager, est charmant : il est encore rempli de vieux arbres qui ont donné leurs fruits aux environs. Ces troncs noueux, tordus par les années, se couvrent encore de magnifiques fleurs et de fruits, au milieu de ces bâtiments ruinés, non par le temps, mais par la main des hommes. On est attristé, devant ce spectacle inhumain, de la rage stupide de démolition qui a signalé les époques de nos discordes.

Abattre, arracher, brûler, c'est ce que le fanatisme de liberté sait aussi bien faire que le fanatisme dévot; c'est par là que l'un ou l'autre commence son œuvre, quand il est déchaîné; mais là s'arrête l'impulsion brutale... Élever quelque chose de durable, marquer son passage autrement que par des ruines, voilà ce que la plèbe aveugle ne sait point faire; et, en même temps, je remarquais combien les ouvrages qui sont dus à l'esprit de suite, conçus dans une grande idée de durée et exécutés avec le soin nécessaire, apportent un cachet de force jusque dans des débris qu'il est presque impossible de faire disparaître complètement. Ces corporations anciennes, les moines surtout, se sont crus éternels, car ils semblent avoir fondé pour les siècles des siècles. Ce qui reste des vieux murs fait honte aux ignobles bâtisses plus modernes qu'on leur a accolées. La proportion de ces restes a quelque chose de gigantesque, en comparaison de ce que des particuliers font tous les jours sous nos yeux.

Je pensais, en même temps, qu'il en était un peu de même pour l'ouvrage d'un homme de talent... Pour la sculpture, c'est incontestable, car les restaurations les plus maladroites laissent encore apercevoir claire- ment ce qui appartient à l'original; mais dans la peinture elle-même, toute fragile qu'elle est, et quel- quefois toute massacrée qu'elle est par des retouches inhabiles, la disposition, le caractère, une certaine empreinte ineffaçable montrent la main et la conception d'un grand artiste.

Reçu dans la soirée une lettre de Riesener, qui me demande de le recevoir avec Pierret; aussi de Mme de Forget, dont le fils est parti pour voyager avec un médecin, mais sur l'état duquel elle n'est pas rassurée, d'après les lettres qu'elle a reçues.

Samedi 14 mai. — J'ai beaucoup travaillé toute la matinée à extraire des notes, pour la partie historique du Poussin. Il y a peu de jours où je me livre à ce travail avec beaucoup d'entrain; d'autres où il me répugne horriblement. Quoi qu'il en soit, je persévère et j'espère que j'en viendrai à bout : ce sera une raison de rester ici un peu davantage.

Vers trois heures, j'ai fait une promenade à travers le village, pour aller à l'autre extrémité ; je comptais, en passant, voir le maire et acheter des cigares; je n'ai eu de succès que dans cette dernière tentative; mais j'ai fait en chemin toutes sortes de rencontres, qui m'ont donné de l'ennui, parce qu'elles me présagent la fin de la tranquillité dont je jouis. Toute la maison Barbier va venir demain, et s'installer pour deux jours; Mme Villot peut-être demain... Que le ciel les conduise!

— L'entrée de la forêt, celle que je prenais quand j'étais dans mon premier logement, m'a paru charmante, surtout l'allée qui conduit au chêne d'Antain.

Les coupes qu'on a faites à droite et à gauche, et qui vont s'étendre encore, malheureusement, donnent des aspects qui varient toute cette partie.

Le soir, descendu vers la rivière, et promenade au bord de l'eau, en allant vers le pont. J'étais ravi de la grandeur et de l'aspect paisible de cette eau : jamais je ne l'avais vue si pittoresque. Du côté du couchant, elle rappelait tout à fait les teintes à la Ziem... Quelques tours encore dans le jardin, par un petit clair de lune, qui se confondait avec le jour finissant.

J'ai trouvé dans cette promenade solitaire quelques instants de bonheur. Les sentiments mélancoliques qu'inspire le spectacle de la nature m'ont paru, plus que jamais, au bord de cette rivière, une nécessité de notre être. Ce sentiment mal défini, que chaque homme peut-être a cru lui être particulier, s'est trouvé avoir un écho chez tous les êtres sensibles. Les modernes n'ont eu que le tort de lui faire tenir trop de place dans leurs compositions; aussi les poètes des contrées du Nord, les Anglais particulièrement, sont-ils les pères du genre. Tout porte à la rêverie chez eux : les mœurs plus recueillies, et la nature plus sévère dans son aspect.

Dimanche 15 *mai.* — Barbier et sa femme venus pour faire divers travaux.

Mauvaise journée.

Promenade dans la forêt vers dix heures et prolon-

gée sous l'impression d'idées désagréables. Rentré au
milieu du sens dessus dessous que ce brave homme
a occasionné dans la maison pour ses travaux; j'ai
fait le vitrier et j'ai achevé de mastiquer la glace.

J'ai eu pourtant des moments de plaisir à continuer
la lecture de l'aventure de la femme arabe délivrée au
milieu de la traite des nègres, de la *Revue britannique.*

J'ai commencé aussi et continué, en dînant dans
l'atelier, l'article sur Charles-Quint dans le cloître (1);
je suis très impressionné par chaque chose intéressante qu'il m'arrive de rencontrer dans les livres. Les
grands hommes en déshabillé et étudiés à la loupe,
s'ils ne relèvent pas beaucoup la nature humaine dans
ses plus nobles échantillons, consolent du moins de
leur propre faiblesse les hommes mécontents d'eux-
mêmes par trop de modestie, ou par un trop grand
désir de la perfection. Ce grand empereur était un
gourmand déterminé, et il ressent à tous moments
les inconvénients de ce défaut, sans en être corrigé,
ni par le sentiment de sa suprême dignité, ni par la
faiblesse de son estomac... La goutte, punition ordinaire des gourmands, ne peut mettre un frein à sa
sensualité.

Je vois avec plaisir, dans cet article, que c'était
un grand homme doué de beaucoup d'énergie
et en même temps de qualités aimables. Ce n'est

---

(1) Ce sujet avait déjà inspiré à Delacroix un tableau peint en 1831 :
Charles-Quint au monastère de Saint-Just, dont il existe plusieurs
variantes. (V. *Catalogue Robaut,* nᵒˢ 354, 453, 654, 695 et 1565.)

pas sous cet aspect que l'histoire prise en gros le considère; on le croit communément un être froid et perfide. Les historiens, ou plutôt l'imagination de tout le monde, qui exagère tout, qui veut toujours des contrastes tranchés, en fait en tout l'opposé de François Ier, qui ne nous apparaît qu'avec les qualités d'un joyeux compère, très brave et très étourdi. Charles-Quint a eu, comme un autre, ses faiblesses ; il était très brave aussi et plein de bonté et d'indulgence pour ceux qui l'approchaient. Le chagrin qu'il conçut de la mort de sa dernière femme contribua beaucoup à lui faire prendre la résolution qui mit fin à son rôle sur la scène du monde.

— Le soir de ce jour, sorti après dîner pour faire une promenade. Encore tout échauffé de mon repas et de cette lecture, j'ai cheminé dans les petits sentiers du coteau, encore tout mouillés par la pluie.

J'ai éprouvé un sentiment de malaise, qui ne s'est calmé que quand je suis rentré à la maison, où je me suis promené en tous sens, pendant près d'une heure, avant de me coucher.

Lundi 16 *mai.* — Passé toute la journée dans ma chambre à paresser délicieusement, à écrire un peu sur ce livre, et à lire la *Revue britannique,* surtout le morceau de la nièce blanche de l'oncle Tom, quand l'Américain Jonathan traverse l'Afrique, sur un dromadaire, pour aller chercher sa maîtresse arabe, au centre de ce continent.

Je me suis arraché avec peine à cette lecture,
pour m'habiller et aller dîner avec Mme Barbier
et Mme Parchappe (1), M. et Mme Béal et M. Barbier, qu'on n'attendait pas et qui est arrivé au
moment du dîner. En revanche, Mme Villot, qu'on
attendait, a manqué de parole. Nous avons fait un
fort bon dîner, avec le vin de Champrosay, que j'ai
trouvé fort bon. M. Barbier a été au Salon, et j'ai
vu en lui le goût bourgeois dans tout son lustre; il n'a
remarqué que ce qui lui allait, par conséquent peu
de choses remarquables. Les portraits de Dubufe (2)
ont emporté toutes ses prédilections, et ce nom a
provoqué, parmi ces dames, une explosion d'admiration... Je me suis amusé médiocrement. — Rentré
vers dix heures par un clair de lune délicieux, et
promené un peu sur la route, avant de rentrer.

— M. Barbier m'a communiqué ses projets, pour
faire quelque chose, dit-il, du jardin qui suffisait à
son père. Un grand planteur de jardins lui élèverait
à droite et à gauche, à partir de la maison, de grands
monticules, et ne ferait qu'une pente jusqu'en bas, en
supprimant la terrasse, le seul endroit où l'on puisse
se promener, sans monter ou descendre. J'ai essayé

(1) *Madame Parchappe,* femme du général Parchappe (1787-1866),
qui fit toutes les campagnes du premier Empire et plus tard servit en
Afrique, de 1839 à 1841. Il était alors député au Corps législatif.

(2) *Édouard Dubufe* (1820-1883) exposait au Salon de 1853 les
portraits de l'impératrice Eugénie, de la comtesse de Montebello et de la
baronne de Hauteserve, qui obtenaient un grand succès mondain; mais
la critique et les artistes se montraient sévères pour cette peinture fade
et maniérée.

de lui faire comprendre cet avantage, mais l'absurde l'emportera, comme infiniment plus... *fashionable.*

Girardin (1) croit toujours fermement à l'avènement du bien-être universel, et l'un des moyens de le produire, sur lequel il revient avec prédilection, c'est le labourage à la mécanique, et sur une grande échelle, de toutes les terres de France. Il croit grandement contribuer au bonheur des hommes, en les dispensant du travail; il fait semblant de croire que tous ces malheureux, qui arrachaient leur nourriture à la terre, péniblement, j'en conviens, mais avec le sentiment de leur énergie et de leur persévérance bien employée, seront des gens bien moraux et bien satisfaits d'eux-mêmes, quand ce terrain, qui était au moins leur patrie, celle sur laquelle naissaient leurs enfants et dans laquelle ils enterraient leurs parents, ne sera plus qu'une manufacture de produits, exploitée par les grands bras d'une machine, et laissant la meilleure partie de son produit dans les mains impures et athées des agioteurs. La vapeur s'arrêtera-t-elle devant les églises et les cimetières?... Et le Français qui rentrera dans sa patrie après plusieurs années, serait-il réduit à demander la place où étaient son village et le tombeau de ses pères? Car les villages seront inutiles comme le reste; les villageois sont ceux qui cultivent la terre, parce qu'il faut bien

---

(1) *Emile de Girardin* avait été compris, après le 2 décembre, dans une liste des représentants expulsés du territoire français et avait obtenu, deux mois après son bannissement, de reparaître en France.

demeurer là où les soins sont réclamés à toute
minute ; il faudra faire des villes proportionnées à
cette foule désœuvrée et déshéritée, qui n'aura plus
rien à faire aux champs; il faudra leur construire
d'immenses casernes où ils se logeront pêle-mêle.
Que faire là, les uns près des autres, le Flamand
auprès du Marseillais, le Normand et l'Alsacien,
autre chose que consulter le cours du jour, pour s'in-
quiéter, non pas si dans leur province, dans leur
champ chéri, la récolte a été bonne, non pas s'ils ven-
dront avec avantage leur blé, leur foin, leur vendange,
mais si leurs actions sur l'anonyme propriété universelle montent ou descendent? Ils auront du papier,
au lieu d'avoir du terrain!... Ils iront au billard
jouer ce papier contre celui de ces voisins inconnus,
différents de mœurs et de langage, et quand ils
seront ruinés, auront-ils au moins cette chance qui
leur restait, quand la grêle avait détruit les fruits ou
les moissons, de réparer leur infortune à force de travail et de constance, de puiser au moins dans la vue de
ce champ arrosé tant de fois de leurs sueurs, un peu
de consolation ou l'espoir d'une meilleure année?...

O indignes philanthropes!... O philosophes sans
cœur et sans imagination! Vous croyez que l'homme
est une machine, comme vos machines; vous le
dégradez de ses droits les plus sacrés, sous prétexte
de l'arracher à des travaux que vous affectez de
regarder comme vils, et qui sont la loi de son être,
non pas seulement celle qui lui impose de créer lui-

même ses ressources contre le besoin, mais celle qui l'élève en même temps à ses propres yeux et emploie d'une manière presque sacrée les courts moments qui lui sont accordés... O faiseurs de feuilletons, écrivassiers, faiseurs de projets! Au lieu de transformer le genre humain en un vil troupeau, laissez-lui son véritable héritage, l'attachement, le dévouement au sol! Que le jour où des invasions nouvelles de barbares menacent ce qu'ils appellent encore leur patrie, ils se lèvent avec joie pour la défendre. Ils ne se battront pas pour défendre la propriété des machines, pas plus que ces pauvres Russes, ces pauvres serfs enrégimentés ne travaillaient pour eux, quand ils venaient ici venger les querelles de leurs maîtres et de leur empereur... Hélas! les pauvres paysans, les pauvres villageois! Vos prédications hypocrites n'ont déjà que trop porté leurs fruits! Si votre machine ne fonctionne pas sur le terrain, elle fonctionne déjà dans leur imagination abusée. Leurs idées de partage général, de loisir et même de plaisir continuel, sont réalisées dans ces indignes projets. Ils quittent déjà à qui mieux mieux, et sur le plus faible espoir, le travail des champs; ils se précipitent dans les villes, pour n'y trouver que des déceptions; ils achèvent d'y pervertir les sentiments de dignité que donne l'amour du travail, et plus vos machines les nourriront, plus ils se dégraderont!... Quel noble spectacle dans ce meilleur des siècles, que ce bétail humain engraissé par les philosophes!

Mardi 17 *mai*. — Fait encore le paresseux, toute
la journée, à lire l'article de Charles-Quint et un peu
de l'*Essai sur les mœurs,* sur ledit et sur François Ier
et Louis XI aussi.

Vers trois heures, embarqué vers Draveil, mais la
pluie presque tout le temps, et en revenant, acheté
une quantité de cigares.

Je trouve dans la *Presse* un article de Gautier,
sur une nouvelle création de Frédérick, le *Vieux
Caporal* (1) : « Il parcourt d'un bout à l'autre le
clavier de l'âme humaine, don admirable, qui se rencontre rarement chez la même personne; il a la passion, la foi, l'ironie et le scepticisme; il sait rendre
tous les beaux mouvements du cœur et s'en railler
avec une verve diabolique; il peut être, dans la même
soirée, Roméo et Méphistophélès, Ruy Blas et Robert
Macaire, Gennaro et le Joueur. Le manteau lui sied
comme la souquenille, la pourpre comme le haillon;
mais, quel que soit le personnage qu'il représente, il
lui donne la vie, et infuse aux veines du mélodrame
le plus débile un sang rouge et généreux. Frédérick
Lemaître est de la race des Hugo, des Dumas, des
Balzac, des Delacroix, des Préault; il appartient à
cette forte et puissante génération romantique dont

(1) Le *Vieux Caporal,* drame en cinq actes, de *Dumanoir* et *d'En-
nery,* fut représenté pour la première fois le 9 mai 1853 sur le théâtre
de la Porte-Saint-Martin, sous la direction de Marc Fournier. Antoine
Simon, le principal rôle, fut une des plus belles créations de Frédérick
Lemaître. Son jeu muet, l'éloquence de son geste, lui valurent un véritable triomphe.

il a partagé le succès et soulevé les enthousiasmes ;
c'est l'acteur shakespearien (1) par excellence, la plus
complète incarnation du drame moderne. »

Jeudi 19 *mai.* — Promenade l'après-midi par la
porte du jardin avec Jenny, et délicieux aspect de tout
le côté de Corbeil : grands nuages à l'horizon éclairés
en face par le soleil.

Admiré la petite source près du lavoir et des
grands peupliers, puis remontés ensemble pour dîner.

Vendredi 20 *mai.* — Parti pour aller au conseil
par l'omnibus du chemin de fer de Lyon ; cela m'a
rappelé les voyages de ma jeunesse. La nature, en
chemin de fer, ne fait pas le même effet ; cette rêverie
délicieuse qui s'empare de vous, quand on se sent
installé dans son coin de coupé, sans cet ennui perpétuel de voir de nouvelles figures monter et descendre, le mouvement des chevaux, et surtout moins
de rapidité à traverser tous les aspects.

Arrivé dans une mauvaise disposition au Jardin
des Plantes, j'ai redouté la pluie un moment ; cela
m'avait fait presque résoudre de revenir aussitôt le
conseil fini. Mais arrivé à l'Hôtel de ville, j'ai appris

_____

(1) Dans l'*Histoire du romantisme* de Gautier, on lit à propos de
Frédérick Lemaître : « C'est toujours un noble et beau spectacle que de
« voir ce grand acteur, le seul qui chez nous rappelle Garrick, Kemble,
« Macready, et surtout Kean, faire trembler de son vaste souffle
« shakespearien les frêles portants des coulisses des scènes du boule-
« vard. »

qu'il n'y avait pas de séance ; j'ai déjeuné sur la place
et, me trouvant réconforté, j'ai été à pied au Jardin
des Plantes ; fait des études de lions et d'arbres, en
vue du sujet de *Renaud* (1), par une chaleur très
incommode, et au milieu d'un public très désagréable.
Enfin, reparti à deux heures moins un quart et revenu
par le bord de l'eau jusqu'à la maison.

L'aspect de la rivière et de ses bords toujours
ravissant quand je reviens ; c'est là où je sens que
mes chaînes me quittent. Il semble qu'en traversant
cette eau, je laisse derrière moi les importuns et les
ennuis.

Lu, en déjeunant, l'article de Peisse (2) qui exa-
mine en gros le Salon et qui recherche la tendance
des arts à présent. Il la trouve très justement dans le
pittoresque, qu'il croit une tendance inférieure. Oui,
s'il n'est question que de faire de l'effet aux yeux par
un arrangement de lignes et de couleurs, autant vau-
drait dire : *arabesque;* mais si, à une composition
déjà intéressante par le choix du sujet, vous ajoutez
une disposition de lignes qui augmente l'impression,

---

(1) Voir *Catalogue Robaut*, n° 1745.

(2) Louis *Peisse*, dont le nom a déjà paru dans le premier volume du
Journal, écrivait à propos du Salon de 1853, et dans l'article auquel le
maitre fait allusion : « M. Delacroix est encore, après trente ans de tra-
« vaux, un talent si contesté, sinon pour les artistes, du moins pour le
« public, qu'on ne peut se risquer à louer ses œuvres sans quelques pré-
« cautions ou explications. Il faut évidemment, pour goûter sa peinture,
« une préparation, une habitude, qui, à ce qu'il paraît, ne s'acquiert pas
« toujours vite. Elle est comme certains mets de haut goût, qu'on
« n'arrive à apprécier qu'après bien des efforts, mais dont on est ensuite
« très friand. » (*Constitutionnel,* 31 mai 1853.)

un clair-obscur saisissant pour l'imagination, une couleur adaptée aux caractères, vous avez résolu un
problème plus difficile, et, encore une fois, vous êtes
supérieur : c'est l'harmonie et ses combinaisons adap-
tées à un chant unique. Il appelle *musicale* cette tendance dont il parle ; il la prend en mauvaise part, et
moi, je la trouve aussi louable que toute autre...

Son ami Chenavard lui a insinué ses principes sur
les arts : celui-ci trouve que la musique est un art
inférieur ; c'est un esprit à la française, auquel il faut
des idées comme celles que les mots peuvent exprimer ; quant à celles devant lesquelles le langage est
impuissant, il les retranche du domaine des arts.
Même en admettant que le dessin soit tout, il est clair
qu'il ne se contente pas de la forme pure et simple. Il
y a, dans ce contour qui lui suffit, de la grossièreté ou
de la grâce : ce contour fait par Raphaël ou par Chenavard ne charmera pas de la même façon. Qu'y a-t-il
de plus vague et de plus inexplicable que cette impression ? Faudra-t-il établir des degrés de noblesse entre
les sentiments ? C'est ce que fait le docte et malheureusement trop froid Chenavard... Il met au premier
rang la littérature ; la peinture vient ensuite, et la
musique n'est que la dernière. Cela serait peut-être
vrai, si l'une d'elles pouvait contenir les autres ou les
suppléer ; mais devant une peinture ou une symphonie
que vous aurez à décrire avec des mots, vous donnerez facilement une idée générale où le lecteur comprendra ce qu'il pourra ; mais vous n'aurez vraiment

donné aucune idée exacte de cette symphonie ou de
cette peinture. Il faut voir ce qui est fait pour les
yeux; il faut entendre ce qui est fait pour les oreilles.
Ce qui a été écrit pour être débité fera même plus
d'effet dans la bouche d'un orateur que par un simple
lecteur. Un grand acteur transformera, pour ainsi
dire, un morceau par son accent... Je m'arrête.

F... me conseille d'imprimer, comme elles sont,
mes réflexions, pensées, observations, et je trouve
que cela me va mieux que des articles *ex professo*. Il
faudrait les récrire pour cela à part, chacune sur une
feuille séparée, et les mettre au fur et à mesure dans un
carton... Je pourrais ainsi, dans les moments perdus,
en mettre au net une ou deux, et au bout de quelque
temps, j'aurais fait un fagot de tout cela, comme fait
un botaniste, qui va, mettant dans la même boîte les
herbes et les fleurs qu'il a cueillies dans cent endroits,
et chacune avec une émotion particulière.

Samedi 21 *mai.* — Jour où Pierret et Riesener sont
venus.

Toute la matinée, fait des pastels d'après les lions
et les arbres que j'avais étudiés la veille, au Jardin
des Plantes; vers deux heures un quart, j'ai été au-
devant d'eux; je trouve Pierret bien changé...

Pourquoi la vue de deux amis si anciens, et dans ce
lieu en pleine liberté, sous le ciel et au milieu des
beautés du printemps, ne me donne-t-elle pas une
plénitude de bonheur que je n'eusse pas manqué de

sentir autrefois?... Je sentais en moi des mouvements irrésistibles de ce sentiment qui n'était pas
en eux : j'étais devant des témoins, et non pas avec
des amis.

Je les ai menés à la maison, puis à la forêt. Riesener a repris sa critique de la recherche d'un certain
fini dans mes petits tableaux, qui lui semble leur faire
perdre beaucoup, en comparaison de ce que donne
l'ébauche ou une manière plus expéditive et de premier jet. Il a peut-être raison, et peut-être qu'il a
tort. Pierret a dit, probablement pour le contredire, qu'il fallait que les choses fussent comme le
sentait le peintre, et que l'intérêt passait avant
toutes ces qualités de touche et de franchise. Je lui
ai répondu par cette observation, que j'ai mise dans
ce livre il y a quelques jours, sur l'effet immanquable
de l'ébauche comparée au tableau fini, qui est toujours un peu gâté quant à la touche, mais dans
lequel l'harmonie et la profondeur des expressions
deviennent une compensation.

Au chêne Prieur, je leur ai montré combien des
parties isolées paraissaient plus frappantes, etc.; en
un mot, l'histoire de Racine comparé à Shakespeare.
Ils m'ont rappelé ma chaleur d'il y a quelques mois,
quand je m'étais repris à relire ou à revoir au théâtre
Cinna et quelques pièces de Racine; ils ont confessé
le souvenir de l'émotion que je leur ai communiquée,
quand je leur en ai parlé.

Après dîner, ils ont regardé les photographies que

je dois à l'obligeance de Durieu. Je leur ai fait faire l'expérience que j'ai faite moi-même, sans y penser, deux jours auparavant : c'est-à-dire qu'après avoir examiné ces photographies qui reproduisaient des modèles nus, dont quelques-uns étaient d'une nature pauvre et avec des parties outrées et d'un effet peu agréable, je leur ai mis sous les yeux les gravures de Marc-Antoine. Nous avons éprouvé un sentiment de répulsion et presque de dégoût, pour l'incorrection, la manière, le peu de naturel, malgré la qualité de style, la seule qu'on puisse admirer, mais que nous n'admirions plus dans ce moment. En vérité, qu'un ' homme de génie se serve du daguerréotype comme il faut s'en servir, et il s'élèvera à une hauteur que nous ne connaissons pas. C'est en voyant surtout ces gravures, qui passent pour les chefs-d'œuvre de l'école italienne, qui ont lassé l'admiration de tous les peintres, que l'on ressent la justesse du mot de Poussin, que « Raphaël est un âne, comparativement aux anciens ». Jusqu'ici, cet art à la machine ne nous a rendu qu'un détestable service : il nous gâte les chefs-d'œuvre, sans nous satisfaire complètement.

Dimanche 22 *mai*. — Mauvaise disposition, sommeil, lectures prolongées, néant complet...

M. Beck venu me surprendre dans le jardin : visite prolongée, vers cinq heures et demie, chez Mme Villot, qui n'était pas encore rentrée. J'ai été dans le jardin de la grande maison admirer les lilas, et je n'ai

pu résister au désir d'aller jusqu'au bas, à la fontaine.
Que les objets changent peu, malgré l'instabilité des
choses humaines, si on les compare à nous-mêmes et
à nos sentiments! Cependant, en revoyant ces beaux
arbres, je me suis reporté avec vivacité à quelques
années en arrière... La petite fontaine du bon père
Barbier ne coulait plus : un des côtés était cultivé,
et j'ai vu dans l'intérieur les tuyaux en plomb qui
épanchaient, sans se montrer, l'eau de la source
limpide. Cet aspect prosaïque n'a pas suffi pour me
désenchanter : je suis remonté rapidement, mais avec
regret, en abandonnant cet endroit agréable.

Causé à dîner des *tables tournantes* : Mme Villot a
vu et fait des expériences; elle en vient à croire
presque au surnaturel. J'ai effectivement, après
dîner, éprouvé par mes yeux, sinon autrement, cette
fameuse découverte. Geneviève, la femme de chambre,
a fait tourner un chapeau...; un guéridon a sensible-
ment tourné et levé le pied d'un côté; mais après nous
être mis une demi-heure autour de la grande table à
manger, il a été impossible de l'arracher à son immobilité de nature. Ces dames ont prétendu que j'étais
un sujet peu propre : de même, d'une ou deux personnes présentes...

L'homme fait des progrès en tous sens : il commande à la matière, c'est incontestable, mais il n'apprend pas à se commander à lui-même. Faites des
chemins de fer et des télégraphes, traversez en un
clin d'œil les terres et les mers, mais dirigez les pas-

sions comme vous dirigez les aérostats! Abolissez
surtout les passions mauvaises, qui, dans les cœurs,
n'ont pas perdu leur empire détestable, en dépit
des maximes libérales et fraternelles de l'époque!
Là est le problème du progrès, et même du véritable
bonheur. Il semble, tout au contraire, que nos instincts
de convoitise ou de jouissance égoïste soient infiniment plus excités par toutes ces matérialistes amélio-
rations.

Le désir d'un bonheur impossible, puisqu'il serait
obtenu indépendamment de la satisfaction que donne
la paix de l'âme, vient toujours se placer à côté de
chaque nouvelle conquête et semble faire reculer la
chimère de ce bonheur des sens. La fourberie et la
trahison, l'ingratitude et la bassesse intéressée veillent
toujours dans les cœurs! Vous n'avez pas même pour
les inventeurs de ces perfectionnements ingénieux la
reconnaissance qu'il semble que vous leur devriez, si
réellement vous vous trouvez heureux par leur moyen.
Au lieu de leur dresser des statues et de les faire jouir
les premiers de ce bien-être tant souhaité, vous les
laissez mourir dans l'obscurité, ou vous permettez
qu'on leur conteste, sous vos yeux, le mérite de leurs
inventions.

Lundi 23 *mai.* — Toujours la même apathie le
matin...

Quelques extraits de Balzac, mais c'est à cela que
s'est borné mon effort. Je suis mécontent de moi, et

cela me gâte bien des moments qui seraient agréables dans cette douce solitude.

Vers trois heures, promenade avec Jenny, qui est souffrante, vers le chêne Prieur.

Le soir, chez M. et Mme Beck, et revenu par un clair de lune délicieux. Les exhalaisons des plantes sont, en ce moment de la saison et à cette heure-là, d'un charme enivrant.

Mardi 24 mai. — Passé la journée presque seul : Jenny a été à Paris avec Julie, au-devant du vin. Travaillé toute la matinée et paperassé ou pris d'une belle ardeur.

La langueur est arrivée vers deux heures. Promenade vers Soisy, par les champs. J'ai été plus loin qu'à l'ordinaire, mais pas encore jusqu'à la grande allée ; je vais à la découverte comme Robinson ; je finirai par connaître les environs dans le rayon où mes jambes peuvent me porter.

Jenny revenue au moment où j'allais dîner avec un dîner froid. Mon dîner a été installé autrement, et j'ai dîné plus gaiement.

Le soir, extases nombreuses devant les étoiles. Quel silence ! que de choses la nature accomplit au milieu de ce charme si majestueux ! Que de bruits, chez nous, qui doivent cesser sans laisser de traces !

Mercredi 25 mai. — Journée de travail complète.

Je suis à flot : je sors des fatras et je rédige; j'espère définitivement m'en tirer.

Après une journée fatigante, écrivant près de la fenêtre, par un soleil qui m'avait obligé de mettre un store de toile, je suis sorti vers quatre heures, et j'ai été délicieusement jusqu'au bout de l'allée de l'Ermitage. J'étais ravi...

Revenu dîner, et, après dîner, descendu vers la rivière; côtoyé jusqu'auprès du pont, et revenu à travers le pré, dans le petit sentier tracé. Au lieu de prendre la ruelle, continué sur le coteau et revenu par le petit chemin habituel, au milieu des vignes et des blés verts. Le temps était orageux : les éclairs, quelques tonnerres, qui ont bien fini sans secousse.

Dimanche 29 mai. — Tous ces jours derniers se sont écoulés rapidement, moitié travaillant et moitié sortant, mais beaucoup moins le dernier, à cause de la pluie que nous avons depuis deux ou trois jours. Tantôt je veux jeter Poussin par les fenêtres, tantôt je le reprends avec fureur ou par raison.

Mme Barbier, qui est venue passer la journée, malgré cet affreux temps, m'a invité à dîner; j'ai éprouvé dans la causerie de cette femme, qui a de l'esprit, le plaisir et le besoin que j'éprouve dans la conversation; mais il faut avec l'esprit les petites manières du monde que les rustres de nos jours peuvent critiquer, mais qui ajoutent le piquant nécessaire. Nos pères devaient prodigieusement s'amuser, car

ces manières étaient infiniment plus répandues, et ce
qui reste encore de politesse dans notre nation, malgré la grossièreté qui envahit tout, prouve ce que la
société a dû être. Pour ceux qui éprouvent cette sorte
de charme, il n'y a pas de progrès matériels qui
puissent le compenser. Il n'est pas étonnant qu'on
trouve insipide le *monde* à présent. La révolution
qui s'accomplit dans les masses le remplit continuellement de parvenus, ou plutôt ce n'est plus le monde
comme il était : ce qu'on appelle ainsi est effectivement tout ce qu'il y a de plus ennuyeux. Quel agrément pouvez-vous trouver chez des marchands
enrichis, qui sont à peu près tout ce qui compose
aujourd'hui les classes supérieures? Les idées rétré-
cies du comptoir en lutte avec l'ambition de paraître
distingué est le contraste le plus sot... Que dirai-je à
M. Minoret, par exemple, qui n'a ni instruction, ni
envie de plaire, ni envie de parler?

Il faudrait cultiver les gens aimables, pour le peu
qu'il s'en trouve ; avec les gens aimables, la frivolité
est charmante, mais la frivolité dans le salon des gens
qui ont rangé les comptoirs et mis leurs livres de
comptes dans leur armoire pour donner un bal, et qui
ont fait endimancher leurs commis pour offrir la main
aux dames! Je préfère une réunion de paysans (1)!

(1) Delacroix, comme presque tous les esprits supérieurs, estimait
plus la simple et franche ignorance des âmes naïves que l'insuffisante et
prétentieuse instruction des gens du monde. « Un jour, écrit Baudelaire,
« un dimanche, j'ai aperçu Delacroix au Louvre, en compagnie de sa
« vieille servante, celle qui l'a si dévotement soigné et servi pendant

Revenu vers dix heures ; la pluie donnait à toute
cette verdure toute fraîche une odeur délicieuse ; les
étoiles brillantes, mais surtout cette odeur ! Vers le
potager de Gibert, jusqu'à celui de Quantinet, une
odeur de ma jeunesse, si pénétrante, si délicieuse,
que je ne peux la comparer à rien. Je suis passé et
repassé cinq ou six fois : je ne pouvais m'en arracher.
Il m'a rappelé l'odeur de certaines petites plantes de
potager, — que je voyais à Angerville, dans le jardin
de M. Castillon le père, — qui portent une espèce de
fruit qui fait explosion dans la main.

Dans la conversation de ce soir, Mme Barbier m'a
parlé de P...; quoiqu'en laissant percer l'animosité
qu'elle conserve peut-être justement, comme elle l'a
fait valoir, elle m'a fait réfléchir profondément sur
ses qualités, sur son dévouement à sa manière, sur
l'affection qu'elle a pour moi, et que je retrouve chez
moi pour elle ; il y a des êtres qui naissent accouplés :
son souvenir me plaît et me remue toujours.

Lundi 30 mai. — Lu dans le feuilleton de Gautier,
sur un jeune violoniste prodige, le mot d'Alphonse
Karr (1), qui se trouvait également en présence d'un

« trente ans, et lui, l'élégant, le raffiné, l'érudit, ne dédaignait pas de
« montrer et d'expliquer les mystères de la sculpture assyrienne à cette
« excellente femme, qui l'écoutait d'ailleurs avec une naïve appli-
« cation. »

(1) Puisque le nom d'*Alphonse Karr* se trouve ici prononcé, nous
pouvons rapporter l'anecdote touchant Delacroix qui est transcrite
dans ses *Guêpes :* « Voici ce qu'on raconte de M. Eugène Delacroix et
« de l'architecte de la Chambre des députés : M. Delacroix est allé le

petit prodige de cette espèce. On lui demande après
le morceau comment il le trouve; il répond qu'il l'aimait mieux auparavant, *parce qu'il était plus vieux*...
Quelle drôle d'idée et amusante!

Suite de ce que j'ai écrit hier dimanche. — Il y a
peu de gens avec qui je ne puisse me plaire ; il y en a
peu, quand on a le désir de leur plaire soi-même, qui
ne vous rendent quelque chose pour vos frais; j'ai
beau chercher dans ma mémoire les gens les moins
amusants, il me semble que par le moyen de ce
simple désir d'être avec eux le mieux possible, ce
qu'ils ont eux-mêmes de chaleur, et je parle des plus
froids et des plus revêches, revient à la surface, se
montre à vous, vous répond et entretient votre bonne
disposition. De ce qu'on les oublie vite et de ce que leur
souvenir ne réveille pas en vous la moindre parcelle
de sentiment, il ne faut pas conclure que vous soyez
un ingrat, ni eux plus intéressants... Ce sont deux
métaux, deux corps quelconques qui sont inertes
chacun séparément, et qui jettent un peu de flamme
quand ils sont en contact. Éloignez-les l'un de l'autre,
ils rentrent très justement dans leur insensibilité.

Quand je pense à P..., à R... (1), et que je ne les

« trouver et lui a dit : *Je ne peux pas peindre sur votre plafond.* (C'était
« lors des travaux décoratifs du Palais-Bourbon.) *Il ne tient à rien; cela*
« *ne durera pas trois ans !* — *Qu'est-ce que cela vous fait, pourvu qu'on*
« *vous paye?*... M. Delacroix n'a pas cru devoir adopter ces principes
« d'art moderne, et a fait recrépir le plafond à ses frais. »
Nous avons interrogé des personnes dignes de toute confiance sur
l'exactitude du fait : il est, paraît-il, absolument authentique.

(1) Ces initiales dissimulent si peu les noms de Pierret et de Riesener,

vois pas, je suis comme le métal insensible... Quand je
suis près d'eux, après les premiers instants pour
réchauffer cette glace, je retrouve peu à peu les mouvements d'autrefois : je me fonds près d'eux... peut-
être qu'ils sont eux-mêmes étonnés de se sentir
amollir, mais je parie que je garde plus longtemps
qu'eux la secousse de cette étincelle du souvenir. Nul
vil intérêt ne m'éloigne d'eux. Quand je vois dans mes
rêves des gens qui sont mes ennemis, et dont la vue
m'offense, quand je suis éveillé, je les trouve charmants, alors je m'entretiens avec eux comme avec
des amis, je me sens tout étonné de les trouver si
aimables : je me dis, dans ma simplicité de somnam-
bule, que je ne les avais pas assez appréciés, et que
je ne leur rendais pas justice; je me promets de les
rechercher et de les voir. Est-ce qu'en rêvant, je
devine leurs qualités, ou est-ce qu'en étant éveillé, ma
méchanceté, si j'en ai réellement autant qu'eux,
s'obstine à ne voir que leurs défauts, ou bien suis-je
tout simplement meilleur quand je dors?

Mardi 31 *mai.* — Pluie toute la journée ou brouillard. Je n'ai pas quitté ma chambre et m'en suis tiré
en travaillant à l'article : j'ai écrit ou copié beaucoup.

Après dîner, continuation de la même disposition;

---

qu'il n'y a, semble-t-il, aucune indiscrétion à les marquer. Nous rappelons à ce propos ce que nous avons dit dans notre Étude sur le sentiment
d'amitié chez les hommes supérieurs en général, et chez Delacroix en
particulier. (Voir t. I, p. xiii, xiv.)

ce paysage tout embaumé, pendant que je me promenais en long, en large, dans le logement, tout plein d'idées et de bonnes dispositions, me ravissait chaque fois que je tournais la tête pour le regarder... Quelques fables de La Fontaine m'ont enchanté.

Sorti, qu'il faisait encore soir, et promené sur la route de Soisy, dans le même état d'esprit. Le brouillard et le temps mauvais ne font rien pour la tristesse de l'esprit; c'est quand il fait nuit dans notre âme que tout nous paraît ou lugubre ou insupportable, et il ne suffit pas d'être libre de vrais sujets de tristesse ; il suffit de l'état de la santé pour tout changer... L'infâme digestion est le grand arbitre de nos sentiments.

Mercredi 1er juin. — En ouvrant la fenêtre de l'atelier, le matin, toujours avec ce même temps brumeux, je suis comme enivré de l'odeur qui s'exhale de toute cette verdure trempée de gouttes de pluie et de toutes ces fleurs courbées et ravagées, mais belles encore.

De quels plaisirs n'est pas privé le citadin, le cancre d'employé ou d'avocat, qui ne respire que l'odeur des paperasses ou de la boue de l'infâme Paris! Quelles compensations pour le paysan, pour l'homme des champs! Quel parfum que celui de cette terre mouillée, de ces arbres! Cette forte odeur des bois, qu'elle est pénétrante, et qu'elle réveille aussitôt des souvenirs gracieux et purs, souvenirs du premier âge et des sentiments qui tiennent au fond de

l'âme! O chers endroits où je vous ai vus, chers objets
que je ne dois plus revoir, chers événements qui
m'avez enchanté et qui êtes évanouis!... Que de fois
cette vue de la verdure et cette délicieuse odeur des
bois ont réveillé ces souvenirs qui sont l'asile, le saint
des saints où on se réfugie, si on peut, sur les ailes
de l'âme, pour se tirer du souci de chaque jour! Cette
affection qui me console et, seule, me donne ces
mouvements du cœur comme autrefois, combien de
temps le sort me les laissera-t-il?

Dimanche 5 juin. — Tous ces jours derniers, à
peu près même vie.

Travaillé et presque terminé l'article; sorti ordinairement vers trois heures, deux ou trois fois, entre
autres, par l'allée de l'Ermitage : vue ravissante...
jardin d'Armide, la verdure nouvelle... Les feuilles,
étant à toute leur grandeur, donnent une grâce,
une frondaison d'une richesse admirable; le touffu,
le rond domine, les troncs garnis de feuilles...

Ce soir, après dîner, sorti par le crépuscule; au
lieu d'aller chez les Barbier, promenade sur la route
de Soisy. Charmantes étoiles au-dessus des grands
peupliers de la route. En allant, fraîcheur délicieuse.
La veille, promenade avant dîner avec Jenny. J'étais
ravi du plaisir qu'elle avait, toute souffrante qu'elle
était.

Il y a deux jours, avant dîner, par la même grande
allée vers Soisy, à partir du grand rond, par une très

grande allée couverte remplie de bruyères. Sorti sur
de grandes plaines vertes vers Soisy. Carrières reboi-
sées. C'est le jour où j'avais trouvé le troupeau de
moutons dans la grande allée; je l'ai retrouvé là, au
loin. Rentré dans la forêt par l'allée qui va au chêne
Prieur, où il y a de l'eau.

Lundi 6 juin. — En ouvrant ma fenêtre ce matin
par le plus délicieux temps du monde, qui donne tant
de regrets de se plonger dans les paperasses, je vois
deux hirondelles se poser dans l'allée du jardin; je
remarque qu'elles ne marchent que très lentement et
en se dandinant. Quand elles veulent franchir un
espace de deux pieds seulement, elles se mettent à
voleter. La nature, qui les a si bien douées avec leurs
grandes ailes, ne leur a pas donné des pieds aussi
agiles.

Ce spectacle qu'on a de ces fenêtres est délicieux
à toutes les heures du jour : je ne puis m'en arracher... L'odeur de la verdure et des fleurs du jardin
ajoute encore à ce plaisir.

Mardi 7 juin. — Achevé l'article.

Vers quatre heures, promenade dans la forêt. J'y
ai revu les mêmes objets que l'autre jour, dans cette
allée qui va à l'Ermitage, éclairés de même; et cependant ils ne m'ont pas fait le même plaisir.

Dîné chez Mme Barbier; toute la soirée, on n'a
parlé que de l'amour et de ses singularités. Elle a eu

l'idée la plus drôle du monde : on parlait de la quantité d'enfants qu'on rencontre à Soisy... « Au fait, dit-elle, que pourraient-ils faire dans un endroit si triste? On n'y a pas de vue : il faut bien se distraire par quelque chose. »

Le soir, en revenant, les étoiles, qui n'avaient pas paru depuis quelques jours, ont brillé de tout leur éclat. Quel spectacle au-dessus de ces masses noires que forment les arbres, ou aperçues à travers les branches! J'ai été au jardin de Gibert, et j'ai retrouvé la même odeur divine qui m'avait déjà charmé, mais un peu affaiblie... Je m'en suis éloigné avec peine.

Je crois enfin que je partirai demain. J'ai peut-être un peu moins de plaisir, non pas parce que je suis ici depuis longtemps, mais parce que j'ai arrêté de partir. Je me dis souvent, en pensant à l'amertume qui se joint toujours à tous les plaisirs : Peut-on être véritablement heureux dans une situation qui doit finir? Cette appréhension de la rapidité et du néant, à la fin, gâte toute jouissance.

Mercredi 8 juin. — Parti le soir à huit heures. — Toute la journée disposition décousue, à cause du départ. — Vu le maire vers trois heures; dîné à quatre heures. Après dîner, sorti un peu par la porte du jardin. Été jusqu'à la source aux peupliers.

Paris, vendredi 10 juin. — Au Salon le matin, avant le conseil. Je ne remarque rien de très extraordinaire. Le petit Meissonier charmant : le *Jeune homme qui déjeune.* — Le portrait de Rodakowski, de même. C'est aussi beau que tout.

— Au Palais-Royal, vu Varcollier, en sortant du conseil. Il est installé admirablement. L'occupation et le mouvement lui rendent de la santé.

— Vu Mme de Forget, le soir, qui m'apprend que Vieillard est installé à Saint-Cloud.

Samedi 11 *juin.* — Travaillé enfin avec assez d'entrain. Il me semblait que je ne pourrais plus peindre. Je finis l'*homme qui ferre le cheval.*

Le soir chez Chabrier.

Jeudi 16 *juin.* — Je crois que c'est aujourd'hui que j'ai dîné avec la bonne Alberthe, en société de Saint-Germain, avec lequel j'ai beaucoup causé : il m'a parlé des commencements de Mme Sand, qu'il a connue à ses débuts. Il y avait là une dame russe assez bien.

Alberthe me retient pour aller dimanche voir les pièces du Palais-Royal à la salle Ventadour.

Dimanche 19 *juin.* — Le soir, avec Alberthe, à la salle Ventadour : le *Bourreau des crânes* (1). Nous nous sommes trouvés là en tête-à-tête, et revenus avec tous les accidents du mauvais temps.

(1) Le *Bourreau des crânes,* vaudeville en trois actes, de *Lafargue* et *Siraudin.*

Dimanche 26 juin. — Ce matin, l'article du Poussin a paru. Hier encore j'écrivais à Mérimée que je n'avais pas de nouvelles, et le soir, à mon dîner, on est venu me faire corriger les épreuves à la hâte.

J'ai fait ma journée de travail à l'Hôtel de ville ; je suis revenu à pied.

Arrêté longtemps à Saint-Eustache, à entendre les vêpres : cela m'a fait comprendre, quelques instants, le plaisir qu'il y a d'être dévot... J'ai vu passer et repasser tout le personnel de l'église, depuis l'éclopé donneur d'eau bénite, affublé comme un personnage de Rembrandt, jusqu'au curé dans son camail de chanoine et sa chape de cérémonie.

Tout ce retard a été cause de la contrariété que j'ai éprouvée de trouver pour aujourd'hui, en rentrant, l'invitation d'aller dîner à Saint-Cloud. Elle y était depuis neuf heures du matin, avec une lettre de Vieillard. Je me suis pourtant remonté malgré ma fatigue et je m'en suis bien tiré.

Mardi 28 juin. — Depuis que je suis de retour de Champrosay, je ne peux plus écrire ici ; il m'a fallu employer tous mes moments pour terminer les tableaux que j'avais promis ; et depuis samedi 25, je suis retourné travailler à l'Hôtel de ville. J'ai fini, plus promptement que je ne l'aurais cru, le *Christ en croix* (1) pour Bocquet, la répétition du *Christ au*

---

(1) Il existe de nombreuses variantes de ce sujet dans l'œuvre du maître. D'après le *Catalogue Robaut,* il n'y a, se référant à la date du

tombeau, du Belge (1) , pour Thomas, le *Christ dormant pendant la tempéte* pour Grzymala (2).

Je suis sorti aujourd'hui, vers deux heures, de mon
travail où j'avais peint pour la première fois au plafond ; j'ai été voir la chapelle de Signol (3) à Saint-
Eustache : c'est toujours la même chose que ce que
font tous les autres. J'ai été ensuite chez Henry, pour
la question de l'Institut (4), qui se présente fort mal.

Mercredi 29 *juin.* — Musique délicieuse chez l'aimable princesse Marcellini. Le souvenir de la fantaisie de Mozart, morceau grave et touchant au terrible,

Journal, qu'une « toile — 0 m. 74 c ✕ 0 m. 60 c. — exposée au boulevard
des Italiens en 1860. Elle appartenait alors à M. Davin. » M. Robaut
ajoute, observation que confirme le Journal du maître : « En cette
année 1853, Delacroix ne peint guère que des sujets religieux. »

(1) Delacroix veut parler du *comte de Géloës,* d'Amsterdam. (Voir
Catalogue Robaut, n° 1034.)

(2) Voir *Catalogue Robaut,* n° 1219.

(3) *Émile Signol,* peintre, né en 1804, élève de Gros, auteur de la
Femme adultère. En 1849, il se présenta à l'Institut en même temps
que Delacroix, mais il n'a été élu membre de l'Académie des beaux-arts
qu'en 1860. Il est mort récemment.

(4) Delacroix s'était déjà présenté quatre fois à l'Institut, et la dernière fois, en 1849, on lui avait préféré Léon Cogniet. Sa lettre de can-
didature en 1849 est curieuse. Après avoir énuméré les principales
compositions qu'il a exécutées : *Dante et Virgile, Massacres de Scio,*
le *Christ au jardin des Oliviers,* la *Justice de Trajan,* l'*Entrée des croi-
sés à Constantinople, Médée,* les décorations du Luxembourg, du Palais-
Bourbon, de la salle du Trône, l'*Évêque de Liège, Marino Faliero,* les
Femmes d'Alger, il ajoutait ces quelques lignes, qui se passent aisément
de commentaires : « C'est pour la quatrième fois que j'ai l'honneur de
« me présenter aux suffrages de l'Académie. Cette insistance et le désir
« très naturel de faire partie d'un corps illustre suffiront-ils pour faire
« excuser l'infériorité de quelques-unes des productions que j'ai mention-
« nées? J'éprouve une juste défiance en approchant d'une réunion qui
« représente les traditions et les principes éternels qui ont été ceux
« du grand goût chez tous les artistes célèbres. »

par moments, et dont le titre est plus léger que ne le
comporte le caractère de morceau. Sonate de Beethoven déjà connue, mais admirable. Cela me plaît beaucoup sans doute, surtout à la partie douloureuse de
l'imagination. Cet homme est toujours triste. Mozart,
qui est moderne aussi, c'est-à-dire qui ne craint pas
de toucher au côté mélancolique des choses, comme
les hommes de son temps (gaieté française, nécessité
de ne s'occuper que de choses attrayantes, bannir de
la conversation et des arts tout ce qui attriste et rappelle notre malheureuse condition), Mozart réunit ce
qu'il faut de cette pointe de délicieuse tristesse à la
sérénité et à l'élégance facile d'un esprit qui a le
bonheur de voir aussi les côtés agréables. Je me suis
élevé contre leur ami R... qui n'aime pas Cimarosa,
qui ne le sent pas, à ce qu'il dit, avec une certaine
satisfaction de lui-même. Que Chopin est un autre
homme que cela! Voyez, leur ai-je dit, comme il est
de son temps, comme il se sert des progrès que les
autres ont fait faire à son art! Comme il adore Mozart,
et comme il lui ressemble peu! Son ami Kiatkowski
lui reprochait souvent quelques réminiscences italiennes, qui sentent, malgré lui, les productions
modernes des Bellini, etc... C'est une chose aussi qui
me déplaît un peu... Mais quel charme! Quelle nouveauté d'ailleurs!

1ᵉʳ *juillet*. — En commission chez M. Fould, pour
l'Exposition universelle de 1855.

Samedi 2 juillet. — Travaillé ce matin à la figure de l'*Abondance* (1). Mme Cavé à l'Hôtel de ville.

A Saint-Cloud; ensuite M. Vieillard. — Chabrier venu tout à coup.

Rencontré le soir Véron, qui m'a fait compliment et invité pour vendredi. Je suis rentré la tête tout échauffée.

— Il y a à faire quelque chose sur le romantisme (2).

— M. Meneval avait raconté à Vieillard, qui me le redit aujourd'hui, ce trait de l'empereur Napoléon Ier : il visitait un monument en construction dont, sans doute, il avait examiné les mémoires ; en passant sur un sol couvert de dalles de marbre, il frappa du pied, et répétant avec une canne qu'il demanda, l'espèce d'expérience qu'il semblait faire, il demanda de quelle épaisseur était chaque dalle de marbre. Sur la réponse qui lui fut faite, il envoya chercher un ouvrier, et lui fit desceller, en sa présence, un des morceaux de marbre, qui fut trouvé de la moitié de l'épaisseur qui avait été annoncée.

Mercredi 6 juillet. — J'ai été ce soir voir la princesse Marcellini; par extraordinaire, elle était seule... son fils un peu malade. Elle a eu la bonté de ne me jouer que du Chopin, et tout admirable. Elle m'invite à dîner pour mercredi prochain.

---

(1) C'était un des principaux personnages au centre du plafond de l'Hôtel de ville.

(2) Voir tome I, p. xxviii, xxix, xxx.

Jeudi 7 juillet. — Travail tous ces jours-ci au maudit plafond par une chaleur étouffante, qui me fait bénir mon étoile d'être né dans un climat où on n'éprouve ce martyre que quelques jours de l'année.

Vendredi 8 juillet. — Dîné chez Véron, que j'avais rencontré il y a quelques jours sur le boulevard. Il m'avait complimenté sur mon article du Poussin. Jusqu'à présent, j'ai récolté un assez grand nombre de compliments à cette occasion. Cela me payera-t-il de l'ennui que j'ai eu à le faire?

Véron me demande des notes sur moi et quelques gens de ma connaissance, dont il se servirait pour des *Mémoires sur l'époque de la Restauration* (1).

Adam (2) nous conte, entre autres traits de Cherubini, qui était inépuisable en boutades chagrines ou désobligeantes, qu'un graveur, ayant fait son portrait dans une médaille qu'il avait publiée, lui en apportait un certain nombre qu'il avait de reste, pensant qu'il en pourrait gratifier ses parents et amis; il lui répond: « Je ne donne rien à mes parents et je n'ai pas d'amis. »

J'ai, ce matin, été à une commission à l'instruction publique, pour renouveler l'enseignement du dessin.

_____

(1) Ce sont les *Mémoires d'un bourgeois de Paris*. Dans un chapitre intitulé : *La Peinture et la Musique sous la Restauration*, le docteur Véron, qui avait été le condisciple de Delacroix, a donné une sorte d'autobiographie du grand peintre, d'après les notes dont il est question ici.

(2) Le compositeur *Adolphe Adam* (1803-1856).

Dimanche 10 *juillet.* — J'ai été, après mon travail, au Salon, pour examiner les tableaux, relativement à la distribution des médailles. Ce mode de les donner me paraît des plus vicieux. Tous ceux qui, comme moi, sont chargés de ce choix auront été frappés du même inconvénient. Il arrive presque toujours que chaque peintre qui me paraît mériter une troisième, une deuxième, ou une première médaille, l'a déjà obtenue.

Voilà, par exemple, un homme qui a déjà eu la deuxième; lui donnera-t-on la première parce qu'il mérite la deuxième qu'on ne peut pas lui donner? Il arrive ainsi qu'un artiste reçoit rarement une récompense pour celui de ses ouvrages qui la mérite davantage. C'est au moment où il fait un chef-d'œuvre qu'on n'a rien à lui offrir pour le récompenser ou l'encourager. Celui qui fait bien deux fois a plus de mérite que celui qui fait bien une fois. Si les femmes donnaient la médaille, elles seraient de cet avis. Mlle Rosa Bonheur (1) a fait cette année un effort supérieur à tous ceux des années précédentes; vous êtes réduit à l'encourager de la voix et du geste. M. Rodakowski, qui a fait un chef-d'œuvre cette année (2), est obligé de se consoler avec la médaille qu'il a obtenue l'année dernière pour un ouvrage inférieur. M. Ziem, avec sa *Vue de Venise,* se maintient à la hauteur de ses tableaux de

(1) Delacroix fait allusion au tableau connu sous le nom du *Marché aux chevaux,* qui fut exposé au Salon de 1853.

(2) Portrait de Mme Rodakowski, mère du peintre.

l'année dernière; mais il est interdit au jury de lui
témoigner sa satisfaction (1). Par contre, voici une
Annonciation de M. Jalabert (2), qui est un tableau
de deuxième médaille. Or, M. Jalabert l'ayant obtenue déjà, lui donnera-t-on la première, qui est une
récompense supérieure au mérite de son tableau de
cette année? Si vous êtes juste et si vous suivez le
règlement, vous ne lui donnerez rien, et cependant
il mérite quelque chose. Doit-on assimiler les artistes
qui mettent au Salon à ces élèves de petites pensions,
dans lesquelles le maître, pour encourager les parents
encore plus que les élèves, donne des prix à tout
le monde? Si le but des récompenses est de s'adres-
ser à ce qui est supérieur dans une exposition,
il faut récompenser tout ce qui s'élève, mais dans
la juste proportion du mérite de l'œuvre, et si l'artiste présente dans son ouvrage la dose de talent
qui lui attribue la troisième, la deuxième ou la première médaille, il est juste qu'il l'obtienne, quand
même il l'aurait déjà obtenue; ce serait un meilleur
moyen d'entretenir l'émulation et de donner quand
même des récompenses, de telle sorte que tout
homme doué d'une dose de talent raisonnable puisse

(1) *Ziem* obtint cependant une médaille de première classe avec cette
Vue de Venise, qui a pris place au Musée du Luxembourg.
(2) *Jalabert*, peintre, élève de Delaroche. Théophile Gautier écrivait
à propos de lui : « Le talent de cet artiste a quelque chose de tendre et
« de délicat, de féminin qui charme et vous empêche de lui désirer plus
« de force. Ce n'est pas qu'il ne puisse s'élever à la vigueur lorsqu'il le
« veut, mais sa vraie nature est la grâce. »

se flatter d'arriver aux récompenses à son tour.

Mardi 16 août. — Jenny partie pour Dieppe; elle me manque fort ici.

Dimanche 28 août. — Tous ces jours derniers, travaillé à l'Hôtel de ville; j'achève le plafond. Aujourd'hui, je suis resté à la maison jusqu'à midi et demi. Avancé le petit *Christ portant sa croix* et le *Berlichingen* ou *Weislingen*.

A une heure, à la distribution de l'École gratuite. — Revenu avec Fleury (1)... La chaleur est tombée tout à fait. Le jour où je l'ai vu, quelques jours avant l'élection, et où il m'a avoué qu'il ne votait pas pour moi, ce n'étaient que protestations pour la prochaine fois; aujourd'hui, le voilà planté là avec tous les honneurs de la guerre, membre s'il en fut, professeur, etc.; il n'a plus qu'une faible estime pour les infortunés qui sont encore sur le terrain de tout le monde.

Le soir, j'ai été voir *Britannicus* et l'*École des maris,* et tous les deux m'ont enchanté. Beauvallet a été très bon dans Burrhus; j'ai trouvé là avec plaisir Thierry (2).

Vendredi 2 septembre. — Dîné chez Véron; je lui avais rapporté ses épreuves.

---

(1) *Robert-Fleury* avait succédé, en 1850, à *Granet* comme membre de l'Académie des beaux-arts.

(2) Delacroix était lié avec *Édouard Thierry,* qui avait écrit des Salons successifs assez favorables au peintre.

Lundi 26 *septembre.* — Plafond de Saint-Sulpice.
— *Samson et Dalila* (1).

Dessins d'après des costumes et armures pour la
Jérusalem. — *Les deux Marocains.* — *Le Christ portant sa croix* (2). — Tableau de Beugniet (*Berlichingen*). — *Lion* (id.). — *Christ dans le bateau.*

Mercredi 28 *septembre.* — *Sept heures du matin,
en me levant.* — On ne se figure pas à quel point la
médiocrité abonde : Lefuel (3), Baltard, mille exemples, qui se pressent, de gens chargés de grosses
affaires dans les arts, dans le gouvernement, dans les
armées, dans tout. Ce sont ces gens-là qui enrayent
partout la machine lancée par les hommes de talent.
Les hommes supérieurs sont naturellement novateurs.
Ils arrivent et trouvent partout la sottise et la médiocrité qui tient tout dans sa main, et qui éclate dans
tout ce qui se fait. Leur impulsion la plus naturelle
les jette à redresser, à tenter des routes nouvelles,
pour sortir de cette platitude et de cette sottise. S'ils
réussissent et qu'ils finissent par avoir le dessus sur
les routines, ils ont pour eux, à leur tour, les incapables, qui se font un mérite d'outrer leurs pratiques,
et qui gâtent encore tout ce qu'ils touchent. Après ce

(1) Cette toile fut exécutée en 1854. « Elle était en 1875 chez le
peintre Daubigny, qui l'avait payée de cinq à six mille francs. » (V. *Catalogue Robaut*, n° 1238.)
(2) Voir *Catalogue Robaut*, n° 1313 et 1404.
(3) *Lefuel* était alors architecte du château de Fontainebleau. Après
la mort de Visconti, en 1854, il fut chargé d'achever le nouveau Louvre.

mouvement, qui porte les novateurs à sortir de l'or
nière tracée, vient presque toujours celui qui les
porte, à la fin de leur carrière, à retenir l'impulsion
indiscrète qui va trop loin et qui ruine par l'exagération ce qu'ils ont inventé. Ils se prennent à vanter ce
qu'ils ont été cause qu'on a abandonné, en voyant le
triste usage qu'on fait des nouveautés qu'ils ont lan-
cées dans le monde. Peut-être y a-t-il un secret mouvement d'égoïsme qui les porte à régenter à ce point
leurs contemporains, que personne ne puisse qu'eux-
mêmes toucher à ce qui leur paraît critiquable? Ils
sont médiocres par ce côté ; cette faiblesse leur fait
jouer souvent un rôle ridicule et indigne de la considération qu'ils ont acquise.

Champrosay. — *Jeudi 6 octobre.* — Parti pour
Champrosay à onze heures. J'ai eu cette fois deux
fiacres pour me transporter et faire transporter mes
bagages ; moyen préférable et plus économique que
celui de la voiture du commissionnaire.

J'étais souffrant depuis plus d'une semaine.
Dimanche, j'ai pris un froid aux oreilles qui m'a donné
des douleurs dont je souffre encore : c'était pendant
mon équipée du Jardin des Plantes. J'ai pu dire, en
arrivant comme Tancrède, ce que je dis toujours
en arrivant ici :

Qu'avec ravissement je revois ce séjour !

Avant dîner, le temps était fort beau, contre son

habitude ; j'ai fait un grand tour de forêt au détriment de ma chaussure et de mon pantalon. Pris par l'allée qui mène au chêne Prieur ; mais, à moitié chemin, pris l'allée qui descend vers le milieu, pour tomber sur la grande route qui croise celle de l'Ermitage. Sentiment délicieux de la solitude et de l'indépendance, en rentrant dans mon ermitage et en m'attablant... Je l'ai bien éprouvé le lendemain, et j'espère qu'il sera ainsi tout le temps que je serai ici.

Vendredi 7 octobre. — Grande promenade dans le jardin. Ravi par les odeurs de fleurs et du raisin. Mais étant remonté dans une situation paresseuse, elle s'est prolongée toute la journée que je suis resté à lire le *Spectateur,* à dormir, à le reprendre.

Le soleil s'était montré dans la journée, et j'ai eu l'esprit d'attendre qu'il fût passé, pour me mettre en route, vers trois heures seulement, ou deux heures. Une pluie battanté m'a pris dans la forêt ; heureusement, elle s'est calmée au moment où j'allais rentrer, et j'ai continué par une allée que je n'avais jamais prise, partant de ce même centre qui va au chêne Prieur et à l'allée descendante, mais plus à droite, et remplie de bruyères. Remonté ensuite au chêne, etc.

Rentré avec appétit, ce qui est le grand point pour que la digestion se fasse convenablement. Dîné dans mon atelier, où je suis mieux pour cela, et arpenté toute la soirée le logement en tous sens, car la pluie et l'obscurité rendent toute sortie bien difficile, le soir.

Samedi 8 octobre. — J'ai lu hier l'excellent passage du *Spectateur* sur la *vieillesse*. Je me réserve de le copier tout entier.

Je crois me rappeler qu'il met au premier rang des avantages qu'elle nous donne sur la jeunesse, la tranquillité. Effectivement, c'est là le véritable bien dont le vieillard doit jouir, s'il vit selon l'état où il est arrivé. Quoiqu'on dise que la vieillesse est l'âge de l'ambition, ce ne peut être que celui d'une ambition légitime ou facile, en comparaison, à satisfaire. En effet, quand on voit un homme mûr aspirer aux honneurs, ce ne peut être, à moins de folie complète de sa part, qu'à ceux auxquels il a le droit d'espérer comme étant la suite des avantages qu'il a su déjà se faire et de la position qu'il a prise par les travaux de toute sa vie. Certes, on ne se fait pas une carrière à cinquante ans. On goûte alors les fruits de celle qu'on s'est faite; les honneurs vont trouver naturellement celui qui possède déjà la considération. Il faut donc au vieillard, je ne dirai pas dans la poursuite, ce mot sent encore trop la jeunesse, mais dans la recherche calme des prérogatives auxquelles il a droit, la même tranquillité que je regarde comme le souverain bien à cet âge. Que si la fortune n'a pas favorisé les efforts de la jeunesse, car je ne parle toujours ici que de celui qui a fait preuve de mérite ou de constance, si la position est médiocre, une longue habitude de cette médiocrité doit la lui rendre moins pénible, de même que la perspective de la continuation du même état jusqu'à la fin de sa vie.

Est-il rien de plus ridicule que de s'agiter dans l'âge où tout invite, où tout force au repos? d'être le compétiteur de gens doublement encouragés par la force de l'âge et par l'intérêt qui s'attache à la jeunesse? L'homme de mérite que les circonstances n'ont pas servi, doit jouir encore, dans la situation où il voit s'achever ses jours, du calme que cette situation comporte; et il n'y a que la misère qui puisse rendre cette condition intolérable; et ceci ne s'adresse pas à ceux qui seraient, par un hasard fort rare et malgré de notables qualités, tombés dans un état si bas. C'est de la force d'âme alors, et une force bien rare, qui serait nécessaire à cet infortuné, pour faire tête au malheur. Chez celui-là, il y aurait encore lieu à tirer des consolations du sentiment de son propre mérite et de l'injustice de la fortune.

La jeunesse voit tout devant elle et veut aspirer à tout; c'est ce qui fait son inquiétude et son agitation continuelles. L'idée du repos est aussi incompatible avec cet âge que celle de l'agitation l'est pour la vieillesse. Le vieillard, au contraire, serait inexcusable d'entretenir cette agitation fiévreuse. Il a mesuré ses forces et il connaît le prix du temps; il sait celui qu'il lui faudrait pour parvenir à un but incertain. Il faut, à son âge, avoir atteint celui auquel on tendait, et non pas remettre encore en question quel sera l'avenir. Ce sont toutes ces raisons qui doivent le porter au calme et lui faire tirer de la position telle quelle qu'il s'est acquise, tout le fruit qu'elle comporte raisonnablement.

Samedi 8 octobre. — Il faut mettre ici mon aventure de la forêt. Parti vers une heure et demie, après avoir travaillé, je suis passé sans m'en apercevoir dans le *grand Senart;* tous les poteaux sont repeints pour les menus plaisirs de Fould, qui a fait restaurer la faisanderie. J'ai donc erré, pendant près de cinq heures, dans les marécages de la forêt, car je ne marchais que dans une boue grasse et glissante, sans savoir où j'allais. Un bonhomme que j'ai rencontré dans le moment le plus embarrassant m'a aidé à me retrouver, et je suis revenu par Soisy à cinq heures et demie, assez fatigué, mais très heureux de n'avoir pas éprouvé le désagrément de coucher dans la forêt.

Dimanche 9 octobre. — Peint le *Christ dans la barque* (1), d'après mon ancienne esquisse, jusqu'à deux heures.

Sorti vers la partie de Draveil. Fait un grand tour en contournant la forêt, et revenu par les environs du chêne Prieur. Je me porte mieux : j'espère grandement en ce petit séjour pour me remettre tout à fait.

J'écris à la cousine :

« La rareté des visites que je fais en ce lieu me le

(1) Voir *Catalogue Robaut,* nᵒˢ 1214 à 1220.

fait trouver charmant, quand j'y reviens. Le secret
du bonheur n'est pas de posséder les choses, mais d'en
jouir; je serais certes moins heureux d'être le maître
d'un grand château où je m'ennuierais et où je serais
ennuyé par les autres. Mais ceux qui n'aiment pas la
solitude ne peuvent sentir le plaisir que j'éprouve à
être roi dans une bicoque! La liberté, mais des loisirs occupés, l'esprit en travail sans cesse font trouver enchanteurs tous les sites et tous les temps possibles. Pendant ces jours de pluie, je n'ai pas été
ennuyé jusqu'à présent. »

Lundi 10 *octobre.* — Surpris ce matin, pendant
que j'étais en train de peindre, par Mme Villot,
Mme Halévy, Halévy (1), ses enfants, Georges et le
frère de Mme Villot. Cette invasion dans ma cabane
m'a désagréablement surpris et m'a laissé à la fin très
satisfait.

J'ai dîné aujourd'hui chez Mme Villot et demain
chez Halévy.

Travaillé beaucoup le fond de la *Sainte Anne* (2)
sur un dessin d'arbres d'après nature, que j'ai fait

(1) Malgré ses relations mondaines avec Halévy, Delacroix conservait
toute sa liberté d'appréciation à son égard. Nous avons cité dans notre
Étude le fragment de lettre dans lequel Delacroix donne son opinion sur
la *Juive*. Il y félicite le chanteur Nourrit d'avoir « répandu de l'intérêt
« sur une pièce comme la *Juive* qui en a grand besoin, au milieu de
« ce ramassis de friperies qui est si étranger à l'art ».

(2) Ce tableau est connu sous le nom d'*Éducation de la Vierge*.
L'idée première lui en vint à Nohant chez *George Sand*, et sa correspon-
dance relate les circonstances dans lesquelles il le fit. (Voir *Catalogue
Robaut*, n° 1193.)

dimanche, sur la lisière de la forêt vers Draveil.

Travaillé au *Christ dans la barque*, de Petit (1).

Vers deux heures, charmante promenade vers les carrières de Soisy. Revenu par le chêne Prieur et l'allée de l'Ermitage. Beaux effets au chêne Prieur, qui se détachait entièrement en ombre sur l'allée claire et fuyante.

La conversation de ces oisifs est bien ennuyeuse, quand ils se lancent dans les chevaux, les spectacles; des discussions qui durent une heure sur une bride, une selle, etc.

Faire un *Dictionnaire des arts et de la peinture* (2) : thème commode. Travail séparé pour chaque article.

Autorités. — La peste pour les grands talents et la presque totalité du talent pour les médiocres. Elles sont des lisières qui aident tout le monde à marcher, quand on entre dans la carrière, mais elles laissent à presque tout le monde des marques ineffaçables. Les gens comme Ingres ne les quittent plus. Ils ne font pas un pas sans les invoquer. Ils sont comme des gens qui mangeraient de la bouillie toute leur vie; ainsi de suite.

---

(1) *Le Christ sur le lac de Génézareth.* (Voir *Catalogue Robaut*, n° 1214 à 1220.)

(2) Nous trouvons dans un fragment d'album publié dans le livre de M. Piron le passage suivant : « Le titre de dictionnaire est bien ambi- « tieux pour un ouvrage sorti de la tête d'une seule personne et n'em- « brassant naturellement que ce qu'il est possible à un homme d'embrasser « de connaissances; si l'on ajoute à cela que ses connaissances sont loin « d'être complètes et sont même très insuffisantes en ce qui touche un « nombre considérable d'objets importants qui ressortent de la matière « traitée. » (*Eugène Delacroix, sa vie et son œuvre.*)

— Dumas, ce matin, commence ainsi l'analyse de la pièce d'*Antony*, dans la *Presse :* « Cette pièce a donné lieu à de telles controverses, que je demande la permission de ne pas l'abandonner ainsi ; d'ailleurs, non seulement c'est mon œuvre la plus originale, mon œuvre la plus personnelle, mais encore c'est une de ces œuvres rares qui ont une influence sur leur époque. »

Dîné chez Halévy, à Fromont (1) ; je suis toujours sourd comme un pot : heureusement que l'indisposition va changeant de côté et se porte tantôt à droite, tantôt à gauche. Il y avait là Viegra, Vatel, l'ancien directeur des Italiens, etc. Comment entretiendront-ils cette magnifique habitation ?... Hier, le général Parchappe (2) répondait à mon admiration pour ce beau lieu, en disant que la maison était pitoyable, et qu'il fallait la rebâtir pour la rendre habitable.

Mercredi 12 *octobre.* — Dîné chez Mme Barbier. Mme Villot revenue le soir ; j'ai parlé imprudemment, avec certains regrets, des restaurations des tableaux du Musée : le grand Véronèse, que ce malheureux Villot a tué sous lui (3), a été un texte sur lequel je n'ai pas trop insisté, en voyant avec quelle

(1) Commune de Ris-Orangis, près de Corbeil.

(2) Le général de division *Parchappe* avait fait les campagnes du premier Empire, puis les campagnes d'Afrique de 1839 à 1841. Mis à la retraite en 1851, il s'était fait nommer député au Corps législatif.

(3) Il s'agit ici des lamentables restaurations que M. Villot fit subir à certaines toiles du Musée du Louvre.

chaleur elle défendait la science de son mari. Elle ne
lui trouve probablement que cette qualité, et elle
l'en pare comme de raison. Elle m'a dit qu'en fait de
restauration, il ne se donnait pas un coup de pinceau,
à moins que M. Villot ne prît lui-même la palette.
Grande recommandation, à ce qu'on peut croire!

Dans la journée, travaillé un peu mollement, et
pourtant avec succès, à la petite *Sainte Anne*. Le
fond refait sur des arbres que j'ai dessinés il y a deux
ou trois jours, à la lisière de la forêt vers Draveil, a
changé tout ce tableau. Ce peu de nature prise sur
le fait, et qui pourtant s'encadre avec le reste, lui a
donné un caractère. J'ai repris également pour les
figures, les croquis faits à Nohant d'après nature,
pour le tableau de Mme Sand. J'y ai gagné de la naïveté et de la fermeté dans la simplicité.

De l'emploi du modèle. — C'est cet effet qu'il faut
obtenir de l'emploi du modèle et de la nature en
général ; c'est aussi la chose la plus rare dans la
plupart des tableaux où le modèle joue un grand rôle.
Il tire tout à lui, et il ne reste plus rien du peintre.
Chez un homme très savant et très intelligent à la
fois, son emploi bien entendu supprime, dans le
rendu, les détails que le peintre, qui fait d'idée,
prodigue toujours trop, de peur d'omettre quelque
chose d'important, et qui empêche de toucher franchement et de mettre dans tout leur jour les détails
vraiment caractéristiques. Les ombres, par exemple,
sont toujours trop détaillées dans la peinture faite

d'idée, dans les arbres particulièrement, dans les draperies, etc.

Rubens est un exemple remarquable de l'abus des détails. Sa peinture, où l'imagination domine, est surabondante partout; ses accessoires sont trop faits; son tableau ressemble à une assemblée où tout le monde parle à la fois. Et cependant, si vous comparez cette manière exubérante, je ne dirai pas à la sécheresse et à l'indigence modernes, mais à de très beaux tableaux où la nature a été imitée avec sobriété et plus d'exactitude, vous sentez bien vite que le vrai peintre est celui chez lequel l'imagination parle avant tout.

Jenny me disait hier, avec son grand bon sens, quand nous étions dans la forêt et que je lui vantais la forêt de Diaz, « que l'imitation exacte n'en était que plus froide », et c'est la vérité! Ce scrupule exclusif de ne montrer que ce qui se montre dans la nature rendra toujours le peintre plus froid que la nature qu'il croit imiter; d'ailleurs, la nature est loin d'être toujours intéressante au point de vue de l'effet de l'ensemble. Si chaque détail offre une perfection, que j'appellerai inimitable, en revanche la réunion de ces détails présente rarement un effet équivalent à celui qui résulte, dans l'ouvrage du grand artiste, du sentiment de l'ensemble et de la composition (1). C'est ce qui me faisait dire tout à

(1) Nous avons tenté dans notre Étude de résumer les idées du maître sur ce point intéressant d'esthétique. Ce passage et tout ce qui suit con-

l'heure que, si l'emploi du modèle donnait au tableau
quelque chose de frappant, ce ne pouvait être que
chez des hommes très intelligents : en d'autres termes,
qu'il n'y avait que ceux qui savent faire de l'effet,
en se passant du modèle, qui puissent véritablement
en tirer parti, quand ils le consultent.

Que sera-ce d'ailleurs, si le sujet comporte beaucoup de pathétique ? Voyez comme, dans de pareils
sujets, Rubens l'emporte sur tous les autres ! Comme
la franchise de son exécution, qui est une conséquence
de la liberté avec laquelle il imite, ajoute à l'effet qu'il
veut produire sur l'esprit !... Voyez cette scène intéressante, qui se passera, si vous voulez, autour du lit
d'une femme mourante : rendez, s'il est possible, sai-
sissez par la photographie, cet ensemble ; il sera déparé par mille côtés. C'est que, suivant le degré de
votre imagination, la scène vous paraîtra plus ou
moins belle ; vous serez poète plus ou moins, dans cette
scène où vous êtes acteur ; vous ne voyez que ce qui
est intéressant, tandis que l'instrument aura tout mis.

Je fais cette observation et je corrobore toutes celles
qui précèdent, c'est-à-dire la nécessité de beaucoup
d'intelligence dans l'imagination, en revoyant les croquis faits à Nohant pour la *Sainte Anne :* le premier,
fait d'après nature, est insupportable, quand je
revois le second, qui pourtant est presque le calque
du précédent, mais dans lequel mes intentions sont

stituent l'un des morceaux les plus importants sur lesquels nous nous
soyons appuyé.

plus prononcées et les choses inutiles éloignées, en introduisant aussi le degré d'élégance que je sentais nécessaire pour atteindre à l'impression du sujet.

Il est donc beaucoup plus important pour l'artiste de se rapprocher de l'idéal qu'il porte en lui, et qui lui est particulier, que de laisser, même avec force, l'idéal passager que peut présenter la nature, et elle présente de telles parties ; mais encore un coup, c'est un tel homme qui les y voit, et non pas le commun des hommes, preuve que c'est son imagination qui fait le beau, justement parce qu'il suit son génie.

Ce travail d'idéalisation se fait même presque à mon insu chez moi, quand je recalque une composition sortie de mon cerveau. Cette seconde édition est toujours corrigée et plus rapprochée d'un idéal nécessaire ; ainsi, il arrive ce qui semble une contradiction et qui explique cependant comment une exécution trop détaillée comme celle de Rubens, par exemple, peut ne pas nuire à l'effet sur l'imagination. C'est sur un thème parfaitement idéalisé que cette exécution s'exerce ; la surabondance des détails qui s'y glissent, par suite de l'imperfection de la mémoire, ne peut détruire cette simplicité bien autrement intéressante qui a été trouvée d'abord dans l'exposition de l'idée, et, comme nous venons de le voir à propos de Rubens, la franchise de l'exécution achève de racheter l'inconvénient de la prodigalité des détails. Que si, au milieu d'une telle composition, vous introduisez une partie faite avec grand soin d'après le modèle, et si vous le faites sans occasionner un désaccord complet, vous aurez accompli le plus grand des tours de force, accordé ce qui semble inconciliable ; en quelque sorte, c'est l'introduction de la réalité au milieu d'un songe ; vous aurez réuni deux arts différents, car l'art du peintre vraiment idéaliste est aussi différent de celui du froid copiste que la déclamation de Phèdre est éloignée de la lettre d'une grisette à son amant. La plupart de ces peintres, qui sont si scrupuleux dans l'emploi du modèle, n'exercent la plupart du temps leur talent de le copier avec fidélité que sur des compositions mal digérées et sans intérêt. Ils croient avoir tout fait, quand ils ont reproduit des têtes, des mains, des accessoires imités servilement et sans rapport mutuel.

— Fait une promenade avec Jenny vers le chêne Prieur. Sortis par la lisière de la forêt et revenus par la grande allée. Ces bruyères, ces fougères, cette herbe fine et verte rappelaient à la pauvre femme son pays et sa jeunesse.

— Sur l'*imitation de la nature,* ce grand point de départ de toutes les écoles et sur lequel elles se divisent profondément, aussitôt qu'elles l'interprètent, toute la question semble réduite à ceci : l'imitation est-elle faite en vue de plaire à l'imagination ou de satisfaire simplement une sorte de conscience d'une singulière espèce, qui consiste, pour l'artiste, à être content de lui quand il a copié, aussi exactement que possible, le modèle qu'il a sous les yeux ?

Jeudi 13 *octobre.* — Travaillé beaucoup au *Christ dormant dans la tempête*, pour Petit (1). Sorti vers trois heures et fait une longue course dans la forêt, dans les coupes des environs du chêne d'Antain.

Vendredi 14 *octobre.* — C'était aujourd'hui la corvée de R... à Paris. Je suis parti le matin chez Mme Villot pour m'excuser de lui avoir manqué de parole hier; elle m'a parlé de la situation de H. V...

Impossibilité de voyager dans ces maudits chemins de fer sans être assassiné par la conversation. J'y ai trouvé un personnage que j'ai vu autrefois chez Mme Marliani, et que j'avais déjà rencontré dans cette maudite voiture... Bavardages sans fin sur le gothique, etc.

En revenant, de même, mon confrère Chevalier, que je révère, m'a trouvé dans l'omnibus et reconduit jusqu'à Ris. J'étais obligé de me tourner vers lui, pendant que je mourais d'envie de voir le paysage : il m'a gâté tout le plaisir de mon retour. J'étais encore destiné à une autre rencontre : Mme Villot, son frère, ses frères, que sais-je? étaient allés au-devant du cher M. Villot ; il a fallu poliment remonter avec eux.

Samedi 15 *octobre.* — Dîné chez Mme Villot. Il a été question de peinture à l'huile d'olive.

Si cette invention eût été faite il y a trente ans,

(1) *Francis Petit,* l'expert bien connu, qui figure au testament de Delacroix.

ainsi que celle du daguerréotype, peut-être ma carrière eût-elle été plus remplie. La facilité de peindre à chaque instant, sans avoir l'ennui de palette, ensuite l'instruction que donne le daguerréotype à un homme qui peint de mémoire, sont des avantages inestimables.

Dimanche 16 *octobre*. — Achevé ou presque achevé le *Weislingen*. Promenade vers Soisy par la forêt. Vu les derrières du parc Vandeuil (actuel) : il y a des effets superbes. — Plus loin, en remontant, j'ai dessiné un site superbe.

Lu un article des Mémoires de Dumas sur Trouville, où il y a des choses charmantes... Que manque-t-il à ces gens-là? du goût, du tact, l'art de choisir dans tout ce qui leur vient et celui de savoir s'arrêter à propos. Il est probable qu'ils ne travaillent pas ; leur suffirait-il de travailler, pour acquérir ce qui leur manque?... Je ne le crois pas.

Lundi 17 *octobre*. — Après une journée de travail et un peu, je crois, de sommeil, parti tard vers Soisy. La pluie a détrempé les routes. J'ai fait le croquis du lavoir au soleil couchant. Descendu dans la ruelle où j'avais une fois trouvé un chat charmant. Rencontré Baÿvet en revenant. Voilà un homme à l'ancienne mode, à la mienne : il était pataugeant sur la route comme moi, et visitant ses travaux ; il portait de vieux habits dont son domestique ne voudrait certes pas ; son

pantalon était retroussé de peur de la crotte. C'est
ainsi qu'on faisait quand on désirait ne pas se gêner
chez soi ou à la campagne. M. X... ou M. Y..., enfin
tel sot à la moderne, serait bien malheureux d'être
rencontré dans l'équipage où le pauvre Baÿvet se pro-
menait tranquillement avec la conscience tranquille
de ses cent mille livres de revenu, au milieu de tout
cela.

J'éprouve tous les jours, et particulièrement quand
il fait du soleil, un charme pénétrant en ouvrant ma
fenêtre ; il y a dans le spectacle de la tranquillité de
la nature un attrait plus particulier encore pour
l'homme qui vieillit et qui apprécie la tranquillité et le
calme. Il me semble que ce spectacle est fait pour
moi. Une ville ne peut rien offrir de semblable : partout l'agitation qui ne convient qu'à la sotte jeunesse.

— J'écris à Piron :

« Je ne voulais venir ici que pour cinq ou six jours ;
en voilà bientôt quinze que j'y suis, et je ne pense pas
à revenir. La campagne m'est nécessaire de temps en
temps. Comme j'y travaille, elle ne m'assomme pas,
comme ceux qui se condamnent à y passer six mois
de suite. Les gens du monde y vont mécaniquement
au mois de juillet, et ils en reviennent en décembre ;
moi, j'y vais quinze jours de temps en temps et de loin
en loin. Plus il y a longtemps que je n'y ai été, plus
j'en jouis ; j'aime aussi à y mener une vie opposée à
celle de Paris ; j'abhorre les visites et les dérange-
ments des voisins... Cette nature que je vois rarement

me parle alors et me renouvelle. Une promenade dans la forêt, après que j'ai consacré ma matinée au travail, est un véritable délice, mais il faut absolument faire quelque chose. »

— *Toujours sur l'emploi du modèle et sur l'imitation.*

Jean-Jacques dit avec raison qu'on peint mieux les charmes de la liberté quand on est sous les verrous, qu'on décrit mieux une campagne agréable quand on habite une ville pesante et qu'on ne voit le ciel que par une lucarne et à travers les cheminées. Le nez sur le paysage, entouré d'arbres et de lieux charmants, mon paysage est lourd, trop fait, peut-être plus vrai dans le détail, mais sans accord avec le sujet. Quand Courbet a fait le fond de la femme qui se baigne, il l'a copié scrupuleusement d'après une étude que j'ai vue à côté de son chevalet. Rien n'est plus froid; c'est un ouvrage de marqueterie. Je n'ai commencé à faire quelque chose de passable, dans mon voyage d'Afrique, qu'au moment où j'avais assez oublié les petits détails pour ne me rappeler dans mes tableaux que le côté frappant et poétique; jusque-là, j'étais poursuivi par l'amour de l'exactitude, que le plus grand nombre prend pour la vérité.

— J'ai travaillé toute la journée par la pluie à la petite *Sainte Anne,* et j'ai fait une esquisse du *Soleil couchant* que j'ai dessiné hier, au lavoir.

Petit tour avant dîner, malgré les mauvais chemins dans la forêt, le long de Baÿvet, avec ma bonne et pauvre Jenny (1), dont la santé paraît meilleure et m'enchante... Quel profond bon sens dans cette fille de la nature, et quelle vertu au fond de ses préjugés les plus singuliers!

J'avais refusé le dîner de Mme Villot; j'ai été la joindre et sa société, comme elle était au dessert, et nous avons achevé la soirée chez Mme Barbier. J'ai ri aux larmes presque tout le temps, aussi bien de ce que je lui disais que de ce qu'elle me répondait. Elle m'a raconté l'aventure de son ami Chevigné, qui vient un de ces jours derniers pour la voir, et qui trouve dans le chemin de fer cet être antipathique qui se trouvait venir aussi chez elle et qu'il voyait par conséquent sans cesse à ses côtés ou devant lui tout le temps, y compris la voiture qui devait les ramener du chemin de fer chez elle.

Le livre de Véron (2) était là sur la table... Une femme qui n'est pas sotte, et qui est là, le trouve ennuyeux; c'est une façon d'exprimer qu'il lui a déplu, et il déplaira à la moindre personne qui a quelque notion de ce que c'est qu'une chose passable. Nulle philosophie (grand article sur ce mot à propos des arts en général : sans cette philosophie que j'entends, nulle durée pour le livre ou pour le tableau, ou plutôt nulle existence); ce tas d'anecdotes, les

(1) On sait que Delacroix laissa par testament à *Jenny Le Guillou* une somme de cinquante mille francs, en outre de ce qui serait à sa convenance dans son mobilier, et du beau portrait qu'elle-même légua à sa mort au Musée du Louvre.

(2) *Mémoires d'un bourgeois de Paris.*

unes intéressantes, les autres niaises et dignes d'amuser des laquais; des nomenclatures, des répétitions textuelles de pièces historiques, qui sont partout, pour qui veut les y aller chercher, ne constituent pas un livre. C'est une anonyme réunion de pièces de toutes couleurs, auxquelles il a ôté la couleur en les ajustant... Quoi! pas une réflexion pour souder un fait à un autre, ou plutôt quelles réflexions!... Car je me trompe : il met du sien de temps en temps; mais quelle vulgarité! Le pauvre homme a donné prématurément sa mesure. Après avoir pris la peine de nous ôter la pensée qu'il était capable d'écrire quelque chose qui eût le sens commun, il s'amuse même à détruire ce faible prestige qui l'entourait, à savoir qu'il avait quelque capacité pour les affaires, et que son savoir-faire du moins l'avait conduit à la fortune... Point du tout; il établit que toutes ses combinaisons pour faire ses affaires ont été déjouées par le hasard, et que c'est le même hasard qui l'a fait réussir souvent par les moyens les plus inattendus et les plus opposés à ses prévisions.

Je n'ai, dans le jugement que je porte, nulle animosité; au contraire, je l'aime beaucoup, malgré ses airs cavaliers; mais ils sont inséparables du parvenu. Je crois qu'il perdra beaucoup à ce livre malencontreux. Il gagnait beaucoup, au contraire, à ne pas le publier, mais à laisser croire qu'il s'en occupait. Il confirme malheureusement tout ce que les gens plus fins que le vulgaire pouvaient augurer de lui... Je l'ai

toujours pensé plus important par son air que par
ses qualités réelles.

Un certain tact m'a rarement trompé; j'écrivais
ici, il y a quelque temps, sur la quantité des hommes
médiocres; mais que de degrés encore dans la médiocrité! En voici un de la dernière catégorie! J'entends
parmi ceux qui se piquent d'œuvres d'esprit. Il sert à
faire voir la valeur de ceux qui sont des chefs de bande,
comme Dumas, par exemple, dont il est tant question depuis quelques jours. Mis en regard de Véron,
Dumas paraît un grand homme, et je ne doute pas
que ce ne soit son opinion à lui-même; mais qu'est-ce
que Dumas et presque tout ce qui écrit aujourd'hui, en
comparaison d'un prodige tel que Voltaire, par
exemple? Que deviennent, à côté de cette merveille
de lucidité, d'éclat et de simplicité tout ensemble,
ce bavardage désordonné, cet alignement sans fin de
phrases et de volumes semés de bonnes et de détestables choses, sans frein, sans loi, sans sobriété, sans
ménagement pour le bon sens du lecteur! Celui-là
donc est médiocre dans l'emploi de facultés qui sont
pourtant au-dessus de l'ordinaire; ils se ressemblent
tous... La pauvre Aurore (1) elle-même lui donne la
main pour des défauts analogues, à côté de qualités
de beaucoup de valeur. Ils ne travaillent ni l'un ni
l'autre, mais ce n'est pas par paresse. Ils ne peuvent
pas travailler, c'est-à-dire élaguer, condenser, résu-

(1) *George Sand.*

mer, mettre de l'ordre. La nécessité d'écrire à tant la
page est la funeste cause qui minerait de plus robustes
talents encore. Ils battent monnaie (1) avec les volumes qu'ils entassent; le chef-d'œuvre est aujour-
d'hui impossible.

Jeudi 20 *octobre.* — Quelle adoration que celle que
j'ai pour la peinture! Le seul souvenir de certains
tableaux me pénètre d'un sentiment qui me remue de
tout mon être, même quand je ne les vois pas, comme
tous ces souvenirs rares et intéressants qu'on retrouve
de loin en loin dans sa vie, et surtout dans les toutes
premières années.

Hier je revenais de Fromont, où je me suis fort
ennuyé : j'arrive chez Mme Villot, à qui j'avais à rapporter son ombrelle de la part des habitants de Fromont. Elle était là avec Mme Pécourt, qui a parlé des
tableaux de son mari (2). Là-dessus, Mme V... a
rappelé quelques-uns de ceux de Rubens qu'elle a vus
à Windsor. Elle a parlé d'un grand portrait équestre,
d'une de ces grandes figures d'autrefois, armées de
toutes pièces, avec un jeune homme près de lui. Il
m'a semblé que je le voyais. Je sais beaucoup de ce que

---

(1) Ce jugement dans lequel Delacroix réunit Véron, Dumas et
George Sand, rappelle un fragment d'étude de *Barbey d'Aurevilly* sur
George Sand, où il parle de cette littérature *dont elle a fait métier et mar-*
chandise. Nul passage dans le Journal du maître ne nous semble mieux
venir à l'appui de ce que nous avons dit dans notre Étude à propos de
ses appréciations sur les contemporains.

(2) *Pécourt,* peintre demeuré obscur.

Rubens a fait, et crois savoir tout ce qu'il peut faire.
Ce seul souvenir d'une femmelette qui certes n'a pas
éprouvé, en voyant le tableau, l'émotion que je ressens seulement en me le figurant, sans l'avoir vu, a
réveillé en moi les grandes images de ceux qui ont
tant frappé ma jeunesse à Paris, au Musée Napoléon,
et en Belgique, dans les deux voyages que j'y ai faits.

Gloire à cet Homère (1) de la peinture, à ce père
de la chaleur et de l'enthousiasme dans cet art où il
efface tout, non pas, si l'on veut, par la perfection
qu'il a portée dans telle ou telle partie, mais par cette
force secrète et cette vie de l'âme qu'il a mise partout. Chose singulière! le tableau qui m'a peut-être
donné la sensation la plus forte, l'*Élévation en
croix*, n'est pas celui où brillent le plus les qualités
qui lui sont propres et où il est incomparable. Ce
n'est ni par la couleur, ni par la délicatesse ou la
franchise de l'exécution que ce tableau l'emporte sur
les autres, et, chose bizarre, c'est par des qualités
italiennes, qui chez les Italiens ne me ravissent pas au
même degré; et je trouve à propos de me rendre
compte ici du sentiment tout à fait analogue que j'ai
éprouvé devant les batailles de Gros et devant la
Méduse, surtout quand je l'ai vue à moitié faite. C'est
quelque chose de sublime, qui tient en partie à la
grandeur des personnages. Les mêmes tableaux en
petite dimension me produiraient, j'en suis sûr, un

---

(1) Rubens est certainement celui de tous les peintres qu'il a le plus
constamment vanté.

tout autre effet. Il y a aussi dans celui de Rubens et dans celui de Géricault un je ne sais quoi de style michelangesque qui ajoute encore à l'effet que produit la dimension des personnages et leur donne quelque chose d'effrayant. La proportion entre pour beaucoup dans le plus ou moins de puissance d'un tableau. Non seulement, comme je le disais, ces tableaux ne seraient qu'ordinaires dans l'œuvre du maître exécutée en petit; mais même grands simplement comme nature, ils n'atteindraient pas à l'effet sublime. La preuve, c'est que la gravure du tableau de Rubens ne me le produit nullement.

Je dois dire que la dimension ne fait pas tout, car plusieurs de ses tableaux où les figures sont très grandes ne me donnent pas ce genre d'émotion, qui est le plus élevé pour moi; je ne puis dire non plus que ce soit exclusivement quelque chose de plus italien dans le style, car les tableaux de Gros qui n'en offrent point de trace et qui ne sont qu'à lui, me transportent au même degré dans cette situation de l'âme que je trouve la plus puissante que cet art puisse inspirer. C'est un mystère curieux que celui de ces impressions produites par les arts sur des organisations sensibles : confuses impressions, si on veut les décrire, pleines de force et de netteté, si on les éprouve de nouveau, seulement par le souvenir! Je crois fortement que nous mêlons toujours de nous-mêmes dans ces sentiments qui semblent venir des objets qui nous frappent. Il est probable que ces

ouvrages ne me plaisent tant que parce qu'ils répon-
dent à des sentiments qui sont les miens; et puisque,
quoique dissemblables, ils me donnent le même degré
de plaisir, c'est que le genre d'effet qu'ils produisent,
j'en retrouve la source en moi.

Ce genre d'émotion propre à la peinture est *tangible* en quelque sorte; la poésie et la musique ne
peuvent le donner. Vous jouissez de la représentation
réelle de ces objets, comme si vous les voyiez véritablement, et en même temps le sens que renferment
les images pour l'esprit vous échauffe et vous transporte. Ces figures, ces objets, qui semblent la chose
même à une certaine partie de votre être intelligent,
semblent comme un pont solide sur lequel l'imagination s'appuie pour pénétrer jusqu'à la sensation
mystérieuse et profonde dont les formes sont en
quelque sorte l'hiéroglyphe, mais un hiéroglyphe
bien autrement parlant qu'une froide représentation, qui ne tient que la place d'un caractère d'im-
primerie : art sublime dans ce sens, si on le compare à celui où la pensée n'arrive à l'esprit qu'à
l'aide des lettres mises dans un ordre convenu;
art beaucoup plus compliqué, si l'on veut, puisque le
caractère n'est rien et que la pensée semble être tout,
mais cent fois plus expressif, si l'on considère qu'indépendamment de l'idée, le signe visible, hiéroglyphe
parlant, signe sans valeur pour l'esprit dans l'ouvrage
du littérateur, devient chez le peintre une source de
la plus vive jouissance, c'est-à-dire la satisfaction

que donnent, dans le spectacle des choses, la beauté,
la proportion, le contraste, l'harmonie de la couleur,
et tout ce que l'œil considère avec tant de plaisir dans
le monde extérieur, et qui est un besoin de notre
nature.

Beaucoup de gens trouveront que c'est précisément dans cette simplification du moyen d'expression que consiste la supériorité de la littérature. Ces
gens-là n'ont jamais considéré avec plaisir un bras,
une main, un torse de l'antique ou du Puget (1);
ils aiment la sculpture encore moins que la peinture,
et ils se trompent étrangement s'ils pensent que
quand ils ont écrit : *un pied* ou *une main*, ils ont
donné à mon esprit la même émotion que celle que
j'éprouve quand je vois un beau pied ou une belle
main... Les arts ne sont point de l'algèbre où l'abré-
viation des figures concourt au succès du problème ;
le succès dans les arts n'est point d'abréger, mais
d'amplifier, s'il se peut, de prolonger la sensation, et
par tous les moyens... Qu'est-ce que le théâtre ? Un
des témoignages les plus certains de ce besoin de
l'homme d'éprouver à la fois le plus d'émotions possible ! Il réunit tous les arts pour sentir davantage :
la pantomime, le costume, la beauté de l'acteur,
doublent l'effet de l'ouvrage parlé ou chanté. La
représentation du lieu dans lequel se passe l'ac-

(1) Voir l'étude qu'il consacra à ce maître. Elle fut publiée dans le
Plutarque français et réunie aux autres fragments critiques dans le volume
de M. Piron, déjà cité.

tion augmente encore tous ces genres d'impression.

On comprend donc tout ce que j'ai dit de la *puissance de la peinture.* Si elle n'a qu'un moment, elle
concentre l'*effet* de ce moment; le peintre est bien
plus maître de ce qu'il veut exprimer que le poète ou
le musicien livré à des interprètes ; en un mot, si son
souvenir ne s'exerce pas sur autant de parties, il produit un effet parfaitement un et qui peut satisfaire
complètement; en outre, l'ouvrage du peintre n'est
pas soumis aux mêmes altérations, quant à la manière
dont il peut être compris dans des temps différents.
La mode qui change, les préjugés du moment,
peuvent faire envisager différemment sa valeur ; mais
enfin il est toujours le même ; il reste tel que l'artiste
a voulu qu'il fût, tandis qu'il n'en est pas de même
d'un ouvrage livré à l'interprétation, comme les ouvrages de théâtre. Le sentiment de l'artiste n'étant
plus là pour guider les acteurs ou les chanteurs, l'exécution ne peut plus répondre à l'intention primitive :
l'accent disparaît, et avec lui la partie la plus délicate.
Heureux encore l'auteur, quand on ne mutile pas son
ouvrage, affront auquel il est exposé même de son
vivant! Le changement seul d'un acteur change toute
la physionomie.

21 *octobre.* — Les Arago (1), Bixio, etc., dînaient

---

(1) *François Arago* venait de mourir le 2 octobre 1853. En mention-
nant les Arago, Delacroix veut parler ici de ses deux fils, *Emmanuel* et
Alfred Arago, et de ses deux frères survivants, *Jacques* et *Étienne Arago.*

chez Mme Villot; j'y étais invité, mais je vis encore un peu de régime et n'y ai été qu'après.

22 *octobre.* — Villot et sa femme venus, en arrivant de Paris, lui du moins. Je devais y aller le soir, mais j'ai préféré une grande promenade ravissante vers Draveil.

23 *octobre.* — Dîné chez les Barbier, sorti vers dix heures pendant que tout le monde était occupé à jouer, et j'ai fait, par le plus beau clair de lune, la même promenade que la veille, mais encore plus charmante.

Promenade dans la forêt avec Jenny.

Lundi **24** *octobre.* — Travaillé jusqu'à quatre heures; je ne suis sorti qu'à peine une heure, mais j'en ai joui délicieusement. Descendu par la ruelle, le long du jardin Barbier. Admiré les grands arbres près du bord de la Seine. Mille aspects charmants de la pente de Champrosay, etc.

C'est bien là qu'on sent l'impuissance de l'art d'écrire. Avec un pinceau, je ferai sentir à tout le monde ce que j'ai vu, et une description ne montrera rien à personne.

Le soir, encore vers Draveil; mais le brouillard s'étendait sur toute la vallée de la Seine, et la lune se levait si tard que je n'ai pu en jouir.

Depuis deux ou trois jours, les journées sont si ravissantes que je passerais volontiers tout le temps à ma fenêtre. Je suis sorti quelques instants par le jardin et j'ai été m'asseoir avec enchantement, sous ce soleil si doux, en face de Trousseau.

Mardi 25 *octobre*. — Je n'écris pas tous ces jours-ci, parce que j'ai trop à écrire. Le temps est si rempli par mon travail et un peu de promenade, que quand je me mets à en écrire trop long ici, je n'ai plus le même entrain pour travailler.

J'ai tenu la petite *Sainte Anne* la matinée, en entremêlant le travail de petites promenades dans le jardin. J'adore ce petit potager : cette vigne jaunissante, ces tomates le long du mur, ce soleil doux sur tout cela, me pénètrent d'une joie secrète, d'un bien-être comparable à celui qu'on éprouve quand le corps est parfaitement en santé. Mais tout cela est fugitif; je me suis trouvé une multitude de fois dans cet état délicieux, depuis les vingt jours que je passe ici.

Il semble qu'il faudrait une marque, un souvenir particulier pour chacun de ces moments, ce soleil qui envoie les derniers rayons de l'année sur ces fleurs et sur ces fruits, cette belle rivière que je voyais aujourd'hui et hier couler si tranquillement en réfléchissant le ciel du couchant, et la poétique solitude de Trousseau, ces étoiles que je vois dans mes promenades de chaque soir briller comme des diamants au-dessus et à travers les arbres de la route.

Le soir, chez Mme Barbier, où elle a lu des *Mémoires* de Véron... Ai-je été trop sévère en en parlant il y a deux ou trois jours? Quoique je ne connaisse encore que ces passages détachés, je ne le pense pas.

Qu'est-ce que les mémoires d'un homme vivant sur des vivants comme lui? Ou il faut qu'il se mette tout le monde à dos en disant sur chacun ce qu'il y a à dire, et un pareil projet mènerait loin, ou il prendra le parti de ne dire que du bien de tous ces gens qu'il coudoie et avec lesquels il se rencontre à chaque moment. De là la fastidieuse nécessité d'appeler à son secours les anecdotes qui traînent partout, ou qui, pour lui avoir été communiquées, n'en sont pas plus intéressantes, parce que tout cela ne se tient point, en un mot que ce ne sont pas ses mémoires, c'est-à-dire ses *véritables* et *sincères* jugements sur les hommes de son temps. Ajoutez à cela l'absence de toute composition et la banalité du style, que Barbier admire pourtant beaucoup.

Mercredi 26 octobre. — Le *Spectateur* parle de ce qu'il appelle *génies de premier ordre,* tels que Pindare, Homère, la Bible, — confus au milieu de choses sublimes et inachevées, — Shakespeare, etc.; puis de ceux dans lesquels il voit plus d'art, tels que Virgile, Platon, etc...

Question à vider! Y a-t-il effectivement plus à s'émerveiller dans Shakespeare, qui mêle à des traits

surprenants de naturel des conversations sans goût
et interminables, que dans Virgile et Racine, où
toutes ces inventions sont à leur place et exprimées
avec une forme convenable? Il me semble que le dernier cas est celui qui offre le plus de difficultés; car
vous n'exceptez pas ceux de ces divers génies qui
sont plus conformes à ce que le *Spectateur* appelle
les règles de l'art, de vérité et de vigueur dans leurs
peintures.

A quoi servirait le plus beau style et le plus fini
sur des pensées informes ou communes? Les premiers
de ces hommes remarquables sont peut-être comme
ces mauvais sujets auxquels on pardonne de grandes
erreurs en faveur de quelques bons mouvements.
C'est toujours l'histoire de l'ouvrage fini comparé à
son ébauche — dont j'ai déjà parlé, — du monument
qui ne montre que ses grands traits principaux, avant
que l'achèvement et le coordonnement de toutes les
parties lui aient donné quelque chose de plus arrêté et
par conséquent aient circonscrit l'effet sur l'imagination, laquelle se plaît au vague et se répand facilement, et embrasse de vastes objets sur des indications
sommaires. Encore, dans l'ébauche du monument,
relativement à ce qu'il présentera définitivement,
l'imagination ne peut-elle concevoir de choses trop
dissemblables avec ce que sera l'objet terminé, tandis
que dans les ouvrages des génies à la Pindare, il leur
arrive de tomber dans des monstruosités, à côté des
plus belles conceptions... Corneille est plein de ces

contrastes; Shakespeare de même... Mozart n'est
point ainsi, ni Racine, ni Virgile, ni l'Arioste. L'esprit ressent une joie continue, et, tout en jouissant
du spectacle de la passion de Phèdre ou de Didon,
il ne peut s'empêcher de savoir gré de ce travail
divin qui a poli l'enveloppe que le poète a donnée
à ses touchantes pensées. L'auteur a pris la peine
qu'il devait prendre pour écarter du chemin qu'il
me fait parcourir ou de la perspective qu'il me montre,
tous les obstacles qui m'embarrassent ou qui m'of-
fusquent.

Si des génies tels que les Homère et les Shakespeare
offrent des côtés si désagréables, que sera-ce des
imitateurs de ce genre abandonné et sans précision?
Le *Spectateur* les tance avec raison, et rien n'est
plus détestable; c'est de tous les genres d'imitation le plus sot et le plus maladroit. Je n'ai pas
dit que c'est surtout comme *génies originaux* que le
Spectateur exalte les Homère et les Shakespeare; ceci
serait l'objet d'un autre examen, dans leur comparaison avec les Mozart et les Arioste, qui ne me
paraissent nullement manquer d'originalité, bien que
leurs ouvrages soient réguliers.

Rien n'est plus dangereux que ces sortes de
confusions pour les jeunes esprits, toujours portés
à admirer ce qui est gigantesque plus que ce qui
est raisonnable. Une manière boursouflée et incor-
recte leur paraît le comble du génie, et rien n'est
plus facile que l'imitation d'une semblable manière...

On ne sait pas assez que les plus grands talents ne font
que ce qu'ils peuvent faire ; là où ils sont faibles ou
ampoulés, c'est que l'inspiration n'a pu les suivre,
ou plutôt qu'ils n'ont pas su la réveiller, et surtout
la contenir dans de justes bornes. Au lieu de dominer
leur sujet, ils ont été dominés par leur fougue ou par
une certaine impuissance de châtier leurs idées.
Mozart pourrait dire de lui-même, et il l'eût dit
probablement en style moins ampoulé :

Je suis maître de moi, comme de l'univers.

Monté sur le char de son improvisation, et semblable à Apollon au plus haut de sa carrière, comme
au début ou à la fin, il tient d'une main ferme les
rênes de ses coursiers, et dispense partout la lumière.

Voilà ce que les Corneille, emportés par des bonds
irréguliers, ne savent pas faire, de sorte qu'ils vous
surprennent autant par leurs chutes soudaines que
par les élans qui les font gravir de sublimes hauteurs.

Il ne faut pas avoir trop de complaisance, dans
les génies singuliers, pour ce qu'on appelle leurs
négligences, qu'il faut appeler plutôt leurs lacunes ;
ils n'ont pu faire que ce qu'ils ont fait. Ils ont souvent
dépensé beaucoup de sueurs sur des passages très
faibles ou très choquants. Ce résultat ne semble point
rare chez Beethoven, dont les manuscrits sont aussi
raturés que ceux de l'Arioste.

Il doit arriver souvent chez ces hommes que les
beautés viennent les chercher, sans qu'ils y pensent,

et qu'ils passent au contraire un temps considérable
à en atténuer l'effet par des redites et des amplifica-
tions déplacées.

Jeudi 27 *octobre.* — Impossibilité de travailler !...
Est-ce mauvaise disposition, ou bien l'idée que je pars
après-demain?

Promenades dans le jardin, et surtout station sous
les peupliers de Baÿvet ; ces peupliers et surtout les
peupliers de Hollande, jaunissant par l'automne, ont
pour moi un charme inexprimable. Je me suis étendu
à les considérer, se détachant sur le bleu du ciel, à
voir leurs feuilles s'enlever au vent et tomber près de
moi. Encore un coup, le plaisir qu'ils me faisaient
tenait à mes souvenirs et au souvenir des mêmes
objets, vus dans des temps où je sentais près de moi
des êtres aimés.

Ce sentiment est le complément de toutes les jouissances que peut donner le spectacle de la nature ; je
l'éprouvais l'année dernière, à Dieppe, en contem-
plant la mer : ici de même. Je ne pouvais m'arracher
de cette eau transparente sous ces saules, et surtout
de la vue du grand peuplier et des peupliers de
Hollande.

Contribué, en rentrant au jardin, à achever notre
vendange. Le soleil, quoique vif, me remplissait de
bien-être.

Je quitte ceci sans répugnance pour le travail et
la vie que je vais retrouver à Paris, mais sans las-

situde, et sentant à merveille que je pourrais passer
aussi bien plus de temps au milieu d'une solitude si
paisible et dépourvue de ce qu'on appelle des distractions. Pendant que j'étais couché sous ces chers peupliers, j'apercevais au loin, sur la route et au-dessus
de la haie de Baÿvet, passer les chapeaux et les figures
des élégants traînés dans leurs calèches que je ne
voyais pas à cause de la haie, allant à Soisy ou en
revenant, et occupés à chercher la distraction chez
leurs connaissances réciproques, faire admirer leurs
chevaux et leurs voitures et prendre part à l'insipide conversation dont se contentent les gens du
monde... Ils sortent de leurs demeures, mais ils ne
peuvent se fuir eux-mêmes ; c'est en eux que réside
ce dégoût pour tout délassement véritable, et l'implacable paresse, qui les empêche de se créer de
véritables plaisirs.

Le soir, je voulais aller chez Barbier ; dans la journée chez Mme Villot et le maire : une délicieuse
paresse m'en a empêché... Celle-là est excusable,
puisque j'y trouvais du plaisir.

Vendredi 28 *octobre.* — Ce matin, levé comme à
l'ordinaire, mais plein de l'idée que je n'avais à faire
que mes paquets. J'ai savouré de nouveau le plaisir
de ne rien faire.

Après avoir fait cent tours et regardé mes peintures, je me suis enfoncé dans mon fauteuil, au coin
de mon feu et dans ma chambre ; j'ai mis le nez

dans les *Nouvelles russes* (1); j'en ai lu deux : le
Fataliste et *Dombrowski*, qui m'ont fait passer
des moments délicieux. A part les détails de mœurs
que nous ne connaissons pas, je soupçonne qu'elles
manquent d'originalité. On croit lire des nouvelles de
Mérimée, et comme elles sont modernes, il n'y a pas
difficulté à être persuadé que les auteurs les connaissent. Ce genre un peu bâtard fait éprouver un plaisir étrange, qui n'est pas celui qu'on trouve chez les
grands auteurs... Ces histoires ont un parfum de réalité (2) qui étonne ; c'est ce sentiment qui a surpris
tout le monde, quand sont apparus les romans de
Walter Scott; mais le goût ne peut les accepter comme
des ouvrages accomplis.

Lisez les romans de Voltaire, *Don Quichotte*, *Gil-
Blas...* Vous ne croyez nullement assister à des
événements tout à fait réels, comme serait la relation d'un témoin oculaire... Vous sentez la main
de l'artiste et vous devez la sentir, de même que
vous voyez un cadre à tout tableau. Dans ces
ouvrages, au contraire, après la peinture de certains
détails qui surprennent par leur apparente naïveté,
comme les noms tout particuliers des personnages,
des usages insolites, etc., il faut bien en venir à une

(1) Les *Nouvelles russes*, de Nicolas Gogol, avaient été en 1845 traduites et publiées par M. L. Viardot.

(2) Il est intéressant de remarquer ici comment Delacroix a su, d'un
mot caractéristique, définir et analyser cette littérature russe qui faisait
alors une timide apparition et qui allait soulever vingt ans plus tard un
si grand mouvement de curiosité.

fable plus ou moins romanesque qui détruit l'illusion. Au lieu de faire une peinture vraie sous les noms de Damon et d'Alceste, vous faites un roman comme tous les romans, qui paraît encore plus tel, à cause de la recherche de l'illusion portée seulement dans des détails secondaires. Tout Walter Scott est ainsi. Cette apparente nouveauté a plus contribué à son succès que toute son imagination, et ce qui vieillit aujourd'hui ses ouvrages et les place au-dessous des fameux que j'ai cités, c'est précisément cet abus de la vérité dans les détails. (*Se rattacherait à l'article sur l'imitation, plus haut.*)

Paris, samedi 9 octobre. — Parti pour Paris à onze heures par l'omnibus du chemin de fer de Lyon. Trouvé Minoret jusqu'à Draveil.

Dimanche 30 octobre. — Travaillé à retoucher les tableaux qu'on m'a demandés. Les occupations que je trouve ici vont bien interrompre toutes ces écritures; je le regrette; elles fixent quelque chose de ce qui passe si vite, de tous ces mouvements de chaque jour dans lesquels on retrouve ensuite des encouragements ou des consolations.

Lundi 31 octobre. — Le pauvre Zimmermann (1) est mort; j'ai passé chez lui un instant, et n'ai pu

(1) *Zimmermann* (1785-1853), compositeur, élève de Boïeldieu, fut de 1816 à 1848, professeur de piano au Conservatoire.

rester. J'avais donné rendez-vous à Andrieu et j'étais impatient de retourner à mon travail. Je n'y suis arrivé que vers une heure.

Vendredi 4 novembre. — Toute cette semaine, repris avec beaucoup d'ardeur les parties à corriger ou à achever à l'Hôtel de ville.

Samedi 5 novembre. — *Sur le fléau des longs articles.* Les hommes qui savent ce qu'ils ont à dire écrivent bien.

— *Sur la facilité des femmes à écrire.* Voir antérieurement dans ce calepin. Ce serait sur les difficultés supérieures que présente la peinture. Le mot de Chardin et de Titien : *Toute la vie pour apprendre...* Au reste, les difficultés sont relatives à la constitution particulière des esprits.

Lundi 7 novembre. — Dîné chez Pierret avec Préault. Je crains, pour ce pauvre garçon, qu'on ne le couche en joue pour les filles de la maison.

J'étais déjà fatigué de ma journée.

Mardi 8 novembre. — Je me suis reposé tout ce jour; je crains mes malaises de l'estomac.

Jeudi 10 novembre. — Voici un savant américain (*Moniteur* de ce jour) qui, à la suite de sondages entrepris et exécutés dans plusieurs points de la mer, établit que la lune n'influe nullement sur les marées, comme les savants de toutes les écoles se sont accordés pour le croire. Quel scandale! Je les vois d'ici lever les épaules avec un souverain mépris pour la théorie de ce faux frère, qui vient les déranger dans les assertions et ébranler la foi dans les anciens. Selon l'Américain, le fond de la mer est rempli d'inégalités comme la surface de la terre, ce qui ne surprendra personne apparemment; mais il ajoute que les volcans sous-marins creusent çà et là de temps en temps d'épouvantables cavernes qui attirent et qui rejettent les eaux, et sont cause des marées. Je ne suis ni pour ni contre la lune, mais la théorie nouvelle me semble bien hasardée. Comment s'expliquer la régularité des marées avec ces cavernes qui sont creusées par des accidents irréguliers, comme sont les explosions de volcans? Je suis néanmoins bien aise qu'il vienne de temps en temps quelque homme assez hardi pour rompre en visière à ces docteurs si sûrs de doctrines qu'ils n'ont pas inventées, en étant incapables, et qui jurent, les yeux fermés, sur la parole de leur maître.

Il y avait dans le même journal, hier ou avant-hier, une autre bourde bien plus forte à propos de la corruption que doivent engendrer dans les eaux de la mer les cadavres qui y ont trouvé leur tombeau depuis des siècles. Il prétend, si je ne me trompe, que toute cette corruption est partout, que la terre n'est qu'un véritable charnier où les fleurs elles-mêmes naissent de la corruption; il oublie aussi

que, même en lui accordant que la mer, les eaux
enfin n'absorbent ou ne transforment point suffisamment les matières corrompues, tous ces corps n'y
restent pas plus à l'état de cadavres que la viande
chez les bouchers, ou un animal mort dans un
bois. La mer est peuplée d'espèces assez voraces
et assez nombreuses pour faire disparaître promptement la dépouille des pauvres diables qui laissent
leur vie dans les flots. Il explique par la même cause
la phosphorescence des eaux de la mer : « On sait,
dit-il, que le phosphore est engendré par la corruption. » *Il sait cela...* et il ne voit pas avec ses petites
lunettes d'autre moyen pour la nature de produire
cet effet... Nous concluons toujours d'après ce que
nous savons, et nous savons fort peu... Et qui lui dit
que c'est le phosphore qui produit ces clartés singulières qu'on remarque autour des bateaux et des
rames en mouvement? De ce que le phosphore a une
lumière sans chaleur, ce qui est aussi le propre de ces
effets sur les flots, quand ils sont troublés dans de
certaines conditions, mon savant et tous les savants
ont décidé que le phosphore seul pouvait produire un
semblable effet. C'est comme s'ils disaient : Les savants se coudoient dans l'antichambre, etc.

Vendredi 11 *novembre.* — Retourné au conseil;
ma mauvaise disposition se passe un peu.

L'amour est comme ces souverains qui s'endorment
dans la prospérité, et je n'entends pas par là qu'il

s'éteigne quand ses faveurs sont trop peu dispu-
tées, etc.

Lundi 14 novembre. — Quoique souffrant, ou
plutôt pour me remettre au grand air, après avoir
passé toute la matinée à paresser et à lire les histoires
de P… que j'aime beaucoup et qui m'impressionnent
dans un certain sens, j'ai été à l'Hôtel de ville vers
deux heures, après avoir acheté avec Jenny l'écharpe
et le gilet bleu.

J'ai fait presque tout à pied, y compris le retour
par le faubourg Saint-Germain, pour acheter des
gants ; j'ai acheté la gravure de Piranesi (1), grand
intérieur d'église très frappant. J'ai vu encore, en
passant à la tour Saint-Jacques, retirer des os en
quantité et encore juxtaposés. L'esprit aime ces
spectacles et ne peut s'en rassasier. En passant devant
la boutique d'Hetzel (2), accroché par Silvestre (3),
qui m'a fait entrer.

---

(1) *Piranesi*, graveur italien (1720-1778), qui a exécuté au burin ou à
l'eau-forte un grand nombre de planches qu'on a réunies sous le nom
d'*Antiquités romaines*.

(2) *Hetzel*, libraire et littérateur, qui sous le nom de *Stahl* a écrit une
série de charmants ouvrages pour la jeunesse. Hetzel avait pris une part
importante aux événements de 1848 et occupé le poste de secrétaire général du pouvoir exécutif dans le gouvernement provisoire. Exilé après
le coup d'État, il s'était retiré à Bruxelles, d'où il ne rentra en France
qu'en 1859.

(3) *Théophile Silvestre*, publiciste (1823-1876), a collaboré à beaucoup de journaux, notamment le *Figaro*, le *Nain jaune*, le *Constitutionnel*, le *Pays*, l'*Éclair*, etc. Son principal ouvrage, l'*Histoire des
artistes vivants*, est un des volumes les plus intéressants écrits sur l'art.
Parmi les autres publications de Théophile Silvestre, on peut encore

Avant dîner, Mme Pierret et Marie : c'est le fameux jour de fête !

Le soir, après mon dîner, Riesener est venu et est resté assez tard. Il me conseille de publier mes croquis au moyen de la photographie ; j'avais eu déjà cette pensée, qui serait féconde (1).

Il m'a parlé du sérieux avec lequel le bon Durieu et son ami qui l'aidait dans ses opérations parlent des peines qu'ils se donnent et s'attribuent une grande part de succès dans cesdites opérations ou plutôt dans leur résultat.

Ce n'est qu'en tremblant que Riesener leur demandait si décidément il pouvait sans indiscrétion et sans être accusé de plagiat, se servir de leurs photographies pour en faire des tableaux. J'ai été moi-même témoin, chez Pierret, lundi dernier, de la bonhomie avec laquelle il s'applaudissait du succès, en voyant mes exclamations et mon admiration qu'il prenait pour lui-même.

Mardi 15 *novembre.* — Je suis souffrant de l'estomac depuis huit jours, et je ne fais rien. Ce matin, je

citer *Eugène Delacroix* (documents nouveaux), *Pierre-Paul Rubens*, etc. Son dernier ouvrage est le *Catalogue du Musée de Montpellier* (collection Bruyas), dont le premier volume seul a paru.

(1) Ce vœu du peintre a été réalisé en partie par M. Alfred Robaut, qui, au moment de la vente des dessins originaux d'Eugène Delacroix, publia plus de soixante-dix croquis, dessins et fac-simile autographiés, pris dans l'œuvre du maître. Cette publication, malheureusement incomplète, fut accueillie par les amateurs avec une faveur marquée, et il est regrettable qu'un concours plus effectif n'ait pas permis de terminer l'œuvre si bien commencée.

vais mieux et je jouis encore ce jour d'une délicieuse
paresse au coin de mon feu, comme pour m'indemniser
du regret de perdre mon temps. Je suis entouré de mes
calepins des années précédentes; plus ils se rappro-
chent du moment présent et plus j'y vois devenir rare
cette plainte éternelle contre l'ennui et le vide que je
ressentais autrefois. Si effectivement l'âge me donne
plus de gaieté et de tranquillité d'esprit, ce sera pour
le coup une véritable compensation des avantages
qu'il m'enlève.

Je lisais dans l'agenda de 1849 que le pauvre
Chopin, dans une de ces visites que je lui faisais fréquemment alors, et quand sa maladie était déjà
affreuse, me disait que sa souffrance l'empêchait de
s'intéresser à rien, et à plus forte raison au travail. Je
lui dis à ce sujet que l'âge et les agitations du jour ne
tarderaient pas à me refroidir aussi. Il me répondit
qu'il m'estimait de force à résister. « Vous jouirez,
a-t-il dit, de votre talent dans une sorte de sérénité
qui est un privilège rare et qui vaut bien la recherche
fiévreuse de la réputation. »

Jeudi 17 *novembre*. — La bonne Alberthe m'a
envoyé une place pour la *Cenerentola* (1). J'ai passé
une soirée vraiment agréable ; j'étais plein d'idées,
et la musique, le spectacle y ont aidé.

J'ai remarqué là combien, dans les étoffes de satin,

(1) Opéra de *Rossini*.

le ton même de l'objet ne se trouve qu'immédiatement à côté du luisant; de même dans la robe des
chevaux.

En présence de cette jolie pièce, de ces passages si
fins, de cette musique que je sais par cœur, je voyais
l'indifférence sur presque toutes ces figures de gens
ennuyés, qui ne viennent là que par ton, ou seulement pour entendre l'Alboni. Le reste est un accessoire, et ils n'y assistent qu'en bâillant. Je jouissais de
tout... Je me disais : « C'est pour moi qu'on joue ce
soir, je suis seul ici ; un enchanteur a eu la complaisance de placer près de moi jusqu'à des fantômes de
spectateurs, pour que l'idée de mon isolement ne
nuise pas à mon plaisir ; c'est pour moi qu'on a peint
ces décorations et taillé ces habits, et, quant à la musique, je suis seul à l'entendre. »

La réforme du costume s'est étendue jusqu'à
supprimer tout ce qui est caricature ingénieuse,
inhérente au fond même du sujet. Le costumier se
croit exact en donnant à Dandini un costume très
ponctuel de grand seigneur du temps de Louis XV ;
le prince de même ; vous vous croyez à une pièce de
Marivaux. Avec Cendrillon, nous sommes dans le
pays des fées. Alidor a un costume noir, d'avoué.

Samedi 19 *novembre.* — J'ai vu ce matin Fleury (1)
et Halévy, puis Gisors,

_____

(1) *Robert-Fleury.*

Je vois ce soir, chez Gihaut, les photographies de la collection Delessert (1), d'après Marc-Antoine (2). Faut-il absolument admirer éternellement comme parfaites ces images pleines d'incohérences, d'incorrections, qui ne sont pas toutes l'ouvrage du graveur? Je me rappelle encore la manière désagréable dont j'en ai été affecté, ce printemps, quand je les comparais, à la campagne, à des photographies d'après nature.

J'ai vu le *Repas chez Simon,* gravure reproduite et très estimée. Rien de plus froid que cette action! La Madeleine, plantée de profil devant le Christ, lui essuyant à la lettre les pieds avec de grands rubans qui lui pendent de la tête, et que le graveur nous donne pour des cheveux. Rien de l'onction que comporte un tel sujet! Rien de la fille repentante, de son luxe et de sa beauté mise aux pieds du Christ, qui devrait bien, au moins par son air, lui témoigner quelque reconnaissance, ou du moins qu'il la voit avec indulgence et bonté; les spec-

---

(1) *M. Delessert* était un collectionneur qui possédait entre autres toiles du maître le délicieux tableau des *Adieux de Roméo et Juliette,* celui que Gautier décrit ainsi : « Roméo et Juliette sur le balcon, dans « les froides clartés du matin, se tiennent religieusement embrassés par « le milieu du corps. Dans cette étreinte violente de l'adieu, Juliette, « les mains posées sur les épaules de son amant, rejette la tête en « arrière, comme pour respirer, ou par un mouvement d'orgueil et de « passion joyeuse... Les vapeurs violacées du crépuscule enveloppent « cette scène. » La *Mort de Lara* lui appartenait également. (Voir *Catalogue Robaut,* n⁰ˢ 939 et 1006.)

(2) *Marc-Antoine Raimondi* (1475-1530), le plus célèbre graveur de la Renaissance italienne.

tateurs aussi froids, aussi hébétés que ces deux personnages capitaux. Ils sont tellement séparés les uns des autres, sans qu'un spectacle si extraordinaire les rapproche ou les groupe, comme pour les voir de plus près, ou pour se communiquer naturellement ce qu'ils en pensent. Il y en a un, le plus rapproché du Christ, dont le geste est ridicule et sans objet. Il paraît embrasser la table d'un seul de ses bras. Son bras paraît plus large que la table tout entière, et cette incorrection, que rien ne motive dans l'endroit le plus apparent du tableau, augmente la bêtise de tout le reste. Comparez à cette sotte représentation du sujet le plus touchant de l'Évangile, le plus fécond en sentiments tendres et élevés, en contrastes pittoresques ressortant des natures différentes mises en contact, de cette belle créature dans la fleur de la jeunesse et de la santé, de ces vieillards et de ces hommes faits, en présence desquels elle ne craint pas d'humilier sa beauté et de confesser ses erreurs, comparez, dis-je, ce qu'a fait de cela le divin Raphaël avec ce qu'en a fait Rubens. Il n'a manqué aucun trait... La scène se passe chez un homme riche : des serviteurs nombreux entourent la table ; le Christ, à la place la plus apparente, a la sérénité convenable. La Madeleine (1), dans l'effusion

(1) La poétique figure de la *Madeleine* tenta à plusieurs reprises le pinceau de Delacroix ; en 1845, il peignit une *Madeleine en prière*, au sujet de laquelle Baudelaire écrivait : « Ce tableau démontre une vérité « soupçonnée depuis longtemps, c'est que M. Delacroix est plus fort que « jamais, et dans une voie sans cesse renaissante, c'est-à-dire qu'il est « plus harmoniste que jamais... M. Delacroix est décidément le peintre

de ses sentiments, traîne dans la poussière ses robes
de brocart, ses voiles, ses pierreries; ses cheveux
d'or ruisselant sur ses épaules et répandus confusément sur les pieds du Christ, ne sont pas un accessoire
vain et sans intérêt. Le vase de parfums est le plus
riche qu'il a pu imaginer; rien n'est trop beau ni trop
riche de ce qui doit être mis aux pieds de ce maître
de la nature, qui s'est fait un maître indulgent pour
nos erreurs et pour notre faiblesse. Et les spectateurs
peuvent-ils assister avec indifférence à la vue de cette
beauté prosternée et en larmes, de ces épaules, de
cette gorge, de ces yeux brillants et doucement élevés? Ils se parlent, ils se montrent, ils regardent tout
cela avec des gestes animés, les uns avec l'air de
l'étonnement ou du respect, les autres avec une surprise mêlée de malice. Voilà la nature, et voilà le
peintre! Nous acceptons tout ce que la tradition nous
présente comme consacré, nous voyons par les yeux
des autres; les artistes sont pris les premiers et plus
dupes que le public moins intelligent, qui se contente
de ce que les arts lui présentent dans chaque époque
comme du pain du boulanger. Que diriez-vous de ces
pieux imbéciles qui copient sottement ces inadver-
tances du peintre d'Urbin, et les érigent en sublimes

« le plus original des temps anciens et des temps modernes. Il restera
« toujours un peu contesté, juste autant qu'il faut pour ajouter quelques
« éclairs à son auréole. Et tant mieux! il a le droit d'être toujours jeune,
« car il ne nous a pas trompés, lui, il ne nous a pas menti, comme quel-
« ques idoles ingrates que nous avons portées dans nos panthéons. »
(Voir *Catalogue Robaut*, n° 920 et 921.)

beautés? de ces malheureux qui, n'étant poussés par aucun sentiment, s'attachent aux côtés critiquables ou ridicules du plus grand talent, pour les imiter sans cesse, sans comprendre que ces parties faibles ou négligées sont l'accompagnement regrettable des belles parties qu'ils ne peuvent atteindre?

Dimanche 20 *novembre.* — Rubens n'est pas simple, parce qu'il n'est pas travaillé.

J'ai été voir la bonne Alberthe, que j'ai trouvée sans feu, dans sa grande chambre d'alchimiste, et dans une de ces toilettes bizarres, qui la font ressembler à une magicienne. Elle a toujours eu du goût pour cet appareil nécromancien, même dans le temps où sa beauté était sa plus véritable magie. Je me rappelle encore cette chambre tapissée de noir et de symboles funèbres, sa robe de velours noir et ce cachemire rouge roulé autour de sa tête, toutes sortes d'accessoires qui, mêlés à ce cercle d'admirateurs qu'elle semblait tenir à distance, m'avaient passagèrement monté la tête... Où est le pauvre Tony?... Où est le pauvre Beyle?... Elle raffole aujourd'hui des tables tournantes : elle m'en a conté des choses incroyables. Les esprits se logent là dedans; vous forcez à vous répondre à votre gré, tantôt l'esprit de Napoléon, tantôt celui d'Haydn et de tant d'autres! Je cite les deux qu'elle m'a nommés... Comme tout se perfectionne!... Les tables vont aussi faisant du progrès! Dans les commencements, elles frappaient

un certain nombre de coups, qui voulaient dire *oui*
ou *non*, ou bien l'âge qu'on avait, ou le quantième
du mois où tel événement s'accomplirait. Depuis, on
en a fabriqué tout exprès qui ont au centre une
aiguille de bois, qui va tour à tour se fixer sur les
lettres de l'alphabet tracées en cercle, en les choisissant, bien entendu, avec le plus grand à propos,
pour former des phrases d'un profond admirable, en
manière d'oracles. On a encore dépassé ce point de
leur éducation déjà assez surprenant : on se place
sous la main une petite planche à laquelle est adapté
un crayon, et en s'appuyant ainsi armé sur la table
inspirée, le crayon trace de lui-même des paroles et
des discours entiers. Elle m'a parlé de gros manuscrits dont les tables sont les auteurs, et qui feront
sans doute la fortune de ces gens assez doués de
fluide pour donner à la matière tout cet esprit. On
sera ainsi un grand homme à bon marché.

Mardi 22 novembre. — Mal disposé pour le travail.
Je suis allé vers trois heures au Musée. Vivement
impressionné par les dessins italiens du quinzième
siècle et du commencement du seizième siècle. —
Tête de religieuse morte ou mourante, de Vanni,
dessin de Signorelli : hommes nus. — Petit torse de
face : ancienne école florentine. — Dessins de Léonard de Vinci (1).

(1) *Francesco Vanni* (1563-1609). Voir le Catalogue des dessins du
Louvre, n° 362. — *Luca Signorelli* (1440-1525). Voir le Catalogue des

J'ai remarqué pour la première fois ceux du Carrache, pour les grisailles du palais Farnèse (1) : l'habileté y domine le sentiment; le faire, la touche l'entraînent malgré lui ; il en sait trop, et n'étudiant
plus, il ne découvre plus rien de nouveau et d'intéressant. Voilà l'écueil du progrès dans les arts,
et il est inévitable. Toute cette école est de même.
Têtes de Christ et autres, du Guide (2), où, malgré
l'expression, la grande habileté de crayon est plus
surprenante encore que l'expression. Que dire alors
de ces écoles d'aujourd'hui, qui ne s'occupent que de
cette mensongère habileté, et qui la recherchent?
Dans les Léonard surtout, la touche ne se voit pas, le
sentiment seul arrive à l'esprit. Je me rappelle encore
le temps qui n'est pas loin où je me querellais sans
cesse de ne pouvoir parvenir à cette dextérité dans
l'exécution que les écoles habituent malheureusement
les meilleurs esprits à regarder comme le dernier
terme de l'art. Cette pente à imiter naïvement et par
des moyens simples, a toujours été la mienne, et j'en-
viais au contraire la facilité de pinceau, la touche
coquette des Bonington (3) et autres : je cite un

dessins du Louvre, nᵒˢ 340, 343, 347. — *Inconnu XVᵉ siècle*. Voir le
Catalogue des dessins du Louvre, nᵒˢ 419. — *Léonard de Vinci* (1452-
1519). Voir le Catalogue des dessins du Louvre, nᵒˢ 383 à 394.

   (1) *Annibal Carrache* (1560-1609). Voir le Catalogue des dessins du
Louvre, nᵒˢ 153, 157, 158, 161, 165, 166, etc.

   (2) *Guido Reni*, dit *le Guide* (1575-1642). Voir le Catalogue des dessins du Louvre, nᵒˢ 291, 294, 297.

   (3) Pour avoir une idée précise de l'opinion d'Eugène Delacroix sur
Bonington, il importe de relire la très belle lettre du peintre à Thoré

homme rempli de sentiment, mais sa main l'entraî-
nait, et c'est ce sacrifice des plus nobles qualités à
une malheureuse facilité, qui fait déchoir aujourd'hui
ses ouvrages, et les marque d'un cachet de faiblesse,
comme ceux des Vanloo.

Il y a de quoi beaucoup réfléchir sur cette visite
que j'ai faite hier, et il serait bon de la renouveler de
temps en temps.

Mercredi 23 novembre. — Dîné chez Boissard avec
Arago et une petite dame Aubernon (1), qui fait de
l'esprit et qui en a. Le pauvre Chenavard devait venir ;
il est très entrepris de sa maladie de larynx, et inspire
des craintes. Boissard, souffrant de névralgie, est triste
comme un homme pris au piège.

Jeudi 24 novembre. — Promenade le soir dans la
galerie Vivienne, où j'ai vu des photographies chez
un libraire. Ce qui m'a attiré, c'est l'*Élévation en*

qui porte la date du 30 novembre 1861. Elle contient une courte bio-
graphie de l'artiste qui avait été le camarade d'atelier de Delacroix.
Nous en extrayons le passage suivant : « Je ne pouvais me lasser d'ad-
« mirer sa merveilleuse entente de l'effet et la facilité de son exécution ;
« non qu'il se contentât promptement. Au contraire, il refaisait fréquem-
« ment des morceaux entièrement achevés et qui nous paraissaient mer-
« veilleux ; mais son habileté était telle qu'il retrouvait à l'instant sous sa
« brosse de nouveaux effets aussi charmants que les premiers. Il tirait
« parti de toutes sortes de détails qu'il avait trouvés chez des maîtres et
« les rajustait avec adresse dans sa composition. » (*Corresp.*, t. II,
p. 278, 279.)

(1) Le salon de cette *petite dame Aubernon* allait devenir rapidement le rendez-vous de tout le monde artistique et littéraire ; il est encore
aujourd'hui fort recherché des hommes de lettres et des artistes.

croix (1) de Rubens, qui m'a beaucoup intéressé : les incorrections, n'étant plus sauvées par le faire et la couleur, paraissent davantage.

La vue ou plutôt le souvenir de mon émotion devant ce chef-d'œuvre m'ont occupé tout le reste de la soirée, d'une manière charmante. Je pense, par forme de contraste, à ces dessins du Carrache, que je voyais avant-hier : j'ai vu des dessins de Rubens pour ce tableau; certes ils ne sont pas consciencieux, et il s'y montre lui-même plus que le modèle qu'il avait sous les yeux; mais telle est l'impulsion de cette force secrète, qui est celle des hommes à la Rubens ; le sentiment particulier domine tout et s'impose au spectateur. Ses formes, au premier coup d'œil, sont aussi banales que celles du Carrache, mais elles sont tout autrement significatives... Carrache grand esprit, grand talent, grande habileté, je parle au moins de ce que j'ai vu, mais *rien* de ce qui transporte et donne des émotions ineffaçables!

Vendredi 25 *novembre.* — Visite du ministre Fortoul et du préfet, à l'Hôtel de ville.

Le soir, ce terrible Dumas, qui ne lâche pas sa proie, est venu me relancer à minuit, son cahier de papier blanc à la main... Dieu sait ce qu'il va faire des détails (2) que je lui ai donnés sottement ! Je l'aime

(1) Voir *suprà*, t. II, p. 28.
(2) Ces détails sont probablement des détails biographiques pour les *Mémoires de Dumas*, qui contiennent sur Eugène Delacroix ce fragment

beaucoup, mais je ne suis pas formé des mêmes
éléments, et nous ne recherchons pas le même but.
Son public n'est pas le mien ; il y en a un de nous
qui est nécessairement un grand fou.

Il me laisse les premiers numéros de son journal,
qui est charmant.

Samedi 26 novembre. — J'ai le torticolis ; le temps
est sombre ; je me promène dans mon atelier ou je
dors.

Fait quelques croquis d'après la suite flamande des
Métamorphoses.

A quatre heures été chez Rivet, que j'ai trouvé
plus affectueux que jamais. Il me parle avec grand
plaisir de la répétition du *Christ au tombeau,* de
Thomas (1).

Le soir, *Lucrezia Borgia* (2) : je me suis amusé d'un
bout à l'autre, encore plus que l'autre jour, à la *Cenerentola.* Musique, acteurs, décorations, costumes,
tout cela m'a intéressé. J'ai fait réparation, dans cette

---

auquel il convient de rendre justice pour son indépendance d'allure :
« Delacroix, avec son *Massacre de Scio,* autour duquel se groupaient
« pour discuter, les peintres de tous les partis, Delacroix qui en peinture,
« comme Hugo en littérature, ne devait avoir que des fanatiques aveugles
« ou des détracteurs obstinés, Delacroix qui était déjà connu par son
« *Dante traversant le Styx* et qui devait toute la vie conserver ce privi-
« lège rare pour un artiste, de réveiller à chaque œuvre nouvelle les
« haines et les admirations : Delacroix, homme d'esprit, de science et
« d'imagination qui n'a qu'un travers, c'est de vouloir obstinément être
« le collègue de M. Picot et de M. Abel de Pujol, et qui par bonheur,
« nous l'espérons du moins, ne le sera pas. »
   (1) Voir *Catalogue Robaut,* nos 1035-1037.
   (2) Opéra de *Donizetti.*

soirée, à l'infortuné Donizetti, mort à présent, et à
qui je rends justice, imitant en cela le commun des
mortels, hélas! et même les premiers parmi eux. Ils
sont tous injustes pour le talent contemporain. J'ai
été ravi du chœur d'hommes en manteau, dans la
charmante décoration de l'escalier du jardin au clair
de lune. Il y a des réminiscences de Meyerbeer, au
milieu de cette élégance italienne, qui se marient
très bien au reste. Ravi surtout de l'air qui suit,
chanté délicieusement par Mario : autre injustice
réparée; je le trouve charmant aujourd'hui. Cela ressemble à ces amours qui vous prennent tout d'un
coup, après des années, pour une personne que vous
étiez habitué à voir tous les jours avec indifférence.
Voilà la bonne école de Rossini; il lui a emprunté,
parmi les meilleures choses, ces introductions qui
mettent le spectateur dans la disposition de l'âme où
le veut le musicien. Il lui doit aussi, comme Bellini,
et il ne les gâte pas, ces chœurs mystérieux dans le
genre de celui que je citais... le chœur des prêtres,
dans *Sémiramis,* etc.

Dimanche 27 novembre. — J'ai été le soir chez la
bonne Alberthe ; j'avais à cœur de la remercier du
plaisir qu'elle m'a procuré hier soir. Je l'ai encore
trouvée seule dans sa grande chambre de magicienne.
Je m'attendais, aujourd'hui dimanche, à lui voir le
cercle que je trouvais habituellement chez elle, et
composé de ce qu'elle appelait ses *amis.* Depuis

qu'elle a changé de demeure, ses *amis* ont changé d'habitudes; quelques pas de plus, une petite pente à monter, les a tous découragés... Ils viennent le jour où elle les invite à dîner.

Lundi 28 novembre. — Première représentation de *Mauprat* (1). Toutes les pièces de Mme Sand offrent la même composition, ou plutôt la même absence de composition : le début est toujours piquant et promet de l'intérêt ; le milieu de la pièce se traîne dans ce qu'elle croit des développements de caractères et qui ne sont que des moyens d'ouvrager l'action.

Il semble que dans cette pièce, comme dans les autres, à partir du deuxième acte jusqu'à la fin, — et il y en a six ! — la situation ne fait pas un pas; le caractère indécrottable de son jeune homme à qui on dit sur tous les tons qu'on l'aime, ne sort pas du désespoir, de l'emportement et du non-sens. C'est juste comme dans le *Pressoir*.

Pauvre femme ! elle lutte contre un obstacle de nature qui lui défend de faire des pièces; c'est au-dessous des plus minces mélodrames sous ce rapport; il y a des mots pleins de charme; c'est là son talent. Ses paysans vertueux sont assommants; il y en a deux dans *Mauprat*... Le grand seigneur est également vertueux, la jeune personne irréprochable...

(1) Le roman de *Mauprat* avait été l'un des plus grands succès de *George Sand*, un de ceux qui avaient le plus contribué à rendre son nom populaire. Transporté à la scène, dans un drame en six actes, il fut joué à l'Odéon ; mais la pièce n'eut pas le succès du livre.

le rival du jeune homme, plein de convenance et de modération quand il s'agit d'instrumenter contre son rival. Le jeune homme emporté est lui-même excellent au fond. Il y a un pauvre petit chien qui amène des situations ridicules. Elle manque du tact de la scène, comme de celui de certaines convenances dans ses romans ; elle n'écrit pas pour des Français, quoique en français excellent; et le public, en fait de goût, n'est pourtant pas bien difficile à présent. C'est comme Dumas qui marche sur tout, qui est toujours débraillé et qui se croit au-dessus de ce que tout le monde est habitué à respecter.

Elle a incontestablement un grand talent, mais elle est avertie, encore moins que la plupart des écrivains, de ce qui lui va le mieux. Suis-je injuste encore? Je l'aime pourtant, mais il faut dire que ses ouvrages ne dureront pas. Elle manque de goût.

— Revenu à plus d'une heure du matin. Retrouvé là mon vieux Ricourt (1). Il me parlait et se souvient encore de l'esquisse du *Satyre dans les filets* (2) : il m'a parlé de ce que j'étais déjà dans ce temps lointain. Il se rappelle l'habit vert (3), les grands cheveux,

---

(1) *Ricourt*, fondateur du journal l'*Artiste*, qu'il dirigea longtemps. Il avait su réunir autour de lui les plus éminents des écrivains de l'époque. Ce journal avait alors un caractère romantique très accusé. Ricourt mourut en 1865. Delacroix était très lié avec lui et lui adressa la lettre sur les *Concours* que nous avons citée plus haut, et qui compte parmi les plus originales et les plus intéressantes de la correspondance.

(2) Probablement une des compositions du début de l'*Artiste*. Nous n'en avons pas trouvé trace dans le *Catalogue Robaut*.

(3) Allusion au *gilet vert* qui servit pour son portrait du Louvre.

l'exaltation pour Shakespeare, pour les nouveautés, etc.

— Dîné à l'Hôtel de ville. — Didot m'a emmené
chez lui et montré des manuscrits intéressants avec
vignettes.

Mercredi 30 *novembre.* — Dîné chez la princesse
Marcellini. Duo de basse et de piano de Mozart, dont
le commencement rappelle : *Du moment qu'on aime.*
— Duo *idem* de Beethoven, celui que je connais déjà
et qu'ils ont joué.

Quelle vie que la mienne (1) ! Je faisais cette
réflexion en entendant cette belle musique, surtout
celle de Mozart qui respire le calme d'une époque
ordonnée. Je suis dans cette phase de la vie où le
tumulte des passions folles ne se mêle pas aux délicieuses émotions que me donnent les belles choses.
Je ne sais ce que c'est que paperasses et occupations
rebutantes, qui sont celles de presque tous les
humains ; au lieu de penser à des affaires, je ne pense
qu'à Rubens ou à Mozart : ma grande affaire pendant
huit jours, c'est le souvenir d'un air ou d'un tableau.
Je me mets au travail comme les autres courent
chez leur maîtresse, et quand je les quitte, je rapporte dans ma solitude ou au milieu des distractions,
que je vais chercher, un souvenir charmant, qui

(1) Ce passage est à rapprocher du fragment de l'année 1824 : « Quelle
« sera ma destinée ? Sans fortune et sans disposition propre à rien
« acquérir. »

ne ressemble guère au plaisir troublé des amants.

J'ai vu chez la princesse le portrait du prince Adam (1) par Delaroche (2); on dirait le fantôme du pauvre prince, tant il semble qu'il lui ait tiré tout le sang de ses veines, et tant il lui a allongé la figure. Voilà vraiment, suivant l'expression de Delaroche lui-même, ce qu'on peut appeler de la peinture *sérieuse*. Je lui parlais un jour des admirables Murillo du maréchal Soult, qu'il voulait bien me laisser admirer; seulement, disait-il, *ce n'est pas de la peinture sérieuse*.

Je suis rentré à une heure du matin. Jenny me disait que quand on a entendu de la musique pendant une heure, c'est tout ce qu'on en peut porter. Elle a raison : c'est même beaucoup. Un air ou deux comme le duo de Mozart, et le reste fatigue et donne de l'impatience.

Samedi 1ᵉʳ décembre. — Hercule et Diomède (3), grand paysage. — *Adam et Ève* (4).

Sur quelques folies. — Sur le progrès. — Opinions modernes.

Mercredi 7 décembre. — Insipide dîner chez

(1) Le prince *Adam Czartoryski*.
(2) « Le seul homme dont le nom eût puissance pour arracher quelques gros mots à cette bouche aristocratique, était P. Delaroche. » (*Baudelaire*, sur Delacroix.)
(3) Voir *Catalogue Robaut*, n° 1274.
(4) Il s'agit probablement de la toile qui porte le n° 853 du *Catalogue Robaut*, et que le maître donna ultérieurement à M. de Jolly.

Casenave. J'ai revu là les mêmes figures que l'année dernière, à peu près à pareille époque.

Un an de plus change bien les visages à une certaine époque de la vie! Fould surtout m'a paru avoir été plus vite que les autres; il a les joues pendantes, l'œil éteint, le poil plus blanc, et ce je ne sais quoi de débraillé et de dépenaillé qui annonce le vieillard. Il était près de moi; je me suis évertué, par convenance et dans l'impossibilité de trouver un mot à dire à la gouvernante anglaise qui était de l'autre côté, à lui parler de sa collection, des arts, de la guerre d'Orient... J'étais là comme un terme.

En face de moi était Bethmont (1). C'est un personnage tout plein de manières sucrées de dire les choses. Avec son œil doux, il a arrangé Véron, après dîner, d'une manière assez piquante, mais surtout très méchante et emportant la pièce avec une douceur charmante. On sentait bien, dans cette mielleuse philippique contre le champion de la présidence en 1851, l'ancien membre du gouvernement provisoire qui laissait échapper quelques-unes de ses rancunes secrètes. Il a beaucoup d'un homme d'Église dans son discours, et même dans son attitude : la faconde recherchée de l'avocat (2) se fait jour naturellement dans tout ce

(1) *Eugène Bethmont*, avocat et homme politique né en 1804, mort en 1860. Il fut un des membres les plus brillants des assemblées politiques.

(2) Delacroix avait horreur de ce genre d'esprit qu'on rencontre surtout chez ceux qui par métier touchent à toutes choses sans pouvoir insister sur aucune. L'avocat, avec sa facilité d'élocution, son éloquence toujours prête, lui apparaissait comme un être superficiel et inconsistant. Ainsi, même à propos de Berryer, pour lequel il éprouvait, on le sait,

qu'il dit, mais avec un certain embarras dans les
termes, qui annonce quelque chose de rebelle dans
cet esprit, malgré la culture qu'il a dû lui donner et
l'exercice du métier de parler, qui a été celui de toute
sa vie. Je me rappelle que Vieillard, dans toute sa
candeur, me disait en parlant de lui, et par opposition à ses autres collègues fougueux ou intolérants
républicains : « Quel homme charmant ! que de
douceur ! » Je me rappelle qu'il me déplut tout de
suite, quand je le vis autrefois chez le bon M. N...,
qui n'y regardait pas de si près : une certaine façon
de vous écouter sans rien dire, ou de vous répondre
avec réticences, me donna de lui l'idée dans laquelle
je me suis confirmé les deux ou trois fois que je l'ai
rencontré. Je l'ai trouvé d'une grande sensibilité à la
mort du pauvre Wilson (1). Il m'a semblé qu'il versait
de véritables larmes sur son ami... Que conclure de
tout ceci? Que je me suis trompé dans mon jugement...? Point du tout! Il est, comme tous les
hommes, un composé bizarre et inexplicable de contraires; c'est ce que les faiseurs de romans et de
pièces ne veulent pas comprendre. Leurs hommes
sont tout d'une pièce. Il n'en est pas de cette sorte...
Il y a dix hommes dans un homme, et souvent ils se

une vive affection, il écrivait : « Heureux qui se contente de la surface
des choses. J'admire et j'aime les hommes comme Berryer qui a l'air
de ne rien approfondir. » Il faudrait être aveugle pour ne pas démêler
la pointe de critique qui se dissimule mal sous cette admiration.

(1) *Daniel Wilson,* père de M. Daniel Wilson et de Mme Pelouze. Il
acheta autrefois à Delacroix son tableau : *La Mort de Sardanaple.* (Voir
Catalogue Robaut, n° 198.)

montrent tous dans la même heure, à de certains
moments.

Je me suis sauvé aussitôt que je l'ai pu, pour m'ôter
de ce lieu ennuyeux et pour aller à pied à travers les
Champs-Élysées, chez la princesse, où j'espérais avoir
un peu de musique et un peu de thé. Je l'ai trouvée
attablée au piano avec son professeur K... Justement
elle jouait avec lui de sa musique. Le morceau finis-
sait heureusement, et je n'ai pas été mis dans la
nécessité de faire même une grimace d'approbation.
Elle a joué après, et probablement à mon intention,
un morceau de Mozart, à quatre mains, de sa jeunesse. L'adagio superbe. Revenu, bien malgré moi,
avec l'ennuyeux K...

Jeudi 18 *décembre*. — J'étais invité à aller chez
Mlle Brohan (1), et, après avoir fait ma promenade,
par un froid piquant, mais agréable, après laquelle je
devais rentrer pour aller la voir, je suis resté à lire le
deuxième article de Dumas sur moi, qui me donne
une certaine tournure de héros de roman. Il y a dix
ans, j'aurais été l'embrasser pour cette amabilité :
dans ce temps-là, je m'occupais beaucoup de l'opinion du beau sexe, opinion que je méprise (2) entiè-

(1) *Augustine Brohan* avait débuté en 1841, à seize ans, à la Comédie-
Française, avec un immense succès. Elle devint sociétaire l'année suivante. Son talent, sa grâce et son esprit lui assurèrent une situation
exceptionnellement brillante.

(2) Voici une anecdote intéressante rapportée par Baudelaire, et qui
mérite d'être rapprochée de ce passage : « Je me souviens qu'une fois

rement aujourd'hui, non sans penser quelquefois avec
plaisir à ce temps où tout d'elles me paraissait charmant. Aujourd'hui, je ne leur en reconnais qu'un seul,
et il n'est plus à mon usage. La raison, plus encore
que l'âge, me tourne vers un autre point. Celui-là est
le tyran qui domine tout le reste.

Cette Brohan était bien charmante à ses débuts!
Quels yeux! quelles dents! quelle fraîcheur! Quand
je l'ai revue chez Véron, il y a deux ou trois ans, elle
avait perdu beaucoup, mais elle avait encore un certain charme. Elle a beaucoup d'esprit, mais elle court
un peu après l'effet. Je me rappelle que ce jour-là,
en sortant de table, elle m'embrassa sur ce qu'on lui
dit ce que j'étais : je crois qu'il était question de son
portrait. Houssaye (1), qui était alors son directeur,
non pas celui de sa conscience, car il était en même
temps son amant, eut tout le temps du dîner une
sombre attitude d'amant jaloux fort comique chez un
directeur de spectacle, familiarisé, à ce qu'il semble,
avec les mœurs de la partie féminine du troupeau
déclamant et chantant, croassant ou beuglant, dont
il est le berger.

« dans un lieu public, comme je lui montrais le visage d'une femme
« d'une originale beauté et d'un caractère mélancolique, il voulut bien
« en goûter la beauté, mais me dit, avec son petit rire, pour répondre
« au reste : « Comment voulez-vous qu'une femme puisse être mélanco-
« lique? » insinuant sans doute par là que pour connaitre le senti-
« ment de la mélancolie, il manque à la femme certaine chose essen-
« tielle. »

(1) *Arsène Houssaye* était alors administrateur de la Comédie-Française.

Je n'y ai pas été ce soir, de peur de rencontrer là trop de ces figures compromettantes, qui me feraient fuir aux antipodes.

Vendredi 9 décembre. — La forme de lettres serait la meilleure... On passe d'un sujet à l'autre sans transition ; on n'est pas forcé à des développements. Une lettre peut être aussi courte et aussi longue qu'on veut.

En revenant de l'Hôtel de ville. — *Copie du plafond pour Bonnet* (1). — *Samson et Dalila* (2). — *Ovide* (3). — *Olinde et Sophronie.* — *Clorinde* (4). — *Herminie et les bergers* (5)... et les autres sujets de la *Jérusalem.*

(1) Plafond de la galerie d'Apollon.

(2) Voir *Catalogue Robaut*, n° 1238.

(3) Ce sujet d'*Ovide*, qu'il avait déjà traité pour la décoration de la Bibliothèque du Palais-Bourbon, devait lui inspirer un de ses chefs-d'œuvres de l'Exposition de 1859. Voici en quels termes il en parle : M. Moreau avait demandé à Delacroix un tableau pour M. Fould. Delacroix lui écrit le 11 mars 1856 : « Je m'étais occupé tout de suite de « chercher des sujets pour répondre au désir que vous m'avez si aimable- « ment exprimé de la part de M. Fould. Après avoir hésité quelque « temps, je me suis rappelé une esquisse que j'ai traitée, il y a un « an environ, dans le projet d'en faire un tableau. Je crois le sujet « assez favorable, avec figures, animaux, paysages. C'est *Ovide exilé* « *chez les Scythes,* auquel les naïfs habitants apportent des fruits, du « laitage. » Ce tableau appartient aujourd'hui à Mme Sourdeval. (Voir *Catalogue Robaut*, n° 1376.)

(4) Il s'agit du tableau d'*Olinde et Sophronie,* qui a figuré récemment à l'Exposition des Cent chefs-d'œuvre, chez Petit. La description fournie par Delacroix est la suivante : « *Olinde et Sophronie.* Clorinde, arrivant « au secours de Sarrasins assiégés dans Jérusalem, délivre de la mort deux « jeunes amants condamnés au bûcher par le tyran Aladin. » (*Jérusalem delivrée.*) (Voir *Catalogue Robaut*, n° 1290.)

(5) Voir *Catalogue Robaut,* n° 1384.

— *Lion* Beugniet (1). *Naufrage* id. (2). — *Intérieur de Harem* (Oran). — *Présents de noces* (Tanger). *Camp mauresque.*

Samedi 10 *décembre.* — Chez Chabrier ce soir. Lefebvre parlait de Jomini. Lire ces deux ouvrages : *Napoléon au tribunal d'Alexandre et de César* et *Grandes opérations militaires.* Il loue beaucoup le style de Ségur, dans la campagne de 1812. Lire la bataille de Dresde. Belles choses aussi dans la campagne de France. C'est après cette campagne de Dresde, dans laquelle l'Empereur a été vraiment foudroyant et semblable aux Roland et aux Renaud, tant son coup d'œil ou sa présence enfanta des miracles, c'est après cette bataille, qui devait être décisive, qu'une aile de poulet lui donna une indigestion qui paralysa, avec ses facultés, les mouvements de son armée et amena la défaite de Vandamme.

Le bon amiral, qui était là, a la bonté et la bienveillance peintes sur ses traits. Il me disait que la nuit, quand il se réveillait, il était pris d'un horrible découragement. Cela m'a surpris d'un homme qui n'a pas l'air d'être nerveux. C'est une situation commune à presque tous les hommes. Lefebvre est de même. J'étais arrivé dans un état de misanthropie affreuse que j'ai déposé en entrant là (quoique je ne m'y sois pas grandement diverti), et que j'ai repris tout le long du chemin à mon retour.

(1) Voir *Catalogue Robaut,* n° 1249.
(2) Voir *Catalogue Robaut,* nᵒˢ 1214 et 1220.

Je trouvais charmant d'être détesté de tout le
monde et d'être en guerre avec le genre humain. On
parlait d'excès de travail; je disais qu'il n'y avait
pas d'excès dans ce genre, ou du moins qu'il ne pouvait nuire, pourvu qu'on fît l'exercice que le corps
réclame, et surtout qu'on ne menât pas de front
le travail avec le plaisir. On dit à ce propos que
Cuvier était mort pour avoir trop travaillé : je n'en
crois rien. Il avait l'air si fort! a dit quelqu'un. Point
du tout! il était très maigre et se couvrait d'habits
comme le marquis de Mascarille et le vicomte de
Jodelet dans les *Précieuses*. Il voulait être dans une
transpiration continuelle. Ce système n'est pas mauvais; je commence à tourner à cette habitude de me
couvrir extrêmement; je la crois très salutaire pour
moi. Cuvier avait la réputation d'aimer les petites
filles et de s'en procurer à tout prix; cela explique la
paralysie et tous les inconvénients auxquels il a suc-
combé, plus que les excès de travail.

J'ai vu *Norma*. J'ai cru que je m'y ennuierais, et le
contraire est arrivé; cette musique, que je croyais
savoir par cœur et dont j'étais fatigué, m'a paru délicieuse. La pièce est courte, autre mérite. Mme Parodi
m'a fait plus de plaisir que dans *Lucrezia;* c'est peut-
être parce que depuis mon journal m'a appris qu'elle
était élève de Mme Pasta, dont elle rappelle beaucoup
de traits. Le public croit regretter la Grisi et lui
refuse sa faveur. Souvent mon applaudissement solitaire s'élevait au milieu de la froideur universelle.

Mme Monceaux y était, qui se montrait aussi difficile que les autres. Boissard et sa femme étaient aux avant-scènes. J'ai été les voir un moment.

14 décembre. — Dîné chez Riesener avec Pierret. J'étais invité chez la princesse et j'espérais y aller le soir. Je suis resté rue Bayard. — Le soir, dans l'atelier, où j'ai fait un fusain d'après un torse de la Renaissance, pour un essai du fixatif que Riesener emploie.

Je suis revenu avec Pierret, par la gelée qui s'est déclarée dans l'après-midi et par un clair de lune admirable. Je lui ai rappelé, dans les Champs-Élysées, qu'à cette même place, il y a plus de trente ans, nous revenions ensemble, vers la même heure, de Saint-Germain, où nous avions été voir la mère de Soulier, à pied, s'il vous plaît, et par une gelée intense... Était-ce bien le même Pierret que j'avais sous le bras? Que de feu dans notre amitié! que de glace à présent (1)!... Il m'a parlé des magnifiques projets qu'on fait pour les Champs-Élysées. Des pelouses à l'anglaise remplaceront les vieux arbres. Les balustrades de la place ont disparu; l'obélisque va les suivre pour être mis je ne sais où. Il faut absolument que l'homme s'en aille, pour ne pas assister, lui si fragile, à la ruine

---

(1) Ce passage, qui nous avait échappé au moment d'écrire notre Étude, vient encore à l'appui de ce que nous avons dit sur le sentiment d'amitié chez Delacroix, et contribue à détruire la légende qu'on s'était plu à former.

de tous les objets contemporains de son passage d'un
moment. Voilà que je ne reconnais plus mon ami,
parce que trente ans ont passé sur mes sentiments. Si
je l'avais perdu il y a quinze ans, je l'eusse regretté
éternellement; mais je n'ai pas encore eu le temps de
me dégoûter de la vue des arbres et des monuments
que j'ai vus toute ma vie. J'aurais voulu les voir jusqu'à la fin.

Vendredi 16 *décembre*. — Dîné chez Véron. Il y
avait là cinq ou six médecins. La conversation a
roulé pour les trois quarts sur les anus, les fistules,
pustules et autres détails de la profession qui faisaient
promettre, pour le dessert, au moins une petite dis-
section. Velpeau (1) y était ; il est très spirituel. Le
vertueux Nisard (2) était près de moi et un peu dé-
paysé.

Samedi 17 *décembre*. — Dîné chez Lehmann avec
Visconti (3), que j'aime à revoir, Mercey, Meyerbeer ; je suis allé avec ce dernier chez Buloz.

Dimanche 18 *décembre*. — Sorti à onze heures et
demie.

(1) Le docteur *Velpeau* était un des plus célèbres chirurgiens de
l'époque.
(2) *M. Nisard*, pour qui la critique ne pouvait avoir de mystères,
déclarait dans un Salon daté de 1833, au *National*, où il remplaçait le
critique *Peisse*, que « M. Delacroix n'avait pas un ouvrage sérieux ».
(3) *Visconti*, architecte, dont l'œuvre principale fut la réunion du
Louvre aux Tuileries. Il paraît que Delacroix l'estimait davantage que
ses confrères Lefuel et Baltard. (Voir *suprà*, t. II, p. 229.)

A l'école des Beaux-Arts, sur l'invitation de ces messieurs : j'arrivai là comme Matban dans le temple du Seigneur. Trouvé là le bon Moreau qui poursuit sa carrière philanthropique, fonde des prix à l'École et fait le bonheur des paysans de son endroit. Il m'a ramené dans notre quartier.

Passé chez M. Villot, à pied chez la princesse et M. Lefeu, sans trouver personne. Revenu au Musée, où le froid ne m'a pas permis de rester, et vers trois heures chez M. Fould; je ne l'ai qu'entrevu, il sortait.

Le soir, *Guillaume Tell,* auprès de Saint-Georges, qui m'a fait perdre quelques morceaux par ses remarques diverses. A travers tout cela, retrouvé plus que jamais les impressions de ce bel ouvrage qu'on ne peut assez admirer.

Mardi 20 *décembre.* — *Robert* le soir; je n'ai pu entendre que les trois premières notes. J'étais très fatigué. J'y ai trouvé encore des mérites nouveaux. Les costumes, renouvelés naturellement après tant de représentations, m'ont beaucoup intéressé.

Jeudi 22 *décembre.*—Aujourd'hui, dîné chez Moreau et chez Villot le soir. Mme Villot m'a parlé de cette fameuse commission pour l'Exposition générale (1).

Samedi 24 *décembre.* — Dîné chez Buloz.

(1) L'Exposition de 1855,

Dans la journée, discussion à l'Hôtel de ville sur la question des boulangers. Chaix d'Est-Ange (1) a fait une sortie qui a intéressé tout le monde comme fait un spectacle. Quant à moi, je ne vois là qu'un assez grand talent d'acteur et d'improvisateur, mais je vois toujours l'acteur. Il est rare que toute cette chaleur de commande tienne contre la plus mince argumentation en sens contraire, faite par un homme sans prétention, mais convaincu de ce qu'il dit.

Au dîner de Buloz, Meyerbeer, Cousin et Rémusat(2); en somme, amusant. Babinet est venu le soir(3). Je parlais avec Cousin des découragements qui s'emparent des artistes, non pas quand ils sentent que leur verve diminue, mais quand leur public commence à se lasser d'eux, ce qui arrive tôt ou tard. C'est, m'a-t-il dit, qu'ils n'ont plus le diable au corps, et il a raison. Je disais à Rémusat que je me faisais éveiller avec le jour, et que dans cette saison, à travers le froid et la neige, je courais à mon travail avec ardeur et plaisir.

(1) *Chaix d'Est-Ange*, célèbre avocat et homme politique. Son goût pour les arts et ses fréquentes relations avec les artistes sont connus.

(2) Le *comte Charles de Rémusat* (1797-1875), écrivain et homme politique. De 1830 à 1852 il fit partie de toutes les assemblées délibérantes, et devint ministre de l'intérieur en 1840. Sous l'Empire, il resta complètement étranger aux affaires publiques et reprit ses travaux philosophiques, faisant paraître des ouvrages et publiant des études dans la *Revue des Deux Mondes*. En 1846, il avait succédé à Royer-Collard comme membre de l'Académie française.

(3) *Jacques Babinet* (1794-1872), mathématicien, membre de l'Académie des sciences depuis 1840, auteur d'un grand nombre de travaux qui embrassent diverses parties de l'astronomie, de la physique et de la météorologie. Il a publié de nombreux articles scientifiques à la *Revue des Deux Mondes* et au *Journal des Débats*.

Que c'est beau! m'a-t-il dit; que vous êtes heureux!...
Et il a grandement raison.

Je suis revenu à pied et suis entré à Saint-Roch
à la messe de minuit. Je ne sais si cette foule entassée
là, ces lumières, enfin cette espèce de solennité ne
m'ont pas fait paraître plus froides et plus insipides
toutes les peintures qui sont là sur les murs... Que
le talent est rare! Que de labeurs dépensés à bar-
bouiller de la toile, et quelles plus belles occasions
que ces sujets religieux! Je ne demandais à tous
ces tableaux si patiemment ou même si habilement
fabriqués par toutes sortes de mains, et de toutes
sortes d'écoles, qu'une touche, qu'une étincelle de
sentiment et d'émotion profonde, qu'il me semble
que j'y aurais mise presque malgré moi. Dans ce
moment, qui avait quelque solennité, ils me semblaient plus mauvais qu'à l'ordinaire; mais, en revanche, combien une belle chose m'eût ravi! C'est
ce que j'ai éprouvé, toutes les fois qu'une belle
peinture était devant mes yeux à l'église, pendant
qu'on exécutait de la musique religieuse, qui, elle, n'a
pas besoin d'être aussi choisie pour produire de l'effet, la musique s'adressant sans doute à une partie de
l'imagination, différente et plus facile à captiver. Je
me rappelle avoir vu ainsi, et avec le plus grand plaisir, une copie du *Christ* de Prud'hon, à Saint-Philippe
du Roule; je crois que c'était pendant l'enterrement
de M. de Beauharnais... Jamais, à coup sûr, cette
composition, qui est critiquable, ne m'avait paru

meilleure. La partie sentimentale semblait se dégager
et m'arrivait sur les ailes de la musique. Les anciens
ont connu quelque chose d'analogue et l'ont mis en
pratique : on dit d'un grand peintre de l'antiquité
qu'en montrant ses tableaux il faisait entendre aux
spectateurs une musique propre à les mettre dans une
situation d'esprit conforme au sujet de la peinture ;
ainsi il faisait sonner de la trompette, en montrant la
figure d'un soldat armé, etc. Je me rappelle mon
enthousiasme, lorsque je peignais à Saint-Denis du
Saint-Sacrement et que j'entendais la musique des
offices ; le dimanche était doublement un jour de fête ;
je faisais toujours ce jour-là une bonne séance (1). La
meilleure tête de mon tableau du *Dante* a été faite
avec une rapidité et un entrain extrêmes, pendant
que Pierret me lisait un chant du Dante, que je connaissais déjà, mais auquel il prêtait, par l'accent, une
énergie qui m'électrisa. Cette tête est celle de
l'homme qui est en face, au fond, et qui cherche à
grimper sur la barque, ayant passé son bras par-dessus le bord.

On parlait à table de la *couleur locale*. Meyerbeer
disait avec raison qu'elle tient à un je ne sais quoi qui
n'est point l'observation exacte des usages et des
coutumes : « Qui en est plus plein que Schiller, a-t-il

(1) Il éprouva cette même émotion à l'église Saint-Sulpice, en peignant le dimanche, au son des orgues. Mais, comme on le verra plus
loin, les autorités ecclésiastiques et administratives lui refusèrent l'auto-
risation de travailler le dimanche pendant les offices.

dit, que Schiller dans son *Guillaume Tell?* et cependant il n'a jamais rien vu de la Suisse. » Meyerbeer est maître en cela : les *Huguenots, Robert,* etc. Cousin ne trouvait pas la moindre couleur locale dans Racine, qu'il n'aime point; il se figure que Corneille, dont il est engoué, en est plein. Je disais sur Racine ce que je pense et ce qu'on doit en dire, c'est-à-dire qu'il est trop parfait; que cette perfection et l'absence de lacunes et de disparates lui ôtent le piquant que l'on trouve à des ouvrages pleins de beautés et de défauts à la fois. Il me disait à satiété que ses idées étaient prises partout et n'étaient que des traductions. Il me citait je ne sais combien d'exemplaires d'Euripide ou de Virgile annotés de sa main, de manière à en tirer des vers tout faits... Que de gens ont annoté Euripide et tous les anciens, sans en tirer la moindre parcelle de quoi que ce soit qui ressemble à un vers de Racine! Mme Sand me disait la même chose : ce sont là de ces curiosités de gens de métier! La langue d'un grand homme parlée par lui est toujours une belle langue. Autant vaudrait-il dire que Corneille, qui est très beau dans notre langue, aurait été plus beau encore en espagnol! Les gens de métier critiquent plus finement que les autres, mais ils sont entêtés des choses de métier. Les peintres ne s'inquiètent que de cela. L'intérêt, le sujet, le pittoresque même, disparaissent devant les mérites de l'exécution, j'entends de l'exécution scolastique.

En relisant ce que j'ai dit de Meyerbeer, à propos

de la *couleur locale,* il m'arrive de penser qu'il en
est trop épris. Dans les *Huguenots,* par exemple : la
lourdeur croissante de son ouvrage, la bizarrerie
des chants vient en grande partie de cette recherche
outrée. Il veut être positif, tout en recherchant
l'idéal ; il s'est brouillé avec les grâces en cherchant
à paraître plus exact et plus savant. Le *Prophète,* que
je ne me rappelle pas, ne l'ayant presque point
entendu, doit être un pas nouveau dans cette route.
Je n'en ai rien retenu. Dans *Guillaume Tell,* s'il l'eût
composé, il eût voulu, dans le moindre duo, nous faire
reconnaître des Suisses et des passions de Suisses.
Rossini, lui, a peint à grands traits quelques paysages
dans lesquels on sent, si l'on veut, l'air des montagnes, ou plutôt cette mélancolie qui saisit l'âme en
présence des grands spectacles de la nature, et sur
ce fond, il a jeté des hommes, des passions, la grâce
et l'élégance partout. Racine a fait de même. Qu'importe qu'Achille soit Français ! Et qui a vu l'Achille
grec ? Qui oserait, autrement qu'en grec, le faire
parler comme Homère l'a fait ? « *De quelle langue
allez-vous vous servir ?* demande Pancrace à Sgana-
relle. — *Parbleu ! de celle que j'ai dans la bouche !* »
On ne peut parler qu'avec la langue, mais aussi
qu'avec l'esprit de son temps. Il faut être compris de
ceux qui vous écoutent, et surtout il faut se comprendre soi-même. Faire l'Achille grec ! Eh, bon
Dieu ! Homère lui-même l'a-t-il fait ? Il a fait un Achille
pour les gens de son temps. Les hommes qui avaient

vu le véritable Achille n'étaient plus depuis longtemps. Cet Achille devait ressembler à un Huron plus qu'à celui d'Homère. Ces bœufs et ces moutons que le poète lui fait embrocher de ses propres mains, peut-être les mangeait-il tout crus et assommés par lui. Ce luxe, dont Homère le relève, sortait de son imagination; ces trépieds, ces tentes, ces vaisseaux, ne sont autre chose que ceux qu'il avait sous les yeux, dans le monde où il vivait. Plaisants vaisseaux, que ceux des Grecs au siège de Troie! Tout l'ost des Grecs cût capitulé devant la flottille qui sort de Fécamp ou de Dieppe pour aller à la pêche du hareng. Ç'a été la faiblesse de notre temps, chez les poètes et les artistes, de croire qu'ils avaient fait une grande conquête, avec l'invention de la couleur locale. Ce sont les Anglais qui ont ouvert la marche, et nous nous sommes évertués, à leur suite, à donner l'assaut aux chefs-d'œuvre du génie humain.

(Reporter là tout ce qui est plus haut, sur l'invraisemblance des fables de Walter Scott et des romans modernes mis en regard de la recherche de la vérité dans les détails.)

Mardi 27 *décembre.* — Travaillé peu, et un peu de malaise qui a augmenté à dîner.

La bonne Alberthe m'avait envoyé une stalle le matin. J'ai donc été aux Italiens, et cette sortie, qui me coûtait, m'a fait du bien plutôt que du mal. On donnait la *Lucia*. L'autre jour, à *Lucrezia,* je

rendais justice à Donizetti ; je me repentais de ma
sévérité à son égard. Aujourd'hui, tout cela a paru,
à ma courbature et à ma fatigue, bien bruyant,
bien peu intéressant. Rien du sujet, ni des passions,
excepté peut-être le fameux quintette. L'ornement
tient toute la place dans cette musique ; ce ne sont
que festons et astragales : je l'appelle de la musique
sensuelle, uniquement, qui n'est calculée que pour
chatouiller l'oreille un moment.

J'ai rencontré mon ami Chasles au foyer. Il a commencé, avec cette manière mielleuse et raide à la
fois qui caractérise cette nature sans franchise, se ra-
baissant avec une humilité qu'il ne voulait pas même
que je crusse réelle. Je lui ai dit qu'il ne fallait dire de
soi ni bien ni mal. En effet, si vous en dites du mal,
tout le monde vous prend au mot ; si vous en dites
trop de bien ou seulement un peu de bien, vous fatiguez
tout le monde. Il est sorti de tous ces compliments, et
nous avons parlé du théâtre, d'art dramatique, de Racine, de Shakespeare. Il préfère ce dernier à tout,
« mais, m'a-t-il dit, c'est moins pour moi un artiste
qu'un philosophe. Il ne cherche pas l'unité, le résumé,
le type comme les artistes, il prend un caractère : c'est
quelque chose qu'il a vu et qu'il étudie, en vous le
faisant voir au naturel. » Cette explication me paraît
juste. Je lui ai demandé si, avec ses entrées et ses
sorties, et tout ce remue-ménage continuel de lieux
et de personnages, les pièces de Shakespeare n'é-
taient point fatigantes même pour un homme qui

comprend tout le mérite de son langage. Il en est convenu.

J'ai rencontré Berryer avec le plus grand plaisir, et un peu honteux de l'avoir négligé. Il me témoignait le regret de ne pas me voir, et ce n'étaient pas même de tendres reproches. C'est une nature vraiment riche et sympathique. Il m'a dit que je devais l'aller trouver à la campagne quelquefois; je l'aime beaucoup.

Je suis sorti avant la fin, très fatigué, et j'ai passé une nuit tout en sueur et en maladie. La matinée était meilleure.

Jeudi 29 *décembre.* — Première séance à la réunion pour le jury de l'Exposition de 1855. J'y ai vu le pauvre Visconti (1) à deux heures ;... à cinq heures, il n'était plus ! J'ai été désespéré de ce malheur qui intéresse tout le monde, mais qui me prive personnellement de l'homme le plus sympathique que j'aie rencontré depuis longtemps.

Vendredi 30 *décembre.* — On me disait, à propos de la *Vénus*, qu'en la regardant, on voyait tout à la fois. Cette expression m'a frappé : c'est là, en effet, la qualité qui doit dominer; les autres ne doivent venir qu'après.

---

(1) *Visconti* mourut sans avoir achevé l'œuvre capitale de sa carrière d'architecte, la réunion du Louvre aux Tuileries. Mais son nom n'en reste pas moins attaché à ce magnifique travail. Il avait été, au mois d'août précédent, nommé membre de l'Institut.

1854

Sans date. — Fragments d'un dictionnaire, etc. — Petits articles très courts sur les artistes célèbres et en passant ou traitant seulement un point qui les regarde ou d'une qualité propre à eux.

— Le beau implique la réunion de plusieurs qualités : la force toute seule n'est pas la beauté sans la grâce, etc. : en un mot, l'harmonie en serait l'expression la plus large. — Cette pauhypocrisiade universelle.

1ᵉʳ *janvier.* — Tout va si mal : la vertu elle-même est si faible et si chancelante, le talent si journalier, si sujet à se dégrader et à s'abandonner soi-même, que les hommes sont facilement accoutumés à se contenter en tout de *l'apparence seulement du talent et de la vertu.* Apparence de talent, semblant d'honnêteté : point d'imitation de personne sur aucun point. Vous me le donnez, je le prends ; je n'exige guère, de peur d'être obligé de rendre beaucoup. Il n'y a que sur la civilité qu'ils sont excessifs, parce qu'elle ne coûte rien.

Vous êtes avocat, vous défendez et vous faites triompher le client *per fas et nefas,* et il n'y a rien à dire, c'est le devoir! réussir surtout. Avoir défendu le client en pure perte avec tout le talent et la conscience imaginables, fâcheux accident, dont il faut se relever par un succès obtenu, s'il est nécessaire, dans un cas plus douteux, près de juges prévenus, en s'appuyant sur toutes les circonstances préparées ou fortuites qui concourent ordinairement à tous les succès.

Vous êtes l'*archevêque de Cavaignac* et *sa* créature; sa main vous a tiré de l'obscurité du néant. *Vous serez l'archevêque de Napoléon,* vous le consacrerez comme l'élu d'un grand peuple : la mitre commande. Vous n'êtes plus l'archevêque de Cavaignac, vous êtes l'archevêque de Paris. Vous entonnez le *Salvum fac imperatorem* avec tranquillité; vous recevez l'encens d'une manière convenable. Vous ne serez pas sorti de votre devoir, de ceux que demande et dont se contente le public.

Il n'y a pas une voix qui vous crie que vous devez prêter à la critique, pas une voix, celle de votre conscience moins que les autres, qui vous avertisse en secret. Qui donc, si vous ne vous le donnez vous-même, vous donnerait ce charitable avertissement? Je le dis charitable, dans l'intérêt de votre triste honneur, non dans celui des nécessités de votre position, des nécessités du *bien vivre,* du *paraître.* Qui vous le donnerait, cet avertisse-

ment que vous n'avez pas reçu comme une inspiration naturelle dans l'exercice d'un ministère et dans
les méditations d'une situation qui vous rapproche de
la source de toute vertu? L'attendriez-vous de ceux
que vous appelez vos amis, quand vous ne l'avez pas
senti en dedans de vous, dans le silence du sanctuaire?
Quoi! vous approchez le Saint des saints! vous vivez
dans la communion des élus! vous montez dévotement en chaire et les yeux baissés modestement
comme pour interroger les replis de votre cœur, ou
bien, les mains et les regards élevés comme pour
attester l'auteur des saintes inspirations, vous étalez
devant de tristes et faibles humains la corruption de
leur nature, vous la leur faites toucher du doigt!
Vous êtes ménager devant eux de ces promesses qui
encourageraient, consoleraient leurs aspirations vers
le bien; vous tonnez quelquefois, vous êtes la voix
de Dieu lui-même! mais vous savez bien ce que c'est
que cet instrument et quel est cet organe dont il se
sert pour faire arriver sa parole jusqu'à ses créatures
déshéritées. Oui! cette voix, en passant par vos
lèvres, et *je ne dis pas* votre cœur, pour arriver à ces
cœurs abattus, pour effrayer même les justes, cette
voix, dis-je, réveille malgré vous dans vous-même
un sentiment importun. Vous ne pouvez avoir aboli,
à ce point, dans votre être, le sentiment du juste,
qu'il ne se passe en vous un tumulte qui troublera et
attristera la sécurité que la vue du monde, comme il
est, vous a accoutumé à regarder comme la paix de

l'âme. Vous remportez, au milieu de ces flatteurs, de ces corrrompus, si attentifs à vous cacher leur corruption et à *feindre* de ne point s'apercevoir de la vôtre, un fond chagrin, une soucieuse attitude, que vous vous efforcez de faire paraître tranquille pour l'homme de l'habit que vous portez, pour paraître, par le calme de votre visage, aussi élevé au-dessus du commun des hommes, que vous semblez l'être par les insignes sacrés de votre dignité.

4 janvier. — Soirée aux Tuileries. J'en suis revenu plus chagrin que de l'enterrement du pauvre Visconti. La figure de tous ces coquins (1) et de toutes ces coquines, ces âmes de valets sous ces enveloppes brodées, lèvent le cœur.

5 janvier. — « Ainsi, dans toutes nos résolutions, il faut examiner quel est le parti qui présente le moins d'inconvénients et l'embrasser comme le meilleur, parce qu'on ne trouve jamais rien de parfaitement pur et sans mélange, ou exempt de danger. » (Machiável.)

17 janvier. — Les littérateurs font semblant de croire que l'oreille et l'œil jouissent, dans la musique et dans la peinture, comme le palais dans l'action de manger et de boire.

_____

(1) Voir notre Étude, p. xvi et xvii.

25 janvier. — Ce soir, à la soirée de la princesse Marcellini, S..., en me parlant de Mozart, me dit qu'il avait laissé un petit livre dans lequel il notait tout ce qu'il composait : il y a des jours, des semaines, des mois pendant lesquels il ne fait rien; quand il s'y remet, c'est prodigieux; ce que c'est que l'ouvrage d'un seul jour quelquefois !

— *Armide arrivant au camp de Godefroi...* Sa suite, ardeur des chevaliers.

— *Frappement du rocher*, pour le ministère d'État.

— *Renaud dans la forêt enchantée* (1) : les disciples près des arbres.

29 janvier. — L'admirable symphonie que j'avais oubliée. Se rappeler dans l'avant-dernier morceau la gueule de l'enfer entr'ouverte pendant une mesure ou deux.

Le matin, *** est venu m'apprendre, par une pluie affreuse et à travers la crotte, que mon plafond avait fait *fiasco* hier soir... Le bon cœur! l'aimable parent!... Comme il m'a trouvé très froid à ses remarques, attendu *que je le trouve bon*, il s'en est allé sans avoir rempli son but. Il remportait alors l'inquiétude d'avoir par trop compté sur ma bénignité; sa figure allongée et verdie annonçait la crainte

(1) Toile qui fut adjugée cent sept francs à Andrieu, qui la céda à la duchesse Colonna. « Nous pensions, dit le *Catalogue Robaut*, que cette « esquisse était entrée dans le legs fait au musée cantonal de Fribourg « par Mme la duchesse Colonna... Le conservateur de ce musée, que « nous avons consulté à ce sujet, nous a détrompés. »

de voir s'envoler les commandes de tableaux et de plafonds.

6 mars. — Commencé à montrer le salon de la Paix, à l'Hôtel de ville, jusqu'au 13 inclusivement (1).

9 mars. — Vu chez le ministre d'État M. Isabey, qui m'a demandé des billets pour le prochain bal de l'Hôtel de ville, pour lui, sa femme et sa fille. — *Id., id.,* pour Riesener et sa femme.

11 mars. — Grande interruption dans ces pauvres notes de tous les jours : j'en suis très attristé; il me semble que ces brimborions, écrits à la volée, sont tout ce qui me reste de ma vie, à mesure qu'elle s'écoule. Mon défaut de mémoire me les rend nécessaires; depuis le commencement de l'année, le travail suivi de l'achèvement de l'Hôtel de ville me donnait trop de distraction; depuis que j'ai fini, et il y a bientôt un mois, j'ai les yeux en mauvais état, je crains d'écrire et de lire.

Article remarquable sur les Kœnigsmarck (2), par

---

(1) Dans l'intervalle du 29 janvier au 6 mars, Delacroix avait fait exécuter par le peintre Andrieu des retouches aux peintures du salon de la Paix à l'Hôtel de ville, ainsi qu'il résulte de cette lettre : « Ayez la « bonté de refaire un ciel plus clair, à la Muse par exemple, pas trop « uni, mais éclairci de manière à faire bien à la lumière. Faites-en autant « à la Minerve et, si vous voulez, à la Vénus. Je ne ferai que perdre ma « journée en allant seulement pour cela, que vous pouvez faire parfaite- « ment, et je ne serai pas en train de faire quoi que ce soit avant d'avoir « revu aux lumières. » (*Corresp.,* t. II, p. 98.)

(2) Épisode de l'histoire du Hanovre.

M. Blaze (1), *Revue des Deux Mondes* (15 octobre 1852 —15 mai 1853).

Aller chez M. Viardot, la semaine prochaine ; M. Thiers, *id.*

Billets à Signol, à Larivière (2), à Panseron (3), à M. Pelletier (4), à Dedreux-Dorcy (5).

A. Deschamps (6), qui est venu me voir ces jours-ci, me disait que Félix Bodin (7), que nous avons connu, qui est mort assez jeune et qui était un homme maigre, lui disait qu'un homme de son tempérament était tué inévitablement dans la compagnie habituelle d'un homme gras et robuste : ces natures tirent à elles, au lieu de rendre, contrairement à l'opinion des anciens médecins qui faisaient coucher des vieillards avec de jeunes filles, pensant leur communiquer ainsi un peu de la chaleur et de l'activité d'un jeune sang.

(1) *Blaze de Bury*, qui était le beau-frère de Buloz, fit pendant de longues années paraître de nombreux articles de critique littéraire et musicale à la *Revue des Deux Mondes*.

(2) *Larivière*, peintre, élève de Guérin, de Girodet et de Gros, avait été un des derniers concurrents de Delacroix à l'Institut.

(3) *Panseron* (1795-1859), compositeur, auteur d'un grand nombre de morceaux de musique religieuse.

(4) *Pelletier* occupait un poste important au ministère d'État. C'était un protégé de M. Fould.

(5) *Dedreux-Dorcy*, peintre, qui fit un portrait de Delacroix en 1831.

(6) *Antony Deschamps de Saint-Amand*, poète et littérateur (1808-1869). Outre un grand nombre d'œuvres poétiques, A. Deschamps a publié des articles dans la *Revue de Paris* et le *Journal des Débats*.

(7) *Félix Bodin*, publiciste et historien (1795-1837). C'est sous ses auspices que M. Thiers, alors inconnu, commença son *Histoire de la Révolution française*. Félix Bodin devint membre de la Chambre des députés après la révolution de 1830.

14 *mars*. — Dîné chez Villot, avec Nadaud (1),
Arago, Bixio.

15 *mars*. — Dîné chez Hippolyte Rodrigues (2) avec
Halévy, Boilay, Mirès (3) ; ce dernier, très original,
très sensé, très spirituel ; il est bien la preuve que
c'est l'esprit qui fait l'homme. Il me disait, sur ce que
le peuple, à présent, croit que le bien-être lui est dû,
indépendamment de l'esprit et de l'industrie employés
à se le procurer, en un mot sur cette rage d'égalité de
bonheur qui possède tous ces gens-là et que je déplo-
rais, que c'était un mobile qui venait à son tour et qui
avait son temps à faire, comme tous ceux qui ont
soulevé les hommes plus ou moins longtemps, les
guerres de religion par exemple.

Il disait que, quelque judiciaire qu'on apporte dans
les affaires, on avait besoin d'un associé, d'un autre
vous-même qui vous éclairât et vous fît quelquefois
toucher du doigt la fausseté d'un calcul sur lequel on
fondait de l'espérance.

Chez la princesse ensuite, où je ne suis arrivé qu'à
onze heures passées. Elle confessait sa mobilité et la

(1) *Gustave Nadaud* (1820-1893), compositeur et chansonnier, qui
avait déjà, en 1849 et 1852, publié deux recueils de ses chansons.

(2) *Hippolyte Rodrigues*, financier et littérateur, occupait depuis 1840
une charge d'agent de change qu'il abandonna en 1875 pour se consacrer exclusivement aux études de critique et d'histoire religieuse. Il était
le beau-père d'Halévy.

(3) *Mirès*, célèbre financier de l'époque, était alors à la tête d'une
série de vastes opérations financières et jouissait dans le monde d'une
influence considérable.

facilité de caractère qui la porte à donner toujours raison au dernier qui lui parle.

Mirès disait que l'artiste était une variété du fou. Mais l'artiste n'a pas besoin, comme dans les autres professions, je veux dire à l'endroit même de la profession, de cette présence d'esprit, de cette fixité dans les résolutions, sans lesquelles ni le général d'armée, ni l'administrateur, ni le financier ne sauraient rien faire de bon.

Je pense, le lendemain, qu'une partie de la supériorité de Louis-Napoléon vient sans doute de ce qu'il n'a *rien de l'artiste.*

20 mars. — Enterrement de la pauvre Mme Delaborde. Quantité de figures que je n'avais pas vues depuis longtemps. Villemain très changé; M. d'Houdetot méconnaissable. Le plus beau temps du monde : les bourgeons naissants verdoyant sous le soleil de printemps au milieu de cette mort et de cette caducité.

Je suis revenu de l'église à pied, par le pont d'Iéna où j'ai été voir la statue de Préault (1), que j'aurais voulu trouver meilleure; de là chez Riesener, le long de la rive gauche.

Vu chez Comon la jeune personne, en allant acheter l'*Artiste;* de là chez Mercey, qui m'a remis la commande du tableau pour l'Exposition.

(1) Le *Cavalier gaulois.*

Dîné chez Mme de Forget avec Laity (1) et Mme de Querelles, très bonne enfant.

Chez Devinck. Musique : morceau de Bach arrangé par Gounod. Le violon Hermann trop maniéré (2).

21 *mars*. — Travaillé toute la journée à l'*Antée* (3) pour Dumas, aux compositions de *Chasses de lions* (4), etc.

Vers quatre heures, chez le ministre ; revenu à pied ; rencontré l'insupportable Dagnan (5) et le bon Debay qui espère toujours que je traverserai la forêt de Sénart pour aller le voir à Montgeron.

Le soir, M. Lefèvre-Deumier (6) ; j'y ai vu Yvon (7), qui m'a complimenté.

(1) *Laity*, ancien lieutenant d'artillerie, qui avait pris parti avec sa troupe pour le prince Louis-Napoléon lors de l'échauffourée de Strasbourg, où il se trouvait alors en garnison. Traduit devant la cour d'assises et acquitté, il donna sa démission. A l'avènement de Louis-Napoléon à la présidence de la République, il reprit du service dans l'armée, mais il donna de nouveau sa démission après le coup d'État. En 1854, il fut nommé préfet, et devint sénateur en 1857.

(2) *Adolphe Hermant*, dit *Hermann*, né à Douai en 1822, élève du Conservatoire de Paris, violoniste distingué.

(3) *Hercule étouffant Antée*. (Voir *Catalogue Robaut*, n° 1139.)

(4) Voir *Catalogue Robaut*, nᵒˢ 1230, 1242, 1278, 1349, 1350.

(5) *Isidore Dagnan*, paysagiste, qui exposa de 1819 à 1868.

(6) *Lefèvre-Deumier* (1797-1857), littérateur et poète, auteur de tragédies romantiques écrites sous l'influence de Byron. En 1830, il prit part à l'insurrection de Pologne, puis, de retour en France, se maria et recueillit par héritage une immense fortune. Il devint, en 1852, bibliothécaire des Tuileries.

Sa femme, née *Roulleaux-Dugage*, s'est adonnée à la sculpture ; elle exposait cette même année 1853 un buste de Mgr Sibour qui lui valut une médaille.

(7) *Adolphe Yvon*, peintre, élève de Delaroche, qui n'avait jusqu'alors exposé que des portraits et des scènes bibliques ou de genre. Il n'aborda

22 mars. — Sur le paysage. — Sur les modes dans les arts. — De l'imitation de l'antique : tout le monde l'a imité. — *Sur la composition critique* de diverses compositions de grands maîtres : *Entrée à Babylone d'Alexandre,* par Lebrun. Le faux pittoresque préféré à la convenance, comme dans Lebrun, ou l'insignifiance et la platitude, comme dans le *Christ au tombeau* de Titien ; sa composition du *Couronnement d'épines,* de même. Chez Paul Véronèse, l'arrangement est de beaucoup préférable, mais l'intérêt dramatique est nul : qu'il peigne le Christ ou un bourgeois de Venise, ce sont toujours ses robes de chambre, ses fonds bleus, ses petits nègres portant de petits chiens, tout cela, il est vrai, arrangé avec l'harmonie des lignes et de la couleur.

23 mars. — Bal aux Tuileries : même sentiment d'ennui des autres et de moi-même. Cette abjection dorée est la plus triste de toutes.

Sur la sculpture : l'art *princeps.* — Ces sculpteurs modernes ne font que des pastiches.

La littérature. — Elle est l'art de tout le monde : on l'apprend sans s'en douter.

Les commissions. — J'ai été frappé à la dernière séance combien il faut consulter les hommes spéciaux. Mémoire sur ce sujet : tout ce qu'elles font est incom-

le genre historique et militaire qu'au Salon de 1853, en peignant l'épisode du *Premier consul descendant le mont Saint-Bernard,* pour le château de Compiègne.

plet et surtout incohérent. A cette séance, les artistes
votaient ensemble; ils avaient la raison pour eux; les
autres ne comprennent que confusément; ils n'ont
pas de notions claires.

Ce n'est pas à dire que, si je gouvernais, je remet-
trais les-questions d'art, par exemple, à des commissions d'artistes. Les commissions seraient purement
consultatives, et l'homme de mérite qui les présiderait
n'en ferait qu'à sa tête après les avoir écoutées.
Réunis et seuls du métier, chacun reprend promptement son point de vue étroit; opposés à des gens
tout à fait incapables, les avantages certains et généraux ressortent à leurs yeux, et ils les font ressortir
avec succès.

Ceci est contre les républiques. On objecte celles
qui ont jeté de l'éclat; j'en vois la raison dans l'esprit
traditionnel qui a survécu à tout, chez ces républiques,
dans certains corps chargés du maniement des affaires.
Les républiques les plus célèbres sont les aristocratiques. Un noble, comme un plébéien, pourvu qu'il
ait du sens, comprendra l'intérêt du pays; mais le
plébéien est un membre d'un corps qui n'est nulle
part; le noble, au contraire, n'est quelque chose que
par la tradition et par l'esprit conservateur qui lui
rend plus chère encore une patrie à la tête de laquelle
le placent ces institutions qu'il a mission de défendre :
Venise, Rome, l'Angleterre, etc., sont des exemples.

L'esprit national ne se retrouvera dans le peuple
que quand il se trouvera directement en face d'inté-

rêts nationaux étrangers. C'est comme dans les commissions où les artistes, opposés à des manufacturiers,
votent comme un seul homme. Envoyez à un congrès
européen un certain nombre de plébéiens anglais, je
parle de ceux qui font de l'opposition chez eux, qui
sont pour le progrès, pour les changements, ils seront
Anglais avant tout vis-à-vis des Allemands, des Français, etc.; ils soutiendront, sans en retirer une syllabe,
les privilèges anglais qui font la force de l'Angleterre,
et qu'un instinct secret leur dit être le principe de
cette force.

24 *mars.* — Travaillé à ébaucher les *Chasseurs de
lions,* pour Weill.

A deux heures et demie, séance à la commission
de l'Industrie. Discussion sur le règlement concernant
l'exposition des ouvrages faits depuis le commencement du siècle. J'ai combattu avec succès, aidé de Mérimée, cette proposition, qui a été écartée. Ingres (1) a
été pitoyable; c'est une cervelle toute de travers; il ne

(1) Voir notre Étude sur les rapports d'Ingres avec Delacroix. A propos du plafond d'Ingres qui avait contribué à la décoration de l'Hôtel de
ville, voici ce que Delacroix écrivait à un critique d'art : « Je ne sais si
« mon illustre confrère en plafond sera aussi satisfait de votre apprécia-
« tion que je le suis pour ma part. Je suis entièrement de votre avis, à
« savoir que les *camées* ne sont pas faits pour être mis en peinture, et
« qu'il faut que chaque chose soit à sa place. » M. Burty ajoute en
note : « L'illustre confrère en plafond, c'était Ingres, et les *camées,*
« c'était l'apothéose de Napoléon. » (*Corresp.,* t. II, p. 110-111.)
   Burty aurait pu ajouter que si Delacroix prononce le mot *camée,* c'est
que Ingres, pour l'*Apothéose d'Homère,* n'avait fait qu'agrandir une
composition connue comme camée.

voit qu'un point... C'est comme dans sa peinture; pas la moindre logique et point d'imagination : *Stratonice, Angélique,* le *Vœu de Louis XIII,* son plafond récent avec sa *France* et son *Monstre.*

26 *mars.* — Concert à Sainte-Cécile. Je n'ai prêté d'attention qu'à la *Symphonie héroïque* (1). J'ai trouvé la première partie admirable, l'*andante* est ce que Beethoven a peut-être fait de plus tragique et de plus sublime, jusqu'à la moitié seulement. Ensuite la *Marche du Sacre* de Cherubini que j'ai entendue avec plaisir. Quant à *Preciosa* (2), la chaleur qu'il faisait là, ou une brioche que j'avais mangée, avant de venir, ont paralysé mon âme immortelle, et j'ai dormi presque tout le temps.

Je pensais, en entendant le premier morceau, à la manière dont les musiciens cherchent à établir l'unité dans leurs ouvrages. Le retour des motifs principaux est, en général, celui qu'ils croient le plus efficace : c'est aussi celui qui est le plus à la portée de la médiocrité. Si ce retour est, dans certains cas, l'occasion d'une grande satisfaction pour l'esprit et pour l'oreille, il semble, quand on l'applique trop souvent, un moyen secondaire, ou plutôt un pur artifice. La mémoire est-elle si fugitive qu'on ne puisse établir de relations dans les différentes parties d'un morceau de musique, si on n'affirme en quelque sorte à satiété

(1) Rappelons qu'il qualifiait de *divine* la symphonie en *la.*
(2) Opéra de *Weber.*

l'idée principale par de continuelles répétitions?

Une lettre, un morceau de prose ou de poésie présente une déduction et un ensemble qui ressortent du développement des idées naissant les unes des autres, et pas par la répétition d'une phrase qui sera, si l'on veut, le point capital de la composition.

Les musiciens ressemblent en cela aux prédicateurs qui répètent à satiété et fourrent partout la phrase qui sert de texte à leur discours.

Je me rappelle, dans ce moment, plusieurs airs de Mozart dont la logique et la déduction sont admirables, sans que le motif principal soit répété : l'air *Qui l'odio non facunda,* le chœur des prêtres de la *Flûte enchantée,* le trio de la *Fenêtre,* de *Don Juan,* le quintette, *idem,* etc. Ces derniers sont des morceaux de longue haleine, ce qui augmente le mérite. Dans ses symphonies, il répète quelquefois à satiété le motif principal ; peut-être, en cela, se conforme-t-il à des usages établis. Cet art-là me semble plus assujetti que les autres à des habitudes pédantesques de métier, qui donnent une satisfaction aux gens purement musiciens, mais qui fatiguent toujours les auditeurs peu versés dans la curiosité du métier, telle que les fugues, les rentrées savantes, etc.

Ces répétitions du motif me paraissent être occasionnellement, comme je le disais, une source de jouissances, quand elles sont employées à propos, mais elles donnent moins le sentiment de l'unité, qu'elles ne fatiguent quand l'unité ne ressort pas natu-

rellement à l'aide des vrais moyens dont le génie a le
secret. L'esprit est si imparfait, si difficile à fixer, que
l'homme le plus sensible aux arts éprouve toujours,
en présence d'un bel ouvrage, une sorte d'inquiétude,
de difficulté d'en jouir complètement, que ne peuvent
faire disparaître les petits moyens de produire une
unité factice, moyens comme les répétitions des
motifs dans la musique, comme la concentration de
l'effet dans la peinture; petites et mesquines industries dont le commun des artistes s'empare facilement
et qu'il applique de même. Un tableau qui semble
devoir satisfaire plus complètement et plus facilement
ce besoin d'unité, puisqu'il semble qu'on le voie tout
d'une fois, ne le produit pas davantage s'il n'est bien
composé, et j'ajoute même que, offrît-il au plus haut
degré une grande unité dans son effet, l'âme ne sera
pas pour cela complètement satisfaite. Il faut que, dans
l'absence de l'ouvrage qui a éveillé en elle des sentiments, elle se recueille dans le souvenir : alors domi-
nera celui de l'unité de l'ouvrage, si cette qualité s'y
trouve effectivement. C'est alors que l'esprit saisit
l'ensemble de la composition, ou se rend compte des
disparates et des lacunes. Ces remarques faites à propos de la musique me font apercevoir plus particulièrement combien les gens de métier sont de pauvres
connaisseurs dans l'art qu'ils exercent, s'ils ne joi-
gnent à la pratique de cet art une supériorité d'esprit
ou une finesse de sentiment, que ne peut donner
l'habitude de jouer d'un instrument ou de se servir

d'un pinceau. Ils ne connaissent d'un art que l'ornière
dans laquelle ils se sont traînés, et les exemples que
les *écoles* mettent en honneur. Jamais ils ne sont
frappés des parties originales; ils sont, au contraire,
bien plus disposés à en médire; en un mot, la partie
intellectuelle, ce sentiment-là leur échappe complètement, et comme ils sont malheureusement les juges
les plus nombreux, ils peuvent dérouter longtemps le
goût public et de même retarder le vrai jugement
qu'il faut porter sur les beaux ouvrages. De là, sans
doute, cette condescendance des grands talents pour
le goût étroit et mesquin qui est, en général, la règle
des conservatoires et des ateliers. De là ce retour de
moyens prétendus *savants* qui ne satisfont aucun
besoin de l'âme, et qui, par la répétition de banalités
convenues, déparent certains chefs-d'œuvre et les
marquent promptement d'un cachet de décrépitude.

Les beaux ouvrages ne vieilliraient jamais s'ils
n'étaient empreints que d'un sentiment vrai. Le langage des passions, les mouvements du cœur sont toujours les mêmes; ce qui donne inévitablement ce
cachet d'ancienneté, lequel finit quelquefois par
effacer les plus grandes beautés, ce sont ces moyens
d'effet à la portée de tout le monde, qui florissaient
au moment où l'ouvrage a été composé; ce sont certains ornements accessoires à l'idée et que la mode
consacre, qui font ordinairement le succès de la plupart des ouvrages. Ceux qui, par un *prodige* bien
rare, se sont passés de cet accessoire, n'ont été com-

pris que fort tard et fort difficilement, ou par des générations qui étaient devenues insensibles à ces charmes de convention.

Il y a un *moule consacré* dans lequel on jette les idées bonnes ou mauvaises, et les plus grands talents, les plus originaux, en portent involontairement la trace. Quelle est la musique qui résiste, après un certain nombre d'années, au caractère de vétusté que lui impriment les cadences, les fioritures qui souvent ont fait sa fortune, à son apparition? Quand l'école moderne d'Italie a substitué des ornements d'un goût qui a semblé nouveau à ceux dont nous avions l'habitude dans la musique de nos pères, cette nouveauté a paru le comble de la distinction; mais cette impression n'a pas duré autant que la mode dans les vêtements et dans les bâtiments. Elle a eu tout au plus assez de puissance pour nous lasser passagèrement des ouvrages anciens, en les faisant paraître vieux; mais ce qui a déjà prodigieusement vieilli, ce sont les ornements, c'est la parure indiscrète qu'un magistique (*sic*) génie ne dédaignait pas d'ajouter à ses heureuses conceptions et dont la foule des imitateurs a fait la substance même des ouvrages dénués d'invention.

Il faut déplorer ici cette triste condition de certaines inventions qui nous charment dans les esprits originaux. Ces agréments mêmes, ces ornements, ajoutés par la main du génie à des idées expressives et profondes, sont presque une nécessité à laquelle il cède naturellement. Ce sont des intervalles, des repos presque nécessaires, qui reposent l'esprit et le conduisent à de nouvelles idées.

Sur les nouvelles sonorités, les combinaisons de Beethoven : elles sont déjà devenues l'héritage ou plutôt le butin des moindres débutants.

27 mars. — Premier acte de la *Vestale* (1) dans la loge de Mme Barbier. J'ai été frappé, à travers la vétusté, d'un souffle original et qui a dû ressortir bien davantage à l'origine. Je ne sais si Cherubini est un plus grand musicien, mais il ne me donne pas cette impression. Il me semble qu'il est le calque des formes qu'il a trouvées établies : ainsi le *Requiem* de Mozart serait la règle dont il n'est pas sorti.

En sortant, vu deux actes d'*Ulysse* (2) qui m'a paru encore affaibli. Cette musique mince ne va pas aux temps héroïques. Le dialogue est bien puéril, et cependant, quand on l'interrompt pour intercaler un morceau de musique, on est dans la situation d'un voyageur qui fait une route insipide, mais qui voudrait n'arrêter qu'au bout de sa carrière; en un mot, c'est un genre bâtard : bâtard quant au poème par la

(1) Tragédie lyrique de *Spontini*, qui avait été représentée pour la première fois à l'Académie impériale de musique le 11 décembre 1807; elle fut reprise à l'Opéra le 16 mars 1854, avec *Roger, Obin, Bonnehée,* Mlles *Poinsot* et *Sophie Cruvelli.* Cette reprise n'obtint pas le succès qu'on avait espéré.

(2) *Ulysse,* tragédie en trois actes et en vers, mêlée de chœurs, par Ponsard, qui fut représentée pour la première fois au Théâtre-Français le 18 juin 1852.

niaise imitation de mœurs qui ne nous touchent pas,
bâtard par cette musique d'opéra-comique, et qui
certes n'a rien d'antique pour faire chanter des por-
chers. Mieux aurait valu du plain-chant, puisqu'on
était en train d'archaïsme.

4 avril. — De la différence qu'il y a entre la littérature et la peinture relativement à *l'effet que peut
produire l'ébauche d'une pensée,* en un mot de l'impossibilité d'ébaucher en littérature, de manière à
peindre quelque chose à l'esprit, et de la force, au
contraire, que l'idée peut présenter dans une esquisse
ou un croquis primitif. La musique doit être comme
la littérature, et je crois que cette différence entre les
arts du dessin et les autres tient à ce que les derniers
ne développent l'idée que *successivement.* Quatre
traits, au contraire, vont résumer pour l'esprit toute
l'impression d'une composition pittoresque.

Même quand le morceau de littérature ou de
musique est achevé quant à sa composition générale,
qui est supposée devoir donner l'impression pour
l'esprit, l'inachèvement des détails sera d'un plus
grand inconvénient que dans un marbre ou un tableau ;
en un mot, l'à peu près y est insupportable, ou plutôt
ce qu'on appelle, en peinture, l'*indication,* le *croquis,*
y est impossible : or, en peinture, une belle indication, un croquis d'un grand sentiment, peuvent égaler
les productions les plus achevées pour l'expression.

7 avril. — Concert de la princesse. J'étais à côté de
Mlle Gavard et de son frère ; il faisait une chaleur
insupportable et une odeur de rat mort qui l'était de
même. Cela a été d'une grande longueur. On a commencé par le plus beau ; quoique cela ait nécessairement gâté le reste, on a du moins goûté tout du long
et sans fatigue cette belle symphonie en *ut mineur* de
Mozart ; mon pauvre Chopin (1) a des faiblesses après
cela. La bonne princesse s'obstine à jouer ses grands
morceaux ; elle y est encouragée par ses musiciens
qui ne s'y connaissent point, tout artistes *de métier*
qu'ils sont. Le souffle manque un peu à ces morceaux.
Il faut dire que la contexture, l'invention, la perfection, tout est dans Mozart. Barbereau me disait chez
Boissard, après ce beau *quatuor* dont je parle plus loin,
qu'il a, plus encore que Haydn, la simplicité et la
franchise des idées ; c'est surtout par le souvenir
qu'on l'apprécie. Il en met une grande partie sur le
compte de la science, sans omettre l'inspiration ;
il dit que c'est la science qui fait tirer ainsi partie
des idées.

Chenavard me disait, ce jour-là, qu'Haydn lui
paraissait avoir le style comique, le style de la comédie ; il s'élève rarement jusqu'au pathétique. Mozart,

---

(1) C'est, croyons-nous, le seul passage du Journal où l'on trouve
une restriction sur le génie de Chopin. En 1842, il écrivait à Pierret :
« J'ai des tête-à-tête à perte de vue avec Chopin, que j'aime beaucoup et
« qui est un homme de distinction rare : *c'est le plus vrai artiste que*
« *j'aie rencontré.* Il est de ceux en petit nombre qu'on peut admirer et
« estimer. » (*Corresp.*, t. 1, p. 262-263.) .

me disait S..., ainsi qu'Haydn, n'a pas mis la passion dans la symphonie. Ce dernier particulièrement, qui en a tant mis dans son théâtre, ne cherche dans la symphonie qu'une récréation pour l'oreille, récréation intelligente, bien entendu, mais point de ces élans sombres et violents qui sont presque tout Beethoven, lequel n'a jamais pu faire de théâtre (1).

8 avril. — L'homme heureux est celui qui a *conquis* son bonheur ou le moment de bonheur qu'il ressent actuellement. Le fameux *progrès* tend à supprimer l'effort entre le désir et son accomplissement : il doit rendre l'homme plus véritablement malheureux. L'homme s'habitue avec cette perspective d'un bonheur facile à atteindre : suppression de la distance, suppression de travail dans tout.

Après avoir supprimé l'espace, mis à bon marché toutes sortes de substances qui servent au luxe et au plaisir d'une génération amollie, il ne reste plus qu'à décider la terre à répandre d'une main plus libérale ses antiques dons, source de notre vie même. Il est plus difficile de régler le cours des saisons que de creuser des montagnes et d'aligner sur des espaces considérables des monceaux de fer, voie expéditive qui rapproche les lieux et ménage le temps. Des philanthropes ont bien imaginé que la mécanique suppléerait quelque jour au caprice du vent et aux

(1) Delacroix oubliait *Fidelio.*

difficultés du sol pour donner libéralement au genre
humain cette nourriture qu'il n'arrache à la terre
qu'avec des sueurs, depuis qu'il a été jeté tout nu sur
sa face, et depuis qu'il a renoncé à se procurer une
chétive subsistance avec des arcs et des flèches, aux
dépens d'autres chétives créatures qui trouvent, elles,
sans les mêmes soins, quoique avec peine encore, la
nourriture...

9 avril. — Détestable concert à Sainte-Cécile : le
fameux finale de Mendelssohn, annoncé par S..., m'a
paru un charivari sans idées.

En sortant, été voir Mme Delessert sur son invitation. Marche turque de Beethoven et chœur de D...:
médiocres, affectés. Pourquoi ne pas exécuter ces
beaux *concertos,* comme celui que Chopin m'a fait
connaître?

La pauvre princesse nous donnait aussi des choses
ennuyeuses dans le même genre; elle faisait chanter à Mario un air de Chopin et surtout un *Chant
de mai,* qu'il ne faut pas confondre avec celui de
1815... prétentieuse et vague imagination de Meyerbeer.

10 avril. — Dîné chez Mme de Forget avec
Mme de Querelles; bien qu'elle abonde volontiers
dans le sens des conversations religieuses, je la trouve
avec plaisir; nous avons beaucoup parlé des *tables.*
Les prêtres y voient l'influence des mauvais esprits.

11 *avril.* — J'ai fait mes paquets toute la matinée et ai été à deux heures chez Boissard. Divin *quatuor* de Mozart.

Chenavard nous parlait de Rossini : on le traitait déjà de *perrucone*, en 1828. Il crève de jalousie pour les succès des moindres musiciens. Le philosophe nous citait le mot de Boileau, déjà très vieux, à Louis Racine : il lui disait qu'*il n'avait jamais entendu faire l'éloge du moindre savetier sans se sentir mordu au cœur.* Il disait qu'il fallait de l'émulation.

Champrosay, 12 avril. — Parti pour Champrosay. La pluie a commencé juste au moment où nous quittions Paris pour aller à Champrosay. La sécheresse vraiment extraordinaire qui dure depuis six semaines affecte les campagnards.

Ce soir, promenade avec Jenny vers Draveil par la plus belle lune du monde. Le temps est entièrement remis.

J'ai emporté avec moi la fin de l'article de Silvestre (1), qui me concerne. J'en suis très satisfait. Pau-

---

(1) *Théophile Silvestre* fut certainement avec Thoré et Baudelaire le critique qui écrivit les articles les plus judicieux et les plus impartiaux sur l'œuvre d'Eugène Delacroix. Il s'agissait ici de la notice d'après nature publiée par Silvestre, qui fut réimprimée ensuite dans l'*Histoire des artistes vivants français et étrangers.*

Après avoir lu cet article, Delacroix écrivait au critique : « J'ai grandement à vous remercier d'une appréciation si favorable : c'est de « l'apothéose de mon vivant. Malgré mon respect pour la postérité, je ne « puis m'empêcher d'être fort reconnaissant d'un aussi aimable contem- « porain que vous. Veuillez à votre tour ne point considérer comme une « flatterie banale les compliments que je vous adresse ici sur la valeur

vres artistes ! ils périssent si on ne s'occupe pas d'eux.
Il me met dans la catégorie de ceux qui ont préféré
l'*opinion de la postérité à celle de leur époque.*

Avant dîner, nous avions été avec Jenny voir la
fontaine. Baÿvet a fait ébrancher ces beaux saules et
ces beaux peupliers que j'admirais tant l'année dernière et qui étaient la grâce de toute cette plaine.

13 *avril.* — La plus belle matinée du monde et la
plus douce impression en ouvrant ma fenêtre. Le sentiment du calme et de la liberté dont je jouis ici est
d'une douceur inexprimable. Aussi je laisse venir ma
barbe et je suis presque en sabots. Travaillé aux *Baigneuses* (1) toute la matinée, en interrompant de
temps en temps mon travail pour descendre dans le
jardin ou dans la campagne.

Vers trois heures, promenade assez courte dans la
forêt, en prenant par l'allée du chêne Prieur, revenant vers la grande allée qui croise celle de l'ermitage
et revenu enfin par cette dernière, après avoir passé
à l'ombre derrière l'enclos. Peu d'idées, mais un certain sentiment de bonheur : satisfaction de moi-même
et de mon travail.

« que vous y montrez : c'est un art de dire ce que vous voulez et d'ex-
« primer les nuances, qui est fort rare dans ce temps-ci, quoique ce soit
« là une de ses grandes prétentions. » (*Corresp.*, t. II, p. 111-112.)

(1) Toile qui appartient à M. Bischoffsheim. Vendue une première fois
570 francs en 1864, elle atteignait 7,800 francs en 1868. « C'est, dit
« M. Robaut, un ravissant tableau de chevalet que ne dépare aucune
« négligence ; il est d'une touche preste, vive, habile : les figures sont
« traitées avec une grande délicatesse, et le paysage est d'une exécution
« très soignée. » (Voir *Catalogue Robaut*, n° 1246.)

Trouvé deux belles plumes d'oiseau de proie.

Le soir, sommeil après dîner et promenade jusqu'à onze heures, par la lune, dans le jardin.

14 *avril.* — Assez mauvaise disposition toute la matinée. — Travaillé aux *Guetteurs de lion* (1).

Sorti avant dîner avec Jenny, qui est souffrante et inquiète; Julie partait le soir pour son pays.

Dans la journée, promenade de temps en temps dans le jardin.

Écrit à Silvestre et à Moreau (2).

15 *avril.* — Repris la *Clorinde.* — Composé à l'intention de Dumas l'*Hamlet ayant tué Polonius* (3).

Vers trois heures, descendu par le plus beau soleil à la rivière pour voir à quel point elle est diminuée par la sécheresse. J'ai parcouru tout le bord avec beaucoup de plaisir ; j'étais poursuivi, en descendant la petite rue pour arriver à la plaine et en revoyant ces petites îles de la rivière, par toutes sortes d'émotions mêlées de douceur et de regrets.

---

(1) Ce tableau n'a été terminé qu'en 1859. (Voir *Catalogue Robaut,* n° 1019.)

(2) Il s'agit ici de M. *Moreau,* père de M. *Adolphe Moreau-Nélaton,* le collectionneur qui fit aussi de la critique d'art et dressa le premier inventaire des tableaux du maître en 1873.

La lettre écrite par Delacroix à Moreau est celle que nous avons citée plus haut, dans laquelle il parle de son « illustre confrère en plafond » Ingres.

(3) Ce tableau fut exposé au Salon de 1859. (Voir *Catalogue Robaut,* n° 589.)

Le soir, promenade avec Jenny sur la route toute poudreuse.

J'écris à Mme de Forget :

« Je vous écris par le plus beau temps possible, qui afflige tout le monde, en commençant par la terre. Je n'ai pas souvenir d'avoir vu pareille chose en cette saison ; les bons agriculteurs sont aux abois ; l'herbe est sèche dans la forêt, comme dans les plus grandes chaleurs du mois d'août, et les récoltes donnent de l'inquiétude, si ce n'est celle du vin qui viendrait pour nous consoler de l'absence des autres. Pour moi, en particulier, je ne retire que de l'agrément de ce qui cause cette inquiétude, mais j'en ferais volontiers le sacrifice en vue du bien général et des conséquences. Pour ne parler que de l'agrément, les feuilles ne poussent pas, ce qui nuit au paysage et ôte l'ombre qu'on peut très bien regretter, à cause de la chaleur inusitée du soleil. Je travaille à la peinture ; la littérature, en ce moment, ne m'inspire pas.

« Je dois vous dire, pour votre édification, que j'ai reçu, avant mon départ, mon diplôme d'académicien d'Amsterdam, orné des armes des Pays-Bas et avec les parafes nécessaires ; seulement il m'est impossible de comprendre un seul mot de ce titre authentique. Il faudra que j'aille en Hollande me le faire lire quelque jour. En attendant, je me promène avec un certain contentement de moi-même, assuré maintenant que je n'ai pas tout à fait perdu mon temps, dans ce monde, puisque j'ai été apprécié par les bons Hollandais.

« Je vous voudrais plus souvent des distractions comme celle que je trouve dans ce lieu écarté et champêtre. Le plaisir d'ouvrir le matin sa fenêtre sur la plus agréable vue du monde, rafraîchie par les pleurs de la nuit, et de respirer un air différent de celui que nous font la boue et les ordures de Paris, tout cela fait vivre et ranime l'esprit aussi bien que le corps. Je ne dis pas pour cela qu'il faut tout abandonner pour se jeter dans les bras de la pure nature. Un peu de tout cela, et surtout changer de temps en temps, c'est là le véritable rajeunissement des esprits.»

16 avril. — Ce matin, *jour de Pâques*, le soleil s'est montré de bonne heure et caché à plusieurs reprises. Le vent a l'air d'être tourné, et le ciel se couvre de nuages. Verrons-nous enfin cesser ce beau temps désolant? J'écris ceci à huit heures du matin, en faisant des vœux pour être un peu mouillé.

— Ne pas oublier de payer le billet du vendredi saint, renvoyé à Champrosay, à Seghers, en excusant mon retard par ma légitime absence.

17 avril. — Reçu le matin, pendant que je travaillais, une invitation pour le soir à l'Élysée : parti vers quatre heures.

Trouvé dans le chemin de fer une famille, mère, fils, fille, avec des cheveux magnifiques : se rap-

peler ces effets vraiment charmants dans le jeune
homme, dont les cheveux étaient très bruns, et dans
le jeune enfant, qui les avait déjà *châtains* et tournés en boucles les plus capricieuses et pleines de
grâce.

Fatigue pour arriver jusque chez moi et ennui
profond jusqu'au moment d'aller à cette corvée,
dont j'ai rapporté le même sentiment d'amertume
et de mépris de moi-même, de me confondre avec
tous ces coquins... On avait éclairé le jardin en lan-
ternes de couleur et feux de Bengale, d'un joli
effet. Voilà le beau pour ces gens-là! Une matinée
d'avril les laisse indifférents.

Parti le lendemain, sans voir personne. J'ai été au
Jardin des Plantes (1) passer une heure à voir les
animaux, mais ils étaient paresseux et ne m'offraient
pas grand'chose à étudier; d'ailleurs, la chaleur était
excessive.

Revenu avec bonheur et toujours avec cette extase
intérieure; cette jouissance que me donne le sentiment de la liberté dont je jouis et la vue de ces
simples objets, si connus de mes yeux et (j'allais
dire) de mon cœur, et pourtant si nouveaux chaque

---

(1) Delacroix allait souvent au Jardin des Plantes faire des études
d'animaux. Dans une note de sa correspondance, M. Burty dit à propos
du sculpteur Barye : « Ils avaient fait en compagnie, m'a dit M. Dela-
« croix, des études au crayon ou à l'encre, de lions, de lionnes, de tigres,
« dans une superbe ménagerie qui s'était établie à la foire de Saint-Cloud,
« et aussi des études d'écorché, d'après une lionne morte au Jardin des
« Plantes. » (*Corresp.*, t. 1, p. 131.)

fois que je les retrouve en sortant du gouffre empesté qui nous prend le meilleur de nos jours.

20 *avril*. — La pluie commence sérieusement au milieu de la journée et a l'air de s'établir : les feuilles semblent tressaillir de plaisir.

Peu d'épisodes tous ces jours-ci : un peu de travail, mais toujours beaucoup de tranquillité et de bonheur.

Écrit ce matin à Arago, qui m'avait envoyé du café de Paris; à Planche (1), dont j'ai trouvé l'article très aimable; à Buloz, à Mme Villot pour m'excuser, à Mme de Forget, à Chabrier dont j'avais trouvé une invitation.

21 *avril*. — Travaillé aux *Baigneuses* (2) et donné une secousse importante au travail, en m'appliquant à finir davantage la femme qui est entièrement dans l'eau.

Peu ou point sorti. En allant acheter des cigares, vers trois heures, j'ai trouvé chez l'épicier le pauvre Quantinet; j'ai été embarrassé pour lui de le rencon-

---

(1) *Gustave Planche* fut un des critiques qui suivirent depuis l'origine l'effort créateur de Delacroix : il l'accompagna de sa sympathie et parla de son œuvre dans de nombreux Salons. C'est ainsi que dans un Salon de 1837 « qui est un véritable acte d'accusation contre le jury, il énu- « mère les tableaux refusés de Delacroix et déclare qu'il en parlera comme « s'ils avaient été exposés ». (Maurice TOURNEUX.)

(2) Ce tableau figure dans le *Catalogue Robaut* sous le n° 1240, et avec le titre : *Femmes turques au bain.* A la vente John Saulnier, en 1886, il a été vendu 15,500 francs.

trer. Le pauvre homme, à ce qu'il paraît, est venu se consoler de ses ennuis dans des lieux plutôt propres à les lui rappeler. Il a amené, dit-on, une créature pour l'aider à conjurer ses souvenirs... Il venait hier acheter des épingles.

22 *avril*. — Mauvaise disposition toute la matinée, occasionnée par un mauvais cigare. Mauvaise besogne, par conséquent; arrangé ou gâté la *Clorinde*; c'est celui-là maintenant qui est en reste. Il faudrait, par un effort héroïque, le remettre à flot.

Sorti vers deux heures et demie avec ma bonne Jenny. Nous avons pris l'allée de l'Ermitage, tout du long; nous avons rencontré un troupeau de moutons qui m'a intéressé. Quelle sympathie j'éprouve pour les animaux! Que ces créatures innocentes me touchent! Quelle variété la nature a mise dans leurs instincts, dans leurs formes que j'étudie sans cesse, et à quel point elle a permis que l'homme devînt le tyran de toute cette création d'êtres animés et vivant de la même vie physique que lui! Pendant que ces pauvres animaux étaient occupés à paître, la tête collée à la terre, un rustre insouciant les gardait assez indolemment, en attendant que le boucher les reçoive de lui et s'en empare. Un jeune chien tenu en laisse se tenait près du berger et suivait des yeux un autre chien, son frère, plus expérimenté et occupé sans relâche à réunir le troupeau. Il faisait son éducation, toujours au profit de l'homme et de ses

besoins. Au bout de l'allée, un paysan tirait brutale-
ment par leur licou deux pauvres chevaux traînant
la herse, et la leur faisait promener en tous sens dans
une terre desséchée et à travers les sillons; ces deux
bêtes semblaient plus attentives à s'occuper de leur
tâche que l'animal en sarrau, lequel ne leur réser-
vait sans doute pour récompense que des coups de
fouet.

Le soir, je suis sorti vers la fontaine et j'ai retrouvé
Jenny sur la route. Nous avons été jusque chez les
Vandeuil, à l'entrée de Soisy.

23 avril. — Avancé le *Petit Arabe assis et son cheval
près de lui* (1). Repris la *Clorinde* (2), et je crois l'avoir
amenée à un effet entièrement différent qui me ramène
à ma première idée, qui m'avait échappé peu à peu.
Il arrive malheureusement très souvent que l'exécution ou des difficultés ou des considérations tout à
fait secondaires font dévier l'intention (3). L'idée première, le croquis, qui est en quelque sorte l'œuf ou
l'embryon de l'idée, est loin ordinairement d'être
complet; il contient tout si l'on veut, mais il faut
dégager ce tout, qui n'est autre chose que la réunion
de chaque partie. Ce qui fait précisément de ce croquis l'expression par excellence de l'idée, c'est, non

(1) Variante du nº 1046 du *Catalogue Robaut.*
(2) Voir *Catalogue Robaut*, nº 1290.
(3) Ces questions d'exécution de l'œuvre le préoccupent toujours davantage à mesure qu'il avance dans la vie. Les dernières années du Journal
sont pleines de réflexions du même ordre.

pas la suppression des détails, mais leur complète subordination aux grands traits qui doivent saisir avant tout. La plus grande difficulté consiste donc à retourner dans le tableau à cet effacement des détails, lesquels pourtant sont la composition, la trame même du tableau.

Je ne sais si je me trompe, mais je crois que les plus grands artistes ont eu à lutter grandement contre cette difficulté, la plus sérieuse de toutes. Ici ressort plus que jamais l'inconvénient de donner aux détails, par la grâce ou la coquetterie de l'exécution, un intérêt tel qu'on regrette ensuite mortellement de les sacrifier quand ils nuisent à l'ensemble. C'est ici que les donneurs de touches aisées et spirituelles, les faiseurs de torse et de tête d'expression, trouvent leur confusion dans leur triomphe. Le tableau composé successivement de *pièces de rapport*, achevées avec soin et placées à côté les unes des autres, paraît un chef-d'œuvre et le comble de l'habileté, tant qu'il n'est pas achevé, c'est-à-dire tant que le champ n'est pas couvert : car finir, pour ces peintres qui finissent chaque détail en le posant sur la toile, c'est avoir couvert cette toile. En présence de ce travail qui marche sans encombre, de ces parties qui paraissent d'autant plus intéressantes que vous n'avez qu'elles à admirer, on est involontairement saisi d'un étonnement peu réfléchi; mais quand la dernière touche est donnée, quand l'architecte de tout cet entassement de parties séparées a posé le

faîte de son édifice bigarré et dit son dernier mot, on
ne voit que lacunes ou encombrement, et d'ordonnance nulle part. L'intérêt qu'on a porté à chaque
objet s'évanouit dans la confusion; ce qui semblait
une exécution seulement précise et convenable devient la sécheresse même par l'absence générale de
sacrifices. Demanderez-vous alors à cette réunion
quasi fortuite de parties sans connexion nécessaire
cette impression pénétrante et rapide, ce croquis
primitif de cette idéale impression que l'artiste est
censé avoir entrevu ou fixé dans le premier moment
de l'inspiration? Chez les grands artistes, ce croquis
n'est pas un songe, un nuage confus; il est autre
chose qu'une réunion de linéaments à peine saisis-
sables; les grands artistes seuls partent d'un point
fixe, et c'est à cette expression pure qu'il leur est si
difficile de revenir dans l'exécution longue ou rapide
de l'ouvrage. L'artiste médiocre occupé seulement
du métier, y parviendra-t-il à l'aide de ces tours de
force de détails qui égarent l'idée, loin de la mettre
dans son jour? Il est incroyable à quel point sont
confus les premiers éléments de la composition chez
le plus grand nombre des artistes... Comment s'in-
quiéteraient-ils beaucoup de revenir par l'*exécution*
à cette idée qu'ils n'ont point eue (1)?

24 avril. — Je professe avant tout ma prédilec-

(1) Sur l'insuffisance des spécialistes, ou plutôt sur l'opinion du maître
touchant ce point, voir notre Étude, page **xxvii**.

tion pour les ouvrages de courte haleine qui ne fatiguent pas plus le lecteur qu'ils n'ont fatigué l'auteur, etc.

— Menace de gelée, qui s'est réalisée dans la nuit au détriment de ce pauvre pays. Le serrurier me disait ce matin que la commune comprenant Mainville, Draveil et Champrosay faisait souvent pour quatre-vingt mille francs de cerises seulement.

26 *avril.* — Peu d'entrain. Mauvaise humeur presque toute la journée pour le jour de mes cinquante-six ans. Je les ai depuis ce matin.

27 *avril.* — Je suis sorti de bonne heure; cela me réussit à présent, et je travaille facilement l'après-midi après avoir fait de l'exercice le matin, ce qui m'était impossible autrefois.

J'ai pris l'allée de l'Ermitage et, au croisé des deux chemins, le petit sentier autrefois couvert, maintenant en taillis de quatre ou cinq ans, que je me rappelle souvent avoir pris avec Villot. J'y ai vu nombre de pousses de chêne gelées comme la vigne. Ce sentier aboutit au grand chemin herbu qui fait le tour de la forêt. En prenant à gauche, j'ai trouvé presque aussitôt le chemin direct de Mainville à Champrosay, en passant par le chêne d'Antain. On ne peut pas revenir plus directement.

J'ai beaucoup étudié les feuillages des arbres en revenant; les tilleuls y sont en abondance et dévelop-

pés plus tôt que les chênes. Le principe est plus facile
à observer dans ce genre de feuilles.

Revenu agréablement. Cette étude des arbres de
ma route m'a aidé à remonter le tableau du *Tueur de
lions,* que j'avais mis hier, au milieu de ma fâcheuse
disposition, dans un mauvais état, quoique la veille
il fût en bon train. J'ai été pris d'une rage inspiratrice,
comme l'autre jour, quand j'ai retravaillé la *Clorinde,*
non pas qu'il y eût des changements à faire, mais le
tableau était venu subitement dans cet état languissant
et morne, qui n'accuse que le défaut d'ardeur en travaillant. Je plains les gens qui travaillent tranquillement et froidement. Je crois que tout ce qu'ils font
ne peut être que froid et tranquille, et ne peut mettre
le spectateur que dans un état pire de froideur et
de tranquillité. Il y en a qui s'applaudissent de ce
sang-froid et de cette absence d'émotion; ils se fi-
gurent qu'ils dominent l'inspiration.

La pluie est arrivée avec abondance; il a été impossible de sortir le soir, que j'ai passé à dormir et à
me promener dans ma maison en faisant des projets.
Je roule dans ma tête les deux tableaux de *Lions* (1)
pour l'Exposition; je pense aussi à l'allégorie du
Génie arrivant à la gloire (2).

Sensation délicieuse, en me couchant fort tard, de

---

(1) L'un d'eux est sans doute le tableau de *Lions* qui figure au Musée
de Bordeaux, et dont toute la partie supérieure a été détruite dans un
incendie du Musée. (Voir *Catalogue Robaut,* n° 1242 et 1278.)

(2) Voir *Catalogue Robaut,* n° 727, 728.

la fraîcheur du soir, les fenêtres ouvertes, et du chant *diamanté* du rossignol. S'il était possible de peindre ce chant à l'esprit, au moyen des yeux, je le comparerais à l'éclat que jettent les étoiles, par une belle nuit et à travers les arbres ; ces notes légères ou vives, ou flûtées ou pleines d'une énergie inconcevable dans ce petit gosier, me représentent ces feux, tantôt étincelants, tantôt un peu voilés, semés inégalement comme des diamants immortels dans la voûte profonde de la nuit. La réunion de ces deux émotions, qui est des plus fréquentes dans cette saison, le sentiment de la solitude et de la fraîcheur qui s'y joint, l'odeur des plantes et surtout des forêts qui semble le soir plus intense, sont pour l'âme un de ces festins spirituels auxquels l'imparfaite création la convie rarement.

28 *avril.* — Ma pensée se porte à mon réveil sur les moments si agréables et si doux à ma mémoire et à mon cœur que j'ai passés près de ma bonne tante (1) à la campagne. Je pense à elle, à Henry, à ce malheureux... que le ménage a perdu pour des sentiments comme ceux-là, si jamais il les a éprouvés, aussi bien qu'il en a fait un portefaix, au lieu d'un artiste. Je lui donne ce nom pour dire qu'il n'est plus adonné qu'à la matière, mais de la manière la plus triste ; il traîne véritablement le plus triste fardeau qu'il soit possible de

(1) *Madame Riesener*

porter, celui de son ménage et de sa maison à soutenir, et il n'y a plus chez lui une étincelle d'aspiration
vers le plaisir de l'esprit ou de son métier; — mais sa
situation d'à présent m'éloigne de mes pensées de ce
matin.

Je me disais qu'il y a dix ans maintenant que j'avais
été pour la dernière fois à Frépillon (1); c'est vers le
mois de mai 1844 environ, qu'après être revenu du
dernier séjour que j'y avais fait, ce qui avait lieu ordinairement au printemps et à l'automne, je fus voir
Mme His (2), qui demeurait à l'Arsenal, et j'y vis ma
tante, qui venait déjà pour consulter. J'étais moi-
même dans le quartier pour travailler à mon tableau
de la rue Saint-Louis (3), que j'achevais. Jenny
m'accompagnait. Je ne suis plus retourné depuis à
Frépillon. Vers le mois d'août, ma tante est venue se
constituer dans la maison de santé du faubourg Saint-
Antoine, de laquelle je suis venu à bout de la persuader de se retirer.

En réfléchissant sur la fraîcheur des souvenirs, sur
la couleur enchantée qu'ils revêtent dans un passé
lointain, j'admirais ce travail involontaire de l'âme
qui écarte et supprime, dans le ressouvenir de moments agréables, tout ce qui en diminuait le charme,
au moment où on les traversait. Je comparais cette

---

(1) Delacroix, dans sa jeunesse, allait souvent à Frépillon, chez son
oncle Riesener.

(2) Madame *Charles His*. (Voir *suprà*, t. 1, p. 271.)

(3) *Le Christ au jardin des Oliviers*. (Voir *Catalogue Robaut*,
n° 176.)

espèce d'idéalisation, car c'en est une, à l'effet des
beaux ouvrages de l'imagination. Le grand artiste
concentre l'intérêt en supprimant les détails inutiles
ou repoussants, ou sots ; sa main puissante dispose et
établit, ajoute ou supprime, et en use ainsi sur des
objets qui sont siens ; il se meut dans son domaine et
vous y donne une fête à son gré ; dans l'ouvrage d'un
artiste médiocre, on sent qu'il n'a été maître de rien ;
il n'exerce aucune action sur un entassement de matériaux empruntés. Quel ordre établirait-il dans ce
travail où tout le domine ? Il ne peut qu'inventer
timidement et que copier servilement ; or, au lieu de
faire comme l'imagination qui supprime les côtés
repoussants, il leur donne un rang égal et quelquefois
supérieur par la servilité avec laquelle il copie. Tout
est donc confusion et insipidité dans son ouvrage.
Que s'il s'y mêle quelque degré d'intérêt et même de
charme, à raison du degré d'inspiration personnelle
qu'il lui sera donné de mêler à sa compilation, je le
comparerai à la vie comme elle est, et à ce mélange
de lueurs agréables et de dégoûts qui la composent.
De même que dans la composition bigarrée de mon
demi-artiste où le mal étouffe le bien, nous ne sentons
qu'à peine, dans le courant de la vie, ces instants
passagers de bonheur, tant ils sont gâtés par les
ennuis de tous les moments.

Un homme peut-il dire qu'il a été heureux dans
tel moment de sa vie qu'il trouve charmant par le
souvenir ? Il l'est assurément par ce souvenir même,

il se rend compte du bonheur qu'il a dû éprouver; mais dans l'instant de ce prétendu bonheur, se sentait-il vraiment heureux? Il était comme un homme qui possède une parcelle de terrain dans laquelle est enfoui un trésor dont il n'a pas connaissance. Appellerez-vous riche un tel homme? pas plus que je n'appelle heureux celui qui l'est sans s'en douter, ou sans savoir à quel point il l'est. Le vulgaire trouve heureux le monarque, parce qu'il dispose de tout, de tout ce qui lui manque surtout; il ne voit pas qu'il est assiégé par des ennuis attachés à sa condition élevée, comme il l'est lui-même dans sa médiocrité. Ces ennuis obscurcissent tous les plaisirs, pour lui comme pour le monarque; et combien n'en est-il pas qu'il goûte, sans presque le savoir, qui sont inestimables et qui sont interdits, inconnus même des grands qu'il envie! Ces avantages sont si nombreux, ils sont si certains qu'ils suffisent amplement, je ne dirai pas à consoler, mais à rendre charmée de son lot, cette partie de l'humanité dont la médiocrité est le partage...

Les pures jouissances que je trouve ici, sans parler du peu de goût que j'ai pour les plaisirs des grands, me dispensent d'allonger cette note.

29 avril. — Repris les *Baigneuses.*

Je comprends mieux, depuis que je suis ici, quoique la végétation soit peu avancée, le *principe* des arbres. Il faut les modeler dans un reflet coloré comme la chair : le même principe paraît ici encore plus pra-

tique. Il ne faut pas que ce reflet soit complètement
un reflet. Quand on finit, on reflète davantage là où
cela est nécessaire, et quand on touche par-dessus les
clairs ou gris, la transition est moins brusque. Je
remarque qu'il faut toujours modeler par masses tournantes, comme seraient des objets qui ne seraient pas
composés d'une infinité de petites parties, comme
sont les feuilles : mais comme la transparence en est
extrême, le ton du reflet joue dans les feuilles un très
grand rôle.

Donc observer :

1° Ce ton général qui n'est tout à fait *ni reflet ni
ombre, ni clair,* mais *transparent presque partout ;*

2° Le bord plus froid et plus sombre, qui marquera
le passage de ce reflet au *clair,* qui doit être indiqué
dans l'ébauche ;

3° Les feuilles entièrement dans l'ombre portée de
celles qui sont au-dessus, qui n'ont ni *reflets* ni *clairs,*
et qu'il est mieux d'indiquer après ;

4° Le *clair mat* qui doit être touché le dernier.

Il faut raisonner toujours ainsi, et surtout tenir
compte du côté par où vient le jour. S'il vient de
derrière l'arbre, celui-ci sera reflété presque complètement. Il présentera une masse reflétée dans laquelle
on verra à peine quelques touches de *ton mat ;* si le
jour, au contraire, vient de derrière le spectateur,
c'est-à-dire en face de l'arbre, les branches qui sont de
l'autre côté du tronc, au lieu d'être reflétées, feront
des masses d'un ton d'*ombre uni* et *tout à fait plat.*

En somme, plus les tons différents seront mis à plat, plus l'arbre aura de légèreté.

Plus je réfléchis sur la couleur, plus je découvre combien cette *demi-teinte reflétée* est le principe qui doit dominer, parce que c'est effectivement ce qui donne le vrai ton, le ton qui constitue la valeur, qui compte dans l'objet et le fait exister. La lumière à laquelle, dans les écoles, on nous apprend à attacher une importance égale et qu'on pose sur la toile en même temps que la demi-teinte et que l'ombre, n'est qu'un véritable accident : toute la couleur vraie est là : j'entends celle qui donne le sentiment de l'épaisseur et celui de la différence radicale qui doit distinguer un objet d'un autre.

30 *avril.* — J'écris à Mme de Forget :

« Me voici encore à la campagne. Je ne puis m'arracher, je ne dirai pas aux ombrages de la forêt, car il y a à présent plus de pluie que de soleil, mais c'est ce qu'on demandait. Ce qui est fort triste, c'est la gelée qui a perdu les vignes de ce pauvre petit endroit et qui risque de compromettre la récolte en fruits. Qui croirait qu'une commune comme celle-ci porte à Paris pour quatre-vingt mille francs de cerises seulement?

« Je resterai encore une huitaine. J'ai l'air d'un Robinson, je suis aussi seul que lui. J'ai jeté sur le papier quelques idées de projets d'articles : malheureusement je n'ai pas ici les matériaux nécessaires

pour y travailler autrement que vaguement. J'achève
des tableaux qui m'étaient demandés; surtout je jouis
du bonheur de n'être pas dérangé... Vous ne vous
doutez pas, vous autres voluptueux, quand, en vous
levant le matin, vous trouvez l'air un peu refroidi,
qu'il y a çà et là dans le même pays que vous habitez
des milliers de malheureux qui sont au désespoir de
ce petit froid, qui ne vous coûte tout au plus que la
peine de souffler votre feu. Peut-être que ce petit
froid nous fera payer encore notre vie aussi cher que
l'année dernière; c'est là que j'attends nos élégants,
et c'est ce que Bouchereau saura trop bien nous dire.

« Avez-vous vu le drôle de procès que fait Mme veuve
Balzac à Dumas, qui veut absolument faire un tombeau de sa façon à son mari, avec les souscriptions
du public, bien entendu? Elle a raison, si elle a effectivement fait ce tombeau; mais s'il est encore à faire
après quatre ans, Dumas a raison de vouloir rendre à
son confrère mort, qu'il détestait de son vivant, ce
petit honneur qui ne lui coûtera rien.

« Voilà le pauvre Lamartine (1) qui prend la
plume, pour donner au public enfantin une édition
expurgata de ses œuvres. La préface qu'il met en
tête du recueil de ces œuvres choisies aurait grand
besoin d'être elle-même purgée et surtout abrégée.

(1) Le tempérament poétique de *Lamartine* plaisait médiocrement à
Delacroix, lequel d'ailleurs avait peine à oublier une ridicule méprise qui
fit que le poète lui attribua innocemment un jour de misérables peintures
d'un nommé Vinchon, et l'accabla d'éloges à leur propos.

Elle contient des phrases comme celle-ci : « Plus un
« écrivain est abondant, plus il a de limon à déposer
« dans sa course... la pensée de l'homme ne jaillit pas
« au *premier* flot ni à tous les flots. Limpide, rapide,
« incorruptible, digne *d'être envasée dans les urnes des*
« *siècles pour abreuver le genre humain,* la pensée de
« *l'homme le plus favorisé des dons du ciel* est un tor-
« rent qui coule de plus ou moins haut en se creusant
« un lit plus ou moins profond dans la mémoire des
« hommes, etc., mais qui coule avec des écumes, des
« lies, des sables qu'il faut bien se garder de recueillir
« avec l'*eau du ciel.* »

« Nous allons voir cette *eau du ciel* que distille
M. de Lamartine dans ses bons jours Si le style des
morceaux qu'il choisit est dans le goût de ce qu'on
vient de lire, on pourra trouver, comme il l'avoue
lui-même, que le recueil est encore trop volumineux.
N'est-il pas étrange qu'un auteur expose et confesse
ainsi à tous les yeux qu'il est plein de *ce limon,* de ce
sable dont il parle, qui n'atteste que la précipitation
de la composition aussi bien que le mépris du bon
public pour lequel il écrit? Ainsi, dans le but de
redonner sa marchandise sous autre forme, il fait lui-
même le métier de critique sur ses propres livres, il
prendra la peine de nous montrer tout ce qui est
mauvais. Il va jusqu'à refaire des passages, il *supprime la strophe,* il *innocente l'image,* il corrige
le mot. Il est probable que c'est là le dernier livre
qu'il se propose de publier; car qui voudra désor-

mais acheter les autres? Il est clair que tous les dix ans, il les refera d'une autre manière, en les épurant, bien entendu. »

Paris, 2 mai. — Parti de Champrosay ce jour, à sept heures du matin.

J'étais inquiet au sujet de la lettre de Barbier à propos du conseil de revision ; d'ailleurs, j'avais reçu la lettre d'Albert de Vau, qui lui annonçait un excellent envoi que je craignais de laisser longtemps à la discrétion de mes portiers ; d'ailleurs, pour tout dire, le moment était arrivé. Mes tableaux avaient besoin de se reposer. Je ne restais donc plus qu'en me le reprochant, en considérant tout ce qui me rappelle à Paris.

— Sur le tantôt à Paris, et pendant que je me reposais, arrivent le cousin Delacroix et le cousin Jacob. Enchanté de les voir.

3 mai. — Les deux cousins ont dîné avec moi ; nous sommes restés les coudes sur la table jusqu'à onze heures. J'adore les récits de militaires, et lui, je l'aime beaucoup : il est un type véritable.

— Le matin, dans un beau feu, repris l'esquisse du *Combat de lions* (1). J'en ferai peut-être quelque chose.

(1) « Ce tableau peint en 1854, acheté 10,000 francs par l'État, et « donné par lui à la ville de Bordeaux, a été à peu près complètement « détruit en 1870, dans l'un des incendies successifs de la mairie de

5 mai. — Comité à neuf heures pour le collège Stanislas.

Il n'y a plus en France, et je dirai ailleurs, d'état intermédiaire : ou Jésuites ou septembriseurs ; il faut subir l'un ou l'autre régime. Cette introduction avouée, sollicitée par l'État, des ecclésiastiques dans l'éducation, est une tendance dans laquelle on ne peut s'arrêter que pour tomber fatalement dans l'extrémité contraire.

7 mai. — Dîné chez Barbier. Dagnan (1) me conte l'histoire de Cabarrus qui, directeur de la banque de Charles III, est chargé par lui de porter en France trois millions pour faire évader Louis XVI au moment de son jugement. Sa maîtresse, la duchesse de Santa-Cruz, lui arrache son secret ; il était entendu avec le Roi qu'il irait seul en France, qu'on ne donnerait de chevaux qu'à lui, qu'il serait signalé, mais qu'il fallait qu'il fût seul. Il consent à emmener la duchesse habillée en domestique. Il est arrêté en route ; impossibilité d'aller plus avant. Il parlemente, s'obstine, bref, on envoie à Madrid ; pendant ce temps qu'il perd, le procès de Louis XVI va son train, et il arrive à Paris pour voir le roi guillotiné.

Caton disait, à la fin de sa vie, qu'il ne se repentait

« Bordeaux, où se trouvait installé le Musée. » (*Catalogue Robaut,* n° 1242.) Il en reste une esquisse qui fut achetée par M. Riesener et qui appartient aujourd'hui à M. Chéramy. Mme Riesener possède également une toile analogue sur le même sujet.

(1) *Isidore Dagnan* (1794-1873), paysagiste de mérite.

que de deux choses : l'une d'avoir dit un secret à sa
femme ; l'autre, d'avoir fait par mer un voyage qu'il
pouvait faire par terre. On contait cela à propos du
naufrage de l'*Ercolano.*

8 *mai.* — Lettre de Mme D... au sujet du projet
Stanislas ; lettre de Mme F... transmise par le cousin
au sujet du même projet. L'une trouve bon que la
ville dépense énormément, introduise les prêtres dans
ses affaires, etc., etc., pour que son petit-fils, qui
est depuis cinq ans dans ce collège, ne perde pas l'habitude de ses chers professeurs et achève paisiblement
son éducation. L'autre désire la consécration de
l'établissement pour beaucoup moins, j'en suis sûr ;
le directeur aura quelque neveu dont la figure lui
plaît.

Dîné au *deuxième lundi,* et fini par une promenade, au lieu d'aller à l'Opéra voir *Guillaume Tell,*
ce que j'avais projeté ; pour me consoler, je me suis
chanté tout le temps intérieurement toute la partition.

9 *mai.* — Dîné chez Piron, et vu le soir *Nina,* de
M. Coppola (1). Il est impossible d'imaginer rien de
plus insipide.

— J'aime beaucoup Piron : c'est le seul ami que
j'aie, comme on peut l'être à notre âge. Il me contait

(1) *Nina, ou La folle par amour,* opéra représenté au Théâtre-Italien,
le 6 mai 1854. Mme *Alboni* chantait le rôle de Nina.

en revenant l'histoire de la *Diligence de Lyon* (1).

10 *mai*. — Insipide matinée et mauvaise disposition à l'Hôtel de ville. Discussion dans le Comité pour le projet Stanislas.

En sortant, vu la salle d'Ingres (2). Les proportions de son plafond sont tout à fait choquantes : il n'a pas calculé la perte que la fuite du plafond occasionne aux figures. Le vide de tout le bas du tableau est insupportable, et ce grand bleu tout uni dans lequel nagent ces chevaux tout nus aussi, avec cet empereur nu et ce char qui est en l'air, font l'effet le plus discordant pour l'esprit comme pour l'œil. Les figures des caissons sont les plus faibles qu'il ait faites : la gaucherie domine toutes les qualités de cet homme. Prétention et gaucherie, avec une certaine suavité de détails qui ont du charme, malgré ou à cause de leur affectation, voilà, je crois, ce qui en restera pour nos neveux.

J'ai été voir mon salon : je n'y ai retrouvé aucune de mes impressions, tout m'y a paru blafard.

Le soir, chez la princesse ; je me suis mis à saigner du nez ; heureusement, cela n'a pas fait scandale. Beau trio de Mozart. Revenu seul par les Champs-Élysées et par un très beau temps.

(1) Ce fut l'origine du célèbre mélodrame : *le Courrier de Lyon*.
(2) C'est la salle de l'Hôtel de ville que décora Ingres, et au sujet de laquelle nous avons déjà vu un jugement sévère de Delacroix.

Rodakowski m'a fait plaisir en exaltant le *Massacre*, qu'il met au-dessus de tout (1).

J'ai trouvé la place de la Concorde toute bouleversée de nouveau. On parle d'enlever l'Obélisque. Perrier prétendait ce matin qu'il masquait!... On parle de vendre les Champs-Élysées à des spéculateurs! C'est le palais de l'Industrie qui a mis en goût. Quand nous ressemblerons un peu plus aux Américains, on vendra également le jardin des Tuileries, comme un terrain vague et qui ne sert à rien.

13 mai. — Dauzats venu dans la journée pour me tracer mon *Foscari* (2). Resté trop longtemps, j'ai eu la voix fatiguée, et l'imprudence que j'ai faite d'aller chez Chabrier le soir m'a achevé. Extinction de voix, rhume, etc., etc.

20 mai. — Parti à Augerville avec Berryer, Batta (3) et M. Hennequin (4). Parti triste; je redeviens jeune pour mes tristesses à propos de tout.

---

(1) *Le Massacre de Scio.*

(2) C'est la première indication de la célèbre et admirable composition que les amateurs ont vue pour la dernière fois à l'exposition des œuvres de Delacroix à l'École des Beaux-Arts. A la vente Faure, elle atteignait 79,500 francs. Elle appartient maintenant au duc d'Aumale. (Voir *Catalogue Robaut*, n° 1272.)

(3) *Alexandre Batta*, célèbre violoncelliste, qui pendant vingt ans a donné un grand nombre de concerts, suivis avec beaucoup d'intérêt par les amateurs.

(4) *Amédée Hennequin* était le fils d'un avocat célèbre, ami de Berryer. A ce titre, il faisait partie du groupe des intimes d'Augerville. Dans ses *Souvenirs*, Mme Jaubert le mentionne assez brièvement.

L'état de la santé y était pour quelque chose. Enchanté du voyage, surtout à partir d'Étampes; nous
nous sommes mis là en voiture, et nous avons fait nos
sept à huit lieues, comme autrefois, au petit trot à
travers une campagne un peu poudreuse, grâce à la
grande chaleur, mais de cette vraie campagne, qu'on
ne trouve pas aux environs de Paris; cela m'a rappelé
de jeunes années et de bons moments : le Berry, la
Touraine sont ainsi.

L'arrivée charmante : c'est un séjour arrangé par
lui, plein de vieilles choses que j'adore. Je ne connais pas d'impression plus délicieuse que celle d'une
vieille maison de campagne; on ne trouve plus dans
les villes la trace des vieilles mœurs : les vieux portraits, les vieilles boiseries, les tourelles, les toits
pointus, tout plaît à l'imagination et au cœur, jusqu'à l'odeur qu'on respire dans ces anciennes maisons. On trouve là reléguées de ces images qui ont
amusé notre enfance et qui étaient nouvelles alors.
Il y a ici une chambre dont les peintures à la détrempe
existent encore, qui a été habitée par le grand Condé.
Ces peintures sont d'une fraîcheur étonnante; les
dorures rehaussées n'ont point souffert.

Berryer, qui est la bonté et la facilité mêmes, nous
a promenés partout. Il a un vivier dans son parc et
de l'eau partout; étables magnifiques avec un tau-
reau superbe. Il faut absolument être loin de Paris
pour trouver cela; je n'ai pas une de ces émotions-
là à Champrosay.

Le soir, nous nous sommes mis tous les quatre au coin du feu. Berryer nous contait qu'il était à la première représentation de la *Vestale*, avec des bottes à revers de soixante-douze francs : c'était alors le dernier goût. Ces malheureuses bottes étaient si étroites que, n'y pouvant tenir et ne goûtant pas du tout la musique, il demanda à des voisins un canif pour les fendre et se mettre à l'aise. Désaugiers était derrière lui ; il lui dit : « Monsieur, vous devez être content de votre cordonnier ; il vous sert (serre) bien. »

21 mai. — L'évêque d'Orléans arrivé l'après-midi, dans sa tournée pour la confirmation. Il est très bien, très distingué et homme d'esprit (1).

Le matin, ma première promenade, seul, par un beau soleil. Je me suis échappé par le pont de pierre, que j'ai atteint non sans avoir très chaud : je suis toujours vêtu très chaudement (2) maintenant, à cause de mon dernier mal de gorge. A ce pont de pierre,

---

(1) Mgr *Dupanloup*.

(2) « Delacroix, aimable, séduisant, d'une politesse exquise, sans aucune « exigence, jouissait pleinement à Augerville d'une sorte de vacance qu'il « s'accordait. Il se prêtait à toutes les distractions : très empressé aux « promenades, à cette seule condition qu'il lui fût accordé le temps de se « costumer. Irait-on en bateau, à pied, ou en voiture? Aussitôt la déci-« sion prise, il s'éclipsait, puis reparaissait, ayant combiné ses vêtements « pour affronter soit la mer de glace, le soleil du désert ou le vent de la « montagne. Cette manœuvre nous divertissait, ayant découvert, par une « de ces trahisons du séjour à la campagne, que sur son lit demeuraient « étalés des gilets, des cache-nez, des coiffures, numérotés et correspon-« dant aux degrés du thermomètre. Nous ignorions alors de quelle déplo-« rable délicatesse de larynx il était affligé. » (*Souvenirs de Mme Jaubert*, p. 36.)

petits garçons pêchant je ne sais quoi avec leurs mains, les jambes à l'eau, de l'autre côté du pont où l'eau de la rivière coule sur un lit de cailloux charmants.

Berryer et ces messieurs avaient été à la messe ; j'ai été un peu honteux à leur retour de ne les avoir pas suivis. J'avais été aussi, en suivant la rivière, jusqu'à l'endroit presque où elle sort de la propriété. Remarqué le château, à peu près, de cet endroit, encadré dans les arbres. En revenant, fait un croquis de l'angle et du côté de la cour.

Dans la journée, nous avons été avec des hommes et le furet pour prendre des lapins. Vu les rochers et les pins d'Italie.

L'évêque arrive vers quatre ou cinq heures. Dîner d'ecclésiastiques avec un M. de Rocheplate ou de Rocheville, voisin de campagne de Berryer. J'aime beaucoup cet évêque. Je suis de la nature de la cire ; je me fonds facilement sitôt que j'ai l'esprit échauffé par un spectacle, ou par la présence d'une personne qui a quelque chose d'imposant ou d'intéressant. J'ai parlé du péché originel d'une façon qui a dû donner à ces messieurs une grande idée de mes convictions. La soirée s'est passée ainsi très convenablement.

22 mai. — Avant d'aller à l'église (1), le matin,

---

(1) Berryer était très pieux et aimait la pompe des cérémonies catholiques. Ce trait de sa nature répond bien d'ailleurs au jugement que Delacroix porte sur son esprit.

pour voir la cérémonie de la confirmation, Berryer, dans son cabinet qui précède sa chambre, m'a lu des fragments de manuscrits de son père, où il raconte le premier service que mon père lui a rendu. Mon père se trouvait dans la situation de disposer de tout, sous Turgot : son salon d'attente était rempli de cordons bleus, de grandes dames et de solliciteurs de tous étages. Cette position lui occasionnait une foule d'attaques, à cause, dit Berryer le père, de son austère probité. Il avait commencé par être avocat et regrettait cette profession ; de là tout naturellement le conseil qu'il donne à Berryer de s'y adonner, plutôt que de s'enterrer dans des bureaux. Plus tard, sous la Convention, Berryer, très compromis, est sauvé par lui.

Vu la bibliothèque, qui est tout au haut de la maison

Vers dix heures, on est venu chercher l'évêque en procession. Cette cérémonie m'a beaucoup touché.

Le père et la femme de Berryer sont enterrés dans l'église. L'idée m'est venue de leur faire un *Saint Pierre* (1) ; c'est le patron de la paroisse, et c'était celui de son père ; ce projet s'en ira peut-être avec mes sentiments catholiques du moment.

Après la cérémonie et l'exhortation de Monseigneur, nous avons assisté à la bénédiction des tombes dans le cimetière : c'est fort beau. L'évêque, tête nue, et dans ses habits, la crosse d'une main, le goupillon de

---

(1) Il est probable que ce *Saint Pierre* ne fut jamais exécuté.

l'autre, marche à grands pas et lance à droite et à
gauche l'eau bénite sur les humbles sépultures. La religion est belle ainsi. Les consolations et les conseils que
le prélat donnait dans l'église à ses rustiques ouailles,
à ces hommes simples, brûlés par les travaux de la
campagne et enchaînés à de dures nécessités, allaient
à leur véritable adresse. Au retour, il a béni, avant
de rentrer, les enfants que les mères lui présentaient.

Déjeuner très nécessaire, à midi et demi ou une
heure, pour ces pauvres prêtres à jeun et pour nous-
mêmes. A une heure et demie, arrivée de ces dames :
point de princesse ! J'en ai été désappointé.

A partir de ce moment, le bon évêque a été un
peu négligé pour les arrivantes; il avait d'ailleurs
quelque effroi à rester. Il est parti presque incognito.
Son règne était fini.

Promenade dans le parc avec Batta et Hennequin.

23 *mai.* — Temps diluvial. On nous avait annoncé
la princesse (1) pour aujourd'hui, mais le moyen d'y
croire avec une pluie affreuse! Elle est venue pourtant. Elle s'est mise à tout : point de fatigue et de
grimace. Ces dames et nous, nous avons fait une
grande promenade. La bonne princesse peut-être un
peu ennuyée de la tournée du propriétaire. Elle avait
très aimablement pris mon bras, et je ne me suis pas
ennuyé une minute. C'est un caractère dans le genre

(1) La princesse *Marcellini Czartoryska*

du mien ; elle a l'envie de plaire. Elle serait gracieuse
avec un bouvier, et elle ne se force point pour se
livrer à ce penchant. Ce qui en reste de véritablement bon ou obligeant, le ciel le sait mieux que moi
ou qu'elle-même peut-être... Je suis ainsi ; on est
comme on peut.

Berryer, l'autre fois que nous nous promenions
(c'était le lundi) en attendant ces dames, assis au
bout de l'allée de tilleuls où il a fait un promenoir,
me disait qu'il conseillait de la douceur à Villemain
dans le jugement qu'il porte sur les hommes et sur
leurs passions, dans ce qu'il écrit sur les hommes de
notre temps : le point de vue est en raison des passions et des préjugés du moment. Martignac, le plus
doux des hommes, voulait, après 1815, faire pendre
lui et son père, après le fameux procès qu'ils avaient
plaidé tous les deux pour les proscrits (1).

C'est ce même jour, c'est-à-dire le lundi, qu'au lieu
de faire une promenade avec ces messieurs, je me
suis trouvé vers trois heures avec lui seulement, que
nous avons été en bateau et que, m'ayant laissé pour
aller s'habiller, je suis revenu rattacher le bateau et
l'ai trouvé tout vêtu, attendant ses hôtes (je me
trompe encore, je crois que c'est le dimanche, quand
il attendait l'évêque).

Ce jour, mardi, excellente musique (2) le soir, de

—————————

(1) Les procès du *Maréchal Ney*.

(2) Mme *Jaubert* décrit ainsi le salon de Berryer à Angerville : « Accoudé
« sur une table basse, notre grand peintre caressait de sa main pâle et

la princesse et de Batta. Je me prends de passion pour ce dernier. J'étais content de voir que la princesse était frappée, je l'ai cru au moins, de sa manière de jouer. Franchomme me paraît froid et compassé en comparaison. La princesse m'a parlé beaucoup de Gounod et du club de Mozaristes dont elle me fait l'honneur de me faire membre. Ce sera pour tous les premiers vendredis de chaque mois. Malheureusement, elle va partir pour Vienne.

24 mai. — Journée un peu décousue; presque point de promenade : avant déjeuner, du côté du pont de pierre, sans aller jusque-là.

Temps incertain. Pendant que ces dames jouaient à un insipide petit jeu de billard sur le perron, j'ai été me mettre sur mon canapé, où j'ai alternativement lu et dormi. Je lisais la *Fille du capitaine*, traduit de Pouchkine par ce pauvre Viardot; c'est dire que ce n'est pas le genre de traduction que je préfère; ces romans russes se ressemblent tous : ce sont toujours des histoires de petites garnisons sur les frontières de l'Asie. Ces côtés ont tenu une grande place dans l'histoire des Russes, et on voit que les esprits de cette nation y sont sans cesse tournés.

Promenade en bateau avec ces dames et Berryer.

« nerveuse une abondante et sombre chevelure, à reflets bleuâtres comme
« de l'acier bronzé. Son regard, à la fois voilé et lointain, semblait
« atteindre la pensée du compositeur, tandis que le puissant orateur,
« l'œil humide, sa large poitrine oppressée, troublé par l'étrange harmo-
« nie des accords plaintifs, demeurait immobile. »

Le brave M. de X..., type de jeune mari d'aujourd'hui : il va tout seul en bateau, a sans cesse le
cigare à la bouche et ne dit jamais un mot à sa femme
ni à personne, si ce n'est pour contredire les timides
observations de chacun. Il m'a redressé, avec une
superbe aménité et plus d'une fois, sur l'Orient, sur le
Maroc, où il a été. Il est possible qu'il connaisse
l'Orient, mais il ne connaît pas les femmes : la sienne,
qui est la fille de Mme de V..., est très piquante, aussi
froide que lui, mais qui le fera probablement passer
par des chemins qu'il ne connaît pas, malgré la multitude de ses excursions. Pendant que Batta et la princesse nous jouaient le soir des choses délicieuses, il
découpait sans dire mot des morceaux de papier, et il
ne s'est pas dérangé une minute de cette occupation.

Sonate de Beethoven entendue la veille, mais
surtout une autre, dont je connaissais déjà la partie
de piano. Très grand et très rare plaisir.

Au moment de passer à table, Berryer nous
contait, à propos de la passion pour les éloges de
Chateaubriand et en général des hommes de lettres, que
se trouvant un jour chez Michaud (1), il voit arriver
M. d'Arlincourt (2), qui venait de faire paraître un
de ses fameux ouvrages et qui venait demander à
Michaud d'en parler de manière à faire sentir au

---

(1) *Joseph Michaud*, dit *Michaud aîné*, littérateur, auteur de l'*Histoire des Croisades*, directeur de *la Quotidienne* et grand ami de Berryer.
(2) *Vicomte d'Arlincourt*, poète et romancier médiocre, né en 1789,
mort en 1856.

public tout ce qu'il y avait de profond, de délicat
dans cette conception : « Donnez-moi des notes là-
dessus », lui dit Michaud; ce que d'Arlincourt ne
manqua pas de faire, en apportant une apologie en
règle, qui mettait l'ouvrage et l'auteur dans les nues et
en étalait avec une complaisance admirable le sublime
de l'ouvrage. Le journaliste inséra tout bonnement le
volume de d'Arlincourt, tel qu'il était. A quelques
jours de là, Berryer, se trouvant encore chez Michaud,
voit arriver d'Arlincourt qui vient remercier son ami
de l'article aimable qu'il a inséré, l'assurant de sa
reconnaissance pour la manière dont il avait apprécié
l'ouvrage.

Berryer m'a conté ou plutôt avoué qu'il était un
des trois auteurs de la complainte de Fualdès : il
avait pour collaborateurs Désaugiers et Catalan ou
Castellan (1).

25 mai. — Ce jour, sorti d'assez bonne heure et
fait le petit croquis de la vue du château du côté du
canal et du potager (2). — Promené quelque peu avec
M. Hennequin, avant déjeuner; après déjeuner, à la
messe pour l'Ascension.

Je parlais, au retour de la messe, à la princesse de
la vocation que je me croyais pour être prédicateur :

---

(1) L'auteur de la fameuse complainte de Fualdès fut en effet un den-
tiste, homme de beaucoup d'esprit, nommé *Catalan*. La collaboration de
Berryer et de Désaugiers était inconnue, mais on a attribué à M. Dupin
la paternité de certains couplets.

(2) Voir *Catalogue Robaut*, n° 1772.

Berryer nous a parlé de la sienne. Hennequin, avant déjeuner, me parlait de sa manière au barreau; d'après ce qu'il m'en a dit, il me semble qu'il me ferait plus d'impression que les autres.

Dans la journée, rejoint le bateau où se trouvaien une partie de ces dames. Revenu en ramant et pris ensuite par le potager. Lu la *Fille du capitaine* jusqu'au dîner.

Conversation, dans la journée, près du piano, avec la princesse sur le système de Delsarte. Je lui parle de mes idées sur des sujets analogues. Elle préfère son Franchomme à Batta ; je lui dis que je suis sur la dernière impression. Ce qu'elle trouve de large, de carré, de précis chez Franchomme, me paraît quelquefois froideur et sécheresse; chez Batta, je m'aperçois moins qu'on racle sur du bois : je ne vois pas tant l'artiste. Franchomme est un peu comme ces peintres qui viennent vous dire : « Voyez comme je suis conforme à l'antique, comme cette main est bien la main que j'avais sous les yeux. » Je lui ai comparé à ce propos la copie de Gérard, qui est dans le salon, avec les tableaux des grands maîtres : à savoir que le détail s'y trouve, mais n'attire pas l'attention aux dépens de l'expression.

Le soir, répétition de la sonate de Beethoven que je préfère : elle porte, je crois, le n° 1.

Vu deux cahiers du *Punch anglais*. Tâcher de me le procurer à Paris : il y a des types de caricature d'un dessin très fin.

Remonté me coucher, avant le reste de la société, occupée encore à minuit à jouer.

— Ils croient qu'ils seront plus vrais en luttant avec la nature de vérité littérale ; c'est le contraire qui arrive ; plus elle est littérale, cette imitation, plus elle est plate, plus elle montre combien toute rivalité est impossible. On ne peut espérer d'arriver qu'à des équivalents. Ce n'est pas la chose qu'il faut faire, mais seulement le semblant de la chose : encore est-ce pour l'esprit et non pour l'œil qu'il faut produire cet effet.

26 mai. — Le matin, dans la cour de la ferme où étaient ces dames, pour faire des études sur le fromage, Berryer me disait qu'une chienne qu'il a et qui lui avait été donnée par un voisin, étant retournée aussitôt chez son premier maître, le garde dudit donna à Berryer qui venait la rechercher le moyen de se l'attacher, à savoir d'uriner dans du lait, et de le lui faire boire : l'influence de mâle à femelle et réciproquement, quoique dans des espèces différentes.

Il me disait que s'étant trouvé dans un comité où on discutait la couleur des uniformes, Lamoricière, Bedeau et autres généraux disaient que la durée des habits, au moins comme apparence et conservation en bon état, dépendait de la manière dont les diverses couleurs, parements, revers, etc., s'harmonisaient avec la couleur de l'habit. Ceux qui étaient crus et discordants arrivaient promptement à paraître sales et hors d'usage.

Dessiné cette matinée dans les roches plusieurs pins d'Italie.

En revenant le long de la grande treille, dessiné des peupliers blancs de Hollande, qui font un bel effet, mêlés à d'autres arbres, au bout de cette allée, du côté des rochers.

Dormi dans le jour et achevé la *Fille du capitaine.*

Ondée effroyable pendant le déjeuner et arrivée de M. de la Ferronays.

Promenade avant le dîner avec ce dernier et ces dames, et revenu par le potager.

Le soir comme à l'ordinaire : la sonate n° 1. Couché tard et dormi sur le canapé.

Admiré beaucoup, pendant ma promenade du soir, la vivacité des étoiles et l'effet des arbres sur le ciel, et les réflexions du château dans les fossés.

27 *mai.* — Départ de la princesse à neuf heures. — Flâné sur le perron avec ces dames qui étaient restées.

Avant déjeuner, dessiné les jeunes chevaux et croquis d'après les figures fantastiques, dans les roches. Je me rappelais en les faisant ce mot de Beyle : « Ne négligez rien de ce qui peut vous faire grand. »

— Essayer de faire du cresson en manière d'épinards.

— Agréable flânerie — après le déjeuner et le départ des Suzanet et de M. de la Ferronays — sur le perron avec ces dames : partie de billard anglais. Elles devaient rester la soirée : tout à coup, elles changent de résolution. Nous dînons à cinq heures un quart, et elles partent à six heures.

Promenade charmante avec Berryer et Hennequin par les bords de la rivière, à gauche le long du potager : à cette heure du jour, tout cela est plus beau que je ne l'ai jamais vu ; je ne puis me lasser de la réflexion placide des arbres et du ciel dans le miroir des eaux. Voilà ce que nous perdons par la mauvaise heure du dîner.

Monté au haut du parc et fait le tour par les murs, jusqu'à un endroit que je ne connaissais pas : salles de verdure avec avenues de tous côtés, etc.

Berryer très intéressant sur la musique des anciens... Sur la partie consacrée, hiératique : l'empereur de la Chine allant tous les ans donner le ton dans certains temples, sur des vases d'un métal particulier. C'était le diapason de l'Empire.

S'il n'est pas satisfait de son intonation en commençant à parler, il ne débrouille pas clairement ses idées, sa parole n'est pas la même.

Je dis que nous ne connaissons rien aux anciens. Nous les défigurons quand nous leur prêtons nos petites manières et nos sentiments modernes. Ils avaient été tout de suite ce qui est essentiel dans tout : le sentiment est le meilleur guide dès l'origine,

dans les arts et même dans les sciences. Hippocrate
a trouvé tout de suite tout ce qu'il y a de positif dans
la médecine. Je me trompe : il a visité l'Égypte, peut-
être quelques autres dépôts des connaissances primi-
tives, et en a rapporté ces principes. Se rappeler ce
que dit Pariset à ce sujet (1).

Je dis aussi qu'il a plus de mérite, dans un temps
de décadence, de revenir à la simplicité et à la nature
que n'en ont eu les anciens en découvrant ces prin
cipes de prime abord, quand tout cela était nouveau.

Grand charme le long du canal. J'ai remarqué
l'absence des femmes : leur présence anime une
solitude comme celle-ci ; quelque charme qu'on y
trouve, on se rappelle où on a été auprès d'elles. Il
me parle de Mme de la G..., me disant que l'amitié
près d'une bonne femme était bien supérieure au
sentiment basé sur d'autres relations.

Dans le courant de la promenade, parlé de Sainte-
Beuve avec peu d'estime : il flatte le pauvre pour se
faire une petite fortune et se retirer quand il aura
ce qu'il lui faut.

Achevé la soirée au coin du feu.

— Beau ton de chair brune très sanguine : *jaune
de chrome* foncé et ton violet de *laque brun* et *blanc*.

28 mai. — Parti d'Augerville à midi : la malle m'a

(1) *Étienne Pariset* (1770-1847), médecin et littérateur, connu surtout
par ses recherches sur les maladies épidémiques.

pris toute la matinée, ainsi que la messe où j'ai accompagné le bon cousin. Journée magnifique. La campagne me rappelle les plus doux moments; à Étampes, le soleil, la température, l'aspect des lieux me rappellent des sensations de l'Espagne.

Église Saint-Basile, détails romans dans la façade. Église Saint-Pierre, principale; crénelée : plan bizarre et inexplicable.

Promenade hors des vieux remparts, beaux arbres. Nous avions une heure à tuer. Arrivé à Paris à cinq heures et demie. Reconduit M. Hennequin.

Couché après mon dîner, ce qui m'a nui pour la journée du lendemain.

29 mai. — Mauvaise journée. Travaillé à peine : promenade solitaire le soir. — Touché quelque peu au *Christ sur la mer* (1) : impression du sublime et de la lumière.

30 mai. — Repris le tableau de Weill : *Tigre attaquant le cheval et l'homme* (2). — Mme de Forget le soir.

31 mai. — Préault venu dans la journée et resté

(1) Il y a de nombreuses études de Christ en l'année 1853. Nous n'en avons point trouvé à cette date de l'année 1854.

(2) Théophile Silvestre dit à propos de ces études de félins : « Après « avoir beaucoup étudié d'après nature au Jardin des Plantes, Delacroix « s'était mis à faire, de mémoire, plus d'animaux au coin de son feu que « devant les fosses et les cages des bêtes. Il tirait des lions et des tigres « de son chat. » (Voir *Catalogue Robaut*, n° 1853.)

trop longtemps : je l'aime beaucoup. Je voudrais lui
être utile (1).

2 juin. — Dîné chez la princesse. — Première
soirée des premiers vendredis. Gounod, etc., etc. Il
a chanté, d'une manière délicieuse, plusieurs morceaux de Mozart, en faisant ressortir les accompagnements et les parties différentes, à lui seul.

En rentrant très tard par une pluie affreuse, trouvé
mon atelier noyé et passé près de deux heures à
déménager mes toiles, etc.

Lundi 5 juin. — Chez Mme de Forget le soir; le
jeune d'Ideville (2) me disait que mes tableaux se
vendaient très bien : le petit *Saint Georges* (3), qu'il appelle un *Persée*, que j'avais vendu à Thomas quatre
cents francs, s'est vendu mille deux cents francs en
vente publique; Beugniet lui a demandé la même
somme du petit *Christ*, qu'il a eu pour cinq cents francs ;
mais ce sont les Juifs (4) qui profiteront toujours de
tout cela.

(1) On trouve en effet dans la correspondance de Delacroix plusieurs
lettres de recommandation en faveur de Préault. Il recommande Préault
en 1860 pour un travail à l'église Saint-Paul Saint-Louis. Delacroix ne
pouvait oublier que Préault avait pendant plusieurs années été refusé
comme lui aux expositions : l'injustice et l'aveuglement des jurys les
avaient rapprochés.

(2) *Henri-Amédée le Lorgne, comte d'Ideville* (1830-1887). Il débuta
dans la diplomatie, puis entra, en 1870, dans l'administration, qu'il
quitta bientôt, pour s'adonner exclusivement à la littérature.

(3) Voir *Catalogue Robaut*, n° 1241.

(4) Nous recommandons tout particulièrement aux lecteurs qui vou-
dront être pleinement édifiés sur ce qu'avance Delacroix, de parcourir le

— Dernière séance du conseil de revision. Vu avec
plaisir de belles natures, des remplaçants. On leur
trouvait mille défauts; c'est le contraire pour les
autres.

7 juin. — Repris la petite esquisse du *Combat du*
ion.

Le soir à la *Vestale*; quoique impatienté par la
longueur des entr'actes, j'ai été très intéressé. La
Cruvelli a quelque chose d'antique dans ses gestes,
surtout dans la scène du trépied. Elle n'est pas serrée
dans ses habits comme les actrices ordinaires dans
les costumes grecs ou romains. La musique aussi a
du caractère. Je me rappelle que Franchomme sou-
riait quand je mettais cela au-dessus de Cherubini.
Il avait peut-être raison, comme facture; mais je
crois que le même opéra traité par le fameux contra-
pontiste n'aurait pas eu ces élans de passion et cette
simplicité, en même temps... Berlioz, à qui j'en parlais, me dit de Spontini que c'était un homme qui
avait des lueurs de génie (1).

Catalogue Robaut, qui donne, chaque fois que le renseignement a pu
être obtenu, le prix d'achat des tableaux, et les différents chiffres qu'ils
ont atteints dans les ventes successives. Lors de la disparition de Millet,
on a été pris d'une belle crise d'indignation contre les marchands de
tableaux, en songeant aux bénéfices qu'ils avaient réalisés avec les œuvres
de ce maître. On pourrait faire, et tout aussi justement, les mêmes observations au sujet d'Eugène Delacroix. Plusieurs passages du Journal
sont d'ailleurs pleinement significatifs. N'est-ce pas l'histoire de presque
tous les grands peintres?

(1) Berlioz partageait à l'égard de Spontini, pour sa *Vestale*, l'admiration de R. Wagner, qui écrivait : « Spontini, lui, il est mort, et avec lui

Dans la journée, à la commission de l'Industrie. On nous avait dérangés pour nous demander quels étaient ceux qui voulaient aller à Londres à l'ouverture du Palais de Cristal. On n'a pu, en présence de ce brave lord Cowley (1), malgré ses invitations pressantes, trouver que deux membres de bonne volonté. Chacun de nous, soumis à un interrogatoire, a décliné la commission. Ces Anglais ont refait là une de leurs merveilles qu'ils accomplissent avec une facilité qui nous étonne, grâce à l'argent qu'ils trouvent à point nommé et à ce sang-froid commercial, dans lequel nous croyons les imiter. Ils triomphent de notre infériorité, laquelle ne cessera que quand nous changerons de caractère. Notre Exposition, notre local sont pitoyables; mais, encore un coup, nos esprits ne seront jamais portés à ces sortes de choses, où des Américains dépassent déjà des Anglais eux-mêmes, doués qu'ils sont de la même tranquillité et de la même verve dans la pratique (2).

8 *juin*. — Reçu ce matin, presque en même temps, la nouvelle de la mort de Pierret et de celle de Rais-

« une noble et grande période artistique, digne d'un profond respect, est
« tout entière et visiblement descendue au tombeau : elle et lui n'appar-
« tiennent plus à la vie, mais... uniquement à l'histoire de l'Art. Incli-
« nons-nous profondément et respectueusement devant le cercueil du
« créateur de la *Vestale*, de *Fernand Cortez* et d'*Olympie*. »

(1) *Lord Cowley*, diplomate anglais, né en 1804. En 1852, il était ambassadeur d'Angleterre à Paris. Il contribua à établir sur des bases durables l'alliance de l'Angleterre avec la France.

(2) Le succès de l'Exposition universelle de 1889 aurait sans doute modifié la manière de voir de Delacroix sur ce point.

son (1). Aujourd'hui, on doit enterrer le dernier. Henry vient m'inviter à aller dire adieu à son père. Triste vue! triste séparation!... Il est mort hier soir en revenant de chez sa fille à Belleville.

A quatre heures, au convoi de Raisson. — Je me suis promené, en attendant, quelque temps, et entré à l'église : affreuse décoration... Le malheureux Raisson a laissé vingt francs, dont il a fallu donner quinze à l'apothicaire. Il gagnait encore quinze mille francs... Quand il lui arrivait une petite somme à la fois, il faisait un voyage pour son plaisir ou arrangeait une partie : c'est ce que m'apprend un de ses amis.

Mon cher Pierret, dont la mort me laisse un tout autre vide, quoique je regrette aussi mon vieux Raisson, laisse sa famille dans une triste situation; c'est une suite de la vanité de sa femme qui a voulu faire la *dame,* au lieu de faire un métier et d'en faire faire un à ses filles.

10 *juin.* — Enterrement du pauvre Pierret.

12 *juin.* — Dîner du lundi. Delaroche m'a paru

(1) *Horace Raisson* avait connu Delacroix en 1816 et était resté lié avec lui depuis cette époque. Homme de lettres et journaliste, Raisson avait été collaborateur de Balzac. Delacroix paraît avoir eu au début de leurs relations peu de sympathie pour lui, car il écrit en 1821 : « Raisson « n'est point changé : il est menteur et suffisant comme devant. Ce « sera toujours, dans la peau d'un badaud, le plus Gascon que je con- « naisse. » Il fit de lui en 1820 un portrait à l'aquarelle qui appartient à M. Robaut. (Voir *Catalogue Robaut,* n° 1469.)

assez bon enfant. Tout le monde, excepté Dauzats, a
été contre moi pour soutenir que les animaux seuls
avaient de l'instinct, et que l'homme n'en a pas.
Quoique le terrible Chaix-d'Est-Ange fût dans le parti
contraire, j'ai soutenu mon avis avec la chaleur convenable, et depuis, il m'est revenu à l'esprit cent argu-
ments plus forts les uns que les autres, que je n'ai pas
dits.

Après, j'avais compté aller voir la *Vestale,* qu'on
devait jouer avec un ballet : malheureusement le ballet était le dernier.

J'ai été voir si Mme Pierret était revenue s'établir
à Paris. Elle est toujours à Belleville, commençant
son métier de veuve avec le faste nécessaire, quand
tout lui commandait d'être ici pour les démarches,
pour son fils, etc.

Le bon Piron venu chez moi pendant mon absence,
après la lettre tendre que j'avais reçue de lui dans la
journée et par laquelle il me demande aimablement
d'aller avec lui à Aix, où il doit prendre les eaux. Je
suis bien touché de son amitié. Je l'ai connu avant
Pierret, et jamais un nuage n'a altéré notre attachement (1).

13 *juin.* — Dîné chez Monceaux; l'aimable

(1) Dans la préface mise en tête du recueil des articles d'Eugène Delacroix, M. Piron écrit ceci : « Il aimait tant ses amis qu'il n'aimait pas les
« voir se marier. Il ne pouvait pas souffrir qu'une femme vint se placer
« entre lui et eux. Car, nous disait-il, quand je vais diner chez toi, il
« faut encore que la chose plaise à ta femme... »

Mme Gontier a chanté divinement le *Messager*, de Nadaud, qui est une charmante chose. Il est venu un aveugle, qui est très musicien et qui chante. Il est aveugle de naissance. Quelles singulières idées il doit avoir des choses !

Joui beaucoup de ma promenade au retour par les quais, dont je ne pouvais m'arracher.

14 juin. — Dauzats et Grenier sont venus. Ce dernier m'a montré de jolis dessins de Rome.

15 juin. — Dîné chez Poinsot. Je me suis écorché le doigt dans la glace de mon fiacre, et j'ai été obligé de me faire un pansement dans les règles avant dîner.

L'anecdote de Gérard, qui parvient à attirer Marie-Louise sous prétexte de retoucher son portrait. Napoléon, à son retour, lui demande son nom, ce qu'il fait, et lui tourne le dos. En revenant chez lui, c'était un mercredi, Gérard dit : « L'Empereur m'a tourné le dos, il me prend sans doute pour un Cosaque. »

— Ce jour, Andrieu a commencé à Saint-Sulpice (1).

(1) Il s'agit de la décoration de la chapelle des Saints-Anges, à propos de laquelle le maître écrivait à Andrieu le 24 avril 1854 : « Il y aurait « imprudence à travailler sur un mur qui vient d'être imprimé. L'opéra-« tion qu'on a faite est excellente, car l'ancienne impression était si épaisse « qu'il n'y avait aucune adhérence avec le mur ; on a tout gratté et on en « a mis une très légère, après avoir mis de nouveau de l'huile bouillante. « Je ne crois pas qu'il soit possible de reprendre avant six semaines au « moins. » (*Corresp.*, t. II, p. 101.)

16 *juin*. — Donné à Haro (pour parqueter) le carton de la *Petite Andromède* (1). — Au conseil, où j'avais manqué plusieurs des dernières séances. Ottin (2), que je trouve en revenant, me conte que Simart (3) ayant fait une figure de *David*, Ingres, qu'il avait fait venir dans son atelier, la lui fait jeter à bas, à cause de son sujet. On ne peut se permettre qu'un sujet grec : faire un *David* était une monstruosité. Que dirait-il du pauvre Préault, qui fait des *Ophélias* et autres excentricités anglaises et romantiques?

Dîné chez Mme de Forget, avec le petit d'Ideville. Joué au billard avec lui.

— Sur la fragilité de la peinture, particulièrement chez les modernes.

17 *juin*. — Dîné chez Chabrier avec Poinsot, l'amiral Casy (4), d'Audiffret (5), Beauchesne (6), etc. Poinsot

(1) Voir le *Catalogue Robaut*, nᵒˢ 1001 et 1002.

(2) *Ottin*, sculpteur, né en 1811, élève de David d'Angers, obtint le prix de sculpture dans le concours de 1836. Il est l'auteur d'un grand nombre d'œuvres appréciées.

(3) *Simart*, sculpteur (1806-1857), élève de Dupaty et de Pradier. Grand prix de Rome, il partit pour l'Italie. Ingres, alors directeur de l'école, lui fit le plus sympathique accueil et lui prodigua ses conseils. C'est sans doute à Rome, à la villa Médicis, que se passa la scène que raconte ici Ottin.

(4) L'*amiral Casy* (1787-1862). Engagé comme mousse, il gagna successivement tous ses grades dans la marine, devint en 1848 représentant à la Constituante, occupa un moment le ministère de la marine, puis, en 1853, fut nommé sénateur.

(5) *Charles-Louis d'Audiffret*, économiste et homme politique, né à Paris en 1787. Il rendit de grands services dans l'administration des finances, fut président de la Cour des comptes, pair de France, puis sénateur en 1852.

(6) *Alcide-Hyacinthe du Bois de Beauchesne* (1804-1873), littérateur,

me conte à dîner l'anecdote à laquelle il a été présent
sur les intentions de Napoléon relativement à la
Madeleine, où il dit que son intention était que l'on
fît des prières pour les mânes de Louis XVI, à l'occasion du 21 janvier; qu'il en viendrait là, qu'il leur
ferait avaler cela (il entendait les hommes comme
Cambacérès, Fouché, etc.) comme une soupe au
lait.

D'Audiffret me conte que Lamartine, voulant parler
sur la conversion des rentes, va se renseigner auprès
le lui. Il en était à ne pas savoir ce que c'est que la
rente au pair, c'est-à-dire le premier mot des opérations les plus élémentaires : ce qui ne l'a pas empêché
de faire un discours magnifique dont l'Europe a
retenti.

Il me parle aussi de l'ignorance de Ledru-Rollin,
arrivant au ministère de l'intérieur en 1848 et ignorant les éléments de l'administration qu'il avait atta-
quée pendant sa carrière d'opposition : il s'imaginait,
par exemple, qu'un ministre n'avait qu'à ordon-
nancer une dépense pour que l'argent fût à sa disposition. Il comptait, par exemple, donner une fête, etc.

18 *juin*. — A huit heures chez Durieu. Jusqu'à
près de cinq heures, nous n'avons fait que poser.
Thevelin a déjà fait des croquis autant de fois que

auteur d'ouvrages historiques estimés. Il fut, sous la Restauration, chef
de cabinet au département des Beaux-Arts, et, sous le second Empire,
chef de section aux Archives.

Durieu a fait d'épreuves : une minute ou une minute et demie au plus pour chacun.

Huet (1) m'a mené chez lui : je m'y suis aperçu que j'avais oublié mes lunettes, et suis revenu, tout courant et fatigué, les reprendre au septième étage de Durieu. Ce pauvre Huet n'a plus le moindre talent : c'est de la peinture de vieillard, et il n'y a plus l'ombre de couleur.

Ferdinand Denis (2) est venu là. On parlait de la découverte d'un faiseur d'or, qui prétend avoir trouvé que les métaux ne sont que des agrégations. Les gens de la Californie lui disaient souvent, en parlant de certains cantons, que l'or n'était pas encore à son point. Denis me conte l'histoire de Léon X envoyant en cadeau à un prétendu faiseur d'or une bourse vide.

Riesener, huit jours après, me dit avoir observé, avec plusieurs paysagistes, un lieu à Trouville où l'on voit les cailloux se former manifestement.

---

(1) Il nous paraît assez curieux de rapprocher ce passage qui contient l'opinion sincère de Delacroix, d'une lettre qu'il écrivait à ce même artiste le 24 avril 1855 : « Je crois vous faire quelque plaisir en vous parlant de « celui que m'ont fait vos tableaux à l'Exposition. Votre grande inonda- « tion est un chef-d'œuvre : elle pulvérise la recherche des petits effets à « la mode... » C'est dans des circonstances comme celle-ci que le Jour- nal est intéressant. Il ne peut pourtant y avoir confusion de personnes : il s'agit bien de *Paul Huet*, le paysagiste romantique, celui au sujet duquel Th. Gautier écrivait : « Nul n'a saisi comme lui la physionomie « générale d'un site et n'en a fait ressortir avec autant d'intelligence l'ex- « pression, heureuse ou mélancolique. »

(2) *Ferdinand Denis*, voyageur et littérateur, qui parcourut l'Amé- rique méridionale pendant plusieurs années et publia un grand nombre d'ouvrages sur les sujets les plus variés. Il devint plus tard conservateur de la bibliothèque Sainte-Geneviève.

19 juin. — Petits sujets : *Deux chevaux se bat-*
tant (1). — *Cheval montré à des Arabes* (2). — *Barbier*
de Mekinez. — *Soudards.* — *Chevalier.*

20 juin. — Dîné chez Morny avec Halévy, Auber,
Gozlan (3), que j'ai eu du plaisir à revoir. Il m'a dit
qu'au temps de notre comique rivalité, je passais pour
le favori et j'étais envié. J'ai vu là Augier, contre lequel j'avais, je ne sais pourquoi, de la prévention (4).
Il est fort aimable, et je suis enchanté de m'être rencontré avec lui. Il y avait là ce grand jeune homme,
fils de Mme Lehon, que j'avais vu quinze jours auparavant au conseil de revision, plaidant la cause de sa
surdité prétendue pour se dispenser d'acheter un
remplaçant, et cela dans l'état de pure nature, c'est-
à-dire nu comme la main, en présence de ces conseil-
lers de préfecture et autres composant le conseil.

22 juin. — Terminé les tableaux de l'*Arabe à l'af-*

(1) En 1860, il devait peindre un tableau sur ce sujet. Le *Catalogue*
Robaut le décrit ainsi : « Trois Arabes couchés à terre sur des couver-
« tures sont réveillés en sursaut par deux chevaux, un blanc et un brun,
« qui se sont détachés et se mordent avec acharnement. Les deux bêtes
« affolées s'enlacent dans un choc furieux et forment un groupe d'une
« ampleur superbe. »

(2) Voir *Catalogue Robaut*, n° 664, aux *Additions*, p. 490.

(3) *Léon Gozlan*, romancier, auteur dramatique et publiciste.

(4) *Émile Augier* avait déjà conquis à cette époque une grande situa-
tion dans le monde des lettres. Cependant le succès de la *Ciguë*, de
Gabrielle, de l'*Aventurière*, de *Philiberte*, n'avait point encore mis
Augier au rang qu'il devait occuper plus tard avec le *Gendre de*
M. Poirier, le *Mariage d'Olympe*, les *Effrontés*, le *Fils de Gi-*
boyer, etc.

fût du lion (1) et des *Femmes à la fontaine*. — Il
faut au moins dix jours pour mettre le *siccatif*.

23 *juin*. — Avec Mme de Forget au bois de Boulogne. Vu les nouveaux embellissements, qui sont fort
bien : j'ai trouvé un charme infini dans cette soirée
et des émanations bocagères très agréables.

24 *juin*. — Chez Chabrier le soir. — Poinsot m'en-
gage pour jeudi.

Dans la journée, été voir Guillemardet chez les
Pierret. Je lui ai écrit, ne l'ayant pas trouvé.

Ensuite chez Mercey, lui montrer mon esquisse :
il m'a refroidi par ses observations, dont quelques-
unes, du reste, sont fondées.

25 *juin*. — Chez Durieu. Photographies et dessins
d'après le *Bohémien*.

Dans un intervalle, j'ai été voir à Saint-Sulpice ce
qu'Andrieu a tracé. Tout s'ajuste à merveille, et je
crois que cela ira fort bien; le départ est excellent.

J'aime assez de temps en temps ces parties qui me
tirent de chez moi : cela dissipe et renouvelle. Voilà,
par parenthèse, deux dimanches de suite que j'y vais;
j'y ai déjeuné les deux fois, moi qui ne peux avaler
un morceau ordinairement et dans l'habitude de mon
atelier. C'est ce que j'ai éprouvé avec surprise pen-

---

(1) Il existe sur ce sujet : 1° une *toile* qui appartient à M. Dubuisson ;
2° un *dessin à la mine de plomb* qui est au Musée du Louvre; 3° un
croquis à la plume qui est à M. Robaut.

dant mon séjour chez Berryer. La distraction, la conversation, l'esprit mis hors de son ornière habituelle,
agissent sur le corps.

26 juin. — Point d'entrain toute cette journée. —
Dauzats venu avec M. Bonnet, de Bordeaux.

Je trouve ceci dans un article de Sainte-Beuve sur
saint Martin, qui est un résumé des idées de ce dernier sur l'âme : « Selon lui, l'âme humaine, toute
déchue et altérée qu'elle est, est le plus grand et le
plus invincible témoin de Dieu; elle est un témoin de
Dieu bien autrement parlant que la nature physique,
tellement que le vrai athée (s'il y en a) est celui qui
méconnaît sa grandeur et en conteste l'immortelle
spiritualité : le propre de l'âme de l'homme, tant elle
a conservé de royales marques de sa hauteur première, est de ne vivre que d'admiration, et ce besoin
d'admiration dans l'homme suppose au-dessus de
nous une source inépuisable de cette même admiration qui est notre aliment de première nécessité. »

Il y a donc confiance que ce témoin perpétuel de
Dieu, l'âme humaine, gagnera à l'épreuve de la révolution, etc.

27 juin. — Dîné chez Riesener avec Vieillard. —
Presque achevé, dans la journée, le *Cavalier arabe* et
le *Tigre* de Weill. Arnoux (1) venu dans la journée. Il

---

(1) *Arnoux,* critique d'art qui allait écrire dans la *Patrie,* après l'Exposition universelle de 1855, cette page enthousiaste : « Le voilà qui

me parle du projet d'exposition de Delamarre (1). Il dit
que le *Massacre* (2) n'a pas gagné au dévernissage, et
je suis presque de son avis, sans avoir vu. Le tableau
aura perdu la transparence des ombres comme ils ont
fait avec le Véronèse et comme il est presque immanquable que cela arrive toujours. Haro dit qu'il déver-
nit en lavant et non en frottant au doigt. S'il faisait
cela, il aurait vaincu une grande difficulté. En attendant, il m'a gâté les portraits de mes deux frères
enfants, par l'oncle Riesener.

28 juin. — Travaillé le matin à l'*Arabe et l'enfant
à cheval* (3). — Boissard venu. Ensuite Villot; sa vue
m'a fait plaisir. Ils sont tous surpris de tout ce que je
fais. Je leur dis qu'au lieu de me promener, comme
la plupart des artistes, je passe mon temps dans mon
atelier.

Penser à demander à Riesener mon étude d'arbres
sur papier. Lui emprunter ses croquis et des études
de paysage de Frépillon et autres, pour la fraîcheur
du ton. Aussi celle de Valmont pour le sujet des

« triomphe enfin, l'éternel lutteur, le grand discuté! Il a fallu que
« le jury des nations vint nous dire que, lui aussi, il était de la famille
« des Artistes-Rois. Regardez ses œuvres qui étincellent. » (*La Patrie*,
16 novembre 1855.)

(1) *Delamarre*, journaliste et député (1796-1870). Il était devenu en
1844 propriétaire de la *Patrie*. Le journal prit sous sa direction un grand
essor et devint le centre d'une série d'opérations économiques et financières auxquelles doit se rattacher probablement le projet d'exposition
dont parle ici Delacroix.

(2) *Massacre de Scio*.

(3) Voir *Catalogue Robaut*, n° 1237, aux *Additions*, p. 497.

Deux Chevaliers et des *Nymphes*, de la *Jérusalem*.

29 *juin.* — Dîné chez Poinsot.

— Sur la fragilité (1) de la peinture et de tout ce
que produisent nos arts. — Sur les tableaux : *les
toiles, les huiles, les vernis,* pendant que les chimistes
exaltent le progrès. C'est comme le progrès social,
qui consiste à mettre en guerre toutes les classes par
les sottes ambitions excitées dans les classes infé-
rieures : moyen de *socialité,* si l'on veut, mais point
de *sociabilité.* Ces lithographies de Charlet, les mieux
faites il y a vingt ans, tombent en poussière. Le progrès a perfectionné, à ce qu'il croit, le papier, et pas
un de nos livres, de nos écrits, des actes qui servent
à régler nos rapports d'affaires, n'existera dans un
demi-siècle. La socialité veut que chacun travaille
pour soi et s'inquiète peu des autres. Il faut égayer
notre court passage en cette vie et laisser à ceux qui
nous suivront à s'en tirer comme ils pourront. Ce
qu'on appelait la *famille* est aujourd'hui un vain mot.
La suppression, dans nos mœurs, de la vénération,
de la crainte même du père, par la familiarité que
permettent les usages, en est le principal dissolvant.

---

(1) Baudelaire écrit à ce sujet : « Une des grandes préoccupations de
« notre peintre dans ses dernières années était le jugement de la posté-
« rité et la solidité incertaine de ses œuvres. Tantôt son imagination si
« sensible s'enflammait à l'idée d'une gloire immortelle, tantôt il parlait
« amèrement de la fragilité des toiles et des couleurs... Cette friabilité de
« l'œuvre peinte, comparée avec la solidité de l'œuvre imprimée, était
« un de ses thèmes habituels de conversation. » (*Art romantique.
L'œuvre et la vie d'Eugène Delacroix.*)

Le partage égal achève de dissoudre tous les liens
qui unissent les membres d'une famille. Le lieu de la
naissance, l'habitation paternelle est aliénée naturellement après la mort du père. On sacrifie, dira-t-on,
à d'autres dieux ; le bien de l'humanité est devenu la
passion de tous ceux qui ne peuvent vivre avec leurs
frères issus du même sang dont ils sont formés. Il y a
des entrepreneurs de charité qui nous évitent le souci
de bien placer les offrandes que l'on adresse aux
malheureux du monde entier qu'on soulage ainsi sans
les connaître ni les rencontrer jamais. Ces philanthropes de profession sont tous gras et bien nourris :
ils vivent heureux du bien qu'ils sont chargés de
répandre. Heureux donc le siècle et tous ces bien-
faiteurs qui croient avoir supprimé tous les maux,
parce qu'ils en détournent la vue ; plus heureux les
adroits dispensateurs de l'universelle charité qui ont
résolu le problème de ne se priver de rien, en donnant à tout le monde.

— Chez Boissard à deux heures, pour entendre de
la musique. Ils ne possèdent pas encore le Beethoven
de la dernière époque.

Je demandais à Barbereau (1) s'il avait pénétré
tout à fait les derniers quatuors : il me dit qu'il
faut encore une loupe pour tout apercevoir, et
peut-être faudra-t-il toujours la loupe. Le principal

(1) *Barbereau,* compositeur (1799-1879). Grand prix de Rome, il devint chef d'orchestre du Théâtre-Italien, et dirigea en 1854 et 1855 l'orchestre de la société de Sainte-Cécile.

violon me disait que c'était magnifique, et qu'il y avait toujours des endroits obscurs. Je lui ai dit témérairement que ce qui restait obscur pour tout le monde, et surtout pour les violons, l'avait été sans doute dans l'esprit de son auteur. Cependant ne nous prononçons pas encore; il faut toujours parier pour le génie.

30 *juin.* — Décision au conseil de l'affaire du collège Stanislas.

— Dans la journée, vu Villot à son cabinet. Portrait d'un soudard du seizième siècle. Son portrait par Rodakowski. Il tombe dans le défaut de largeur. Il a pris ce pauvre Villot en maigre, ce qui n'était pas le cas.

De là à Saint-Sulpice, qui marche bien. Mon cœur bat plus vite quand je me trouve en présence de grandes murailles à peindre.

Je reviens dans un cabriolet à quatre roues, où, sans mon parapluie, j'aurais été presque noyé. Un orage affreux avec grêle et tonnerre violent qui a duré depuis lors et toute la soirée.

Dîné avec Mme de Forget, chez qui je me trouve à cinq heures pour voir ses dessus de porte, lesquels se sont trouvés hors de dimension, et qu'elle remplace par des portières; j'y ai achevé la soirée.

1er *juillet.* — Journée de travail sans interruption. Grand sentiment et délicieux de la solitude et de la tranquillité, du bonheur profond qu'elles donnent. Il

n'est point d'homme plus sociable que moi. Une fois
en présence de gens qui me plaisent, même mêlés
aux premiers venus, pourvu qu'aucun motif irritant
ne m'inspire contre eux de l'aversion, je me sens
gagner par le plaisir de me répandre : je prends tous
les hommes pour des amis, je vais au-devant de la
bienveillance, j'ai le désir de leur plaire, d'être aimé.
Cette disposition singulière a dû donner une fausse
idée de mon caractère. Rien ne ressemble autant à la
fausseté et à la flatterie que cette envie de se mettre
bien avec les gens, qui est une pure inclination de
nature. J'attribue à ma constitution nerveuse et irri-
table cette singulière passion pour la solitude, qui
semble si fort en opposition avec des dispositions
bienveillantes poussées à un degré presque ridicule.
Je veux plaire à un ouvrier qui m'apporte un meu-
ble ; je veux renvoyer satisfait l'homme avec lequel
le hasard me fait rencontrer, que ce soit un paysan ou
un grand seigneur ; et avec l'envie d'être agréable et
de bien vivre avec les gens, il y a en moi une fierté
presque sotte, qui m'a fait presque toujours éviter de
voir les gens qui pouvaient m'être utiles, craignant
d'avoir l'air de les flatter. La peur d'être interrompu,
quand je suis seul, vient ordinairement, quand je suis
chez moi, de ce que je suis occupé de mon affaire,
qui est la peinture : je n'en ai pas d'autre qui soit importante. Cette peur, qui me poursuit également
quand je me promène seul, est un effet de ce désir
même d'être aussi sociable que possible dans la

société de mes semblables. Mon tempérament nerveux me fait redouter la fatigue que va m'imposer
telle rencontre bienveillante; je suis comme ce Gascon
qui disait, en allant à une action : « Je tremble des
périls où va m'exposer mon courage. »

2 *juillet*. — Voir vendredi Gisors, M. Deumier; lui
parler de l'abbé Coquant pour la permission de travailler le dimanche (1). Voir Mme de la Grange, Berryer, Poinsot.

Les chevaux que j'ai dessinés dans la prairie chez
Berryer avec un prêtre grec assis et une jeune fille ou
autre figure.

3 *juillet*. — Faire, pour l'exposition Delamarre, le
Giaour foulant aux pieds de son cheval le pacha (2).

Répétition, par Andrieu, du *Christ* de Grzimala pour
B... — Ma bonne Jenny me disait, au milieu du dés-
ordre de mes dessins entassés, dispersés et déclassés,
qu'il fallait absolument *mettre aux choses le temps
qu'elles réclament*.

— Sur la photographie pour le *Moniteur*.

— Beugniet venu pour l'arrangement des dessins
et lithographies. Je lui remets dix-huit pastels et
quinze lithographies.

---

(1) A la chapelle des Saints-Anges, à Saint-Sulpice.
(2) Ce tableau est une variante de la célèbre toile de 1835, *Combat du
Giaour et du Pacha*. (Voir *Catalogue Robaut*, n° 1293.) A la vente
Secrétan, à Londres, en 1889, il a été adjugé 33,000 francs.

4 juillet. — A l'Exposition de 1855, le *Justinien* (1). — Je me suis levé avant cinq heures. Quelques idées qui m'étaient venues pour l'article sur le Beau (2), et recouché jusqu'à huit heures; un certain malaise m'avait saisi. Repris le travail jusqu'à dîner, sans presque cesser, si ce n'est pour dormir quelques minutes. Il fallait faire cet effort généreux pour mettre ce travail en état d'être fini d'ici à deux ou trois jours : c'est un métier de chien.

Après dîner, j'ai fait, peut-être contre mon habitude, la meilleure partie du travail, par un examen d'ensemble, quelques pages écrites avec une certaine verve. J'écris ceci le mercredi matin, et je n'ai pas relu ce que j'ai fait. Je serais curieux de voir si l'état de l'esprit après dîner est, comme je le crois, dans la meilleure situation pour produire. A ce moment où je viens de me lever, fatigué à la vérité par l'excès de travail d'hier, je n'ai pas une idée : le corps et l'esprit ne demandent que du repos.

— Tous ces soirs, promené seul.

5 juillet. — Mauvaise journée. J'ai essayé d'écrire et n'ai rien pu faire.

Sorti à trois heures avec Jenny pour aller voir le

(1) Delacroix se proposait d'envoyer à l'Exposition de 1855 le *Justinien* qu'il avait peint en 1826. Ce tableau, qui décora un des grands panneaux de la salle des séances de l'ancien conseil d'État, fut brûlé dans l'incendie de ce palais en 1871. (Voir *Catalogue Robaut,* n° 153.)

(2) L'article sur le Beau parut dans la *Revue des Deux Mondes* du 15 juillet 1854.

logement de la rue du 29 Juillet. Ensuite à Saint-Eustache, voir les peintures de Glaize (1).

En rentrant, mes yeux se portent sur le *Loth* de Rubens, dont j'ai fait une petite copie. Je suis étonné de la froideur de cette composition et du peu d'intérêt qu'elle présente, si on en excepte le talent de peindre les figures. Véritablement ce n'est qu'à Rembrandt qu'on voit commencer, dans les tableaux, cet accord des accessoires et du sujet principal, qui me paraît à moi une des parties les plus importantes, si ce n'est la plus importante. — On pourrait faire à ce sujet une comparaison entre les maîtres fameux.

6 *juillet*. — Faire un travail sur l'antique, — sur le faux embellissement : les cartons de Rubens, de la vie d'Achille, les passages d'Homère et les tragiques grecs où l'on entend le cri de la nature. — *Vulcain dans sa forge*, dans l'*Iliade*. — Comparaison avec David.

J'ai vu Durieu ce matin, qui m'a parlé des Pierret. Il me dit qu'une démarche de moi auprès de l'Impératrice pourrait quelque chose.

7 *juillet*. — En revenant du conseil pour aller à Saint-Sulpice, vu l'atelier de Gros, qui est à louer.

Le soir, au bois de Boulogne avec Mme de Forget.

(1) *Auguste-Barthélemy Glaize*, né en 1812, peintre, élève des frères Devéria.

8 juillet. — Recopié des parties de l'article sur le beau et terminé.

M. Trélat (1) venu dans la journée. Le matin, Vigneron.

15 juillet. — Tons du cheval du premier plan dans la *Chasse aux lions*. — Pour les crins : *laque brûlée, Sienne naturelle, Sienne brûlée.* — Pour le corps : *momie, laque de gaude, chrome foncé.* Tous ces tons jouent dans la peinture. — Sabots : *terre Cassel, noir pêche, jaune de Naples.*

19 juillet. — Andrieu me dit que le temps qu'il faut pour la vigne, c'est le contraire de celui qu'il faut pour le blé : il faut un temps frais et net pour ce dernier; pour la vigne, il faut le temps étouffant, le mistral, le siroco. — Rapporter ceci à ma réflexion sur les *malheurs nécessaires.*

Non seulement nous voyons cette apparente contradiction dans la nature, qui semble satisfaire ceux-ci aux dépens de ceux-là, mais nous sommes nous-mêmes pleins de contradictions, de fluctuations, de mouvements en sens divers, qui rendent agréable ou détestable la situation où nous sommes et qui ne change pas, tandis que nous changeons. Nous

---

(1) Le *docteur Ulysse Trélat* (1795-1879), médecin des plus distingués, qui prit une part active aux événements de 1830, puis de 1848 ; il devint, sous la République, ministre des travaux publics. Sous l'Empire il renonça à la vie politique et reprit ses fonctions de médecin à la Salpêtrière.

désirons un certain état de bonheur, qui cesse d'en
être un, quand nous l'avons obtenu. Cette situation
que nous avons désirée est souvent pire, effectivement, que celle où nous nous trouvons.

L'homme est si bizarre qu'il trouve dans le malheur même des sujets de consolation et presque du
plaisir, comme celui, par exemple, de se sentir injus-
tement persécuté et d'avoir en soi la conscience d'un
mérite supérieur à sa fortune présente; mais il lui
arrive bien plus souvent de s'ennuyer dans la prospérité et même de s'y trouver très malheureux.
Le berger de La Fontaine, devenu premier ministre,
entouré dans son poste élevé de jalousie et d'em-
bûches, devait être et se trouvait à plaindre; il dut
éprouver un vif moment de bonheur, quand il reprit
ses simples habits de berger et qu'il s'en empara en
quelque sorte aux yeux de tous, pour retourner dans
les lieux et au milieu de la vie où il goûtait sous ces
habits le bonheur le plus vraiment fait pour l'homme,
celui d'une vie simple et adonnée au travail.

L'homme ne place presque jamais son bonheur
dans les biens réels; il le met presque toujours dans
la vanité, dans le sot plaisir d'attirer sur soi les
regards et par conséquent l'envie. Mais, dans cette
vaine carrière, il n'en atteint point ordinairement
l'objet au moment où il se réjouit de se voir sur un
théâtre où il attire les regards, il regarde encore plus
haut; ses désirs montent à mesure qu'il s'élève, il
envie lui-même autant qu'il est envié; quant aux

vrais biens, il s'en éloigne toujours davantage : la
tranquillité d'esprit, l'indépendance fondée sur des
désirs modestes et facilement satisfaits, lui sont inter-
dites. Son temps appartient à tout le monde; il gas-
pille sa vie dans de sottes occupations. Pourvu qu'il
se sente sous l'hermine et sous la moire, pourvu que
le vent de la faveur le pousse et le soutienne, il
dévore les ennuis d'une charge, il consume sa vie
dans les paperasses, il la donne sans regret aux
affaires de tout le monde. Être ministre, être président, situations scabreuses (1) qui ne compro-
mettent pas seulement la tranquillité, mais la réputation, qui mettent un caractère à des épreuves difficiles,
qui exposent au naufrage, au milieu d'écueils sans
cesse renaissants, une conscience peu assurée d'elle-
même.

Le plus grand nombre des hommes se compose de
malheureux, qui sont privés des choses les plus nécessaires à la vie. La première de toutes les satisfactions
serait pour eux la possibilité de se procurer ce qui
leur manque ; le comble du bonheur, d'y joindre ce
degré d'aisance et de superflu qui complète la jouissance des facultés physiques et morales.

21 *juillet*. — Dîné aujourd'hui avec Mme de Forget, qui part demain pour Ems. Mme Lavalette lui

---

(1) Delacroix écrivait en 1824 : « Quelles grâces ne dois-je pas au ciel
« de ne faire aucun de ces métiers de charlatan qui en imposent au genre
« humain ! Au moins je puis en rire ! »

disait que les saisons n'étaient plus comme autrefois.

Il faut mettre ceci avec les réflexions du *mercredi* sur les malheurs nécessaires. Je disais dans ces réflexions que tout doit changer et subir des révolutions autour de l'homme, mais que son esprit changeait aussi et voyait les mêmes objets d'un œil différent. A mesure que son corps se modifie par l'âge et les accidents, il ne sent plus de la même manière. La morosité des vieillards est un effet de ce commencement de destruction de leur machine; ils ne trouvent plus de saveur ni d'intérêt dans rien. Il leur semble que c'est la nature qui décline et que les éléments vont se confondre, parce qu'ils ne voient plus, ne sentent plus, qu'ils sont offensés par ce qui autrefois leur plaisait.

Il est des accidents qui dans certains pays sont considérés comme d'affreux malheurs, et qui ne font dans d'autres nulle impression. L'opinion place l'homme même et le déshonore dans les choses les plus diverses. Un Arabe ne peut supporter l'idée qu'un étranger ait aperçu, même fortuitement, le visage de sa femme. Une femme arabe mettra son point d'honneur à se cacher soigneusement : elle relèverait volontiers sa robe en découvrant le reste de son corps pour s'en voiler la tête.

Il en est de même des accidents dont on tire des présages heureux ou malheureux. En France et, je crois, chez les peuples européens, c'est un présage des plus funestes pour un cavalier et surtout pour un

militaire de monter un cheval dont les quatre pieds
sont marqués de blanc : le fameux général Lassalle,
qui avait la religion de ce préjugé, n'avait jamais
voulu monter un pareil cheval. Le jour qui fut celui
de sa mort, après plusieurs augures funestes, qui
l'avaient frappé toute la matinée, miroir brisé, pipe
cassée, portrait de sa femme brisé également, au
moment où il allait la regarder pour la dernière fois,
il monte sur un cheval qui n'était pas le sien, et
sans prendre garde aux pieds de sa monture. Le cheval avait le funeste signe : c'est monté sur ce cheval
qu'il reçoit, peu de moments après, le coup de feu
dont il mourut au bout de quelques heures, qui lui
fut tiré dans un moment où l'on ne se battait plus,
par un Croate, je crois, qui se trouvait au nombre des
prisonniers qu'on venait de faire après Wagram...
Ces quatre pieds blancs sont, au contraire, une
marque et un signe de considération chez les Orien-
taux, qui ne manquent pas de le mentionner dans les
généalogies des chevaux ; j'en vois la preuve dans la
pièce authentique certifiée par les anciens du pays qui
accompagne l'envoi qu'Abd-el-Kader vient de faire
à l'Empereur d'un certain nombre de chevaux de
prix. — Je passe sur mille exemples de la sorte.

Combien d'hommes n'ont pas désiré, comme un
refuge et comme un bien, cette mort qui est l'objet de
l'épouvante universelle et le plus véritablement sans
remède de tous les malheurs considérés comme un
malheur, et quand même on la regarderait comme

un malheur, de manière à en faire un sujet d'afflic-
tion de quelque permanence dans l'ordinaire de la
vie! Ne faut-il pas à toute force s'accoutumer à cette
solution nécessaire, à cet affranchissement des autres
maux dont nous nous plaignons, et qui sont, à juste
titre, des maux, puisque nous les sentons, tandis
qu'avec la mort, c'est-à-dire avec la fin, il n'y a plus
ni conscience ni sentiment? Nous ne vivons nous-
mêmes que de cette multitude innombrable de morts
que nous entassons autour de nous. Notre bien-être,
c'est-à-dire notre bonheur, ne s'établit que sur ces
ruines de la nature vivante que nous sacrifions, non
pas seulement à nos besoins, mais souvent à un plaisir passager, tel que celui de la chasse, par exemple,
qui est pour la plupart des hommes un simple délassement.

22 juillet. — Emporter à la campagne les *Alken.*
— Casquette légère, brosse à dents. — Circulaire de
Bouchereau en juillet 1854.

Dauzats venu dans la journée ; il me parle du projet de changement à la classe des Beaux-Arts.

Arnoux venu ensuite. Il me dit que Corot (1) est
très enchanté de mon plafond (2). Il me cite encore
quelques approbations dans ce sens.

23 juillet. — *Le roi René auprès du corps de Charles*

(1) Nous nous sommes expliqué dans le premier volume sur les rapports de Corot avec Delacroix.
(2) Plafond d'*Apollon.*

le Téméraire. — Appareil, armures, flambeaux, prêtres, croix, etc.

— Trouver un sujet du même genre avec une femme.

— *Roméo et Juliette* (1), les parents dans la chambre. — Juliette crue morte.

24 *juillet*.—Ce qu'auraient été Raphaël et Michel-Ange à notre époque.

28 *juillet*. — Je pense aux romans de Voltaire, aux tragédies de Racine, à mille et mille chefs-d'œuvre. Comment ! tout cela aura été fait pour que les hommes soient éternellement, à chaque quart de siècle, à demander s'il n'y a pas quelque chose pour les amuser dans les œuvres de l'esprit ! Cette incroyable consommation de chefs-d'œuvre, produits pour cette tourbe humaine, par les plus brillants esprits et les génies les plus sublimes, n'effraye-t-elle pas la partie délicate de cette triste humanité? Cette soif insatiable de nouveauté ne donnera-t-elle à personne le désir de revoir si, par hasard, ces chefs-d'œuvre vieillis ne seraient pas plus neufs, plus jeunes, que les rapsodies dont se contente notre oisiveté, et qu'elle

(1) Sur les compositions de *Roméo et Juliette,* le *Catalogue Robaut* nous donne les indications suivantes : « A l'Exposition universelle de « 1855, Delacroix avait exposé les deux seuls tableaux que lui ait inspirés « le *Drame d'amour* de Shakespeare : *les Adieux* du Salon de 1846 et la « *Scène des tombeaux des Capulets*. » (Voir aussi *Catalogue Robaut,* nos 939 et 940.)

préfère aux chefs-d'œuvre? Quoi! ces miracles d'invention, d'esprit, de bon sens, de gaieté ou de pathétique auront été produits, auront coûté à ces grands
esprits des sueurs, des veilles si rarement, hélas!
récompensées par la louange banale du moment qui
les a vus naître, pour retomber, après une courte
apparition suivie de rares éloges, dans la poussière
des bibliothèques et dans l'estime infertile et presque
déshonorante de ce qu'on appelle les savants et les
antiquaires! Quoi! ce seront des pédants de collège
qui viendront nous tirer par la manche, pour nous
avertir que Racine est simple du moins, que La Fontaine a vu dans la nature autant que Lamartine,
que Lesage a peint les hommes comme ils sont,
pendant que les coryphées de la civilisation, les
hommes qu'on fait ministres ou pasteurs de peuples,
de simples pédants qu'ils étaient, parce qu'ils ont eu
un quart d'heure d'*inspiration à la hauteur des
lumières du jour,* ce seront les hommes qui feront
une littérature, du nouveau, enfin! Quelle nouveauté!...

29 *juillet.* — *Sur le portrait.* — *Sur le paysage,*
comme accompagnement des sujets. *Du mépris des
modernes* pour cet élément d'intérêt. — De l'ignorance où ont été presque tous les grands maîtres de
l'effet qu'on pouvait en tirer : Rubens, par exemple,
qui faisait très bien le paysage, ne s'inquiétait pas de
le mettre en rapport avec ses figures, de manière à

les rendre plus frappantes; je dis frappantes pour
l'esprit, car pour l'œil, ses fonds sont calculés en
général pour outrer plutôt par le contraste la
couleur des figures. Les paysages du Titien, de Rembrandt, du Poussin, sont en général en harmonie avec
leurs figures. Chez Rembrandt même — et ceci est
la perfection — le fond et les figures ne font qu'un.
L'intérêt est partout : vous ne divisez rien, comme
dans une belle vue que vous offre la nature et où tout
concourt à vous enchanter. Chez Watteau, les arbres
sont *de pratique* : ce sont toujours les mêmes, et des
arbres qui rappellent les décorations de théâtre plus
que ceux des forêts. Un tableau de Watteau mis à
côté d'un Ruysdaël ou d'un Ostade perd beaucoup.
Le factice saute aux yeux. Vous vous lassez vite de
la convention qu'ils présentent et vous ne pouvez
vous détacher des Flamands.

La plupart des maîtres ont pris l'habitude, imitée
servilement par les écoles qui les ont suivis, d'exa-
gérer l'obscurité des fonds qu'ils mettent aux portraits; ils ont pensé ainsi rendre les têtes plus intéressantes, mais cette obscurité des fonds, à côté de
figures éclairées comme nous les voyons, ôte à ces
portraits le caractère de simplicité qui devrait être le
principal. Elle met les objets qu'on veut mettre en
relief dans des conditions tout à fait extraordinaires.
Est-il naturel, en effet, qu'une figure éclairée se
détache sur un fond très obscur, c'est-à-dire non
éclairé? La lumière qui arrive sur la personne ne

doit-elle pas logiquement arriver sur le mur ou sur la tapisserie sur laquelle elle se détache?... A moins de supposer que la figure se détache fortuitement sur une draperie extrêmement foncée, — mais cette condition est fort rare, — ou sur l'entrée d'une caverne ou d'une cave entièrement privée de jour, circonstance encore plus rare, le moyen ne peut paraître que factice.

Ce qui fait le charme principal des portraits, c'est la simplicité. Je ne mets pas au nombre des portraits ceux où on cherche à idéaliser les traits d'un homme célèbre qu'on n'aura pas vu et d'après des images transmises; l'invention a droit de se mêler à de semblables représentations. Les vrais portraits sont ceux qu'on fait d'après des contemporains : on aime à les voir sur la toile, comme nous les rencontrons autour de nous, quand même ce seraient des personnes illustres. C'est même à l'égard de ces dernières que la vérité complète d'un portrait vous offre plus d'attrait. Notre esprit, quand ils sont loin de notre vue, se plaît à agrandir leur image comme les qualités qui les distinguent; quand cette image est fixée et qu'elle est sous nos yeux, nous trouvons un charme infini à comparer la réalité à ce que nous nous sommes figuré.

Nous aimons à trouver l'homme à côté ou à la place du héros. L'exagération du fond dans le sens de l'obscurité fait bien ressortir, si l'on veut, un visage très éclairé; mais cette grande lumière de-

vient presque de la crudité : en un mot, c'est un
effet extraordinaire qui est sous nos yeux plutôt
qu'un objet naturel. Ces figures détachées si singulièrement ressemblent à des fantômes et à des
apparitions plus qu'à des hommes. Cet effet ne se
produit que trop de lui-même, par l'effet du rembru-
nissement des couleurs par le temps. Les couleurs
obscures deviennent plus obscures encore en proportion des couleurs claires qui conservent plus d'empire,
surtout si les tableaux ont été fréquemment dévernis
et revernis. Le vernis s'attache aux parties sombres
et ne s'en détache pas facilement; l'intensité dans les
parties noires va donc toujours en s'augmentant; de
sorte qu'un fond qui n'aura présenté, dans la nouveauté de l'ouvrage, qu'une médiocre obscurité,
deviendra avec le temps d'une obscurité complète.
Nous croyons, en copiant ces Titien, ces Rembrandt,
faire les ombres et les clairs dans le rapport où le
maître les avait tenus; nous reproduisons pieusement
l'ouvrage ou plutôt l'injure du temps. Ces grands
hommes seraient bien douloureusement surpris en
retrouvant des croûtes enfumées, au lieu de leurs
ouvrages, comme ils les ont faits. Le fond de la
Descente de croix de Rubens, qui devait être un ciel
très obscur à la vérité, mais tel que le peintre a pu se
le figurer dans la représentation de la scène, est
devenu tellement noir qu'il est impossible d'y distinguer un seul détail...

On s'étonne quelquefois qu'il ne reste rien de la

peinture antique; il faudrait s'étonner d'en retrouver
encore quelques vestiges dans les barbouillages de
troisième ordre qui décorent encore les murailles
d'Herculanum, lesquels étaient dans des conditions
de conservation un peu meilleures, étant exécutés
sur les murs et n'étant pas exposés à autant d'accidents que les tableaux des grands maîtres, peints sur
des toiles ou sur des panneaux, et que leur mobilité
exposait à plus d'accidents. On s'étonnerait moins
de leur destruction si l'on réfléchissait que la plupart
des tableaux produits depuis la renaissance des arts,
c'est-à-dire très récents, sont déjà méconnaissables,
et qu'un grand nombre déjà a péri par mille causes.
Ces causes vont se multipliant, grâce au progrès de
la *friponnerie* en tous genres, qui falsifie les matières qui entrent dans la composition des couleurs, des
huiles, des vernis, grâce à l'industrie, qui substitue,
dans les toiles, le coton au chanvre, et des bois de
mauvaise qualité aux bois éprouvés que l'on employait
autrefois pour les panneaux. Les restaurations maladroites achèvent cette œuvre de destruction. Beaucoup de gens s'imaginent avoir beaucoup fait pour
les tableaux quand ils les ont fait restaurer; ils
croient qu'il en est de la peinture comme d'une maison qu'on répare, et qui est toujours une maison,
comme tout ce qui est à notre usage que le temps
détruit, mais que notre industrie fait encore durer et
servir, en le replâtrant, en le réparant de mille
manières. Une femme, à la rigueur, peut, grâce à la

toilette, cacher quelques rides pour produire une
certaine illusion et paraître un peu plus jeune qu'elle
n'est; mais pour les tableaux, c'est autre chose :
chaque restauration prétendue est un outrage mille
fois plus regrettable que celui du temps; ce n'est pas
un tableau restauré qu'on vous donne, mais un autre
tableau, celui du misérable barbouilleur qui s'est
substitué à l'auteur du tableau véritable qui disparaît sous les retouches.

Les restaurations dans la sculpture n'ont pas le
même inconvénient.

— Sur le gothique neuf.

30 *juillet*. — Avoir les photographies Durieu pour
emporter à Dieppe, ainsi que les croquis d'après
Landon (1) et Thévelin. — Têtes photographiées. —
Animaux et anatomie.

Il me semble qu'on pourrait se passer d'impression
en peignant son sujet à la détrempe, après l'avoir mis
aux carreaux. Pour redessiner sur une ébauche aussi
grossière, on passerait une colle très légère, mais qui
ne serait pas une colle animale. On pourrait essayer
le jus d'ail qui donne un vernis et qui doit contenir un
gluten, puisqu'il sert à coller très fortement certains
objets. On pourrait ainsi retoucher indéfiniment à la
détrempe. On pourrait même ébaucher sur une toile

---

(1) *Paul Landon* (1760-1826), peintre et littérateur, doit surtout sa
réputation aux nombreux ouvrages qu'il a publiés sur les Beaux-Arts et
qui sont encore aujourd'hui consultés avec fruit.

serrée avec de la couleur à l'huile comme on fait sur les panneaux, mais ce serait plus long et plus pénible.

1ᵉʳ août. — Commission le matin à la Préfecture de police pour le mobilier du préfet. J'ai revu les appartements du haut, qu'habitait Mme Delessert.

— A Saint-Sulpice. — Trouvé Chenavard en cabriolet, comme je sortais de chez Halévy; je l'ai ramené chez moi. Il avait l'exaltation d'un homme qui vient de faire un bon déjeuner, ce qu'il a eu la bonté de me dire et qui se voyait ou se sentait de reste; sa sensibilité était aussi excitée que son imagination, et il m'a fait beaucoup de tendresses qui m'ont plu pour le moins autant que ses systèmes sur l'origine et la fin du monde. Il m'a exposé des idées très ingénieuses là-dessus, et il me promet une carte explicative mise au net. Je lui ai donné un croquis qui est la première idée du *Tigre attaquant le cheval,* que j'ai fait pour Weill. Je lui en ai promis encore : ils seront en bonnes mains. Il me dit en avoir vu des quantités énormes chez Riesener, à qui j'en savais bien quelques-uns, mais non pas dans les proportions qu'il m'a dites.

— Hier et avant-hier, fait les deux premières séances sur la *Chasse aux lions.* Je crois que cela marchera vite.

2 août. — Mauvaise journée : c'est la troisième sur le grand tableau. Cependant, au demeurant, avancé encore. Travaillé au coin de droite, le cheval, l'homme et la lionne sautant sur la croupe.

3 août. — Le matin, rendez-vous chez l'abbé Coquant pour lui demander de me laisser travailler le dimanche (à Saint-Sulpice). Impossibilité sur impossibilité. L'Empereur, l'Impératrice, Monseigneur conspirent pour qu'un pauvre peintre comme moi ne commette pas le sacrilège de donner cours, le dimanche comme les autres jours, à des idées qu'il tire du cerveau pour glorifier le Seigneur. J'aimais beaucoup au contraire à travailler de préférence le dimanche dans les églises : la musique des offices m'exaltait beaucoup (1). J'ai beaucoup fait ainsi à Saint-Denis du Saint-Sacrement.

4 août. — En sortant du conseil, à l'Instruction publique pour M. Ferret; déjeuné sur la place de l'Hôtel de ville; lu dans l'*Indépendance belge* un article sur une traduction de l'*Enfer*, d'un M. Ratisbonne (2). C'est la première fois qu'un moderne ose dire son avis sur cet illustre barbare. Il dit que ce poème n'est pas un poème, qu'il n'est point ce qu'Aristote appelle

(1) Delacroix rencontra, paraît-il, la plus grande difficulté à obtenir la permission de travailler le dimanche dans la chapelle des Saints-Anges. Ce ne fut qu'après de nombreuses démarches qu'il y fut autorisé.

(2) M. *Louis Ratisbonne*, qui fut le secrétaire et l'ami d'Alfred de Vigny, était attaché à la rédaction du *Journal des Débats*. En 1852, il avait entrepris de traduire en vers la *Divine Comédie* de Dante. La première partie, l'*Enfer*, obtint en 1854 un prix Montyon à l'Académie française.

une *unité,* c'est-à-dire ayant commencement, milieu
et fin; qu'il pourrait y avoir aussi bien dix que vingt,
que trente-trois chants; que l'intérêt n'est nulle part :
que ce ne sont qu'épisodes cousus les uns aux autres,
étincelants par moments par les sauvages peintures
de tourments, souvent plus bizarres que frappantes,
sans qu'il y ait gradation dans l'horreur que ces épisodes inspirent, sans que l'invention de ces divers
supplices ou de ces punitions soit en rapport avec les
crimes des damnés. Ce que l'article ne dit pas, c'est
que le traducteur gâte encore, par la bizarrerie du
langage, ce que ces imaginations ont de singulier; il
critique toutefois certaines expressions outrées, tout
en approuvant le système de traduire pour ainsi dire
mot à mot et de se coller sur son auteur qu'il traduit
tercet par tercet et vers par vers.

Comment l'auteur ne serait-il pas tout ce qu'il y a
de plus baroque avec cette sotte prétention? Comment
joindre à la difficulté de rendre dans une langue si différente par son tour et par son génie, tout imprégnée de
notre allure moderne, un vieil auteur à moitié inintelli-
gible, même pour ses compatriotes, concis, elliptique,
obscur et s'entendant à peine lui-même? J'estime déjà
que traduire en ne l'entendant que comme le plus
grand nombre des traducteurs, c'est-à-dire dans un
langage humain et acceptable par les hommes à qui
on s'adresse, est une œuvre assez difficile : faire passer dans le génie d'une langue, surtout en exposant
les idées d'une époque entièrement différente, est un

tour de force que je regarde comme presque inutile à
tenter. M. Ratisbonne écorche le français et les
oreilles, et il ne rend ni l'esprit, ni l'harmonie, ni par
conséquent le vrai sens de son poète. Il faut mettre
cela avec les traductions de Viardot et autres qui font
du français espagnol en traduisant Cervantes, comme
on fait ailleurs du français anglais en traduisant
Shakespeare.

5 *août.* — Que chaque talent original présente dans
son cours les mêmes phases que l'art parcourt dans
ses évolutions différentes, savoir : timidité et sécheresse au commencement, et largeur ou négligence
des détails à la fin. — Le *comte Palatiano* (1) comparé à mes récentes peintures.

Loi singulière! Ce qui se produit ici se produit en
tout. Je serais conduit à inférer que chaque objet est
en lui-même un monde complet. L'homme, a-t-on dit,
est un *petit monde.* Non seulement il est dans son
unité un tout complet, avec un ensemble de lois conformes à celles du grand tout, mais une partie même
d'un objet est une espèce d'unité complète; ainsi une
branche détachée d'un arbre présente les conditions
de l'arbre tout entier. C'est ainsi que le talent d'un
homme isolé présente dans la suite de son développement les phases différentes que présente l'histoire de
l'art dans lequel il s'exerce (ceci peut encore se rap-

(1) Delacroix fait ici allusion à une ancienne peinture de lui, datant
de 1826 : *le Portrait du comte Palatiano.*

porter au système de Chenavard sur l'enfance et la vieillesse du monde).

On plante une branche de peuplier, qui devient bientôt un peuplier. Où ai-je vu qu'il y a des animaux, — et cela est probable, — qui, coupés en morceaux, font autant d'être distincts, ayant autant d'existences propres qu'il y a de fragments? J'ai remarqué souvent, en dessinant des arbres, que telle branche séparée est elle-même un petit arbre : il suffirait, pour le voir ainsi, que les feuilles fussent proportionnées. La nature est singulièrement conséquente avec elle-même : j'ai dessiné à Trouville des fragments de rochers au bord de la mer, dont tous les accidents étaient proportionnés, de manière à donner sur le papier l'idée d'une falaise immense; il ne manquait qu'un objet propre à établir l'échelle de grandeur. Dans cet instant, j'écris à côté d'une grande fourmilière, formée au pied d'un arbre, moitié par de petits accidents de terrain, moitié par les travaux patients des fourmis; ce sont des talus, des parties qui surplombent et forment de petits défilés, dans lesquels passent et repassent les habitants d'un air affairé et comme le petit peuple d'un petit pays, que l'imagination peut grandir dans un instant. Ce qui n'est qu'une taupinière, je le vois à volonté comme une vaste étendue entrecoupée de rocs escarpés, de pentes rapides, grâce à la taille diminuée de ses habitants. Un fragment de charbon de terre ou de silex, ou d'une pierre quelconque, pourra présenter dans une proportion réduite les formes d'immenses rochers.

Je remarque à Dieppe la même chose dans les rochers à fleur d'eau, que la mer recouvre à chaque marée; j'y voyais des golfes, des bras de mer, des pics sourcilleux suspendus au-dessus des abîmes, des vallées divisant, par leurs sinuosités, toute une contrée présentant les accidents que nous remarquons autour de nous. Il en est de même pour les vagues de la mer, qui sont divisées elles-mêmes en petites vagues, se subdivisant encore et présentant individuellement les mêmes accidents de lumière et le même dessin. Les grandes vagues de certaines mers du Cap, par exemple, dont on dit qu'elles ont quelquefois une demi-lieue de large, sont composées de cette multitude de vagues, dont le plus grand nombre est aussi petit que celles que nous voyons dans le bassin de notre jardin.

— Fuir les méchants, même quand ils sont agréables, instructifs, séduisants. Chose étrange! un penchant, autant que le hasard aveugle, vous rapproche souvent d'une perverse nature. Il faut combattre ce penchant, puisque l'on ne peut fuir le hasard des rencontres.

Lu dans la *Revue* un article de Saint-Marc Girardin (1), au sujet de la *Lettre sur les spectacles*, de Rousseau. Il discute longuement si les spectacles sont dan-

(1) *Saint-Marc Girardin* (1801-1873) était alors membre du conseil de l'instruction publique, professeur à la Sorbonne, et membre de l'Académie française depuis 1844.

gereux ; je suis de cet avis, mais ils ne le sont pas plus
que toutes nos autres distractions. Tout ce que nous
imaginons, pour nous tirer du spectacle constant de
notre misère et des ennuis qu'engendre notre vie telle
qu'elle est, tourne les esprits vers ce qui est plus ou
moins défendu par la stricte morale. Vous n'intéressez
que par le spectacle des passions et de leurs agitations : ce n'est guère le moyen d'inspirer la résignation et la vertu. Nos arts ne sont qu'allèchements
pour la passion. Toutes ces femmes nues dans les
tableaux, toutes ces amoureuses dans les romans et
dans les pièces, tous ces maris ou ces tuteurs trompés
ne sont rien moins que des excitations à la chasteté et
à la vie de famille. Rousseau eût été révolté cent fois
davantage par le théâtre et le roman modernes. A
très peu d'exceptions près, on ne trouvait dans l'un
et dans l'autre, autrefois, que des exemples de passions dont le triomphe ou la défaite tournait jusqu'à
un certain point au profit de la morale. Le théâtre
ne montrait guère le tableau de l'adultère (*Phèdre*, la
Mère coupable). L'amour était une passion contrariée,
mais dont la fin était légitime dans nos mœurs. On
était à cent lieues de ces excentricités romanesques
qui font le thème ordinaire des drames modernes et
la pâture des esprits désœuvrés... Quels germes de
vertu ou seulement de convenance apparente peuvent
laisser dans les cœurs des Antony, des Lélia et tant
d'autres parmi lesquels le choix est difficile pour l'exagération d'une part, et pour le cynisme de l'autre?

11 *août*. — Rapporté de chez Beugniet *huit* pastels : il en avait rapporté *deux* auparavant : les *Roses trémières*, etc.; il en a encore *huit*.

12 *août*. — Balancer les avantages de la vie chez l'homme qui réfléchit et chez l'homme qui ne réfléchit pas : le gentilhomme campagnard, né au milieu de l'abondance champêtre de ses champs et de son manoir, passant sa vie à chasser et à voir ses voisins, avec celle de l'homme adonné aux distractions modernes, lisant, produisant, vivant d'amour-propre; ses rares jouissances, celles des belles choses peuvent-elles se comparer? Malheureusement, il sent à merveille ce qui lui manque : au sein de l'aridité qu'il trouve quelquefois dans son bonheur abstrait, il sent vivement la jouissance que ce serait pour lui de vivre en plein air, dans une famille, dans une vieille maison et un domaine antique, où il a vu ses pères. Par contre, le campagnard qui n'est que cela, jouit grossièrement, s'enivre, vit de commérages, et n'apprécie pas le côté noble et vraiment heureux de son existence.

Contradiction de l'opinion des hommes sur ce qui fait le malheur : chapitre des malheurs nécessaires.

Le vrai malheur pour le campagnard, qui n'évite l'ennui après la chasse qu'en allant dormir comme ses chiens, comme pour le philosophe qui soupire après le bonheur des champs, c'est la souffrance, la maladie : ni l'un ni l'autre, alors qu'il est malade, ne se trouve malheureux de la vie qu'il est forcé de mener; et,

qu'il souffre de l'ennui ou de maux véritables; l'un
comme l'autre n'a pas moins une horreur égale de la
mort, c'est-à-dire de la fin de cet ennui ou de cette
souffrance.

Heureux qui se contente de la surface des choses!
J'admire et j'envie les hommes comme Berryer, qui
a l'air de ne rien approfondir. Vous me le donnez, je le
prends : ne pesons sur rien. Que de fois j'ai désiré lire
dans les cœurs, uniquement pour savoir ce que con-
tenaient de bonheur ces visages satisfaits... comme
tous ces fils d'Adam, héritiers des mêmes ennuis que
je supporte !

Comment ces Halévy, ces Gautier, ces gens couverts de dettes et d'exigences de famille ou de vanité,
ont-ils un air souriant et calme, à travers tous les
ennuis ? Ils ne peuvent être heureux qu'en s'étourdis-
sant et en se cachant les écueils au milieu desquels
ils conduisent leur barque, souvent en désespérés, et
où ils font naufrage quelquefois.

12 *août*. — L'habitude émousse tous les sentiments : les picotements journaliers de la famille, etc.
Mme Sand devrait être heureuse, et je crois qu'elle
ne l'est pas.

— Dans le *Moniteur* d'aujourd'hui, article de Gautier sur les peintures de Cornélius (1). Descriptions

---

(1) Cet article de Th. Gautier est probablement celui qui se trouve
dans le volume de l'*Art moderne* et qui contient cette appréciation sur
Cornélius : « Pierre de Cornélius peut être considéré comme le chef de

de sujets mythologiques, dans lesquels il y a à prendre.

— J'ai été l'après-midi porter mon tableau des *Baigneuses* chez Berger. J'ai vu là un tableau de de Kayser, qui est très estimé des amateurs. Le mien, que je méprise assez, — l'ayant fait dans des conditions qui ne me plaisent pas, — m'a paru un chef-d'œuvre.

J'ai été à l'Hôtel de ville, pour l'affaire de Vimont. M. Perrier m'a demandé, avec toute la discrétion qu'on peut mettre à commettre une indiscrétion, de lui donner un dessin, *une bagatelle*, a-t-il dit, *pour avoir un souvenir de vous, de ces choses que vous faites en vous jouant et en pensant à autre chose.*

Je me porte mieux, je suis plus allègre tous ces jours derniers, un peu borborygmé et travaillé par l'influence. Ce soir, joui, en me promenant, de ce sentiment du retour de la force. Je suis heureux de quitter Paris; j'ai hâte de le faire pour tirer le plus tôt possible de cet air empesté ma pauvre Jenny.

13 août. — Mannequin chez Lefranc à 350 fr.

« l'école allemande, ou, pour parler d'une manière plus exacte, du cycle « des peintres attirés et fixés à Munich par la munificence éclairée du roi « Louis. Quelques-uns ne sont pas ses élèves, mais tous ont plus ou « moins subi son influence et marché dans la voie qu'il avait ouverte. Il « a exercé sur cette génération d'artistes une autorité pareille à celle de « M. Ingres sur ses nombreux disciples : c'est un génie absolu, domina- « teur, et par cela même très propre à faire une révolution en peinture ; « il a, sur les différentes directions de l'art, des systèmes arrêtés, des « principes inflexibles contre lesquels il n'admet pas de discussion, et, « s'il se trompe, c'est savamment, et d'après une esthétique particulière. »

Savoir s'il en loue et à meilleur compte. Je dirai à Andrieu de s'en informer.

14 août. — Aller, à mon retour, demander à Ferdinand Denis, rue de l'Ouest, 56, l'ouvrage de Bazin, sur Molière.

L'Académie des sciences morales et politiques avait mis au concours, en 1847, la question suivante : *Rechercher quelle influence le progrès et le goût du bien-être matériel exercent sur la moralité du peuple.* Je trouve ceci dans mon petit agenda de 1847. Je serais curieux de savoir les conclusions qui ont été couronnées par la docte Académie, composée presque exclusivement de ces moralistes que nous connaissons, qui ont fait la révolution de 1830 et celle de 1848; ce prix, proposé avant cette dernière, avait sans doute en vue de glorifier ce progrès et ce goût du bien-être qui n'est que trop naturel, à mon avis, et n'a nul besoin d'être encouragé dans les cœurs, d'où il serait plutôt difficile de le déloger. Le beau chef-d'œuvre de découvrir que l'homme, à tous les degrés de l'échelle, désire être mieux qu'il n'est! Passe encore si on découvrait en même temps un moyen de le rendre satisfait quand il est monté d'un degré ou de plusieurs degrés vers les objets de son ambition.

Cette ambition, malheureusement, est insatiable, et il arrive que celui qui, au milieu d'une vie pauvre, entretenait le ressort de son âme en résistant aux

malheurs ou à l'embarras, perd le sentiment du devoir
au sein d'une situation qu'il améliore facilement et
qu'il veut améliorer sans fin. (Au chapitre du labourage à la mécanique, etc., Girardin, etc.)

17 *août*. — Parti pour Dieppe à neuf heures du
matin. Mille embarras pour s'embarquer, et bonheur
délicieux une fois parti.

Je suis à côté d'un grand gaillard qui a l'air d'un
Flamand, mais dans une tenue de voyage irréprochable : chapeau de feutre anglais, gants serrés et
boutonnés, canne délicieuse. Il lit dédaigneusement
un journal et adresse de temps en temps la parole à
un homme, en face de lui, proprement vêtu, mais
sans recherche, figure assez sérieuse, qui médite de
son côté sur le journal et que je prends pour un
homme de mérite. Mon gros élégant demande à
l'homme de mérite en noir des nouvelles de l'endroit qu'il va habiter. « C'est un trou, dit-il, vous
allez périr d'ennui. » Je me dis que c'était un homme
difficile à amuser, nouvelle confirmation de sa supériorité.

Après avoir épuisé l'un et l'autre cette lecture qui
les empêchait sans doute de jeter les yeux sur toute
cette nature au milieu de laquelle nous nous sentions
emportés, et dont la vue me remplissait de bonheur,
mes deux hommes se mettent à causer. L'homme
en noir demande à l'homme en manchettes et à canne
ce que devient *Un tel,* s'il y a longtemps qu'il ne

l'a vu. Cet *Un tel*, c'est un boucher : on raconte
en style d'arrière-boutique des anecdotes sur ce
boucher. J'apprends alors que le prétendu homme
de mérite, savant ou professeur, tient dans un faubourg une boutique de nouveautés, confections, etc.
Madame son épouse en tient une petite dans la rue
Saint-Honoré; la conversation s'anime sur le calicot,
sur des parties de châles et de cretonne... Mes idées
s'éclaircissent tout à coup à leur tour. Je retrouve
parfaitement dans les traits et dans la carrure de
mon boucher enrichi et mis à la dernière mode un
gaillard qui a dû posséder le sang-froid nécessaire
pour saigner un veau et détailler de la viande; les
plaisanteries de son interlocuteur et l'expression
ignoble de ses petits yeux qui disparaissent dans
son rire niais sont en harmonie avec les gestes d'un
commis habitué à auner de l'étoffe. Je suis moins
surpris du peu d'attention qu'ils ont donné au spectacle des champs... Ils nous quittent l'un et l'autre
avant Rouen.

La seconde partie du voyage s'accomplit avec une
lenteur extrême; petite tromperie de MM. les admi-
nistrateurs, qui nous promettent un trajet direct, et
qui, de Rouen à Dieppe, nous arrêtent à chaque pas.
La pluie achève le mécontentement. Quand nous arri-
vons, elle est diluviale. Un de nos compagnons de
voiture que j'avais pris en goût me dit qu'il n'y a pas
un logement à louer, qu'il arrive tous les jours huit
cents personnes.

Longue station au débarcadère, et enfin emmenés par le père Mercier à l'Hôtel du Géant, où nous nous installons; très bon dîner, petite course à la jetée auparavant.

Je revois avec plaisir tous ces endroits que je connais. Pris par la pluie, je me réfugie dans la cabane du gardien de la jetée, qui est un vieux matelot.

18 *août*. — Un peu de fainéantise, sommeil sur un canapé, malgré le beau soleil; pourtant j'avais été faire un tour; entré même à Saint-Jacques.

Si la vue d'objets nouveaux a pour notre pauvre esprit, si avide de changements, un charme qu'on ne peut nier, il faut avouer aussi que la douceur de retrouver des objets déjà connus est très grande. On se rappelle les plaisirs qu'on y a éprouvés déjà et dont l'imagination augmente le charme à distance.

J'ai de la peine à surmonter cette langueur et ce vide qui me pèsent, quand je n'ai pas encore pris mes habitudes dans un lieu où j'arrive. Les seuls plaisirs que je trouve ici dans ces premiers jours sont uniquement de revoir un lieu que j'aime et où je me suis trouvé heureux. Mon bonheur d'autrefois me semble plus grand que celui d'aujourd'hui. Le défaut d'occupations capables de m'intéresser en dehors de la vue des objets qui m'environnent et malgré leur intérêt pour moi, en est la cause.

J'ai remarqué, comme je ne l'avais point fait jusqu'ici, la vérité des expressions dans le *Saint Sépulcre* qui est à Saint-Jacques. Je ne sais où j'ai écrit ces jours-ci que cette vue me confirmait aussi cette idée de Chenavard, à savoir, que le christianisme aime le pittoresque. La peinture s'allie mieux que la sculpture avec ses pompes et s'accorde plus intimement avec les sentiments chrétiens.

Dîné encore ce jour à l'Hôtel du Géant et trouvé notre logement sur le port. La vue qu'on a de la fenêtre me transporte, et je crois faire une excellente affaire en le payant cent vingt francs pour un mois.

19 août. — Installation dans le logement qui présente mille inconvénients : nous le croyons horrible et insupportable, et nous finissons par nous y habituer. Les plus petits événements de ma vie présentent, comme ce qui m'est arrivé de plus important, les mêmes phases et les mêmes accidents. Un projet se présente avec toutes les séductions : à peine embarqué, mille contrariétés surgissent qui semblent devoir tout arrêter et rendre tout détestable. La volonté ou le hasard fait que les difficultés s'aplanissent et que la situation devient tolérable d'abord et quelquefois excellente. Chaque homme a-t-il sa destinée réellement écrite et tracée, comme il a sa figure et son tempérament? Quant à moi, et jusqu'ici, je n'hésite pas à en être convaincu. Je suis un homme très heureux au demeurant, et il a toujours fallu acheter chaque avantage par quelque combat. J'ai recueilli par là quelques faveurs du destin, accordées

à la vérité d'une main avare, mais présentant aussi
quelque chose de plus certain ; c'est comme ces
arbres qui croissent dans de maigres terrains où ils
poussent lentement et difficilement, et dont les branches sont tordues et noueuses, grâce à cette difficulté
d'exister; le bois de ces arbres passe pour être plus
dur que celui de ces beaux arbres venus en peu de
temps dans une terre abondante, et dont les troncs
droits et lisses semblent avoir crû sans peine.

La destinée de ma pauvre Jenny offre une fixité
semblable (elle ne s'est jamais démentie), mais qui
n'est guère en harmonie avec celle qu'eussent méritée
ses vertus. Jamais plus noble et plus ferme nature ne
fut mise à des épreuves plus cruelles. Que le ciel au
moins lui donne maintenant des jours heureux et
moins de cruelles souffrances pour le prix de cette
noble misère supportée d'un front si serein et pour
des motifs si généreux! Est-ce que les lois morales
n'auraient pas le privilège, comme les lois qui ne
regardent que le physique, d'être invariables?

23 août. — Je crois que c'est ce matin que j'ai été
avec Jenny, à qui ces promenades font du bien,
courir le long des falaises, du côté des bains; c'est là
que j'ai remarqué ces rochers à fleur d'eau et que j'ai
eu beaucoup de plaisir à voir la marée les envahir.

Vers quatre heures, promenade du côté du Pollet
avec Jenny. Nous sommes entrés dans la nouvelle
église. Elle est complètement sur un modèle italien

que les architectes affectionnent dans ce moment. Elle présente la nudité la plus complète; ces gens-là prennent pour une austère simplicité ce qui n'est que barbare chez les inventeurs de ce type d'architecture qui conviendrait peut-être à des protestants, qui ont horreur de la pompe romaine; mais ces grands murs tout nus et ces jours ménagés, qui distillent à peine un peu de lumière dans ce pays où il fait sombre pendant les trois quarts de l'année, ne conviennent guère au culte catholique. Je ne peux assez me récrier sur la sottise des architectes, et je *n'excepte ici personne sur ce point.* Chacun des caprices que la mode a consacrés à son tour dans chaque siècle devient sacramentel pour eux. Il semble que ceux-là seulement qui les ont précédés étaient des hommes doués de la liberté d'inventer ce qui leur plaît pour orner leurs demeures. Ils s'interdisent de produire autre chose que ce qu'ils trouvent ailleurs tout fait et approuvé par les livres. Les castors inventeront une nouvelle manière de faire leurs maisons avant qu'un architecte se permette un nouveau mode et un nouveau style dans son art, lequel, par parenthèse, est le plus conventionnel de tous, et celui qui, par conséquent, admet le plus le caprice et le changement.

24 *août.* — Aujourd'hui, loué enfin un roman de Dumas, pour sortir de l'ennui que me donne l'absence d'occupation. Tous les jours précédents, promenades, dessins d'après les photographies de Durieu.

Trouvé aujourd'hui, avant dîner, en revenant du Pollet, le pauvre cheval étendu par terre et que je croyais mort. Il était à la vérité mourant (1).

25 *août*. — Le soir chez Mme Scheppard, que j'avais rencontrée il y a cinq ou six jours; elle partait, ainsi que sa fille, pour aller entendre les chansonnettes de Levassor, qu'elle appelait un concert (2). J'ai résisté à son invitation de l'accompagner et ai été promener, sur la jetée et dans l'obscurité, la toilette dont j'avais fait les frais contre mon ordinaire depuis que je suis ici et qui était à son intention.

Dans la promenade de ce matin, étudié longuement la mer. Le soleil étant derrière moi, la face des vagues qui se dressait devant moi était jaune, et celle qui regardait le fond réfléchissait le ciel. Des ombres de nuages ont couru sur tout cela et ont produit des effets charmants : dans le fond, à l'endroit où la mer était bleue et verte, les ombres paraissaient comme violettes; un ton violet et doré s'étendait aussi sur les parties plus rapprochées quand l'ombre les couvrait. Les vagues étaient comme d'agate. Dans ces parties ombrées, on retrouvait le même rapport de vagues jaunes, regardant le côté du soleil, et de parties bleues et métalliques réfléchissant le ciel.

(1) Delacroix a fait un croquis à la mine de plomb de ce vieux cheval. (Voir *Catalogue Robaut*, n° 1265.)

(2) *Levassor*, le célèbre comique du Palais-Royal, faisait de fréquentes tournées en province, où il débitait des chansonnettes, des scènes comiques de son répertoire.

Lettre à Mme de F... et qui a du rapport avec ce que j'ai écrit le 12 août courant.

« Je vous écris bien tard; j'ai été ballotté de logement en logement, avant de me fixer; enfin, me voici sur le quai Duquesne, en pleine marine! Je vois le port et les collines du côté d'Arques : c'est une vue charmante, et dont la variété donne des distractions continuelles, quand on ne sort pas. Je suis ici, comme à mon ordinaire, ne voyant personne, évitant de me trouver là où je puis rencontrer des gens ennuyeux. J'en ai trouvé deux ou trois en débarquant; nous nous sommes promis, juré même de nous voir tous les jours; mais comme je ne mets jamais le pied dans l'établissement, qui est le rendez-vous de tout le monde, il y a de grandes chances que je ne les rencontrerai pas. J'ai eu recours à ma ressource ordinaire, pour bannir l'ennui des moments où je ne sais que faire : j'ai loué un roman de Dumas, et avec cela j'oublie quelquefois d'aller voir la mer. Elle est superbe depuis hier : les vents vont commencer à souffler, et nous aurons de belles vagues. Je vous plains d'avoir déjà fini vos excursions, moi qui suis au commencement des miennes; mais Paris vous plaît plus qu'à moi. Hors de Paris, je me sens plus homme; à Paris, je ne suis qu'un *monsienr*. On n'y trouve que des messieurs et des dames, c'est-à-dire des poupées; ici, je vois des matelots, des laboureurs, des soldats, des marchands de poisson.

« La grande toilette de ces dames, toutes à la der-

nière mode, contraste avec les grosses bottes des
pêcheurs du Pollet et les robes courtes des Nor-
mandes, qui ne manquent pas d'un certain charme,
malgré leurs coiffures, qui ressemblent à des bonnets
de coton.

« Je fais une cuisine excellente. J'ai trouvé dans mon
logement un fourneau dans le genre du vôtre, et j'ai
pris une passion pour tout ce qui sort de ce fourneau.
Quant au poisson et aux huîtres, aux tourteaux et aux
homards, ils sont incomparables. Vous ne mangez à
Paris que le rebut en comparaison. Je me vautre,
comme vous le voyez, dans la matière; il n'est point
jusqu'au cidre que je ne trouve excellent. Je bâille
quelquefois de n'avoir rien à faire de suivi. Les petits
dessins que je fais principalement ne suffisent point
pour m'occuper l'esprit (1); alors je reprends mon
roman, ou je vais à la jetée voir entrer et sortir les
bateaux.

« Voilà la vie que je vais mener encore quelque
temps; je ferai sans doute quelques excursions aux
environs, mais mon quartier général sera toujours
sur le quai Duquesne. Il faut conjurer comme on peut
les fantômes de cette diable de vie qu'on nous a
donnée, je ne sais pourquoi, et qui devient amère si
facilement, quand on ne présente pas à l'ennui et aux
ennuis un front d'acier. Il faut agiter, en un mot, ce
corps et cet esprit, qui se rongent l'un l'autre dans la

(1) Voir *Catalogue Robaut*, n° 1268, un croquis pris par Delacroix de
sa fenêtre, à Dieppe.

stagnation, dans une indolence qui n'est plus que de
la torpeur. Il faut absolument passer du repos au travail, et réciproquement; ils paraissent alors également agréables et salutaires. Le malheureux accablé
de travaux rigoureux et qui travaille sans relâche est
sans doute horriblement malheureux, mais celui qui
est obligé de s'amuser toujours ne trouve pas dans
ses distractions le bonheur ni même la tranquillité; il
sent qu'il combat cet ennui qui le prend aux cheveux;
le fantôme se place toujours à côté de la distraction
et se montre par-dessus son épaule. Ne croyez pas,
chère amie, que parce que je travaille à mes heures,
je sois exempt des atteintes de ce terrible ennemi:
ma conviction est qu'avec une certaine tournure
d'esprit, il faudrait une énergie inconcevable pour ne
pas s'ennuyer, et savoir se tirer, à force de volonté,
de cette langueur où nous tombons à chaque instant.
Le plaisir que je trouve dans ce moment même à
m'étendre avec vous sur ce sentiment est une preuve
que je saisis avidement, quand j'en ai la force, les
occasions de m'occuper l'esprit, même pour parler
de cet ennui que je cherche à conjurer. J'ai, toute
ma vie, trouvé le temps trop long. J'attribue, pour
une bonne partie, cette disposition au plaisir que j'ai
presque toujours trouvée dans le travail lui-même;
les plaisirs vrais ou prétendus qui lui succédaient ne
faisaient peut-être pas un assez grand contraste avec
la fatigue que me donnait le travail, fatigue qui est
très durement éprouvée par la plupart des hommes.

Je me figure à merveille la jouissance que trouve dans le repos cette foule d'hommes que nous voyons accablés de travaux rebutants; et je ne parle pas seulement des pauvres gens qui travaillent pour le pain de chaque jour : je parle aussi de ces avocats, de ces hommes de bureau, noyés dans les paperasses et occupés sans cesse d'affaires fastidieuses ou qui ne les concernent pas. Il est vrai que la plupart de ces gens-là ne sont guère tourmentés par l'imagination; ils trouvent même dans leurs machinales occupations une manière comme une autre de remplir leurs heures. Plus ils sont bêtes, moins ils sont malheureux.

« Je finis en me consolant avec ce dernier axiome, que c'est à force d'avoir de l'esprit que je m'ennuie, non pas à présent au moins et en vous écrivant; je viens au contraire de passer une demi-heure agréable en m'adressant à vous, chère amie, et en vous parlant à ma manière de ce sujet qui intéresse tout le monde. Ces idées, à leur tour, vous feront peut-être passer cinq minutes avec quelque plaisir, quand vous les lirez, surtout en souvenir de la véritable affection que je vous porte. »

26 *août*. — Tous les matins, je vais sur la plage ou vers les rochers à fleur d'eau, quand la marée est basse. Un de ces jours, fatigué beaucoup en m'avançant jusqu'au sable où de pauvres femmes ramassaient des équilles, en creusant avec une sorte de trident.

Dans la journée, reçu une lettre du cousin Delacroix

que j'ai ajourné au 20 septembre et qui attend une réponse. Également une lettre de mon cher Rivet, qui me parle d'aller passer quelque temps avec sa famille au bord de la mer et me donnant des informations. Il me dit dans sa lettre beaucoup de choses qui m'ont touché et flatté.

Le soir, en me promenant sur la plage, rencontré Chenavard (1) que je n'attendais guère là. Sa vue m'a fait plaisir, et sa conversation m'est d'une grande ressource. Il m'accompagne jusque chez Mme Scheppard, où j'allais passer la soirée et où je me suis ennuyé excessivement.

En sortant vers dix heures et demie, j'ai été jusqu'à la Douane, sur le quai, pour secouer toute cette insipidité. J'ai vu là ces bateaux à vapeur anglais dont la forme est si mesquine. Grande indignation contre ces races qui ne connaissent plus qu'une chose : *aller vite;* qu'elles aillent donc au diable et plus vite encore avec leurs machines et tous leurs perfectionnements, qui font de l'homme une autre machine!

27 *août.* — On devait lancer à midi un grand navire qu'on appelle un *clipper*... Voici encore une invention américaine pour aller plus vite! Toujours

---

(1) A propos des relations de Delacroix et Chenavard, Baudelaire écrivait : « Chenavard était pour Delacroix une rare ressource. C'était vraiment plaisir de les voir s'agiter dans une lutte innocente; la parole de l'un marchait pesamment, comme un éléphant en grand appareil de guerre, la parole de l'autre vibrant comme un fleuret, également aiguë et flexible. » (*L'art romantique. L'œuvre et la vie d'Eugène Delacroix.*)

plus vite! Quand on aura mis des voyageurs logés
commodément dans un canon, de manière que ce
canon les envoie aussi vite que des boulets dans
toutes les directions où il leur plaira d'aller, la civilisation aura fait un grand pas sans doute. Nous mar-
chons vers cet heureux temps, qui aura supprimé
l'espace; mais qui n'aura pas supprimé l'ennui,
attendu la nécessité toujours croissante de remplir
les heures dont les allées et venues occupaient au
moins une partie.

Je devais retrouver Chenavard pour assister à ce
spectacle, dont j'ai joui parfaitement, et qui est beau
à voir; je n'ai retrouvé mon compagnon qu'ensuite.
Nous nous sommes promenés; assis sur l'herbe au bord
de la mer : beaucoup de conversations très bonnes et
très intéressantes sur la politique et sur la peinture.
Enfin la fatigue m'a pris et je suis rentré assez tard.

Après mon dîner, pris d'ennui... J'ai été du côté
où l'on avait arrimé le fameux clipper, dans le dernier bassin, afin de le mâter et de le gréer. On y faisait un banquet sous une tente. On a dû y boire à la
santé des Américains et de la vitesse, dont on aurait
dû mettre la statue à la proue du bâtiment.

Rencontré sur un autre bâtiment un petit mousse
qui baragouinait le *breton;* j'ai pensé à Jenny et au
plaisir qu'elle aurait de rencontrer un compatriote.

Ensuite, vers une foire qui se tenait au delà, mais
qui n'a fait que renforcer mon ennui. En revenant
par le même chemin, j'ai retrouvé mes dîneurs, qui

en étaient au café et qui le prenaient en fumant et en disant sans doute de fort belles choses sur le progrès.

Lundi **28** *août.* — Rendez-vous avec Chenavard, sur la plage à une heure, pour le mener voir mes croquis. Il semble toujours estimer moins le talent des grands maîtres, à proportion de la décadence au milieu de laquelle ils vivent; c'est le contraire qui devrait être et qu'il faudra dire. Peut-être est-il vrai qu'au milieu de l'indifférence générale, le talent ne porte pas tous ses fruits; il est convenu que pour avoir fait le peu que j'ai produit, il a fallu déployer mille fois plus d'énergie que ces Raphaël et ces Rubens, qui n'avaient qu'à se montrer au monde surpris, et préparé cependant à l'admiration, pour être comblés d'encouragements et d'applaudissements.

Nous sortons ensemble; il me mène par les chemins verdoyants qui sont au revers de la falaise, du côté du château. Je rentre pour dîner et le quitte au Puits salé.

Le soir, vue magnifique de l'autre côté, au Pollet, par la mer basse. Je suis resté longtemps au bout de la jetée. J'avais été happé, en rentrant pour dîner, par le jeune Gassies, qui m'apprend que Mme Manceau est à Dieppe. Il me promet de ne pas trahir ma sauvagerie, en donnant mon adresse. Le hasard l'avait mis au-dessus de moi; nous étions là depuis dix jours, sans nous rencontrer.

— C'est le matin que j'ai retrouvé Chenavard, qui m'a conseillé d'aller voir Guérin (1), pour lui parler de la maladie de Jenny.

Mardi 29 août. — Le matin, resté quelque temps au grand soleil sur la plage, à voir les baigneurs.

Je suis rentré pour travailler. J'ai fait un dessin d'après Thevelin et deux ou trois croquis, moitié de souvenir, de ce que j'avais vu le matin.

A deux heures chez Guérin avec Jenny. J'en suis fort content, et je crois qu'il a l'espoir de faire beaucoup pour elle.

En sortant, vu avec elle le château, qui m'a fort intéressé. La vue de la mer unie comme une glace et dans son immensité, qui réduisait à rien la plage et la ville de Dieppe, m'a causé le plus grand plaisir.

Je voulais le soir rencontrer Chenavard pour le remercier; j'ai rôdé sur la plage inutilement par un temps de brouillard assez malsain et dans un demi-ennui plus malsain encore pour moi.

30 août. — Matinée délicieuse. Je suis sorti seul, pendant que la pauvre Jenny prenait médecine par ordonnance de Guérin, et je suis monté derrière le château. Chemin tortueux, petit quinconce de hêtres,

(1) *Jules Guérin* (1801-1886), chirurgien distingué, auteur de nombreux mémoires qui lui valurent, en 1857, le grand prix de chirurgie à l'Académie des sciences. Il fut aussi un des fondateurs de la presse médicale de Paris et collabora à l'ancien *National.* Il était membre de l'Académie de médecine.

sur une montée à la normande. Je me suis établi dans
un champ qui venait d'être moissonné, pour faire une
vue du château et de toute cette campagne, non pas
que la vue fût intéressante, mais pour conserver un
souvenir de ce délicieux moment. L'odeur des
champs, du blé coupé, le chant des oiseaux, la
pureté de l'air, m'ont mis dans un de ces états qui ne
peuvent rappeler autre chose que les jeunes années
où l'âme s'ouvre si facilement à ces impressions si
charmantes que je crois, à l'heure qu'il est, me persuader que je suis heureux du souvenir seul de mon
bonheur passé en semblables circonstances.

En redescendant, fait un autre croquis de grands
arbres autour d'une ferme, et du chemin, à l'endroit
où je m'étais arrêté avec Chenavard.

(Je crois que c'est ce jour-ci que j'ai passé longuement la soirée avec Chenavard. — Michel-Ange, etc.
Il m'a parlé de ses relations avec certain vieux conventionnel : Barrère lui écrivant de ne pas le revoir, etc.)

31 *août*. — J'ai voulu renouveler mes sensations
d'hier, mais en tournant d'un autre côté; je voulais
voir absolument ce que c'était que cette campagne
que j'ai en face de mes fenêtres, au delà du Pollet.
Je suis monté bravement par la grande route qui
mène à Eu, mais le soleil m'a forcé à capituler; j'ai
pris à gauche; j'ai vu le cimetière et suis redescendu
presque grillé.

Le soir, conversation sans fin avec Chenavard sur

la plage et le long des rues. Il m'a parlé de la difficulté
que Michel-Ange avait souvent à travailler, et il m'a
cité ce mot de lui : Benedetto Varchi (1) lui dit : « *Si-
gnor Buonarotti, avete il cervello di Giove* »; il aurait
répondu : « *Si vuole il martello di Vulcano per farne
uscire qualche cosa.* » Il avait brûlé, à une certaine
époque, une grande quantité d'études et de croquis,
pour ne pas laisser de traces de la peine que lui
avaient donnée ses ouvrages qu'il retournait de mille
manières, comme un homme qui fait des vers. Il
sculptait souvent d'après des dessins; sa sculpture
témoigne de ce procédé. Il disait que la *bonne sculpture* était celle qui *ne ressemblait pas à la peinture*,
et que la *bonne peinture,* au contraire, était celle qui
ressemblait à de la sculpture.

— C'est aujourd'hui que Chenavard m'a reparlé de
son fameux système de décadence. Il tranche trop
absolument. Il lui manque aussi d'estimer à leur juste
valeur toutes les qualités estimables. Bien qu'il dise
que les gens d'il y a deux cents ans ne valent pas ceux
d'il y a trois cents ans, et que ceux d'aujourd'hui ne
valent pas ceux d'il y a cinquante ou cent ans, je crois
que Gros, David, Prud'hon, Géricault, Charlet sont des
hommes admirables comme les Titien et les Raphaël;
je crois aussi que j'ai fait de certains morceaux qui
ne seraient pas méprisés de ces messieurs, et que j'ai
eu de certaines inventions qu'ils n'ont pas eues.

(1) *Benedetto Varchi* (1502-1562), historien et poète florentin, auteur
d'une histoire des révolutions de Florence.

1ᵉʳ *septembre*. — Le matin et hier, levé de bonne heure, et été sur le galet avec Jenny.

Travaillé dans la journée. Dessiné de ma fenêtre, avant dîner, des bateaux (1).

Le soir, j'ai décliné Chenavard. J'avais l'esprit fatigué de sa diatribe d'hier soir. Il pratique naïvement ou sciemment l'énervation des esprits comme un chirurgien pratique la taille et la saignée... Ce qui est beau est beau, n'importe dans quel temps, n'importe pour qui; puisque nous sommes deux à admirer Charlet (2) et Géricault, cela prouve d'abord qu'ils sont admirables, ensuite qu'ils peuvent trouver des admirateurs. Je mourrai en admirant ce qui mérite de l'être, et si je suis le dernier de mon espèce, je me dirai qu'après la nuit qui me suivra sur l'hémisphère que j'habite, le jour se refera encore quelque part, et que l'homme ayant toujours un cœur et un esprit, il jouira encore et toujours par ces deux côtés.

Le soir, revenu derrière le château; j'ai pris un sentier qui monte à gauche; j'ai trouvé une vue magnifique de la ville et du château. Il faisait obscur. Je me suis promis de revenir et de faire ici quelques dessins.

_____

(1) Voir *Catalogue Robaut*, nᵒˢ 1270-1271.

(2) Delacroix publia une étude sur *Charlet* qui parut à la *Revue des Deux Mondes* (1ᵉʳ juillet 1862). Elle débute ainsi : « Je voudrais à ma « faible voix plus de force et d'autorité pour entretenir dignement le « public français de quelques admirables contemporains qui font sa « gloire, sans qu'il en soit suffisamment informé. Charlet est à la tête de « ces hommes rares qui ne me paraissent pas avoir été mis à la place « que la postérité leur réserve sans doute. »

Je suis rentré par le plus beau clair de lune, en faisant le tour des bassins. Observé beaucoup le grée-ment des navires.

2 septembre. — Les savants (1) ne font autre chose, après tout, que trouver dans la nature ce qui y est. La personnalité du savant est absente de son œuvre; il en est tout autrement de l'artiste. C'est le cachet qu'il imprime à son ouvrage qui en fait une œuvre d'artiste, c'est-à-dire d'inventeur. Le savant découvre les éléments des choses, si on veut, et l'artiste, avec des éléments sans valeur là où ils sont, compose, invente un tout, crée, en un mot; il frappe l'imagina-tion des hommes par le spectacle de ses créations, et d'une manière particulière. Il résume, il rend claires pour le commun des hommes qui ne voit et ne sent que vaguement en présence de la nature, les sensa-tions que les choses éveillent en nous.

3 septembre. — Le matin de bonne heure, à la jetée pour voir sortir les bateaux. Je reprends mon chemin pour aller revoir la vue de derrière le château. Je rencontre Chenavard près des bains et reste avec lui au soleil, sur la plage, pendant trois ou quatre heures.

(1) La partialité et l'injustice de Delacroix à l'égard des savants se sont déjà manifestées à maintes reprises dans le Journal : la chose est d'autant plus surprenante que nous nous étions habitués à envisager les idées générales du maître comme supérieures à celles que nous trouvons exprimées ici. (Voir sur ce point la *Vie de M. Frédéric-Thomas Grain-dorge*, de H. Taine.)

Je rencontre Velpeau, puis après Dumas fils.

Le soir, promené à la jetée, pour laquelle je reprends du goût. J'étais en train d'être seul et n'ai point été chercher Chenavard.

Avaut diner, promenade délicieuse d'une heure au cours Bourbon. Ce petit ruisseau à droite, avec ses roseaux et ses herbes, la vue magnifique de la plaine et des collines, les grands arbres dont les feuilles s'agitent continuellement, tout cela pénétrant et délicieux.

A la jetée le matin. J'ai vu appareiller deux bricks, dont un nantais. Cela m'a beaucoup intéressé au point de vue de l'étude. Je fais un cours complet de vergues, de poulies, etc., afin de comprendre comme tout cela s'ajuste; cela ne me servira probablement à rien, mais j'ai toujours désiré comprendre cette mécanique, et je ne trouve rien d'ailleurs de plus pittoresque. Mes observations, quoique superficielles, m'ont conduit à voir combien sont grossiers encore tous ces moyens, quelle lourdeur et quelle inefficacité la plupart du temps dans toute cette mâture; jusqu'à la vapeur, qui change tout, cet art n'a pas fait un pas depuis deux cents ans. Les deux pauvres navires sortis du port à grand renfort de halage de toute espèce, sont parvenus au dehors, mais sans pouvoir faire un pas. Je les ai dessinés d'abord dans l'état d'immobilité où ils se trouvaient et les ai quittés, de guerre lasse, toujours dans la même situation.

Le libraire m'apprend que les deux derniers vo-

lumes de *Bragelonne,* qui vont continuer par malheur
à l'endroit le plus intéressant, lui manquent, et qu'il
se propose de les faire venir de Paris. Voici une des
tribulations de Dieppe que j'éprouvais encore il y a
deux ans en lisant l'histoire de *Balsamo.* J'ai pris le
Provincial à Paris, de Balzac : c'est à lever le cœur;
cela ne peint que les petits détails de l'existence des
roués de 1840 à 1847 : détails de coulisse; ce que
c'est qu'un *rat,* l'histoire du *châle Sélim* vendu à une
Anglaise. Dans une très fameuse préface, l'éditeur
met Balzac à côté de Molière, en disant que de son
temps, il eût fait les *Femmes savantes* et le *Misan-*
thrope, et que Molière eût fait de notre temps la
Comédie humaine. Ce qui lui paraît faire de Balzac
un homme à part dans notre temps, c'est qu'au contraire de la plupart des écrivains de ce temps-ci, ses
ouvrages portaient le cachet de la durée; et il nous
dit cela en tête de cette rapsodie où il n'est question
que des petits mots de l'argot du jour et de toutes ces
variétés de figures méprisables, affublées du petit
travers du moment, figures et moment dont l'histoire
ne gardera pas même de mémoire.

Autre promenade aussi charmante au cours Bourbon avant dîner. Passé le petit pont et été jusqu'au
pied des collines dégarnies qui prolongent le Pollet.
Admiré toute cette nature et étudié encore dans l'ar-
rière-port les mâtures des navires.

Le soir, à la jetée; je suis descendu, au clair de
lune, m'asseoir sur le galet tout auprès de la mer.

6 *septembre*. — Le matin, abandonné la jetée pour monter à gauche derrière le château; suivi jusqu'au cimetière; auparavant, délicieuse sensation au haut du ravin qu'on avait franchi l'autre jour; petit sentier remontant de l'autre côté, éclairé par les rayons du matin et s'enfonçant sous l'ombre des hêtres. Entré dans le cimetière, moins repoussant que l'affreux Père-Lachaise, moins niais, moins compassé, moins bourgeois... Tombes oubliées entières sous l'herbe, touffes de rosiers et de clématites embaumant l'air dans ce séjour de la mort; du reste, solitude parfaite, dernière conformité avec l'objet du lieu et la fin nécessaire de ce qui s'y trouve, c'est-à-dire le silence et l'oubli.

Trouvé, en traversant une grande route, une autre route couverte à la normande, allant à Louval, je crois, qui m'a enchanté : cours de fermes, murailles de simple terre à droite et à gauche, surmontées d'arbres d'un vert sombre et vigoureux. Fleurs, légumes, bétail, dans ces joyeuses retraites; enfin, tout ce qui charme dans la nature et dans ce qui fait l'homme. Retour moins agréable, grande route poudreuse.

Après le déjeuner, Chenavard venu; je l'ai emmené voir appareiller le *Mariani* (1). Il me dit, ce qui est

---

(1) Delacroix, dans ses promenades quotidiennes à la jetée de Dieppe, étudiait sans relâche la mâture, les poulies, les cordages des navires. L'idée lui vint de mettre à profit ces observations dans un tableau où la mer jouerait un rôle. Il s'en ouvrit à Chenavard : « Tout cela, disait-il,

vrai, que les hommes de talent, chez les modernes,
et il parle depuis Jésus-Christ, doivent être plats
comme les Delaroche (1), ou biscornus et incomplets.
Michel-Ange n'a eu qu'un moment, il s'est répété
ensuite; peu d'idées, par conséquent, mais une force
que sans doute personne n'a égalée. Il a créé des
types : son *Père éternel,* ses *Diables,* son *Moïse,* et
cependant il ne peut faire une tête, même il les
abandonne; c'est par là que pêchent les modernes :
Puget et mille autres. Chez les anciens, au contraire,
que de types : ce *Jupiter,* ce *Bacchus,* cet *Hercule,* etc. !

Revenu, par une chaleur affreuse, sur le quai, et
réellement très abattu et fatigué de ce second excès,
après celui du matin. J'étais surmené.

Ce qui caractérise le maître, suivant lui, à propos
de Meissonier, c'est, dans le tableau, la vue de ce qui
est essentiel, auquel il faut arriver absolument. Le
simple talent ne pense qu'aux détails : Ingres,
David, etc.

7 *septembre.* — Sorti de bonne heure avec Jenny,
qui va se baigner. Ne trouvant pas d'intérêt à la mer,

---

n'a pas dû changer depuis les âges les plus reculés; Jésus-Christ, après
tant d'autres, a vu tout cela; aussi vais-je le peindre endormi dans sa
barque pendant la tempête. » Ce propos, que nous tenons de M. Chenavard lui-même, montre l'idée qui a inspiré à Delacroix ce sujet qu'il a
repris maintes fois avec de nombreuses variantes.

(1) Dans un autre passage du Journal, Delacroix compare la peinture
de Delaroche à celle d'un « amateur qui n'a aucune exécution comme
peintre ».

je gagne le cours Bourbon, que je trouve aussi charmant à cette heure matinale.

En revenant par l'église Saint-Jacques, je vois
l'affiche qui annonce pour ce jour même la messe
chantée par les chanteurs montagnards ; je m'y
trouve exactement, et en ai éprouvé autant de surprise que de plaisir.

Ce sont des paysans, tous des Pyrénées, des voix
magnifiques; on ne voit ni papier de musique, ni
batteurs de mesure ; cependant il paraît qu'il y a
un de ces hommes en cheveux gris qui est assis
et qui probablement les dirige. Ils chantent sans
accompagnement. Je n'ai pu m'empêcher, à la sortie,
de les suivre et de faire compliment à l'un d'eux. Ils
ont, en général, des figures sérieuses. Les enfants
m'ont touché. La voix de l'enfant-homme est bien
autrement pénétrante que celle des femmes que j'ai
toujours trouvée criarde et peu expressive; il y a
ensuite dans ce naïf artiste de huit ou dix ans quelque
chose de presque sacré; ces voix pures s'élevant à
Dieu, d'un corps qui est à peine un corps, et d'une
âme qui n'a point encore été souillée, doivent être
portées tout droit au pied de son trône et parler à sa
toute bonté pour notre faiblesse et nos tristes passions.

C'était un spectacle fort touchant pour un simple
homme comme moi que celui de ces jeunes gens
et de ces enfants sous des habits pauvres et uniformes, formant un cercle, et chantant sans musique
écrite et en se regardant. J'ai regretté quelquefois

l'absence d'accompagnement. C'était un peu la faute
de la musique, belle d'ailleurs et portant le cachet de
l'élégance italienne, mais offrant des morceaux trop
longs et trop compliqués pour ce chant sans accompagnement, et ces artistes si simples, qui semblaient
chanter par inspiration. Au demeurant, une très
grande impression et qui m'a rappelé complètement
celle des chanteurs de Lucca della Robbia, jusqu'au
costume, qui se composait pour tous d'une blouse
bleue serrée d'une ceinture. Ces pauvres gens ont
chanté à l'Établissement, dans de vrais concerts. Je
regretterais de les y voir chantant des airs à la mode
et aussi endimanchés sans doute que la damnable
musique moderne qu'il faut aux modernes de ces
lieux-là.

Rentré après la messe ; fait, dans une mauvaise
disposition causée par un maudit cigare, une petite
aquarelle inachevée du port rempli d'une eau verte.
Contraste, sur cette eau, des navires très noirs, des
drapeaux rouges, etc.

Lu la triste *Eugénie Grandet* : ces ouvrages-là ne
supportent guère l'épreuve du temps ; le gâchis,
l'inexpérience, qui n'est autre chose que l'imperfection incurable du talent de l'auteur, mettra tout cela
dans les rebuts des siècles. Point de mesure, point
d'ensemble, point de proportion.

Retourné avant dîner au cours Bourbon, dont je
ne puis me lasser : la vue qui est au bout, surtout en
prolongeant la promenade jusqu'au pied de la mon-

tagne, est ravissante. J'avais envoyé Jenny et Julie au
spectacle. La jetée n'était pas tenable à cause du
vent, et la mer né m'offrait point d'intérêt, sauf la
grandeur des proportions que donne à la jetée, au
sable de la plage, le retrait de la mer.

J'ai été retrouver Chenavard; nous avons fui la
plage à cause du vent, et nous avons été par les rues
sur le quai du dernier bassin, où nous sommes restés
au clair de la lune jusqu'à onze heures.

Il m'a montré de la sensibilité et de l'estime. Il est
malheureux; il sent qu'il a gaspillé ses facultés. La vie
est une viande creuse qui, dans la prétendue connaissance de l'homme, ne lui a pas donné plus de résignation au sujet des maux inévitables, des contradictions et des imperfections de notre nature. Il me
semble toujours que cette qualité de philosophe implique, avec l'habitude de réfléchir plus attentivement sur l'homme et sur la vie, celle de prendre les
choses comme elles sont, et de diriger vers le bien
ou le mieux possible cette vie et nos passions. Eh
bien, non! Tous ces songeurs sont agités comme les
autres; il semble que la contemplation de l'esprit de
l'homme, plus digne de pitié que d'admiration, leur
ôte cette sérénité qui est souvent le partage de ceux
qui se sont attelés à une œuvre plus pratique et à
mon avis plus digne d'efforts. J'ai demandé à ce malheureux digne d'estime, pourquoi il était à Dieppe,
pourquoi il avait été en Italie et en Allemagne, et
pourquoi il y était retourné. Que fuyait-il et qu'al-

lait-il chercher dans toutes ces agitations ? Un esprit porté au doute ne peut que douter davantage, après avoir tout vu.

Il me trouve heureux, et il a raison, et je me trouve bien plus heureux encore, depuis que j'ai vu sa misère. La désolante doctrine sur la décadence nécessaire des arts est peut-être vraie, mais il faut s'interdire même d'y penser.

Il faut faire comme Roland qui jette à la mer, pour l'ensevelir à jamais dans ses abîmes, l'arme à feu, la terrible invention du perfide duc de Hollande ; il faut dérober à la connaissance des hommes ces vérités contestables, qui ne peuvent que les rendre plus malheureux ou plus lâches dans la poursuite du bien. Un homme vit dans son siècle et fait bien de parler à ses contemporains un langage qu'ils puissent comprendre et qui puisse les toucher. Il le fait d'ailleurs en puisant en lui-même son principal attrait sur les imaginations. Ce qui fixe l'attention dans ses ouvrages n'est pas la conformité avec les idées de son temps : cet avantage, si c'en est un, se retrouve dans tous les hommes médiocres, qui pullulent dans chaque siècle et qui courent après la faveur en flattant misérablement le goût du moment ; c'est en se servant de la langue de ses contemporains qu'il doit, en quelque sorte, leur enseigner des choses que n'exprimait pas cette langue, et si sa réputation mérite de durer, c'est qu'il aura été un exemple vivant du goût dans un temps où le goût était méconnu.

Je disais à Chenavard, le jour que nous avons causé sur la jetée de bois, que le goût était ce qui classait les talents. Ce qui fait la supériorité de La Fontaine, de Molière, de Racine, de l'Arioste, sur des Corneille, sur des Shakespeare, sur des Michel-Ange, c'est le goût. Reste à savoir, je n'en disconviens pas, si la force, si l'originalité poussées à un certain degré n'emportent pas, malgré tout, l'admiration. Mais ici revient la possibilité de la discussion et des inclinations particulières.

J'adore Rubens, Michel-Ange, etc., et je disais pourtant à Cousin que je croyais que le défaut de Racine était sa perfection même; on ne le trouvait pas si beau parce qu'effectivement il est trop beau. Un objet parfaitement beau comporte une parfaite simplicité qui, au premier moment, ne cause pas l'émotion que l'on ressent en présence de choses gigantesques, dans lesquelles la disproportion même est un élément de beauté. Ces sortes d'objets, dans la nature ou dans l'art, seraient-ils effectivement plus beaux? Non, sans doute, mais ils peuvent impressionner davantage. Qui osera dire que Corneille est plus beau, parce qu'il est plein de bavardages emphatiques et oiseux; que Rubens est plus beau, parce qu'il offre des parties grossières et négligées? Il faut dire que chez les hommes de cette famille, il y a des parties si fortes que l'on ne pense pas aux défauts et que l'esprit s'y habitue; mais ne dites pas que Racine ou Mozart sont plus plats, parce que ces mêmes beautés sont partout,

qu'elles forment la trame, le tissu même de l'ouvrage.
J'ai dit ailleurs que les hommes sublimes remplis
d'excentricité étaient comme ces mauvais sujets dont
les femmes raffolent : ce sont autant d'enfants pro-
digues, auxquels on sait gré de certains retours généreux au milieu de leurs déportements. Que dire de
l'Arioste, qui est toute perfection, qui réunit tous les
tons, toutes les images, le gai, le tragique, le convenable, le tendre? Mais je m'arrête.

8 *septembre.* — Un ouvrage parfait, me disait Mérimée, ne devrait pas comporter de notes. Je suis tenté
de dire qu'un écrit vraiment écrit et surtout déduit et
pensé ne comporte pas même d'alinéas. Si les pensées sont conséquentes, si le style s'enchaîne, il ne
comporte point de repos jusqu'à ce que la pensée,
qui fait le fond du sujet, soit complètement dévelop-
pée. Montaigne est un illustre exemple de cette
nécessité du *génie* dans ce *cas particulier.*

Commencé très bien cette journée, c'est-à-dire
avec le désir de faire quelque chose; j'ai écrit sur ce
livre jusqu'à onze heures. J'étais fatigué de mes
courses de la veille et de mes conversations avec
Chenavard. J'ai un grand besoin de repos, et le travail d'esprit m'a reposé effectivement.

Après le déjeuner, je me suis mis avec une ardeur
extrême à dessiner les chevaux qui passaient attelés
à quatre à des charrettes et dont l'attelage est très
pittoresque. Ensuite, j'ai dessiné, en grand, tout l'avant

du navire (1) qui est sous la fenêtre. L'esprit rafraîchi par le travail communique à tout l'être un sentiment de bonheur.

C'est dans cette disposition que j'ai été à la jetée et ensuite revenu par le bord de la mer et été au cours Bourbon pour mon dîner avec Chenavard. J'ai cru que nous ferions un bon dîner d'abord, et ensuite que ce dîner serait gai. Le dîner a été détestable, et les lugubres prédictions de mon convive n'en ont pas égayé la durée.

Je crois que la fatalité qui entraîne, selon lui, les choses, s'attache aussi à la possibilité d'une liaison entre nous. Un jour, je suis porté vers lui... le lendemain, ses côtés antipathiques me reviennent. Il me parle des malheurs domestiques de ce pauvre fou de Boissard. Il me dit que Leibnitz ne quittait pas sa table de travail, et souvent dormait et mangeait sans quitter sa chaise. Il m'apprend, contre l'opinion générale, que Fénelon écrivait avec une facilité merveilleuse, et que le *Télémaque* a été fait en trois mois. Il compare Rousseau à Rembrandt, comparaison qui ne me paraît pas juste.

Je le quitte à dix heures au Puits salé et vais jusqu'à la jetée pour secouer un peu cette obsession. Je vois

---

(1) Ces dessins sont indiqués dans le *Catalogue Robaut* à l'année 1854. M. Robaut relève à côté des croquis les mots suivants : « Mer tranquille, « vue de face, semblable aux sillons des champs, lorsqu'on a coupé « l'herbe et qu'on l'a posée sur le dos des sillons. Le ton de la demi- « teinte de la mer, jaune transparent verdâtre, comme de l'huile ; taches « bleuâtres comme de l'étain avec l'aspect métallique et luisant. C'est la

entrer un beau brick, par la lune et une mer suffisamment agitée. C'est un beau spectacle. Je l'ai suivi, en
revenant sur mes pas : la lune était en face et donnait
de superbes effets dans l'eau et en détachant la masse
et les agrès des bâtiments.

En sortant de chez le traiteur, admiré également
au clair de lune les arbres et le fond des montagnes.

Mon diable de compagnon n'exalte jamais que ce
qui est hors de notre portée. Kant, Platon, voilà des
hommes ! ce sont presque des dieux ! Si je nomme un
moderne auquel nous touchions du doigt, il le déshabille à l'instant, me fait toucher ses plaies et ne laisse
rien debout... Il n'est pas admiratif, dit-il, et il paraît.
Il est intéressant et il repousse. La parfaite vertu ou
la parfaite bonne foi peuvent-elles repousser? Une
âme délicate peut-elle loger dans une enveloppe sor-
dide? S'il prend un dessin pour l'examiner, il le
manie, il le retourne sans ménagement, pose ses
doigts sur le papier, comme s'il s'agissait du premier
objet venu.

Je crois qu'il y a une affectation dans cette espèce
de dédain de ce qui demande à être ménagé; l'âme
orgueilleuse et révoltée intérieurement de ce cynique
se fait jour, malgré lui, dans ce mépris apparent de
la délicatesse commune; cet esprit a reçu quelque

« réflexion du ciel dans les flaques d'eau; les bords sont très brillants
« et argentés, et le milieu est bleuâtre; ou bien les bords sont bleu étain
« et le milieu couleur de sable. Ces tons couleur de sable se voient sou-
« vent dans la mer. Le sable du bord de la mer toujours plus foncé que
« celui qui est un peu plus éloigné, parce qu'il est plus mouillé »

profonde blessure : peut-être ne pouvant se souffrir dans le sentiment de son impuissance, cherche-t-il à se donner le change en ne trouvant qu'impuissance partout? Il a toutes sortes de talents, et tout cela est mort; il compose, il dessine, on lui rend froidement justice : c'est tout ce qu'on peut faire. On est étonné dans sa conversation de tout ce qu'il sait et de tout ce qu'il semble ajouter aux idées des autres. Il n'aime pas la peinture, et il en convient. Que n'écrit-il, que ne rédige-t-il? Il se croit capable de le faire et y a réussi, dit-il, quelquefois; mais il avoue qu'il lui faut prendre trop de peine pour exprimer ses idées. Cette excuse trahit sa faiblesse. Que ne fait-il comme son admirable Rousseau? Celui-là avait incontestablement quelque chose à dire, et il l'a dit très bien, malgré la difficulté qu'il trouvait à le faire, et dont il tire presque vanité.

Ai-je écrit ceci sous une impression plus mauvaise qu'à l'ordinaire ? Nullement, car il me plaît; je l'aime presque et voudrais le trouver plus aimable; mais j'en suis toujours revenu aux idées que j'exprime ici.

9 *septembre.* — Mauvaise journée, suite du détestable dîner d'hier. J'ai essayé toute cette matinée de combattre cette mauvaise disposition en travaillant, en écrivant sur ce livre.

Sorti au milieu de la journée pour voir appareiller deux navires, dont l'un était resté longtemps sous ma fenêtre pour se charger de chaux. Revenu très souffrant. Je me suis couché à trois ou quatre heures et suis resté au lit jusqu'au lendemain onze heures.

— Il faut être friand de ce que vous faites.

— Bâtiment espagnol pris par des pirates américains.

10 *septembre.* — Trouvé Isabey, sa femme et sa fille à la jetée.

Je lis dans des extraits de Dumas : « Les dernières années de Machiavel s'écoulèrent dans la solitude et dans le chagrin. Retiré dans le village de San-Casciano, *il s'entretenait une grande partie de la journée avec des bûcherons,* ou jouait au trictrac avec son hôte. Enfin, le 22 juin 1527, il s'éteignit tristement, et l'indépendance italienne expira avec lui. »

11 *septembre.* — Journée de peu d'intérêt. Je tiens un livre de Dumas, intitulé la *Villa Palmier,* dans lequel il n'est point question, jusqu'au deuxième volume, de cette villa, mais d'un salmis historique et anecdotique sur Florence.

Le soir, sorti seul vers l'arrière-bassin ; admiré le derrière du château, plus simple à cette heure, et le soleil couché, et plus grand que je ne l'avais encore trouvé. Cette silhouette est magnifique.

12 *septembre.* — Le matin, à la jetée : la mer toujours basse et peu intéressante.

J'ai remarqué un joli sujet de tableau : c'est un canot apportant sur la plage le poisson d'un

petit bateau qu'on voyait au loin ; les hommes
amenés à terre sur les épaules de ceux qui avaient
mis leurs jambes à l'eau et qui apportaient aussi
les paniers remplis de poisson à des femmes. Le
canot tiré sur le sable et repoussé ensuite par deux
ou trois petits mousses ; les rames en l'air ; le soleil
du matin sur tout cela.

Chenavard venu vers onze heures à la maison. Il
me dit que les *Pensées* de Pascal sont faites péniblement et couvertes de ratures.

Acheté le matin le vase russe, qui fuyait. J'ai été
le changer vers quatre heures, et me promener. La
chaleur m'a forcé de rentrer.

Le soir, parti tard ; nous n'avions dîné qu'à six
heures, à cause d'un dérangement dans le fameux
fourneau. Pris par la grande rue, vu avec plaisir les
boutiques comme je ne les regarde pas à Paris. Tout
m'amusait.

Dans le quartier de Saint-Remy, voyant la porte
ouverte, je suis entré et ai joui du spectacle le plus
grandiose, celui de l'église sombre et élevée, éclairée
par une demi-douzaine de chandelles fumeuses placées çà et là. Je demande aux adversaires du *vague*
de me produire une sensation qu'on puisse comparer
à celle-là avec de la précision et des lignes bien dé-
finies. Si on classe les sentiments divers par ordre de
noblesse, comme le fait Chenavard, on pourra à son
gré se décider pour un dessin d'architecture ou pour
un dessin de Rembrandt.

Sorti de là enchanté; désolé de la difficulté de rendre, sans prendre sur nature, non pas le sentiment, mais les lignes et perspectives compliquées, projections d'ombres, etc., qui faisaient de ce que j'ai vu le plus magnifique tableau.

Pris par les bains, la plage. Écho lointain de l'ignoble musique de l'établissement, pendant que la lune se levait de l'autre côté. Je suis resté sur la plage pendant plus d'une heure, ravi de ma soirée paisible et de la tranquillité qu'elle communiquait à mes esprits.

J'ai été rejoindre Jenny à la jetée vers dix heures.

Chenavard me raconte l'histoire de Papety (1), au club des Versaillais... Un de ces messieurs monte à la tribune et dit avec l'accent du terroir et d'une voix de tonnerre : « Citoyens! » Après un moment de silence, il répète encore son : « Citoyens! » et après une nouvelle pause, et regardant son auditoire : « Citoyens ! je ne sais plus ce que je voulais vous dire », et il se retire. Un voisin de Papety s'adresse à lui et lui dit d'un air pénétré : « C'est bien heureux que nous soyons ici en famille ! »

13 *septembre.* — Entré le soir dans Saint-Remy une seconde fois.

(1) *Papety* (1815-1849), peintre, élève de Cogniet. En 1836, il obtint le grand prix de peinture et partit pour Rome. Ses premières œuvres, très remarquées, faisaient présager pour l'artiste un brillant avenir. La mort le frappa à trente-quatre ans, en plein talent et au moment où il allait écrire l'histoire de l'art byzantin, d'après des notes et des documents archéologiques rapportés d'Orient.

14 *septembre.* — Je m'obstine sottement à sortir le matin, et je m'en trouve toujours mal.

Vu Isabey à la jetée. Il me parle de la cherté des voyages par la vapeur et m'explique l'hélice. Il vient avec moi jusqu'à la plage, où j'espérais rencontrer Chenavard.

Pluie et rentré chez moi, où je suis resté à lire et à dormir jusqu'à deux heures et demie.

A la jetée, où la mer était très belle; mais pluie affreuse.

Après dîner, entré à Saint-Jacques, où il y avait une cérémonie. Le prêtre en chaire lisait les divers moments de la Passion avec réflexions; il était interrompu à temps égaux par un cantique entonné par les chantres et répété par tout le monde. Le curé, avec la croix et ses chantres, s'agenouillait et priait à chaque station. Il a donné à baiser à là fin à tout le monde la patène ou le crucifix. — On ferait un joli tableau de ce dernier moment, pris de derrière l'autel.

Il y avait, dans ce que disait ce prêtre en chaire, avec sa voix traînante, et avec aussi peu de chaleur que s'il eût répété une leçon, bon nombre de choses dont on peut faire son profit. Il disait, entre autres choses, qu'il était toujours temps d'abandonner la mauvaise voie pour prendre la bonne, etc.

Effets magnifiques dans cette église peu éclairée, mais je préfère Saint-Remy, où je suis retourné un instant, quand la pluie affreuse, qui n'avait pas cessé pendant que j'étais à l'église, eut cessé.

— *De l'utilité qu'on peut retirer de ses amis* : tel est, je crois, le titre de l'un des traités de Plutarque. Un courtisan ou seulement un homme du monde occupé à se pousser et à faire sa carrière, ne s'informerait sans doute pas de ce que le bon Plutarque a entendu faire dans son traité. Pour ces hommes-là il n'y a qu'une manière de tirer parti de ses amis : c'est d'abord de les avoir puissants et ensuite de les faire intriguer pour soi ou de s'accrocher à leur fortune. Qu'importe l'estime qu'ils peuvent mériter en dehors de cela? Qu'importe celle qu'on peut concevoir de soi-même, d'être accueilli et aimé par des hommes d'une grande vertu et d'un grand caractère? C'est cependant à ce genre d'utilité qu'il faut de toute sa force s'attacher dans toute espèce de liaison. La fréquentation des honnêtes gens non seulement nous confirme dans les sentiments de droiture, mais nous apprend à ne point estimer les biens qu'on n'acquiert qu'en s'écartant de la stricte délicatesse. On apprend ainsi à ne négliger aucun des devoirs essentiels.

15 *septembre*. — David disait à cet homme qui le fatiguait d'une conversation sur les *procédés*, les *manières*, etc., de toutes sortes : « J'ai su tout cela quand je ne savais encore rien. »

Chenavard venu chez moi pendant que je dessine des bateaux (1), et presque aussitôt Isabey... Singu-

(1) Voir *Catalogue Robaut*, n° 1271.

lier rapprochement que celui de ces deux hommes.
J'ai continué mon dessin pour être plus à mon aise.

En sortant avec le premier des deux, et pendant
qu'il m'expliquait son système de *Paris port de mer,*
les soldats faisant l'exercice à feu ont attiré mon attention, et je me sais gré d'avoir un moment déserté
la conversation de mon compagnon pour aller voir
ces malheureux.

Je n'avais jamais conçu de la profession de soldat
l'idée que j'en ai prise dans ce moment. C'est celui
d'un mépris mêlé d'indignation pour les brutes qui
ont appelé *un art* celui d'égorger, et d'une profonde pitié pour ces moutons habillés en loups, dont
le métier, comme dit si bien Voltaire, est de tuer et
d'être tués pour gagner leur vie. Cette opération
machinale de charger une arme, de lancer cette
foudre terrible qui éclate entre leurs mains, sans
qu'ils aient l'air de se douter de ce qu'ils font, forme
un triste spectacle pour un cœur qui n'est pas tout
à fait de pierre. Il eût révolté d'une autre façon des
hommes comme Alexandre et César, si on leur eût
dit que ces automates, abaissant méthodiquement
leur fusil et les déchargeant au hasard, sont des gens
qui se battent... Où est la force, où est l'adresse dans
ce stupide jeu? la force, le courage, pour attaquer,
presser, défaire un farouche ennemi, l'adresse pour
se préserver soi-même de ses coups? Quoi! vous
venez vous planter devant un autre animal tout aussi
intimidé que vous, et à distance raisonnable, vous

vous envoyez philosophiquement des balles de plomb
et de fer, sans aucune défense contre ces coups qui
vous sont renvoyés, et vous persuadez à votre troupeau à plumets et à épaulettes que c'est là se couvrir
de gloire ! Cette malheureuse profession est faus-
sée dans son principal objet. L'héroïsme consiste à
approcher l'ennemi, de manière que le courage personnel serve à quelque chose. Recevoir passivement
les coups de l'artillerie est le fait du lâche aussi
bien que du brave; celui-ci s'indigne d'être traité
comme un mur ou un bastion de terre; il n'a pas
plus de mérite que la foule des peureux qui, près de
lui, attendent la mort ou la fin d'une action qui doit
les délivrer de la crainte. Cette masse intimidée qui
envoie et reçoit les coups de fusil devient ainsi, par
un renversement de rôles, la seule force des armées
modernes; c'est par sa masse qu'elle opère. Le courage des hommes d'action devient presque inutile.
Il se glace au contraire dans cette humiliante situation; que faire de cette colère qui s'empare naturellement d'un cœur impétueux, lorsqu'il voit tomber
près de lui son compagnon, lorsque le son des trom-
pettes et le bruit de l'artillerie l'excitent à la ven-
geance ?

Je regrette de ne pouvoir me faire une idée nette
de ce qu'on appelle une charge de cavalerie. J'ai
toujours entendu citer cette sorte de mouvement
comme une espèce de plaisanterie, dans laquelle les
rôles sont fixés pour ainsi dire à l'avance, c'est-à-

dire que si l'infanterie, ou le corps sur lequel on charge paraît trop résolu, on ne fait en quelque sorte que le simulacre de l'attaque; on garde son courage pour une meilleure occasion ou pour des ennemis moins disposés à la résistance.

La vue de ces feux de peloton, de ces feux de deux rangs, dont les coups précipités ne peuvent avoir de certitude, m'a semblé un mauvais moyen de nuire à l'ennemi, sans parler, comme je le disais, de l'inutilité où on laisse le courage et la vigueur. Il me semble que des tirailleurs, réunis en petits pelotons seulement, exercés au tir, mais en même temps à se réunir promptement pour attaquer de près avec impétuosité, auraient plus d'effet que ces murailles de chair, qui renvoient au hasard et de loin des coups précipités et sans justesse. On leur substituera immanquablement, à ces derniers, des machines dont l'action sera plus calculée et plus meurtrière; déjà une foule d'inventions se pressent d'écraser en quelques minutes un corps entier, d'asphyxier en un clin d'œil braves et poltrons. Tous ces moyens ne feront qu'annihiler de plus en plus la bravoure personnelle et métamorphoser tout à fait le métier de soldat en celui de mécanicien. Pour utiliser, au contraire, le courage individuel, il faudrait de véritables corps d'élite, non pas choisis sur des hommes de belle apparence, comme on fait d'ordinaire, mais parmi les courages les plus éprouvés. L'attaque brusque et à la baïonnette d'un tel corps au milieu de cette mousqueterie à distance, serait, je crois, d'un effet prodigieux.

— Étrange chose que la peinture, qui nous plaît par la ressemblance des objets qui ne sauraient nous plaire (1)!

16 *septembre.* — A midi, parti pour Arques par un charmant soleil, rafraîchi par un vent agréable. Beauté de la campagne et des collines à droite, couvertes d'arbres et d'habitations. Grande chaleur, une fois arrivés.

J'ai fait un croquis de l'église, dont j'avais conservé un très joli souvenir. Je n'étais pas très bien disposé, et les ruines du château m'ont laissé froid.

Le retour a été le plus agréable moment : la route s'était embellie encore au soleil couchant. Indescriptible sensation de plaisir de ce soleil, de cette verdure, de ces prairies, de ces troupeaux. Il était six heures et demie quand nous avons été de retour.

17 *septembre.* — Chenavard venu vers onze heures. Il m'a parlé avec confiance, du moins je le pense, de sa situation d'esprit, du contraste de l'estime qu'il pense qu'on lui refuse et du mérite qu'il pense avoir et que je lui reconnais véritablement. Il se sait peu

(1) C'est la phrase de Pascal : « Quelle vanité que la peinture, qui attire l'admiration par la ressemblance des choses dont on n'admire pas les originaux ! » Chenavard l'avait sans doute citée dans une de leurs discussions littéraires et artistiques, et Delacroix la copie ici de mémoire.

aimé; on lui reproche son excessive sévérité pour les autres, en le voyant donner peu de preuves de talent et d'activité. Cette défiance, ce découragement qu'il confesse, me paraissent, comme à lui, la cause de son peu de succès : il est le premier à abandonner sa cause. Comment intéresserait-il au même degré que des esprits doués aussi d'élévation, mais en même temps de l'énergie qu'on puise dans le désir et l'assurance d'arriver au premier rang? Il ne trouve pas que Géricault soit un maître; il lui trouve quelque chose de noué. *C'est un jeune homme très brillant,* et il ne croit pas qu'il eût été rien de plus. Il donne de bonnes raisons tirées de l'insignifiance comme tableau, de la prédominance de la pose, du détail, quoique traité avec force.

(Je relis ce qui concerne ici Géricault (1), six mois après, c'est-à-dire le 24 mars 1855, pendant l'état de langueur où je me trouve avant l'Exposition; hier, j'ai revu des lithographies de Géricault, chevaux, lion même, etc., tout cela est froid, malgré la supériorité avec laquelle les détails sont traités; mais il n'y a jamais d'ensemble en rien. Il n'y a pas un de ces chevaux qui n'ait des parties qui grimacent, ou trop petites ou mal attachées; jamais un fond qui ait le moindre rapport avec le sujet.)

Je rencontre avant dîner Mme Manceau, qui

---

(1) Il est particulièrement intéressant de rapprocher ce passage sur Géricault des précédentes appréciations de Delacroix.

m'offre de me mener demain voir la forêt d'Arques.

Dîné assez tristement. Dédommagé sur la plage par un soleil couchant dans des bandes de nuages rouges et dorés sinistrement, se réfléchissant dans la mer, sombre partout où ce reflet ne se portait pas. Je suis resté plus d'une demi-heure immobile sur le sable et touchant aux vagues, sans me lasser de leur fureur, de leur retour, de cette écume, de ces cailloux roulants.

Ensuite sur la jetée, où il faisait un vent du diable. Rôdé dans les rues après avoir pris du thé et couché à dix heures.

18 *septembre*. — J'ai passé une partie de la nuit sans dormir, et l'état où je me trouvais n'avait rien de désagréable. La puissance de l'esprit est incroyable la nuit. J'ai pensé à la conversation d'hier sur l'esprit et la matière.

Dieu a mis l'esprit dans le monde comme une des forces nécessaires. Il n'est pas tout, comme le disent ces fameux idéalistes et platoniciens; il y est comme l'électricité, comme toutes les forces impondérables qui agissent sur la matière.

Je suis composé de matière et d'esprit : ces deux éléments ne peuvent périr.

J'ai écrit toute la matinée des brouillons faisant suite à mes réflexions qui sont ici sur l'état militaire. Sorti allègrement. Vu à la jetée de fort belles vagues. J'ai trouvé là, je crois, Isabey.

A une heure, chez Mme Manceau. Elle m'a mené
dans sa voiture par Arques, la forêt et Saint-Martin
l'Église. Très beau temps, mais assez froid, et la nécessité de soutenir la conversation devenue fatigante.
J'ai moins joui de toutes les belles choses que j'ai
vues. Magnifique vallée dans le genre de celle de
Valmont, et plus grande au sortir de la forêt. Cette
forêt très originale; ce sont des hêtres, pour la plupart, qui forment des colonnades sur des fonds
sombres. Il est fâcheux que ce ne soit pas plus
près.

Le soir, trouvé Chenavard à sept heures. Il m'a
mené chez lui, pour reprendre les photographies
que je lui ai prêtées. Toujours sur la prééminence
de la littérature, pour laquelle il tient bon. Aussi
sur la métaphysique. Il me dit que je suis de la
famille des Napoléon..., des gens qui ne voient
qu'idéologies dans ceux qui ne sont pas des hommes
d'action.

Conversation sur le style. Il croit que c'est quelque chose à retrancher de la manière commune. Il
me croit partial. Il m'avait raconté sur la plage des
anecdotes sur Voltaire, son évasion de Berlin, etc.
Il me quitte le soir, prévoyant qu'il partira le lendemain.

19 *septembre*. — Chenavard devait être parti aujourd'hui, si je ne le voyais dans la journée. Il n'est
pas content de sa santé.

Assez bonne journée, en somme, dont je ne me rappelle pas les détails (1).

20 *septembre*. — Nous avons été à Eu. Rien n'égale mon ravissement pendant une ou deux heures, en partant; je jouis des moindres détails de la nature, comme dans la première jeunesse. J'écrivais à travers les cahots ce qui me venait.

Eu ne m'a pas causé de sensations agréables, si ce n'est, avant d'aller visiter l'église, un sentiment de liberté, de bien-être.

Tombeaux des comtes d'Eu. Pièces d'artillerie au-dessus du banc d'œuvre.

Visité le château. Impossible d'exprimer mon aversion de cet affreux goût : peinture, architecture, ornements, jusqu'aux bornes qui sont dans la cour, tout cela est affreux; le pauvre jardin est comme le reste. La vue du château sur cette église restaurée, si froide, si nue; l'entrée étroite, entre l'église et les communs, révolte les convenances et le sens commun. Que Dieu pardonne au pauvre roi, homme si admirable d'ailleurs, ses prédilections en matière d'art! Tout respire ici Fontaine, l'Institut, Picot, etc.

Tréport m'a paru bien triste; il est devenu plus coquet, et il y a perdu. Une grande vilaine caserne

(1) Delacroix est loin de citer dans son Journal tous les croquis qu'il faisait journellement. Ce même jour, 19 septembre, il a dessiné des bateaux avec un soin minutieux. Ces dessins sont datés et appartiennent à M. Robaut.

régulière, des forts élevés sur le rivage où il n'y a rien
à défendre, la nudité de tout cela, la misérable vie
que doivent mener là ces baigneurs, des hommes
graves réduits à grimper à l'église et à en redes-
cendre, des élégantes portant la mode du Tréport,
c'est-à-dire des vestes rouge écarlate, voilà ce que
présente le pauvre lieu pour attirer. On a construit
sur la plage des maisons dont la recherche outrée
contraste avec la pauvreté de l'endroit : galeries
vitrées, petits boulingrins, etc.

Dîné sur le quai, chez un M. Letraistre, qui méri-
tait bien son nom, par le mauvais dîner qu'il m'a fait
payer très cher.

Monté, après dîner, à l'église; on a, avant d'y
entrer, une belle vue.

Querelle avec le cocher avant de partir; il ne se
souvenait plus, à ce qu'il disait, des conditions.

Retour dans l'obscurité, la pluie et quelques désa-
gréments. J'ai revu Dieppe comme on revoit sa
patrie.

— Remarqué dans les caveaux que la coiffure d'une
des comtesses d'Eu est la même que celle des femmes
du Tréport, sauf les perles et l'étoffe : c'est une
espèce de callot, mais très gracieux. Le costume des
femmes, au Tréport, est charmant : simple corsage,
jupe double; on en voit une en dessous, au bas; man-
ches de la chemise larges jusqu'au coude.

21 *septembre.* — Resté assez tard à la maison et

dessiné de ma fenêtre les bateaux qui entraient et sortaient.

A ma sortie, vers une heure, dessiné le bateau qu'on flambait de l'autre côté du pont (1), et promené avec un vif sentiment de plaisir. Il semble qu'on passerait sa vie dans cette douce oisiveté. Avant dîner, dessiné à Saint-Jacques, de derrière l'autel.

Après dîner, pris par les bassins jusqu'au château, dont la vue prise par derrière, qui m'avait paru superbe, ne m'a rien dit du tout. A la vérité, le ciel n'était peut-être pas tout à fait le même. Promené sur la plage en attendant le moment d'aller chez Mme Manceau qui venait de partir pour aller au spectacle. De là, à Saint-Remy et à Saint-Jacques.

— Le monde n'a pas été fait pour l'homme.

L'homme domine la nature et en est dominé. Il est le seul qui non seulement lui résiste, mais en surmonte les lois, et qui étende son empire par sa volonté et son activité. Mais que la création ait été faite pour lui, c'est une question qui est loin d'être évidente. Tout ce qu'il édifie est éphémère comme lui ; le temps renverse les édifices, comble les canaux, anéantit les connaissances et jusqu'au nom des nations. Où est Carthage ? où est Ninive ?

Les générations, dira-t-on, recueillent l'héritage des générations précédentes. A ce compte-là, la perfection ou le perfectionnement n'aurait pas de bornes.

(1) Voir *Catalogue Robaut*, n° 1269.

Il s'en faut beaucoup que l'homme reçoive intact le dépôt des connaissances que les siècles voient s'accumuler; s'il perfectionne certaines inventions, pour d'autres, il reste fort en arrière des inventeurs; un grand nombre de ces inventions sont perdues. Ce qu'il gagne d'un côté, il le perd de l'autre.

Je n'ai pas besoin de faire remarquer combien certains perfectionnements prétendus ont nui à la moralité ou même au bien-être. Telle invention, en supprimant ou en diminuant le travail et l'effort, a diminué la dose de patience à endurer les maux et l'énergie pour les surmonter qu'il est donné à notre nature de déployer. Tel autre perfectionnement, en augmentant le luxe et un bien-être apparent, a exercé une influence funeste sur la santé des générations, sur leur valeur physique, et a entraîné également une décadence morale. L'homme emprunte à la nature des poisons, tels que le tabac et l'opium, pour s'en faire des instruments de grossiers plaisirs. Il en est puni par la perte de son énergie et par l'abrutissement. Des nations entières sont devenues des espèces d'ilotes par l'usage immodéré de ces stimulants et par celui des liqueurs fortes.

Arrivées à un certain degré de civilisation, les nations voient s'affaiblir surtout les notions de vertu et de valeur. L'amollissement général, qui est probablement le produit du progrès des jouissances, entraîne une décadence rapide, l'oubli de ce qui était la tradition conservatrice, le point d'honneur natio-

nal. C'est dans une semblable situation qu'il est difficile de résister à la conquête. Il se trouve toujours
quelque peuple affamé à son tour de jouissances,
ou tout à fait barbare, ou ayant encore conservé
quelque valeur et quelque esprit d'entreprise, pour
profiter des dépouilles des peuples dégénérés. Cette
catastrophe, facilement prévue, devient quelquefois
une sorte de rajeunissement pour le peuple conquis.
C'est un orage qui purifie l'air, après l'avoir troublé ;
de nouveaux germes semblent apportés par cet oura-
gan dans ce sol épuisé ; une nouvelle civilisation va
peut-être en sortir, mais il faudra des siècles pour y
voir refleurir les arts paisibles destinés à adoucir
les mœurs et à les corrompre de nouveau, pour
amener ces éternelles alternatives de grandeur et de
misère dans lesquelles n'apparaît pas moins la faiblesse de l'homme, aussi bien que la singulière puissance de son génie.

22 *septembre*. — Dessiné quelques bateaux qui
rentraient et été à la jetée, où la mer était très belle,
et où j'ai vu entrer et sortir nombre de barques, un
joli yacht anglais, une goélette, etc.

Revenu tard et dormi après déjeuner. Petite aquarelle avant dîner d'un brick anglais et de barques
envasées devant le Pollet, en face de mes fenêtres.
Après dîner, promené sur la jetée par la mer basse.
J'y étais presque toujours seul.

Chez Manceau ensuite. Commérages insipides ;

envie furieuse de m'en aller. Air charmant de Solié, du *Secret* (1), chanté par la maîtresse de la maison. Cet air était chanté dans l'opéra par Martin (2).

Cette nuit, je retourne dans ma tête le *Cogito, ergo sum*, de Descartes.

23 *septembre.* — *Sur le silence et les arts silencieux.* — Le silence impose toujours : les sots eux-mêmes lui emprunteraient souvent un air respectable. Dans les affaires, dans les relations de toute espèce, les hommes assez sages pour l'observer à propos lui doivent beaucoup. Rien n'est plus difficile que cette retenue pour ceux que l'imagination domine, pour les esprits subtils, qui voient facilement toutes les faces des choses et qui résistent avec plus de peine à exprimer ce qui se passe en eux : propositions jetées témérairement, promesses imprudentes faites sans réflexion, mots piquants hasardés sur des personnages plus ou moins dangereux et redoutables, confidences faites par entraînement et souvent au premier venu ; l'énumération serait longue des inconvénients et des dangers qui résultent des indiscrétions de toutes sortes.

On n'a qu'à gagner au contraire en écoutant. Ce

(1) *Solié* (1755-1812), compositeur et chanteur, auteur d'un grand nombre d'opéras et d'ariettes fort estimés à cette époque. Le *Secret* fut représenté à l'Opéra-Comique en 1796.

(2) *Jean-Blaise Martin* (1768-1837), chanteur, qui pendant quarante ans fit la gloire de l'Opéra-Comique et prêta le concours de son talent aux ouvrages qui y furent représentés.

que vous vouliez dire à votre interlocuteur, vous le savez, vous en êtes plein; ce qu'il a à vous dire, vous l'ignorez sans doute : ou il vous apprendra quelque chose de nouveau pour vous, ou il vous rappellera quelque chose que vous avez oublié.

Mais comment résister à donner de son esprit une idée avantageuse à un homme surpris et charmé, en apparence, de vous entendre? Les sots sont bien plus facilement entraînés à ce vain plaisir de s'écouter eux-mêmes en parlant aux autres; incapables de profiter d'une conversation instructive et substantielle, ils pensent moins à instruire leur interlocuteur qu'à l'éblouir; ils sortent satisfaits d'un entretien dans lequel ils n'ont recueilli, pour prix de l'ennui qu'ils ont causé, que le mépris des hommes de bon sens. La taciturnité chez un sot serait déjà un signe d'esprit.

J'avoue ma prédilection pour les arts silencieux (1), pour ces choses muettes dont Poussin disait qu'il faisait profession. La parole est indiscrète; elle vient vous chercher, sollicite l'attention et éveille en même temps la discussion. La peinture et la sculpture semblent plus sérieuses : il faut aller à elles. Le livre, au contraire, est importun; il vous suit, vous le trouvez partout. Il faut tourner les feuillets, suivre les raisonnements de l'auteur et aller jusqu'au bout de l'ouvrage pour le juger. Combien n'a-t-on pas regretté souvent l'attention qu'il a fallu prêter à un livre mé-

(1) Se reporter à ses fréquentes comparaisons entre les différents arts.

diocre pour un petit nombre d'idées répandues çà et
là et qu'il faut démêler ! La lecture d'un livre qui
n'est pas tout à fait frivole est un travail : il cause au
moins une certaine fatigue ; l'homme qui écrit semble
prêter le collet à la critique. Il discute et on peut
discuter avec lui.

L'ouvrage du peintre et du sculpteur est tout d'une
pièce comme les ouvrages de la nature. L'auteur n'y
est point présent, et n'est point en commerce avec
vous, comme l'écrivain ou l'orateur. Il offre une réalité tangible en quelque sorte, qui est pourtant pleine
de mystère. Votre attention n'est pas prise pour
dupe ; les bonnes parties sautent aux yeux en un moment ; si la médiocrité de l'ouvrage est insupportable, vous en avez bien vite détourné la vue, tandis
que celle d'un chef-d'œuvre vous arrête malgré vous,
fixe dans une contemplation à laquelle rien ne vous
convie qu'un charme invincible. Ce charme muet
opère avec la même force, et semble s'accroître toutes
les fois que vous y jetez les yeux.

Il n'en est pas tout à fait ainsi d'un livre. Les
beautés n'en sont pas assez détachées pour exciter
constamment le même plaisir. Elles se lient trop à
toutes les parties qui, à cause de l'enchaînement et
des transitions, ne peuvent offrir le même intérêt. Si
la lecture d'un bon livre éveille nos idées, et c'est
une des premières conditions d'une semblable lecture, nous les mêlons involontairement à celles de
l'auteur ; ses images ne peuvent être si frappantes

que nous ne fassions nous-mêmes un tableau à notre
manière à côté de celui qu'il nous présente. Rien
ne le prouve mieux que le peu de penchant qui nous
entraîne vers les ouvrages de longue haleine. Une
ode, une fable présentera les mérites d'un tableau
qu'on embrasse tout d'un coup. Quelle est la tragédie qui ne lasse? A bien plus forte raison un ouvrage comme l'*Émile* ou l'*Esprit des lois*.

— Resté toute la matinée dans une mauvaise disposition. Acheté les tableaux et des ivoireries. Rentré à la maison, où je me suis mis sur mon lit.

Retourné à Saint-Remy, que j'ai dessiné, quoique
j'eusse oublié mes lunettes.

Dîné à six heures; la nuit vient à cette heure. Le
soir, erré et promené.

26 *septembre*. — Parti de Dieppe. — Le matin j'ai
été faire mes adieux à la jetée; j'ai fait un croquis de
la vue de la plage et du château. Le temps était
magnifique et la mer calme et azurée.

Je retrouve au chemin de fer Chenavard, qui
était resté à Dieppe tout ce temps-là, malade ou
occupé, me croyant, disait-il, parti.

Arrivé à cinq heures. — Paris me cause toujours
la même antipathie.

27 *septembre*. — Passé la journée à commencer un
rangement dans les dessins et gravures.

28 *septembre.* — En regardant ce matin le petit
Saint Sébastien (1) sur papier au pastel, comparé à
des pastels empâtés et sur papier sombre, j'ai été
frappé de l'énorme différence pour la lumière et la
légèreté. En comparant également la peinture flamande à la peinture vénitienne, il est facile d'apprécier sa légèreté.

Demander en temps et lieu à M. Ledoux une recommandation pour aller à Alfort étudier les chevaux.

30 *septembre.* — Article dans le *Moniteur* du
12 octobre sur des *Chasses au lion;* c'est le second.
Rechercher le premier.

1er *octobre.* — Ce jour, dimanche 1er octobre, j'ai
été voir Durieu pour parler de la pétition des Pierret.

J'y trouve M. Charton le père (2), qui me conseille, quand j'irai de Milan à Venise (3), de m'arrêter
un jour à Vérone, un jour à Vicence, un jour à
Padoue, et de ne voir Venise qu'ensuite. C'est de
Gênes qu'il me conseille de prendre, par Lucques,
une espèce de voiture de poste pour aller à Pise,
Sienne, etc. ; il parle avec grands éloges des
paysages.

---

(1) Delacroix devait, en 1858, faire un tableau sur ce même sujet.
(2) *Édouard Charton* (1807-1890), littérateur et homme politique,
qui fonda successivement le *Magasin pittoresque* et le *Tour du monde.*
(3) Delacroix n'a jamais réalisé ce projet.

— Barbotte me conte qu'on peut féconder la vigne au moyen d'abeilles, qu'on porte auprès, quand la pluie a détrempé le pollen. Il me dit qu'à Lima il ne pleut jamais; aussi tout y est aride.

— Chenavard me dit, à propos de mes idées sur la peinture, que je donne l'exemple et le précepte, et admirablement, dit-il. Il admire beaucoup, au Luxembourg, certaines peintures qui lui paraissent faire ressortir la platitude des autres... « Je me demande quelquefois, dit-il encore, *s'il sait bien lui-même* tout ce qu'il met dans ces ouvrages-là (1). »

2 *octobre*. — A Saint-Sulpice de bonne heure. Travaillé à redessiner l'*Héliodore renversé*.

Été à pied porter la lettre de remerciements au préfet de police, ensuite aux canaux, et rentré.

A cinq heures et demie, trouvé à la Rotonde Varcollier et dîné ensemble chez Véry. Le vin y était plus mauvais qu'à Dieppe. Restés ensemble au café de la Rotonde, nous promenant dans le jardin, etc. Il m'avait conduit chez l'opticien.

— V... est aimable pour moi, et je suis touché de son empressement. Malheureusement, ce que j'appelais l'amitié est une passion que je ne ressens plus au même degré, et il est surtout bien tard pour la

---

(1) Cette observation caractéristique nous rappelle le propos qu'un amateur lança un jour à Corot, en le voyant dans le feu de l'exécution d'un tableau : « Tenez! vous ne savez pas ce que vous y mettez! » Corot se retourne un instant, puis reprend son travail en murmurant: « Il a peut-être raison ! »

faire renaître. Excepté *un seul être* au monde qui fait véritablement battre mon cœur, le reste me fatigue vite et ne laisse pas de traces.

3 octobre. — A *Sémiramis,* le soir, avec Mme de Forget.

Remis ce matin à M. Pothey, graveur sur bois, le dessin sur papier végétal du *Christ au tombeau,* de Saint-Denis du Saint-Sacrement.

4 octobre. — J'ai compris de bonne heure combien une certaine fortune (1) est indispensable à un homme qui est dans ma position. Il serait aussi fâcheux pour moi d'en avoir une très considérable qu'il le serait d'en manquer tout à fait. La dignité, le respect de son caractère ne vont qu'avec un certain degré d'aisance. Voilà ce que j'apprécie et qui est absolument nécessaire, bien plus que les petites commodités que donne une petite richesse. Ce qui vient tout de suite après cette nécessité de l'indépendance, c'est la tranquillité d'esprit, c'est d'être affranchi de ces troubles et de ces démarches ignobles,

(1) Nous nous sommes appliqué dans notre Étude à faire ressortir l'analogie qui existait entre certaines faces de son esprit et les faces correspondantes de l'esprit de Stendhal, notamment en ce qui touche ce que nous avons appelé *les principes directeurs de la vie.* N'est-il pas intéressant de constater ici encore cette analogie et de rapprocher de ce fragment du Journal le passage suivant de Stendhal : « L'homme » d'esprit doit s'appliquer à acquérir ce qui lui est strictement nécessaire « pour ne dépendre de personne; mais si, cette sûreté obtenue, il perd » son temps à augmenter sa fortune, c'est un misérable. »

qu'entraînent les embarras d'argent. Il faut beaucoup
de prudence pour arriver à cet état nécessaire et
pour s'y maintenir; il faut avoir sans cesse devant
les yeux la nécessité de ce calme, de cette absence
des soucis matériels, qui permet d'être tout entier à
des tentatives élevées, et qui empêche l'âme et l'esprit
de se dégrader.

Ces réflexions résultent de ma conversation de ce
soir avec ***, qui est venu me voir après mon dîner,
et de ce qu'il m'a rapporté de la situation des Pierret. La sienne ne me paraît pas, dans l'avenir et peut-
être maintenant, beaucoup meilleure. Il a été un fou
toute sa vie; il y a un fonds de bon sens dans son
esprit, et il en a toujours manqué dans sa conduite.

Ce bon sens si rare me sert de transition pour parler de ma visite de ce matin à Chenavard. En voilà
encore un qui est ou qui semble rempli de sens,
quand il parle, quand il démontre, quand il compare
ou qu'il déduit. Ses compositions d'une part, et ses
prédilections de l'autre, donnent un démenti à cette
sagesse. Il aime Michel-Ange, il aime Rousseau : ces
talents et quelques autres très imposants sont de ceux
qui sont surtout très admirés des jeunes gens. Les
hommes à la Racine, à la Voltaire, sont admirés des
esprits mûrs, et le sont toujours davantage.

Je ne peux attribuer cette différence dans l'estime
qu'on en fait à différents âges, qu'au défaut de raison
qu'on remarque chez ces auteurs boursouflés, à côté
de leurs grandes qualités. Il y a chez Rousseau quel-

que chose qui n'est pas naturel, qui sent l'effort et qui accuse un esprit dans lequel se combattent le faux et le vrai. Je soutiens qu'un vrai grand homme ne contient pas une parcelle de faux : le faux, le mauvais goût, l'absence de vraie logique, ce sont mêmes choses.

Chenavard m'a montré à l'appui de ses théories, et pour justifier les intentions de sa composition du *Déluge* (1), un immense carton de toutes les gravures qu'il a pu se procurer d'après Michel-Ange. Il m'a confirmé dans mon sentiment au lieu de m'en détourner. Je lui ai dit que le *Jugement dernier*, par exemple, ne me disait rien du tout. Je n'y vois que des détails frappants, frappants comme un coup de poing qu'on reçoit ; mais l'intérêt, l'unité, l'enchaînement de tout cela est absent. Son *Christ en croix* ne me donne aucune des idées qu'un pareil sujet doit exciter ; ses sujets de la Bible de même.

Titien, voilà un homme qui est fait pour être goûté par les gens qui vieillissent ; j'avoue que je ne l'appréciais nullement dans le temps où j'admirais beaucoup Michel-Ange et lord Byron (2). Ce n'est, à ce que je crois, ni par la profondeur de ses expressions, ni par une grande intelligence du sujet qu'il vous touche, mais par sa simplicité et par l'absence d'af-

---

(1) Le *Déluge* était le premier des quarante tableaux représentant l'*Histoire de l'humanité*, où Chenavard voulait développer la succession chronologique des principales phases de la civilisation. Ces quarante peintures murales étaient destinées au Panthéon, dont Chenavard avait conçu une décoration grandiose. Ce projet ne fut pas réalisé.

(2) Se reporter aux premières années du Journal.

fectation. Les qualités du peintre sont portées chez lui au plus haut point : ce qu'il fait est fait ; les yeux regardent et sont animés du feu de la vie. La vie et la raison sont partout. Rubens est tout autre avec un tout autre tour d'imagination, mais il peint véritablement des hommes. Ils ne sont tous deux hors de mesure que quand ils imitent Michel-Ange et qu'ils veulent se donner un prétendu grandiose qui n'est que de l'enflure et dans laquelle les vraies qualités se noient ordinairement.

La prétention de Chenavard pour son cher Michel-Ange est qu'il a peint l'homme avant tout, et je dis qu'il n'a peint que des muscles, des poses dans lesquelles même la science, contre l'opinion commune, ne domine nullement. Le dernier des antiques est infiniment plus savant que tout l'œuvre de Michel-Ange. Il n'a connu aucun des sentiments, aucune des passions de l'homme. Il semble qu'en faisant un bras et une jambe, il ne pense qu'à ce bras et à cette jambe, pas le moins du monde à son rapport, je ne dirai pas seulement avec l'action du tableau, mais avec celle du personnage auquel il fait le membre...

Il faut convenir que certains morceaux traités ainsi et avec cette prédilection exclusive sont faits pour passionner à eux seuls. C'est là son grand mérite : il met du grand et du terrible même dans un membre isolé. Puget (1), avec un caractère différent, a en

(1) Voir l'étude sur Puget que nous avons déjà indiquée, et la *Correspondance*, t. I, p. 201, et t. II, p. 254.

cela une analogie avec lui. Vous resterez une journée
à contempler un bras de Puget, et ce bras fait partie
d'une statue médiocre en somme. Quelle est la raison
secrète de ce genre d'admiration? C'est ce que je ne
me charge pas d'expliquer.

Nous avons parlé des règles de la composition. Je
lui ai dit qu'une absolue vérité pouvait donner l'impression contraire à la vérité, au moins à cette vérité
relative que l'art doit se proposer ; et en y pensant
bien, l'exagération qui fait ressortir à propos les
parties importantes et qui doivent frapper est toute
logique; il faut, là, conduire l'esprit. Dans le sujet de
Mirabeau (1) à la protestation de Versailles, je lui ai
dit que Mirabeau et l'Assemblée devaient être d'un
côté et l'envoyé du Roi tout seul de l'autre. Son
dessin, qui montre des groupes agencés et balancés,
des poses variées, des hommes causant entre eux
d'une manière naturelle et comme il a pu arriver
dans cette circonstance, est bien disposé pour l'œil et
suivant les règles matérielles de la composition; mais
l'esprit n'y voit nullement l'Assemblée nationale pro-
testant contre l'injonction de M. de Brézé. Cette émo-

(1) En 1831, le gouvernement de Juillet avait mis au concours : *Mirabeau répondant au marquis de Dreux-Brézé.* Delacroix et Chenavard
exécutèrent chacun une composition sur ce sujet. L'œuvre de Delacroix
a figuré à l'Exposition universelle de 1889. A propos de cette toile,
H. de la Madelène écrivait : « Comme les poètes, Delacroix devine. On
« ne peut même concevoir que les choses aient pu se passer autrement
« qu'il ne les a peintes. Le marquis de Dreux-Brézé, signifiant aux gens
« du tiers la volonté du Roi, n'a pu avoir une autre attitude que celle
« que l'artiste lui prête en face de la foudroyante apostrophe de Mira-
« beau. » (Voir *Catalogue Robaut*, n° 360.)

tion qui anime toute une assemblée comme elle ani-
merait un seul homme, doit être exprimée absolument.
La raison veut que Mirabeau soit à leur tête et que
les autres se pressent derrière lui, attentifs à ce qui
se passe : tous les esprits, comme celui du spectateur,
sont fixés sur l'événement. Sans doute, au moment où
le fait a eu lieu, Mirabeau ne s'est pas trouvé à point
nommé placé comme au milieu du tableau; la venue
de M. de Brézé n'a peut-être pas été annoncée de
manière à trouver l'Assemblée réunie en un seul
groupe pour le recevoir et en quelque sorte pour
lui faire tête; mais le peintre ne peut exprimer autrement cette idée de résistance : l'isolement du personnage de Brézé est indispensable. Il est venu, sans
aucun doute, avec des suivants et des estafiers, mais
il doit s'avancer seul et les laisser à distance. Chenavard commet l'incroyable faute de les faire arriver
d'un côté, tandis que Brézé arrive de l'autre et se
trouve confondu avec ses adversaires. Dans cette
scène si caractéristique où le trône est d'une part et
le peuple de l'autre, il place au hasard Mirabeau
du côté où se voit le trône, sur lequel, autre incon-
venance, montent des ouvriers pour décrocher les
draperies. Il fallait que le trône fût aussi isolé, aussi
abandonné qu'il l'était alors moralement par tout
le monde et par l'opinion, et surtout il fallait que
l'Assemblée lui fît face.

5 octobre. — Redemander à Riesener une gravure

de *Clélie* que je lui ai prêtée il y a plusieurs années. Passé la journée sans sortir qu'après dîner et après avoir dormi.

Se sentir enseveli dans les papiers qui parlent, je veux dire les dessins, les ébauches, les souvenirs; lire deux actes de *Britannicus*, en s'étonnant chaque fois davantage de ce comble de perfection; l'espoir, je n'ose dire la certitude, de n'être pas dérangé; un peu ou beaucoup de travail, mais surtout la sécurité dans la solitude, voilà un bonheur qui, dans beaucoup de moments, paraît supérieur à tous les autres. On jouit alors complètement de soi; rien ne vous presse, rien ne vous sollicite de tout ce qui est en dehors d'un cercle studieux où, satisfait de peu, je veux dire *peu de ce qui plaît à la foule,* mais aspirant, au contraire, à ce qu'il y a de plus grand par la contemplation intérieure ou par la vue des chefs-d'œuvre de tous les temps, je ne me sens ni accablé du poids des heures, ni effrayé de leur rapidité. C'est une volupté de l'esprit, un mélange délicieux de calme et d'ardeur que les passions ne peuvent donner.

(Rapporter ceci à ce que je dis à Ems sur la nécessité de jouir de soi avant tout.)

7 octobre. — Je ne sais si j'ai parlé de ma séance aux Italiens avec Mme de Forget, mardi, à *Sémiramis.* Les fioritures et le remplissage font du tort à ce magnifique luxe d'imagination que Rossini prodigue partout. Ce sont des décorations incomparables peintes sur du papier : la trame laisse voir des parties remplies au hasard, ce qui affaiblit l'impression.

Champrosay, 8 *octobre*. — Parti pour Champrosay à onze heures. Mme Barbier m'invite à dîner. Je n'y vais que le soir ; j'y trouve V... et D..., que je vois avec plaisir. Ils repartent presque aussitôt. Arrivée à Champrosay toujours délicieuse, par le plus beau temps du monde.

9 *octobre*. — Pluie ; dîné chez Barbier avec Rodakowsky. Au moment de sortir de table, arrivent, à pied et crottés, Bixio et Villot. Séance détestable à table. Tout ce monde, dont étaient Mme Bixio et sa fille, repartant une heure après par un temps horrible.

10 *octobre*. — Le soir chez Mme Barbier, où on a été fort gai, en compensation de l'algarade d'hier. Dans le jour, travaillé et fait des peintures de souvenir de la grosse clématite de Soisy et de la vue de Fromont.

11 *octobre*. — Beaucoup de travail, qui m'empêche d'écrire ici.

Le soir, je ne suis pas sorti. J'ai dormi après mon dîner, et me suis promené à la maison.

12 *octobre*. — Travaillé toute la journée jusqu'à

trois heures passées avec *frénésie*. Je ne pouvais m'en détacher. J'ai avancé la grisaille du *Marocain qui monte à cheval* (1), le *Combat du lion et du tigre* (2), la petite *Femme d'Alger avec un lévrier* (3), et mis de la couleur sur le carton de l'*Hamlet et Polonius à terre* (4).

La promenade, après un pareil temps de travail, est vraiment délicieuse. Le temps est toujours très beau. Il faut décidément, le matin, que je ne jouisse de la campagne que de mes fenêtres ; la moindre sortie me dissipe et me condamne à l'ennui le reste de la journée, par la difficulté de retrouver de l'entrain pour le travail ensuite.

Je suis descendu jusqu'à la rivière et ai été revoir la vue de Trousseau que j'avais faite sur le carton : cela n'était point du tout semblable. Le paysage qu'il me faut n'est pas le paysage absolument vrai ; et cette abolue vérité est-elle encore dans les paysagistes qui ont fait vrai, mais qui sont restés classés comme de grands artistes ? Rien n'égale, à ce qu'il semble, la vérité des Flamands ; mais combien n'y a-t-il pas de l'homme dans l'œuvre de cette école ! Les peintres qui reproduisent tout simplement leurs études dans leurs tableaux ne donneront jamais au spectateur un vif sentiment de la nature. Le spec-

(1) Voir *Catalogue Robaut*, n° 1076.
(2) Voir *Catalogue Robaut*, n°⁵ 1304 à 1307.
(3) Voir *Catalogue Robaut*, n° 1045.
(4) Voir *Catalogue Robaut*, n°⁵ 589 et 766.

tateur est ému, parce qu'il voit la nature par souvenir, en même temps qu'il voit votre tableau. Il faut que votre tableau soit déjà orné, idéalisé, pour que l'idéal, que le souvenir fourre, bon gré, mal gré, dans la mémoire que nous conservons de toutes choses, ne vous trouve pas inférieur à ce qu'il croit être la représentation de la nature.

— Ce jour, fameux chapon à l'ail qui eût fait reculer une compagnie de grenadiers anglais.

Le soir, promené avec Jenny. La vue des étoiles brillant à travers les arbres m'a donné l'idée de faire un tableau où on verrait cet effet si poétique, mais difficile en peinture à cause de l'obscurité du tout :

Fuite en Égypte. Saint Joseph conduisant l'âne et éclairant un petit gué avec une lanterne ; cette faible lumière suffirait pour le contraste.

Ou bien les *Bergers allant adorer le Christ dans l'étable,* qu'on verrait dans le lointain tout ouverte.

Ou la *Caravane qui amène les Rois mages.*

— Conversation avec J. L..., en réponse à l'assertion de Chenavard, qui trouve que les talents valent moins dans un temps qui ne vaut guère. Ce que j'aurais été du temps de Raphaël, je le suis aujourd'hui. Ce qu'est Chenavard aujourd'hui, c'est-à-dire ébloui par le gigantesque de Michel-Ange, il l'eût été, à coup sûr, de son temps. Rubens est tout aussi Rubens pour être venu cent ans plus tard que les immortels d'Italie ; si quelqu'un est Rubens aujourd'hui ou tout autre, il ne l'est que davantage. Il orne son siècle à lui tout seul, au lieu de contribuer à son éclat en compagnie d'autres talents. Quant au succès du moment, il peut être douteux ; quant au nombre des approbateurs, il peut être borné ; mais tel admirateur perdu dans la foule est tout aussi ému que ceux qui ont accueilli Raphaël et Michel-Ange. Ce qui est fait pour des hommes trouvera toujours des hommes pour y mettre le prix.

Je sais bien que Chenavard, toujours entêté de son fameux *style,* n'admet pas que la supériorité puisse se trouver dans tous les genres. Le beau qui convient à tel siècle lui paraîtra un *beau* de qualité inférieure; mais en lui passant même cette idée, pense-t-il qu'un homme vraiment supérieur ne portera dans quelque genre que ce soit assez de force, assez de nouveauté pour faire de toute espèce de genre un genre supérieur, comme il l'est lui-même à ce qui l'entoure?

15 *octobre.* — Dîné chez Barbier avec Dagnan, les Marseillais Pastré, Pascal, Genty de Bussy, etc. (1), Villot aussi.

Dagnan raconte l'histoire du duel du maréchal Maison, quand il n'était que garçon tapissier, et qui a probablement décidé de sa vocation militaire.

Tous les jours se passent à travailler le matin.

J'aurai presque entièrement fait les trois tableaux

(1) *Genty de Bussy,* administrateur et homme politique, devint conseiller d'État, et siégea à la Chambre des députés de 1842 à 1848, époque où il rentra dans la vie privée et fut mis en disponibilité.

que j'avais apportés en projet, les toiles encore
fraîches. J'avais le *Christ dormant pendant la tempête*, *Combat de lion et de tigre*, *Marocain montant
à cheval*; en outre, avancé le *Polonius* et l'*Hamlet*
(sur carton), une *Odalisque*, d'après un daguerréotype et que j'ai apportée ébauchée.

Je m'impose, et cela me réussit, de ne rien finir que
l'effet et le ton soient complètement trouvés, allant
toujours, redessinant et corrigeant, et le tout *au gré
de mon sentiment du moment;* et au fait, y a-t-il rien
de plus sot que d'aller autrement?... Mon sentiment
d'hier peut-il me guider aujourd'hui? J'ignore la
manière des autres. Celle-là seule est faite pour moi.
Quand tout a été conduit de la sorte, le fini n'est rien,
surtout quand on a des tons qui rentrent tout de
suite dans ceux déjà trouvés. Sans cela l'exécution
perdrait sa franchise, et l'on gâterait la vivacité des
touches de sentiment qui ne semblent alors presque
pas modifiées.

Avant de repeindre, il faut enlever les épaisseurs.

17 octobre. — Ton de la mer dans le *Christ dormant sur les eaux*: *terre d'ombre* naturelle, *bleu de
Prusse*, un peu de *chrome* clair. — *Bleu de Prusse* et
terre de Sienne naturelle très foncée à côté de *laque*
et *blanc* donne par le mélange un violet essentiel. —
Sienne naturelle et *chrome* foncé.

19 octobre. — Pour conserver le raisin : Le cueillir

par un temps sec, le placer dans des paniers sans le
froisser, le transporter dans une chambre au midi, et
on le range avec précaution en isolant les grappes
sur une légère couche de paille ; une fois placé, il ne
faut pas le toucher pour le servir. Les fenêtres gar-
nies de persiennes et non de volets ; toujours tenir
fermé pour demi-lumière ; ne pas ouvrir les fenêtres.

21 *octobre.* — Les rôles de Racine sont presque
tous parfaits. Il a pensé à tout, n'a point fait de
remplissages : *Burrhus,* premier rôle s'il en fut ;
Narcisse de même ; *Britannicus,* le naïf, l'ardent,
l'imprudent *Britannicus ; Junie,* si aimante, mais délicate, prudente au milieu de toute sa tendresse, mais
prudente seulement pour son amant. Je passe sous
silence *Néron* et *Agrippine,* parce que, au théâtre,
avec deux rôles comme ceux-là, avec un seul quand
il est rempli par un acteur passable, on sort content ;
on croit qu'on a vu une pièce de Racine, même quand
on a laissé passer sans les remarquer, à travers le
débit des mauvais auteurs, toutes ces nuances, qui
sont cependant tout Racine.

Il y a des pièces où le personnage principal,
celui qui est le pivot de la pièce, est sacrifié et donné
toujours à des subalternes. Est-il un personnage
comparable à celui d'*Agamemnon?* L'ambition, la
tendresse, ses attitudes devant sa femme, enfin ses
agitations perpétuelles, qu'on ne peut imputer pourtant à une faiblesse de sentiment, qui lui ôterait

l'estime du spectateur, mais à la situation la mieux
faite pour mettre à l'épreuve un grand caractère. Je
ne dis pas que le rôle d'*Achille*, que prend ordinairement le coryphée du théâtre, soit inférieur à celui
d'*Agamemnon* ; il est ce qu'il doit être, mais ce n'est
pas celui-là qui fait l'intérêt de la pièce. *Clytemnestre,
Achille, Iphigénie*, tous personnages frappants par
la passion, par leur situation dans la pièce, mais qui
sont en quelque sorte des instruments pour agir sur
Agamemnon, qui le poussent, le pressent dans des
sens divers.

Combien y a-t-il de gens qui réfléchissent à tout
cela dans un spectacle ?... et à ceux qui sont capables
de réfléchir, je demanderai si c'est le jeu des acteurs
qui les a portés à se rendre compte de ces impressions
diverses ?

22 *octobre.* — Travaillé un peu à l'*Odalisque* d'après
le daguerréotype, sans beaucoup d'entrain.

Le soir chez Barbier; Villot y était. Nous ne nous
sommes pas dit une parole.

Augerville, 23 *octobre.* — Parti à sept heures
moins un quart. Pluie. — Voyagé dans l'omnibus
jusqu'à Villeneuve en face d'un ecclésiastique de la
plus belle figure, un peu dans le genre de Cottereau.
— Attendu pour le convoi.

Arrivé à Fontainebleau par la pluie et trouvé le
cabriolet attelé. Route à travers la forêt, qui eût

été plus agréable sans le froid, dont je ne pouvais me garantir malgré mes précautions.

Arrivé vers une heure à Augerville. Personne n'était là ; j'ai été trouver Berryer et ces dames dans le parc.

Il y a peu de monde ; cela met moins d'entrain. La princesse n'y est pas, Mme de la Grange non plus, Mme de Suzannet non plus ; cela fait beaucoup de charme de moins. L'ami de Berryer, Richomme (1), est un bonhomme très amusant.

Le soir, j'étais très fatigué et suis monté après la musique. Petits morceaux de Batta, de sa composition, très gracieux.

Berryer nous conte à dîner sa visite au fameux Dugas, d'Amiens, pour lui commander un pâté. Il le trouve dans son cabinet, dans une robe de chambre à grands ramages et avec la gravité convenable, tirant de son tiroir les assaisonnements de ses pâtés, qu'il distribuait à ses garçons et à ses fils chargés aussi de la confection, et graduant les doses à raison de la proportion du pâté ou du lieu où on devait l'employer. Il s'informait aussi du moment où on devait manger le pâté.

C'était à dîner ; on parlait beaucoup de cuisine,

(1) Mme Jaubert donne sur Richomme les détails suivants : « L'intérieur de Berryer paraîtrait incomplet si l'on n'y retrouvait la figure de son fidèle Richomme, qui avait débuté dans la même étude d'avoué que lui, tous deux clercs et compagnons de plaisir... Une déraison pleine de comique, des lueurs de bon sens et de sensibilité, une gaieté inaltérable avec un grain de malice, tel était l'hôte admis au foyer de Berryer, sans que jamais il pût sentir que la main qui donne est au-dessus de celle qui reçoit. »

et je disais qu'elle dégénérait. Berryer citait à ce propos la préface de Carême attestant, de cette décadence qu'il déplore, les mânes de l'immortel Lavoypiere son maître. Cet illustre artiste avait été choisi par Murat, pour le suivre à Naples, quand il fut fait roi. Le grand Lavoypiere se récria sur la barbarie du pays où il arrivait : « On me donne deux batteries, grands dieux ! deux batteries pour faire la cuisine d'un roi ! »

J'ai oublié de mentionner que l'illustre Dugas, l'homme aux pâtés d'Amiens, avait cru devoir emporter dans la tombe le secret de ses doses. Il en avait déshérité ses fils : ceci est le trait de caractère de l'artiste, de l'homme inspiré. Le grand Dugas eût tué ses disciples ignorants, de peur de voir compromettre la réputation des produits auxquels son nom avait donné la célébrité.

Il nous conte l'histoire de ce garçon menuisier, qui allait travailler chez X..., lequel était très habile sur le violon. Cet homme enthousiasmé ne se lassait pas de l'entendre et lui montrait le désir d'en apprendre autant. L'artiste le fait venir à ses moments perdus, le dimanche, quand il peut, et lui fait faire des exercices. Au bout d'un certain temps le menuisier, trouvant l'apprentissage un peu long, lui dit : « Monsieur, je ne suis qu'un pauvre homme, et ne puis mettre à cela autant de temps qu'un monsieur tel que vous. Soyez assez bon pour m'apprendre tout de suite le mot *fin*. »

24 *octobre.* — Couru dans le parc par un très beau temps et sorti seul avec bonheur aussitôt ma toilette faite. Je vais par le canal et les treilles jusqu'aux rochers ; charmant souvenir de courts moments que j'y ai passés. Je me trouve encore trop jeune et tout surpris et presque attristé de mon émotion... Je dessine quelques-unes des figures fantastiques de rochers (1).

Berryer, au déjeuner, nous parle de Beugnot (2). Il lui disait un jour, à propos de je ne sais quelle affaire, qu'il avait manqué de caractère à cette occasion : « Du caractère ! lui dit Beugnot, mais je n'en ai jamais eu ; je n'ai pas le moindre caractère ; si j'en avais eu autant qu'on m'accorde d'esprit, j'aurais soulevé des montagnes. »

Sorti avec ces dames, Batta et Richomme. A déjeuner, ce dernier très amusant avec le docteur Aublé, de Malesherbes.

Berryer rappelle aussi ce mot de Pescatore, disant que ses serres l'ennuient et qu'il a envie de *prendre le goût* des tableaux.

_____

(1) Surtout les rochers qui donnaient l'illusion de figures humaines, aux mouvements les plus contorsionnés. Il a trouvé, dans ces croquis, l'inspiration de plusieurs sujets.

(2) *Jacques-Claude Beugnot* (1761-1835), ancien député constitutionnel à la Législative, emprisonné sous la Terreur ; préfet de la Seine-Inférieure après le 18 brumaire, puis conseiller d'État et administrateur du grand-duché de Berg, sous l'Empire ; se rallia aux Bourbons, devint ministre sous la Restauration et fut élevé à la pairie en 1830. Il est l'auteur du mot fameux, attribué au comte d'Artois revenant à Paris : « Il n'y a rien de changé en France, il n'y a qu'un Français de plus. »

27 *octobre.* — J'écris à Mme de F... (1).

Promenade hors du parc avec le docteur Aublé,
Richomme et Mme de C***. Moulin, chemin couvert
en montant, et retour dans un endroit charmant mêlé
de bois et de roches.

— Mme Berryer, la belle-fille, veut faire maigre,
malgré la dispense de l'évêque d'Orléans pour tout
son diocèse. Elle ressemble au paysan qui, au milieu
d'un prône qui avait arraché des larmes à tout le
monde, était resté indifférent et dit aux gens qui
lui reprochaient sa froideur, qu'il n'était pas de la
paroisse.

Je dis à ce propos qu'abstraction faite de tout sentiment particulier, je trouvais le protestantisme une
absurdité. Berryer me dit que Thiers avait dit précisément la même chose au prince de Wurtemberg...
« Vous êtes contre la tradition du genre humain,
contre le résumé de toutes les philosophies, et qui
contient tout, etc. »

Berryer nous lit le soir des proverbes.

29 *octobre.* — A Malesherbes avec ces dames : petit château de Rouville, à un monsieur d'Aboville.
Très beau pin maritime dans les rochers.

Berryer nous conte l'histoire de Henri IV égaré
dans les environs, en revenant de chez sa maîtresse,
Henriette d'Entragues, qu'il était venu voir de Fon-

---

(1) Voir cette lettre de Delacroix à la *Correspondance*, t. II, p. 115.

tainebleau. Il était seul, et, entrant dans une espèce de
cabaret, il s'attable et demande qu'on lui fasse venir
le bon drille de l'endroit pour causer avec lui. On lui
amène un homme nommé *Gaillard,* que le Roi fait
asseoir en face de lui. « Quelle est la différence d'un
gaillard à un paillard? » lui dit-il. « M'est avis, dit
l'autre, qu'il y a entre eux la largeur de cette table. »

Il écrit à M. de X***, qui avait perdu un œil dans
une bataille à côté de lui : « Borgne, nous nous bat-
tons après-demain ; trouve-toi à tel endroit avec ta
compagnie, et gare les Quinze-Vingts ! »

L'anecdote de Napoléon allant au mariage de Maret (1) à Saint-Cloud ou à Versailles. Il avait Talleyrand dans sa voiture ; il lui dit que sa jeunesse avait
fini à Saint-Jean d'Acre ; il voulait dire, sans doute,
sa confiance en son étoile. Les Anglais, disait-il, l'a-
vaient arrêté là, comme il était en train d'aller à Constantinople. « *Au reste,* dit-il, *ce qu'on m'a empêché
de faire par le Midi, peut-être un jour le ferai-je par
le Nord.* » Talleyrand, surpris, écrivait quelques
jours après à une vieille femme de l'ancien régime
très connue : « Je ne sais si cet homme est fou (c'était
encore au commencement du consulat); voilà ce qu'il
m'a dit l'autre jour. »

Cette lettre tomba plus tard dans les mains de
Pozzo ; c'était au moment de la campagne de 1812.
Pozzo, qui allait partout cherchant des ennemis à

(1) *Maret,* qui reçut plus tard le titre de *duc de Bassano,* était alors
secrétaire général du Premier Consul.

Napoléon, va jusqu'au Divan. Comme la Turquie
était en guerre avec la Russie, et au moment où une
armée russe s'avançait, il montre la lettre, et vient à
bout de faire conclure entre les deux empires le traité
qui permit à la Russie de porter toutes ses forces
contre la France.

— Revenu ce jour par de très beaux sites, entre autres le puits singulier qu'on voit extérieurement. Je
regrette bien de n'avoir pas fait un croquis.

Rochers sur le devant, etc., comme aussi un couvert d'arbres où je me suis rappelé *Norma*.

30 octobre. — Temps magnifique depuis trois jours.
— Dans la journée, promenade avec ces dames, Berryer et le jeune M. de Quéru, par cet admirable
temps et avec un grand sentiment de plaisir. Le clair
de lune est magnifique après dîner ; je n'en jouis qu'à
moitié, à cause du cher Richomme qui n'a rien de
romantique, mais qui est un bonhomme qui me plaît
comme cela. Nous avons le soir avec nous M. de Lau-
renceau, qui était arrivé avec sa femme pour dîner.

Mme de C..., fort à son avantage au dîner : je
tiens mon cœur à deux mains en sa présence, mais
seulement quand elle a sa grande toilette et qu'elle
montre ses bras et ses épaules ; je redeviens très raisonnable dans la journée, quand elle a sa robe du
matin. Elle est venue ce matin voir les peintures de
ma chambre et m'a sans façon mené voir celles de la
sienne, en me faisant passer par le cabinet de toilette.

Ce qui me rassure sur ma sagesse, c'est que j'ai pensé que ce cabinet de toilette et cette chambre avaient vu dans d'autres moments la piquante M..., qui n'a ni ces bras ni cette gorge que je soupçonne, mais qui me plaît par le je ne sais quoi, par l'esprit, par la malice des yeux, par tout ce qui fait qu'on se souvient.

— La grand'mère de M. de Kerdrel lui disant au moment où, après avoir été élu en 1848, il allait siéger à Paris : « Mon fils, vous allez aux États, défendez bien les intérêts de la Bretagne. »

La grand'mère ou la mère de M. de Corbière, à qui on faisait compliment de ce que son fils était ministre : « Mon Dieu! la révolution n'est donc pas finie, puisque Pierrot est ministre? »

— Les cygnes qui vont visiter leurs petits.

— Partition d'*Olette*. Partition des *Nozze*... tout cela charmant.

31 *octobre*. — Après dîner, Berryer nous conte l'histoire de son grand-oncle Varroquier.

Envoyé par son père avec son frère cadet pour étudier chez le procureur, ou quelque chose d'approchant, comme ils étaient un jour sur le Cours-la-Reine, la duchesse de Berry vint à passer. Sur sa bonne mine, qui était remarquable, la princesse leur envoie un valet de pied pour leur dire qu'elle désirait lui parler. On le fait monter en voiture, et il disparaît pendant quarante-huit heures, au bout desquelles il reparaît pourvu d'un bon emploi dans la finance dans quelque province. Les deux frères mènent joyeuse vie et se carrent dans leur poste jusqu'à la mort de la duchesse, qui fut assez prompte.

Voilà mes hommes renvoyés; mais au lieu de retourner au pays, accoutumés à un certain genre de vie, et dans l'âge des entreprises, ils font argent de leurs meubles, de tout ce qu'ils peuvent, et s'en vont mener à peu près la même vie en Italie, à Rome ou à Naples. Quand vient le moment où il n'y avait plus d'argent, ils s'imaginent de se donner à eux-mêmes un brevet de médecin et de faire des pilules qu'ils s'en vont vendant le long de leur voyage par retour.

Revenus, de guerre lasse, au giron paternel, ils furent traités de bonne sorte, de libertins, de débauchés. Cependant le père s'apaisa, et ils reprirent l'un et l'autre je ne sais quelle manière de vivre dans leur petit endroit. Le père, un jour, leur demanda des détails sur le fameux carnaval de Venise, pensant qu'on ne pouvait avoir été en Italie sans pouvoir en donner des nouvelles. Nos deux voyageurs avouent qu'ils n'en avaient rien vu, attendu qu'ils n'avaient point été à Venise, à la grande surprise du père Varroquier.

Sur cette idée, leur tête s'enflamme de nouveau, et, lassés de la vie bourgeoise, après avoir obtenu d'une tante quelque argent, ils s'embarquent de nouveau et retournent en Italie, où le cadet mourut je ne sais comment.

C'est le grand-oncle lui-même qui raconta depuis

à Berryer, âgé de seize ans, au moment où il allait à Paris, toute cette bonne histoire.

— Le temps est magnifique; je suis dehors presque toute la journée. Je me suis presque endormi sur un banc, pendant que M. de Laurençot contait à Richomme et à moi ses idées sur la révolution de 1848 et ses portraits des hommes de ce temps-là.

Promenade avec Mlle Vaufreland et Mme de L..., dans le parc et le potager.

Agréable soirée. Berryer nous lit l'*École des bourgeois.*

1er *novembre.* — Remonté le matin avant déjeuner dans le parc un moment. On devait déjeuner un peu plus tôt pour aller à la messe. J'ai rencontré là Mme de C..., descendue je ne sais pourquoi.

Un peu de bateau dans la journée; elles s'écoulent doucement, mais franchement; c'est trop d'abandon de tout exercice d'imagination. Qu'est-ce donc, grand Dieu! que la vie de ces gens qui vivent toujours comme je le fais dans ce moment-ci! Tous ces élégants, toutes ces femmelettes, ne font pas autre chose que se traîner d'un temps à l'autre en ne faisant rien ou en ne s'occupant de rien.

Promenade avec Richomme à la fin de la journée, pendant les vêpres, dont nous sommes dispensés; puis avec lui et Cadignan.

Le soir, billard, le fameux mistigri, etc.

— Je suis de mauvaise humeur contre moi-même.

— M. de Cadillan me parle longuement d'une affaire que Berryer doit plaider pour des domestiques auxquels leur maître a légué sa fortune ; ce jeune homme, qui travaille avec lui continuellement et lui prépare ses affaires, me le fait voir bien plus grand encore que je ne le croyais. Il me parle de son désintéressement, de son mépris de ce qui est en dessous de lui. Il ne veut pas aller à Orléans ni je ne sais où, plaider pour M. Jouvin, gantier, qui ne lui demande que quelques instants de son talent et lui offre dix mille francs pour cela.

2 *novembre.* — J'ai été bien frappé de la messe des Morts, de tout ce qu'il y a dans la religion pour l'imagination, et en même temps combien elle s'adresse au sens intime de l'homme.

Beati mites, beati pacifici : quelle doctrine a jamais fait ainsi, de la douceur, de la résignation, de la simple vertu, l'objet unique de l'homme sur la terre !

Beati pauperes spiritu : le Christ promet le ciel aux pauvres d'esprit, c'est-à-dire aux simples. Cette parole est moins faite pour abaisser l'orgueil dans lequel se complaît l'esprit humain quand il se considère, que pour montrer que la simplicité du cœur l'emporte sur les lumières.

3 *novembre.* — Pluie ; le temps se remet le soir. Promenade, après déjeuner, sous les pins, avec Richomme et L... Berryer vient nous joindre avant dîner.

Avant dîner, promenade avec Mlle de Vaufreland, Berryer, Richomme ; allées du haut, sapins, etc.

Le mistigri a occupé une partie de la soirée... Je suis effrayé de la difficulté de fixer mon attention sur des bagatelles comme celles-là : j'ai l'air d'un imbécile.

L'air du *Comte Ory* me roule sans cesse dans la tête. Je l'ai étudié au piano ; maintenant je ne puis m'en distraire.

Arrêté le départ, dans la journée, avec Berryer, pour mardi.

4 novembre. — Je pense en me levant à l'impossibilité de faire la moindre chose dans la situation où je suis. La solitude seule, et la sécurité dans la solitude, permettent d'entreprendre et d'achever.

Champrosay, 7 novembre. — Parti d'Augerville à neuf heures et demie.

Été d'abord à Étampes avec ces trois dames ; d'Étampes à Juvisy avec Mme de C...

J'étais à Champrosay avant trois heures. Ma bonne Jenny m'attendait au chemin de fer. J'ai été attristé de lui voir mauvaise mine. Elle est mieux que je ne pensais ; elle avait été inquiète de n'avoir pas de lettre depuis longtemps.

Le soir, j'ai été voir ces dames : Mme Barbier est malade, et j'ai passé la soirée à causer très amicalement avec Mme Villot.

Les mouvements qu'excite en moi toute cette

distraction ne sont pas de la nature que je voudrais.
Pour un solitaire qui veut rester tel, il s'y mêle encore
un élément dangereux. La jeunesse peut se partager
entre toutes les émotions : le trésor se resserre avec
l'âge ; la muse est alors une maîtresse exigeante ;
elle vous abandonne à la moindre infidélité.

8 *novembre*. — Fatigué de mon voyage et de mes
petites émotions d'hier. Souffrant toute la journée :
mauvaise disposition de corps et d'esprit. Agitation
ou torpeur, sont-ce là les conditions inévitables ? Non,
si je me rappelle mille moments de ma vie depuis
quelques années que je me suis tiré du tourbillon.
Dans maintes occasions j'ai savouré avec bonheur le
sentiment de liberté et de possession de moi-même,
qui doit être le seul bien où je doive aspirer.

9 *novembre*. — J'ai prolongé mon séjour un peu
plus que je ne voulais auprès du cousin, dont l'amabilité ne s'est pas ralentie. J'avais aussi dans cet
agréable lieu une aimable société qui n'a pas laissé
de place à l'ennui ; mais j'éprouve qu'une si agréable
oisiveté est dangereuse pour un homme qui veut se
retirer du monde. Quand il faut retourner au travail
et à la tranquillité, on ne se trouve plus le même, on
ne rentre plus avec la même facilité dans l'ornière de
tous les jours.

17 *novembre*. — Il faut considérer la *terre de Sienne*

brûlée comme un *orangé* primitif. Son mélange avec
le *bleu de Prusse* et *blanc* donne un gris qui est très
fin. — *Laque jaune* et *terre de Sienne brûlée* ôte à la
terre de Sienne brûlée seule sa crudité et lui donne
un brillant incomparable. — Excellent pour réchauffer des chairs préparées trop grises.

Paris, 21 *novembre.* — Dîné chez la princesse, que
j'ai revue pour la première fois depuis son voyage :
délicieuse musique et aimable personne.

Depuis un jour ou deux, repris le tableau de la
Chasse aux lions. Je vais le mettre, je crois, en bonne
voie.

— Éviter le *noir;* produire les tons obscurs par
des tons francs et transparents : ou *laque,* ou *cobalt,*
ou *laque jaune,* ou *terre de Sienne naturelle* ou *brû-*
lée. Dans le cheval café au lait, je me suis bien
trouvé, après l'avoir trop éclairci, d'avoir repris les
ombres, notamment avec des tons verts et prononcés. Se rappeler cet exemple.

25 *novembre.* — Mes journées se passent à travailler; je suis heureux de m'enterrer dans l'étude.
Heureuses, heureuses distractions ! douce tranquillité
que les passions ne peuvent donner ! Je manque
malheureusement toutes mes affaires : je ne peux
écrire une lettre ni faire une visite.

Je n'ai pas encore vu ces dames d'Augerville, et le
moment se passe.

Avant dîner, chez Mme de la Grange : c'est une aimable personne, pleine de l'envie d'être bonne et agréable. Ensuite dîné chez Chabrier; je me suis peu diverti; des lampes assassines, des bougies partout.

X... venu le soir de Saint-Cloud pour y retourner : quatre ou cinq mois ont beaucoup changé mon ami. C'est un homme qui a beaucoup perdu à se trouver dans la sphère où il est comme égaré, eu égard à ses opinions tranchées, au moins à celles dont il faisait parade.

Mme Chabrier me parle de la vie que mène Poinsot : rentré le soir vers minuit, — il sort presque tous les soirs, — il se déshabille et reste jusqu'à près de trois heures du matin sans se coucher, à penser et à se reposer. Il mange ensuite et va au lit immédiatement. Ne sonne son déjeuner que vers dix ou onze heures, reste chez lui sans recevoir jusque vers deux heures; va à ses affaires. Dîne entre sept et huit heures, quand il dîne chez lui, et va dans le monde ensuite. Vieillard prétend qu'il n'a jamais beaucoup travaillé.

27 *novembre.* — Dîné avec Chenavard et Boissard. C'est toujours le même homme qui vous attire et vous repousse. Ce bon Boissard, en revenant, me disait qu'il le pratiquait depuis plus longtemps que moi et qu'il l'avait toujours trouvé tel.

Dans la journée chez Level, sculpteur, rue de Varennes. J'ai gelé l'allée et le retour et attendu sa

venue dans son atelier, en tête-à-tête avec une péron-
nelle qui m'a montré ses œuvres. Pauvre sculpteur!
Pauvre Napoléon! pauvre Charlemagne! que ceux
qui sortent du ciseau de ce bas Normand, qui a une
barbe longue et fourchue comme celle du *Moïse* de
son confrère Michel-Ange!

— Anecdotes de Chenavard sur les hommes du
temps de Louis XIV.

1er *décembre*. — Chez Halévy après le conseil.

Le soir, retourné chez lui. Sa femme va mieux.
Ils doivent être bien heureux.

Longue conversation avec Mme Doux sur la peinture. Elle doit venir voir mon atelier mercredi et
particulièrement ma palette.

19 *décembre*. — Dîné chez Mme de la Grange avec
Berryer, la princesse. Mme de X... venue le soir :
robe noire, rubans verts, qui lui seyaient à merveille.
Grande conversation sur les sujets les plus délicats
avec M... — Situation bizarre, au demeurant très
amusante et propre à passer le temps.

FIN DU TOME SECOND.

A LA MÊME LIBRAIRIE

PARIS. — TYPOGRAPHIE PLON-NOURRIT ET Cⁱᵉ, 8, RUE GARANCIÈRE. — 31842.

www.ingramcontent.com/pod-product-compliance
Lightning Source LLC
Chambersburg PA
CBHW051343220526
45469CB00001B/94